海德里希传

HITLER'S HANGMAN

THE LIFE OF HEYDRICH

［德国］罗伯特·格瓦特◎著

刘菲莺◎译

译林出版社

图书在版编目（CIP）数据

海德里希传：从音乐家之子到希特勒的刽子手 /（德）罗伯特 · 格瓦特著；刘菲莺译. —南京：译林出版社，2021.4（2024.8重印）
ISBN 978-7-5447-8408-5

Ⅰ.①海… Ⅱ.①罗… ②刘… Ⅲ.①莱因哈德 · 海德里希 – 传记 Ⅳ.①K835.165.2

中国版本图书馆 CIP 数据核字（2020）第 177798 号

著作权合同登记号 图字: 10-2016-447 号

海德里希传：从音乐家之子到希特勒的刽子手 ［德国］罗伯特 · 格瓦特 / 著 刘菲莺 / 译

责任编辑 陈 锐
装帧设计 韦 枫
校 对 蒋 燕
责任印制 单 莉

原文出版 Yale University Press, 2011
出版发行 译林出版社
地 址 南京市湖南路 1 号 A 楼
邮 箱 yilin@yilin.com
网 址 www.yilin.com
市场热线 025-86633278
排 版 南京展望文化发展有限公司
印 刷 南京爱德印刷有限公司
开 本 652 毫米 ×960 毫米 1/16
印 张 29.75
插 页 8
版 次 2021 年 4 月第 1 版
印 次 2024 年 8 月第 2 次印刷
书 号 ISBN 978-7-5447-8408-5
定 价 88.00 元

献给波尔莎

目 录

序 言

莱因哈德·海德里希，史上最凶残大屠杀中的关键人物之一，曾广为人知地被诺贝尔文学奖得主托马斯·曼称为希特勒的“刽子手”，对于这样一个历史人物，该如何为其作传？从决定开始写作本书的那一刻起，我就一直在问自己这个问题。我一直都很清楚，为一个纳粹人物作传会给写作带来一系列的特定挑战，不仅需要掌握关于希特勒独裁统治的广泛且数量不断增加的文献，还必须面对如下古怪的难题：不得不去深入这个人物的心灵，而其心理和意识形态世界是如此让人排斥和不可思议地疏远，即使纳粹独裁统治在近七十年前便已结束。然而，主要的挑战还不在此，而在于任何类型的生活写作（life-writing）都需要在某种程度上与传主产生共鸣，即使那个传主是海德里希。

传记作家经常会使用解剖和肖像这两种截然不同的形象来描述他们的作品：解剖是对一个生命进行一种超然而客观的法医般考察，而肖像则依赖于传记作家对其传主产生的共鸣。而我则选择了将这两种手段相结合的第三种方式，并将其最恰当地形容为“冷移情”：尝试保持相当的距离来重现海德里希的生活，但绝不会后向阅读历史，或是陷入将历史学家和庭审战犯的检察官这二者角色混淆的危险。历史学家的主要职责应当是解释和情境化，而非谴责，我必须努力避免哗众取宠和审判式的口吻，这会倾向于过早地特征化描述海德里希的生活。海德里希的行动、语言和举止会为自己代言，因此只要有可能，我都会尽力为他自己的特有话语和表达选择留有空间。

然而，关于海德里希个人的记录实在是太过缺乏。我搜索了德国、英国、美国、俄罗斯、以色列和捷克共和国的相关档案，搜索的成果大大多于人们通常所假设的关于海德里希生活的资料。但是，与约瑟夫·戈培尔或是年轻时代的海因里希·希姆莱不一样，海德里希并没有一本个人的日记，而且只有一小部分私人通信幸免于第二次世界大战的战火。但还是有数量惊人的官方文件、讲话稿和信件得以留存，这使得我们能够详尽地重现他的日常事务和决策过程。

在鉴别本书所依据的散落在各处的资料时，我经常得依靠档案保管员和图书管理员所提供的有用建议。在全球各地，有几处档案馆和图书馆让我参阅了其丰富的馆藏，并为我提供了未出版的材料，职员们给予了我专业的帮助，我对此甚是感激。这些档案馆和图书馆包括：慕尼黑的当代史研究所，德国联邦档案馆及其在柏林、科布伦茨、弗赖堡和路德维希堡的分馆，以及基尤的英国国家档案馆和布拉格的捷克国家档案馆；耶路撒冷的以色列犹太大屠杀纪念馆和华盛顿哥伦比亚特区的大屠杀纪念馆的档案，还有位于莫斯科的德国历史研究所，它极大便利了我参阅奥索比档案中的帝国安全总部的文件。

本书发源于牛津，而且我对那里的许多朋友和以前的同事一直怀有深深的感激。马丁·康威和尼古拉斯·斯塔加特在该课题的不同阶段都提出了建议，并对本书的最初几稿做了极佳的评论。罗伊·福斯特教了我很多与生活写作相关的东西，且对手稿做了绝佳的评论，即使在我离开牛津之后还一直是我的朋友和灵感来源。自2007年离开牛津之后，我成为都柏林大学学院的一名教员，该学院给予了我充分的自由去做研究和写作。在我的学院同事中，威廉·马利根、斯特凡·马林诺夫斯基和哈利·怀特都是最有帮助的批判性读者，并给予了我鼓励。除了我在学院战争研究中心的同事之外，我还得感谢都柏林三一学院的约翰·霍恩，他和我共享了一段为期三年的共同研究的愉快经历，他对于历史学术研究的执着一直是我的一个灵感来源。

在牛津和都柏林之外，尼古劳斯·沃克斯曼、查德·布莱恩特、马克·康沃尔和约亨·伯勒尔慷慨地同意阅读我作品的草稿，同时还有两个匿名读者做得远超出他们应有的责任，对我原来的想法做了评论。他们的建议使最后的手稿得到了极大提高，我也对他们深怀感激。在布拉格的时候，我有幸同米洛什·霍热斯共事，他能够翻译相关的捷克文学作品和参考书目中的关键部分，这让我可以将过去二十年中在捷克出版的关于纳粹占领波希米亚和摩拉维亚的重要作品结合到我的书中。在柏林，我很高兴和扬·博克尔曼一起工作，他不辞辛劳地搜集了大量的德国参考书目和文学作品，这极大地帮助了我按时完成这项研究。他和沃尔夫·贝克还专业地提供了用于本书的两幅地图，同时谢默斯·斯巴克还帮忙看了附录。在大约六年前，希瑟·麦考伦找我写作本书。她和她在耶鲁大学出版社的同事以极高的热情、能力和耐心对待整个创作过程，很难想象会有一个更好的出版商。

我最后的感谢一如既往是给我的家人。在我频繁地去柏林参阅档案时，我的父母迈克尔和伊夫林·格瓦特一贯地支持、爱和鼓励我，我永远感激不尽。最后，我对我的妻子波尔莎的歉疚是巨大的。她从头至尾阅读了我的手稿，并且在过去的五年中不得不忍受我定期不在身边和持续分散她的注意力。我将本书献给她，必然是一次不够充分的尝试，它无法表达我对她的爱与感激有多深。

2011年5月于都柏林

引　言

莱因哈德·海德里希是公认的20世纪标志性大恶人之一，甚至在纳粹精英当中也是个骇人的角色。由对邪恶的痴迷所激发的数不清的电视纪录片，提供了有关其神秘生活的流行画面，而对于他1942年遭遇的刺杀，以及在对波希米亚利迪策村的复仇性毁灭中达到巅峰的前所未有的纳粹报复性暴力浪潮，也不乏耸人听闻的描述。“类人猿行动”——可能是整个第二次世界大战中最为惊人的特勤行动——的历史及其暴力后果，自1942年起就激发了大众的想象，为海因里希·曼的《利迪策》(1943)、贝特霍尔德·弗里德里希·布莱希特的《刽子手之死》(1943)，以及最近赢得了龚古尔文学奖的洛朗·比内的小说《刺杀盖世太保》(2010)提供了背景。[1]

大众对海德里希持续的痴迷很容易解释。尽管他1942年6月于布拉格暴死的时候仅有三十八岁，但他在希特勒快速膨胀的帝国里已积攒了三个要职。第一，作为纳粹庞大的政治和刑事警察机构——该机构和强大的党卫军情报机构保安局于1939年并入帝国安全总部——的头目，海德里希统领着一支规模可观的盖世太保影子军队，以及对纳粹在本土和占领地的恐怖活动直接负责的保安局官员队伍。因此，他在对奥地利、捷克斯洛伐克、波兰和苏联的行动期间，也负责臭名昭著的特别行动队。第二，在1941年9月，海德里希被希特勒任命为波希米亚和摩拉维亚代理总督，这一职位让他成为这片前捷克领土无可争议的统治者。在其统治下的布拉格的八个月，以及他遇刺之后的余波，至今仍是捷克现代历史上最黑暗的时代，并被人们所铭记。第三，在1941年，纳粹德国的二号人物赫尔曼·戈林授意海德里希去寻找并实施一项欧洲“犹太人问题的总体解决方案”。在1942年夏天之前，这项解决方案以对欧洲犹太人肆意、系统的屠杀而达到巅峰。有了这三个职位，海德里希在第三帝国复杂的权力体系中无疑扮演着一个中心的角色。

然而，尽管他对以纳粹德国名义犯下的一些最为严重的暴行负有主要责任，而且历史学家和大众对希特勒的独裁统治皆保持着兴趣，但在有关第三帝国的广博文学作品中，海德里希却一直是个被不可思议忽视了的、出奇模糊的形象。尽管已经出版了约四万种讲述纳粹德国历史的书，其中还包括了几项重要的关于其他像希姆莱、恩斯特·卡尔滕布伦纳、阿道夫·艾希曼和维尔纳·贝斯特这样身居高位的党卫军官员的研究，但并没有严肃的学术传记来涵盖这位纳粹恐怖机关的关键人物的一生。[2]对于这个令人惊诧的忽视，唯一的例外是什洛莫·阿隆森1967年的开创性博士论文，研究主题是关于海德里希在盖世太保和保安局的早期所扮演的角色，不幸的是，这一角色于1936年党卫军全权接管了德国警察后就结束了。这篇论文是用德文写的，并且从来没有被翻译成英文。阿隆森的研究像是一口矿，满是关于海德里希早期生活的材料，而且不容后来研究该领域的历史学家所忽视。但他的研究并不是一部传记，其初衷也从来不是成为传记。[3]

数位记者曾试图填补职业历史学家所留下的空缺。尽管这不是没有一点好处，尤其是在搜集战后海德里希的前党卫军同伴和儿时好友的证词方面，这些早期的海德里希的传记反映了一种现在看来已大体过时了的对纳粹领导人的理解，觉得他们要么是道德败坏的罪犯，要么就是反常理性的台面杀手（desk-killers）——这种解读是建立在战后来自纳粹受害者及前党卫军成员的证词之上。[4] 1937年至1939年间担任但泽自由市国际联盟高级专员的瑞士人卡尔·雅各布·布尔克哈特，于1935年夏在一次对纳粹集中营的检查访问期间见过海德里希。在其回忆录中，他广为人知地将海德里希描述为第三帝国的"年轻又邪恶的死神"[5]。前党卫军下属的战后回忆也同样不敢恭维。海德里希多年的副手贝斯特博士则把他的特征概括为"纳粹领导人中最凶恶的性格"，被一种"完全不在乎他所屠杀的那些人的非人性"所驱使。[6]希姆莱的个人副官卡尔·沃尔夫说海德里希是"魔鬼般的"，同时，帝国安全总部的部门头目当中最年轻的瓦尔特·舍伦贝格回忆说，他的前任老板是个有着肆虐野心的人，并"对别人的道德、人性、职业和政治上的弱点有着一种不可思议的敏锐感知"。"他非同一般的智力"，舍伦贝格强调说，"伴随着像食肉动物般时刻保持警惕的直觉"，他"在一群凶猛的狼当中，必须总要证明自己是最强的那只"。[7]

我们必须谨慎对待类似的来自前党卫军官员的战后证词。海德里希、希姆莱和希特勒已死，第三帝国也毁灭了，被盟军俘虏的贝斯特、沃尔夫、舍伦贝格和其他党卫军高级官员渴望洗清他们自己的责任，并"证明"他们只是因为领导太有权、太可怕，他们不得不服从，才执行了领导的命令。然而，他们对于海德里希的描述却和查尔斯·怀顿1962年的传记《海德里希：希特勒最邪恶的党羽》这样的书所激起的大众想象相符。怀顿通过解释海德里希的杀戮狂热而使得一个强大的传言延续了下去：这个传言声称他有犹太人的家庭背景，它始于海德里希的青春期早期，而且尽管他的家人再三反驳，这传言还是不断地在第三帝国期间和之后不断重现。1945年以后，这则传言又被威廉·霍特尔这样的前党卫军官员给培育起来。霍特尔在他的回忆录《秘密前线》(1950) 中坚持道，海德里希要求他的手下移除他“犹太外祖母”[8]的墓碑。其他人也加入了“揭露”大屠杀的主要组织者是个犹太人这个可能有利可图的潮流。希姆莱的芬兰按摩师菲利克斯·克斯滕也许是为了以有关党卫军领导人耸人听闻的揭秘来增加书的销量，他在自己极不可靠的回忆录当中坚称，希姆莱和希特勒二人自20世纪30年代早期起就了解海德里希的“黑暗秘密”，但选择为了政权利用这个“富有才华但也十分危险的男人”去做最肮脏的勾当。[9]

怀顿不是唯一一个相信海德里希有犹太人血统这个传言的人。休·特雷弗—罗珀在他为克斯滕的回忆录所作的序中，“以其所具备的全部权威”确认海德里希是个犹太人——这个观点受到了卡尔·迪特里希·布拉赫尔以及希特勒的传记作者约阿希姆·费斯特这样的著名德国历史学家的支持。[10]费斯特对海德里希简短的性格描述——像典型的费斯特，形式绝佳，但内容没有说服力——给关于海德里希据说是人格分裂的热门辩论又添了把火。费斯特重复了海德里希来自犹太家庭背景的传言，而且将他的行为归结为一种自我厌恶的反犹主义。海德里希是个由自我憎恨所驱使的、有精神分裂症的疯子，他想要证明他的价值，并成为一个“像鞭子一样的男人”；他以“魔鬼般的冷酷”运作着纳粹的恐怖机关，以达到成为“希特勒的继任者”的终极目标。[11]

由于第二种具有影响力的党卫军高级官员形象的浮现，费斯特对于海德里希的个性描述遭到了质疑。在耶路撒冷地方法院，艾希曼待在他那玻璃亭子里的标志性照片捕获了这一形象。汉娜·阿伦特对那场庭审的著名描述和她那关于“平庸之恶”的隽语，塑造了公众在之后几十年当中对党卫军成员的看法。[12]在很长一段时间内，官僚政治的

"死亡技术官员"——坐在办公桌后异常理性的罪魁祸首——成了纳粹分子的主导形象。这些犯罪分子专注于他们的职责，接下分配给他们的行政任务，并"正确地""一丝不苟地"去执行这些任务，却不觉得要为其后果负责。[13]那时，对犹太人的大规模屠杀不再被看成回到了野蛮时代，而是现代官僚主义和灭绝人性的技术的巅峰，这个技术在奥斯维辛的匿名杀戮工厂得到了终极表达。大规模屠杀被展现成由专业人士——医生和律师、人口统计学家和农学家——进行的消毒过程，他们的行动建立在无关道德的看似理性的决定之上，这一决定源自种族优生学、地缘政治考虑和经济规划。[14]

这样的形象强烈影响了另一部流行的海德里希传记，它最初于1977年出版，即贡瑟·德施纳的《追求绝对权力》。德施纳曾为保守派日报《世界报》写作，他正确地摒弃了怀顿和费斯特的以假心理学为依据的妖魔化。取而代之，他跟随20世纪七八十年代的流行趋势，将海德里希描述成一个对效率、成绩和绝对权力感兴趣的高级别技术官员的原型，对于这种人来说，纳粹的意识形态首先且最重要的是实现野心的工具。德施纳表明，海德里希太聪明，他才不会拿意识形态这种东西当真。[15]

尽管海德里希是第三帝国冷血的"死亡行政官"这一流行看法在这些年大体上未受挑战，但这一形象所依赖的基本信条在过去的二十年里已经被狠狠地、真正地侵蚀了。首先，现在人们清楚了意识形态在党卫军高级官员身上起到了关键的激励作用，任何试图将他们说成病态局外人的尝试都是极其误导人的。如果硬要说什么，那只能说党卫军成员往往比他们同时代的普通德国人或是西欧人受过**更多**的教育。他们更多情况下是善于社交、有抱负的年轻大学毕业生，有着良好的家庭背景，绝不是什么发了疯的、社会边缘的犯罪分子当中的少数极端分子。[16]

其次，现在人们普遍接受，最终导致大屠杀的决策过程经历了几个越来越激进的阶段。海德里希自20世纪30年代初起就有意识地策划大屠杀这一观点，在20世纪80年代还在被他的传记作家爱德华·卡利克所主张，而现在这一立场已不再站得住脚。[17]尽管海德里希对发展纳粹德国的迫害政策起到了中心作用，但他只是在柏林和德国占领的欧洲形形色色的行为人当中的一个，这些人推动了越来越极端的排除手段，直至最终的大规模屠杀。纳粹德国所拥有的绝非一个平顺的等级独裁体制，而是一个“由多个派系统治的丛林”，包含了希特勒不正常地领导着的相互竞争的派系和国家机构。有权势的个体和利益集团，想要通过预期他们元首的命令来取悦他，在某些政策方面“累积的激进化”是作为他们之间紧张和冲突的结果而出现的。[18]在这个复杂的权力结构当中，个体出于五花八门的原因而为纳粹迫害和谋杀的政策做着贡献，从意识形态信仰和极端民族主义，到野心、贪婪、施虐狂、软弱，或者更现实的是上述若干种元素的组合。[19]

对于为海德里希写传记的人来说，过去十年间的修正主义论点提出了一整套的难题。如果大屠杀并非一场顺当展开、集中控制的种族灭绝，而且海德里希和希姆莱并非对这场对犹太人的迫害和大屠杀的方方面面都负有责任，那么他们究竟要对什么负有责任呢？[20]像一些历史学家很正确地提出的那样，如果大屠杀仅仅是向着血腥地解构欧洲复杂的民族构成所迈出的第一步，那么海德里希在这些计划的发展和执行过程当中扮演了何种角色呢？[21]甚至，更基本的问题是，他是如何“成为”海德里希的？

本书所提供的答案修改了一些有关海德里希个人向纳粹主义转变，以及他以第三帝国名义所犯下的一些最糟糕罪行的旧有假设。他1904年出生于哈雷市的一个养尊处优的天主教家庭，家里人是职业音乐家。这样看来，海德里希走向大屠杀的道路一点都不直接。他的人生数次受到超出其控制范围的不可预见事件的影响。不仅如此，他的行为只有放到20世纪上半叶塑造了德国历史的知识、政治、文化和社会经济条件的大背景下才能够被完全解释。

海德里希是他那一代人既典型又不典型的代表。和所谓的“战争青年一代”一样，他也体验到了相当一部分的深度破裂和创伤经历，也就是说，海德里希在少年时期切身体验到了第一次世界大战及战后几年波涛汹涌的改革动荡、恶性通货膨胀和社会衰落。这些经历使得他和其他许多德国人更易倾向于极端民族主义，然而，整个20世纪20年代，海德里希在政治上并不活跃，而且还因为不够民族主义而遭到他的海军军官同伴们的排斥。他早期生活的转折点是在1931年的春天，当时他因为毁了婚约并在此后对军事荣誉法院的傲慢行为而被从军队遣散。他在大萧条最剧烈的时候被遣散，这和他第一次与他未来的妻子莉娜·冯·奥斯滕相见的时间大致重合。莉娜在那时就已经效忠于纳粹，并说服他去希姆莱的规模虽小却很精良的党卫军中申请一个职位。

直至此时，海德里希的生活都可能走向一个大不相同的方向，并且，实际上刚开始他并不具备多少他后来作为盖世太保和保安局头目这个角色的显著资质。对他日后发展至关重要的，是他1931年之后在党卫军**内部**的经历和个人遭遇，尤其是他和希姆莱的紧密关系。换句话说，导致海德里希激进的最重要的因素，是他沉浸在一个由年轻且常常是受教育程度较高的人所组成的政治环境当中，他们靠着将假想中的内部敌人从德国清理掉这样暴力的字眼而蓬勃发展，与此同时又拒绝中产阶级的道德常规，觉得它是软弱的、过时的，且对确保德国国家的重生是不适宜的。

然而，他虽然沉溺在这个满是忠心耿耿的政治极端分子的暴力世界里，但这一点本身并不能解释为何海德里希能崭露头角，并成为可以说是纳粹领导层当中最为激进的人物。我们将会提出，至少他后来过激的原因之一，是他早期缺乏纳粹的资历。海德里希早期的人生有着一些不足之处，最为显著的是持续不断的有关他的犹太祖先的传言，以及他相对较晚才转变为纳粹，其中，犹太祖先的传言导致了让他丢脸的1932年纳粹党对他的调查。为了弥补这些缺陷并给他的上级希姆莱留下印象，海德里希把自己变成了一个模范纳粹。他接受了希姆莱世界观里的主要信条，以及党卫军理想中的男子气概、高超运动技能和军事素养，并进一步将它们变得更加激进。海德里希甚至篡改了他早期生活的经历以支撑他的纳粹资格。据说，第一次世界大战之后他参与了右翼激进自由军团的作战，但他充其量也只是在最低限度上参与了1918年之后的准军事活动。也没有任何记录表明他曾是哈雷市众多反犹主义团体的一员，而他后来却声称自己曾属于这样的组织。

至20世纪30年代中期为止，海德里希已经成功地将他自己改造成了纳粹意识形态的最极端支持者之一，并通过严格、日益广泛的迫害政策来执行这一意识形态。他坚定地相信，要想实现希特勒的乌托邦社会就必须无情地、暴力地排除那些被认为是对德国社会有危险的元素，而这项任务最好是由作为希特勒意志执行者的党卫军来实施。只有将所有异己的、病态的和不怀好意的人从德国社会中清除，一个新的民族共同体才能崭露头角，对抗帝国死敌苏联的那场不可避免的战争才能取胜。海德里希设想中的“清洗”的意思，在1933年至1942年间将会剧烈地改变。这部分是因为要应对超乎他掌控的情况，部分是由与日俱增的自己无所不能的幻想所造成的。在第二次世界大战爆发之后，这种幻想，即打击德国真正的或是假想中的帝国内外之敌人的独一无二的历史机会已经到来，支配了许多高级党卫军、政策制定者和人口工程师。1939年,在战争爆发以前,大规模灭绝犹太人在海德里希看来甚至都是不可想象的,然而在接下来的两年半期间,他关于该问题的看法激进化了。战时的兽性,对失败了的驱逐计划的懊恼,来自东欧占领区的当地德国行政官员的压力,以及由意识形态所驱使的解决“犹太人问题”的决心,共同导致了海德里希认为系统的大屠杀既是可行的,也是理想的情形。

然而,自20世纪30年代晚期以来海德里希就负有直接责任的“犹太人问题的解决方案”,其实只是一个更为广泛的战时计划的一部分。在德国国防军对苏联的胜利之后,这个计划旨在通过驱逐、重新安置和谋杀上百万东欧人来重新改造欧洲的整个民族构成。作为帝国在波希米亚和摩拉维亚的代理总督——海德里希于1941年9月至1942年6月暴死前担任这一职位——他在其保护国发起了一个野心举世无双的种族归类和文化帝国主义项目,以此来强调他对这些计划的根本忠诚。

尽管他在中东欧推进日耳曼化,但海德里希清楚,这一进程的完全实现要等到国防军对红军的胜利之后。从后勤的角度来看,在被攻占的欧洲驱逐、重新安置和谋杀据估计有三千万斯拉夫人的同时,还要在战场上与在人数上占优势的敌军联盟打仗,这简直是不可能的。而摧毁人数更少、更容易识别的欧洲犹太人,其所产生的后勤问题则远远更少。对海德里希和希姆莱而言,快速落实“最终解决方案”也提供了相较于占领区竞争性机构的重要战略优势:通过记录他们在执行希特勒的种族灭绝命令时的可靠性,他们向元首自荐要成为实施甚至更加宏大的日耳曼化这一战后计划的不二机构。[22]

因此,海德里希的生活提供了一个关于纳粹统治最黑暗方面的唯一独享的、私密和有机的视角。在有关第三帝国的高度专业化的文学作品里,这些方面中的很多都常常被人为地分隔开或是单独地对待:党卫军的崛起和纳粹警察国家的出现；导致了大屠杀的决策过程；反犹政策和日耳曼化政策之间的内在联系；在纳粹控制下的欧洲，德国占领区制度运行的不同方式。在一个更加个人的层面上，它反映了一些历史情形，在这些情形之下，完全“正常”的中产阶级背景出身的年轻人可以变成政治极端分子，决意要用超暴力来实施他们激进改变世界的反乌托邦幻想。

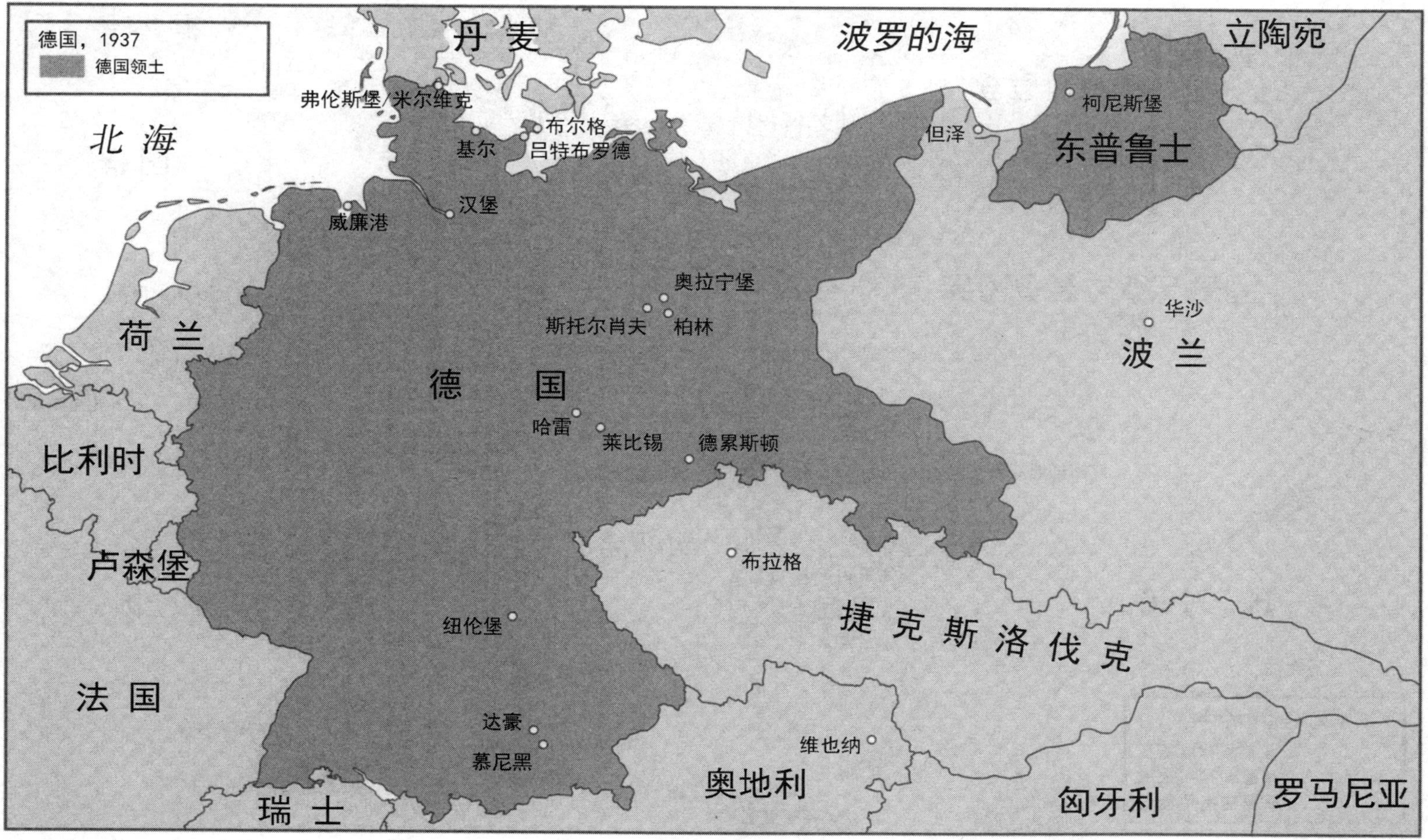
德国，1937
德国领土
丹 麦
波罗的海
立陶宛
北 海
弗伦斯堡/米尔维克
基尔
布尔格
吕特布罗德
汉堡
威廉港
但泽
柯尼斯堡
东普鲁士
荷 兰
奥拉宁堡
斯托尔肖夫
柏林
华沙
波 兰
德 国
哈雷
莱比锡
德累斯顿
比利时
卢森堡
布拉格
纽伦堡
捷 克 斯 洛 伐 克
法 国
达豪
慕尼黑
维也纳
瑞 士
奥地利
匈牙利
罗马尼亚

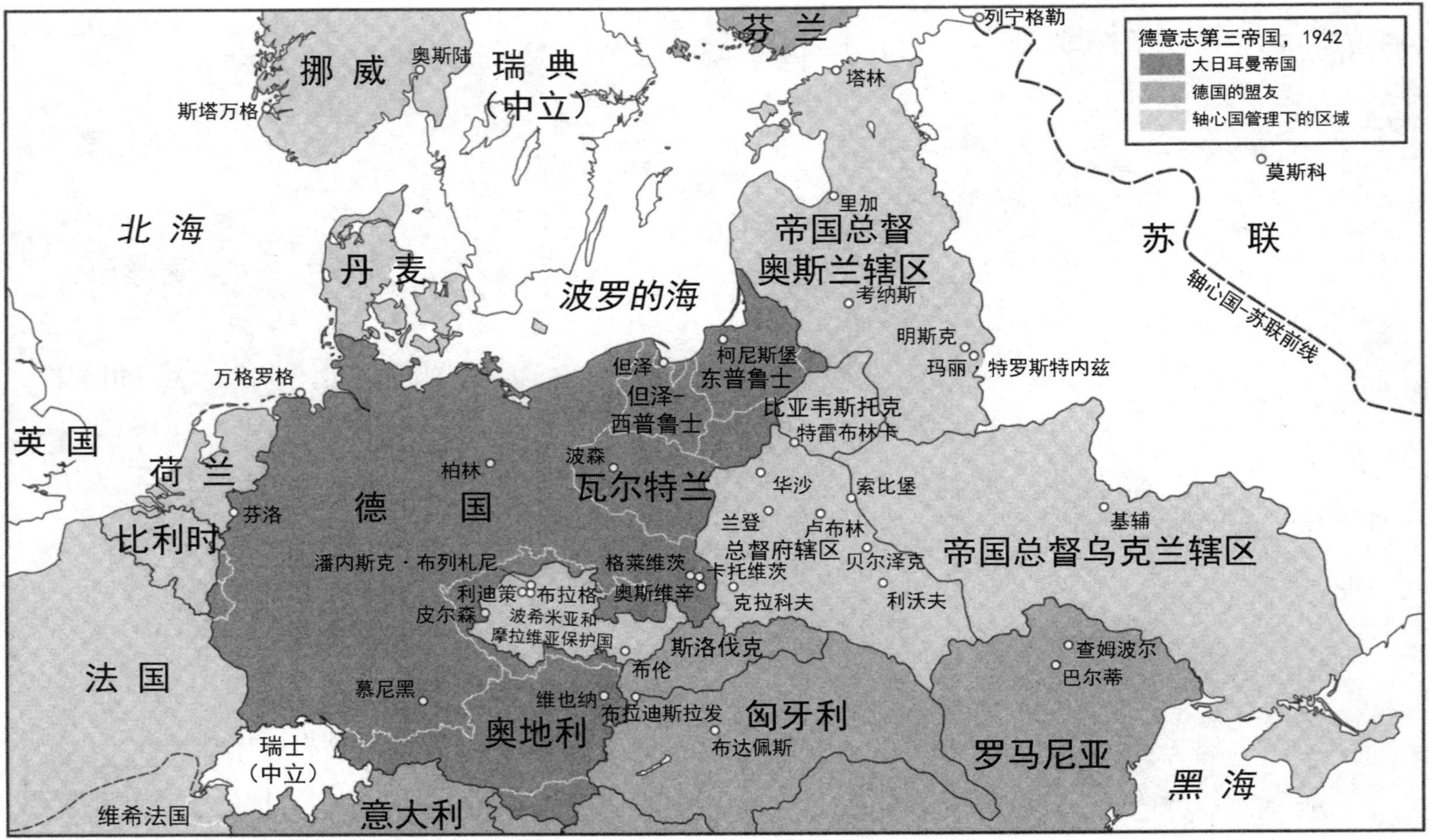
德意志第三帝国，1942
大日耳曼帝国
德国的盟友
轴心国管理下的区域
列宁格勒
芬兰
挪威
奥斯陆
瑞典
（中立）
斯塔万格
塔林
莫斯科
里加
帝国总督
奥斯兰辖区
苏联
北海
丹麦
波罗的海
考纳斯
轴心国–苏联前线
明斯克
柯尼斯堡
玛丽，特罗斯特内兹
但泽
东普鲁士
万格罗格
但泽–
西普鲁士
比亚韦斯托克
特雷布林卡
英国
波森
柏林
荷兰
瓦尔特兰
华沙
索比堡
芬洛
德国
基辅
兰登
卢布林
比利时
总督府辖区
帝国总督乌克兰辖区
潘内斯克·布列札尼
格莱维茨
贝尔泽克
卡托维茨
利迪策
布拉格
奥斯维辛
克拉科夫
利沃夫
皮尔森
波希米亚和
摩拉维亚保护国
斯洛伐克
查姆波尔
法国
布伦
巴尔蒂
慕尼黑
维也纳
布拉迪斯拉发
匈牙利
奥地利
瑞士
（中立）
布达佩斯
罗马尼亚
黑海
维希法国
意大利

第一章

卒于布拉格

1942年5月27日，是美好的一天。在这片自1939年起就被纳粹德国占领的波希米亚土地上，这天早晨开始得明亮又吉利。在一个又长又超乎寻常寒冷的冬天之后，春天终于来了。树上的花全开了，布拉格的咖啡馆也显得充满生机。首都北边约二十公里，在其广袤的新古典主义乡村庄园的绿意盎然的花园里，捷克领土的不二统治者和纳粹恐怖机构的首领莱因哈德·海德里希，正和他的两个幼子克劳斯和海德尔一同玩耍。此时，怀有他们第四个孩子已数月的妻子莉娜正从阳台上看着他们，怀中抱着他们尚是婴儿的女儿西尔克。[1]

无论是私人生活还是职业生涯，海德里希无论如何都该满足了。在年仅三十八岁的时候，他已是希姆莱之后党卫军里第二有权的人物，作为希特勒对帝国及纳粹占领下欧洲未来的反乌托邦幻想的最强硬执行者之一，他已经建立起了名声。在1941年1月海德里希被正式指定负责欧洲的“犹太人问题的解决方案”之后，这个计划正在快速地推进：截至1942年春天，德国人及其东欧的同谋已谋杀了一百五十万犹太人，而且绝大多数是通过面对面枪决的方式。还有更多的人会死在位于前波兰的杀戮工厂。在那里，固定式毒气设备的建造工作从上一年冬天就已经开始了。尽管德国最近对美国宣战，但海德里希的未来看上去却很光明。在东部和北非前线，德军正迅速地挺进，并将对盟国发起数个毁灭性的攻击。自从德国人于1941年夏天入侵苏联之后，整个欧洲的抵抗运动毫无疑问是增多了，但海德里希有很好的理由相信，这些对纳粹统治的挑战会增强而非减弱党卫军对于德国占领政策的影响力。在党卫军里，海德里希被普遍认为是后起之秀。

海德里希并没有像往常习惯的那样，在黎明之后没多久就乘车去上班，而是在十点左右离开了他的乡村庄园。他的司机约翰内斯·克莱因，一个三十岁出头的男人，正在大厅等他，准备将他送往他在布拉格城堡的办公室，然后再从那里去机场。海德里希的飞机将带他从机场飞往柏林，向希特勒汇报保护国未来的管理事宜，并就打击在整个被占欧洲发生的抵抗运动而给出政策上的笼统建议。像往常一样，在去往布拉格的短暂行程中，他们乘坐着一辆梅赛德斯敞篷车且没有警察护卫。在克莱因和海德里希开始他们的行程时，没有一个人会知道，在这段大约十五分钟的路上，在利本的郊区，有三个从英国来的捷克斯洛伐克特工，在便装下面小心翼翼地藏了枪和手榴弹，正紧张地等待着他们。[2]在半年多前，1941年9月下旬，刺杀海德里希的秘密计划就在伦敦浮现了。计划的起源至今仍然存在高度争议，并且因为所牵涉的各方——英国特别行动处和由爱德华·贝内什总统领导的捷克斯洛伐克流亡政府——在1945年之后官方否认了对这次刺杀负有任何责任，从而助长了各种阴谋论。任何一方都不想因容忍将政治谋杀作为交战手段而受到谴责，尤其是因为德国人很显然会以最残忍的针对老百姓的报复行动来回应杀害一个重要的纳粹领导人。[3]

关于这次刺杀存留的文件显示，这个刺杀海德里希的计划的诞生主要是由于绝望：自从1940年夏天法国沦陷，英国远征军从敦刻尔克不光荣地撤退之后，英国当局就一直挣扎着重获军事主动权。英国人没有任何可能只凭借自己的力量就击败德国军队，他们希望在纳粹占领的领土上引起群众骚乱，由此将主要的德国军事资源转移到数个麻烦点上。经济作战大臣休·道尔顿谈论过在敌后建立颠覆组织，与此同时，战争办公室则极力号召“积极努力地挽回在我们最近经历的灾难之后日渐增加的对大英帝国信心的丧失”[4]。

不管是道尔顿也好，还是英国内阁的其他人也好，对纳粹占领下欧洲的地下组织所面临的巨大困难和威慑都没有足够的认识。他们也不能理解进行小规模的破坏行动是多么复杂。在帕特尼和肯辛顿流亡的捷克人和波兰人则更加现实。他们不愿意组织那些在不可阻挡的德军面前只可能失败的雄心勃勃的大规模起义，这样会使得祖国现有的情报网络处于危险之中。然而，即使与1941年年初总体数量较少的反抗活动相比，捷克人在英国人的眼中也显得尤为自满。贝内什的首席情报顾问弗朗蒂谢克·莫拉韦茨在战后承认，就发生在德占区的抵抗活动来说，“捷克斯洛伐克总是处于垫底的位置。贝内什总统对这样的事实感到非常难堪。他告诉我，在他和盟国代表协商的时候，向敌方实施有意义的抵抗这个话题，在令人羞耻的强烈坚持下突然出现了。英国人和俄国人在自己的战场上遭遇了强大压力，他们不断地向贝内什指出，来自每一个国家的最大努力都是急需的，其中也包括捷克斯洛伐克”[5]。

捷克人缺乏对纳粹统治的抵抗，这正在越来越多地损害贝内什的外交地位，并将其沿1938年以前的国界线重建捷克斯洛伐克的终极战后目标置于危险境地。贝内什害怕德国和英国若是谈和，就会让波希米亚的土地永久地留在纳粹的影响范围之内。毕竟，英国政府仍然没有否认1938年的《慕尼黑协定》，正是这一协定给了希特勒许可去侵占捷克斯洛伐克境内主要是由日耳曼人居住的苏台德地区。英国政府还刻意延迟重新考虑那个决定，以向贝内什继续施压。[6]

1941年9月5日，愈发不耐烦的贝内什向布拉格的本土抵抗中央领导（ÚVOD）发了无线电报："从理论上的计划和准备向实际行动转移，这一点很重要……在伦敦和莫斯科，我们已经被告知，在此刻摧毁或至少减少武器产业的相当一部分，就会对德国人产生深远的影响……如果我们不至少和其他国家保持步调一致，那么我们的完整地位将会永远地处于不利之中。"[7]为了应对来自伦敦的压力，本土抵抗中央领导确实最大化了其破坏行动，并在9月14日至21日成功协作了一起针对纳粹控制的保护国媒体的抵制。然而，仅一周之后，当希特勒决定将他在布拉格的"软弱的"帝国总督康斯坦丁·冯·诺伊拉特换成臭名昭著的帝国安全总部头目海德里希时，贝内什最初的热情就变成了彻底的泄气。继1941年9月海德里希到达布拉格之后，德国当局大大地加紧了他们对捷克社会的控制：保护国与伦敦之间的交流暂时中断，而且地下组织也由于盖世太保的抓捕浪潮而瘫痪。[8]

当他为广泛抵抗所制订的雄心勃勃的计划开始在其四周塌陷时，贝内什发现英国特别行动处（SOE）是一个同样处于困境的同盟。英国特别行动处于1940年7月成立，并由温斯顿·丘吉尔本人亲自指示，通过支持反对纳粹统治的民众起义而"在欧洲点燃熊熊烈火"。它在诞生后的第一年仅取得了有限的成功。尽管道尔顿在他1941年12月的日记当中写道："我们最近的报告几乎一直都是光秃秃、冗长的还未完成的任务的故事……我尤为焦急地等待着一场或是两场胜利的行动。"[9]跟贝内什一样，英国特别行动处越来越绝望地想要获得一些成功，从而证明其存在的合理性，尤其是在它公认的竞争对手秘密情报局

（SIS）于1941年8月要求将在敌人占领地展开破坏行动的全权责任转移回秘密情报局及其局长斯图尔特·孟席斯爵士之后。孟席斯把初生的英国特别行动处当成一个刚起步的业余组织，他和他的高级雇员都迫不及待地想要除去这个看似没有效率的竞争机构。[10]

在接下来的几周内，贝内什的情报长官莫拉韦茨和高级别的英国特别行动处代表常常会面，以便为他们共同的问题找寻一个解决方案。他们共同指挥了投放受过情报训练的捷克特工深入保护国内搞破坏的计划，但是恶劣的天气以及与地面的抵抗领导人缺少沟通导致了行动步调不一致。再有，他们开始意识到，即使成功派遣了在搞破坏方面训练有素的专家，也不足以安抚他们的批评者。因此，他们想出了一个更加有野心的计划：因为希特勒本人是他们接触不到的，他们就想尝试去刺杀纳粹德国恐怖机构的头目——莱因哈德·海德里希。[11]

1941年10月3日，即在英国特别行动处的一份秘密档案将海德里希描述为继希特勒本人之后“可能是在德国占领下的欧洲第二危险的人物”两天后，英国特别行动处的首领弗朗克·尼尔森和莫拉韦茨在伦敦举进了秘密会晤，在此期间讨论了行动的细节。他们同意由英国特别行动处为莫拉韦茨的两三个人提供武器和培训，让他们“执行一次惊人的刺杀。如果可能的话，就去刺杀海德里希”。刺杀海德里希——代号为“类人猿行动”——既能凸显英国特别行动处应对纳粹安全机构严重打击的能力，又能强调捷克抵抗力量反抗德国压迫者的决心。[12]

如果说贝内什对任何惊人的反抗之举都会感到满意，那么英国特别行动处则明确地决意要把海德里希作为理想目标。英国的军事情报在很大程度上依赖于《盖世太保内幕》这本书所提供的信息。该书出版于1940年，由已被流放的前盖世太保官员汉斯于尔根·科勒所著，他对他的前任老板海德里希这样描述道：

> 第三帝国无所不能的警察执行官……如果没有他，希姆莱就只不过是一个糊涂的傻瓜……他是那个真正推动所有事情的人——虽在幕后，却始终操作娴熟——他是在王位后面真正掌权的人，他操纵着一切，追随着自己黑暗的目标。海德里希又年轻又聪明……总而言之，他是纳粹警察的残酷、专职和无情的首长；是个实干家，树立了目标就绝不动摇……尽管他本人易冲动，又鲁莽轻率，但他在暗中却始终在清醒、冷酷地算计着，而且他知道，他觊觎的权力已经是他的了。他的残忍和突然爆发的怒气，与他永不停歇的活动一样，都在他这个人身上表现得高度自律。

科勒强调，海德里希是那个为“不可估量的折磨、苦难和死亡”负有直接责任的人，这一点在英国特别行动处的海德里希档案所附的副本上被重点标注出来。[13]由英国特别行动处设计的刺杀计划，在不到一周之后就已经非常具体：它要求在海德里希从其乡村庄园开车驶往布拉格城堡的路上对他发起直接袭击，理想情况下是在一个岔路口，在那里车不得不减速。[14]

这个有些煽动人心的算计暗示，德国残忍的报复行动会导致一场更普遍的捷克群众反抗纳粹统治的起义。由于贝内什自己“对在保护国内可能发生的震荡感到担忧”，也由于英国政府不能因资助恐怖行动而被认为官方违反战争的国际惯例——即使是在一场反抗纳粹压迫的战争当中——因此双方都觉得“有必要制造出某种幌子”。很快，双方就达成一致，这次刺杀将被盟国的政治宣传描绘成由本土的捷克地下组织策划和执行的一次自发性反抗行动，尽管位于布拉格的反抗力量本身从未被告知伦敦要谋杀海德里希的计划。[15]

随着圣诞节的临近，三项重要任务团队正等待着被输送进保护国：

受训刺杀海德里希的小队——“类人猿”，还有两支被派遣去重建伦敦与捷克本土反抗力量之间受损通信线路的无线电发射团队——银A和银B。两个被选中去刺杀海德里希的人，已为他们的任务做好了充分准备。来自摩拉维亚的前军士，二十七岁的扬·库比什，于1939年春天获得了几次抵抗德国人活动的经验。当时，他还属于一个在纳粹入侵后自发兴起的小抵抗团体。当盖世太保试图抓捕他时，他想办法逃到了波兰，并在那里见到了后来刺杀海德里希的第二个人，约瑟夫·加布奇克。加布奇克是个个子矮小却体格壮实的斯洛伐克铁匠。像库比什一样，在因对纳粹占领感到绝望而逃离国家之前，他也在从前的捷克军队里当过士官。

像其他许多身无分文的年轻捷克斯洛伐克难民一样，库比什和加布奇克加入了法国外籍军团。在法国沦陷、被撤离到英国之前，他们曾在1940年初夏的时候短暂地在西线打过仗。在那里，按照一个盟国之间的协议，他们被招募进了捷克旅，这是贝内什流亡政府的小型军事武装，有大约三千人。当英国特别行动处开始为在保护国的秘密行动招募人员的时候，库比什和加布奇克自愿加入了。但他们对于行动的目的却一无所知。训练先是在曼彻斯特附近展开，然后是在因弗内斯郡的卡姆斯达拉赫的破坏训练营和贝拉西斯别墅，该别墅是多尔金附近被征用的乡村庄园。在数月的大规模训练之后，他们才被告知，他们已被选中去刺杀帝国总督本人。[16]

尽管加布奇克和库比什两人都为被选中去执行这样重要的任务而自豪，但他们都知道自己极有可能无法从这次行动中存活下来。穿越纳粹控制下的欧洲大陆去保护国的旅程本身就危险万分，而且即使他们安全地到达了布拉格并完成了他们的使命，也没有逃跑计划。这两名特工会一直留在当地，直到他们被杀、被捕，或是布拉格被从纳粹统治中解放。在1941年12月28日，也就是飞机从坦米尔机场——一处位于苏塞克斯的秘密皇家空军基地——起飞的前夜，这两个人都选择了留下遗嘱。[17]

哈利法克斯轰炸机载有九名伞兵和机组人员。这架负着重荷的飞机穿过英吉利海峡，扎进了被纳粹占领的法国的黑暗上空，随后又继续驶向德国。虽然来自德方防空炮弹和空军夜间战斗机的反复袭击打断了行程，但他们最终在凌晨两点多到达了波希米亚和摩拉维亚保护国上空。地面上厚厚的积雪让飞行员不可能识别出投放这三组队伍的指定区域。尽管飞行员被指示把皮尔森作为目的地，好让伞兵在这里与当地的捷克抵抗组织成员接上头，但他却意外地将加布奇克和库比什投放到了布拉格以东约三十公里、内维兹迪村附近的一块雪地。他们手上的联系人地址现在彻底没用了。

同时，还有其他的问题：加布奇克的脚踝在降落的过程中受了重伤，并且他正确地猜测到了已经有人注意到他们的到来。因为缺乏能见度，飞机在投放伞兵之前已降到了距地面只有一百五十米，而且这架轰炸机轰鸣的马达让半个村庄的居民从梦中惊醒。至少有两名村民看见伞兵飘向大地。依据任何一条概率法则，盖世太保都迟早会发现他们的行踪。[18]然而，那天幸运女神站在了伞兵们那一边。一个同情国家事业的当地猎场看守是第一个找到他们的人。在看到他们的降落伞埋在雪里之后，他跟着他们的足迹来到了一个被废弃的采石场。很快，内维兹迪当地的磨坊主布热斯蒂斯拉夫·鲍曼也来了。鲍曼刚好是捷克抵抗团体的一名成员，他让他们联系上了在布拉格的同志。[19]鲍曼会为帮助了这些刺客而付出惨痛的代价。在海德里希死后，他和他的妻子都被抓捕并送进了毛特豪森集中营，在那里他们遭到了杀害。[20]

新年之后不久，加布奇克和库比什乘火车去了布拉格。在接下来的五个月当中，他们游走于由本土抵抗中央领导提供的几处安全屋之间。他们的装备，包括手榴弹、手枪和一把斯坦冲锋枪，也一直跟着他们。他们花了好几周的时间围绕布拉格城堡、海德里希的乡村庄园和他在这两者之间上下班的路上走动或是骑行，以找到一个理想的位置去执行刺杀。在2月初，他们已经找到了一个看似理想的袭击位置：位于布拉格郊区利本的一处急转弯，海德里希在他每天上班的路上都经过这里。这个地点看上去是完美的，因为海德里希的车在这个急转弯的地方必须要慢下来，减到步行的速度，这就让加布奇克和库比什可以从紧挨着的区域射击他们的目标。同时，在这个急转弯的后方就有一个公交车站，刺客们可以在这里等待海德里希的车辆而不引起怀疑。[21]

然而，伞兵们能够轻松地潜入保护国，这让他们没有在这种情况下保持应该有的警惕。加布奇克和库比什二人都通过给他们提供栖身之地的家庭结识了女友并有了性事，这样就违反了所有保密条例。对安全屋、借来的自行车、衣物和公文包的草率使用，不必要地危及了数个属于更广泛捷克反抗团体的个人和家庭的安全，后来导致盖世太保找到了帮助这些抵抗人士的人，并最终清除了保护国内所有的有组织抵抗。然而，加布奇克和库比什暂时足够幸运而没有被发现。

其他人则没有那么幸运。12月28日夜里，在加布奇克和库比什之后仅几分钟内降落的银A、银B组的五名伞兵，在落地后不久就分头行动了。他们中的很多人要么是被盖世太保逮捕了，要么是在觉得家人受到威胁的时候去自首了。只有银A的组长阿尔弗雷德·巴托什成功地与本土抵抗中央领导少数幸存下来的指挥官之一瓦茨拉夫·莫拉韦克上尉重新建立了联系，并安装了代号为“里布舍”的无线电发射器——它很快就开始将有关工业生产和人民情绪的信息发送回伦敦。然而，他的报告确认了抵抗活动在保护国如果不说是没有可能，也已变得“极为困难”，因为“有一个政治活跃的人，就有一个永久的盖世太保特工”。[22]

如果说派特工进入保护国内的另一个原因是帮助轰炸重要的武器生产设备，那么这一目的也只取得了有限的成功。在“里布舍”发射器的帮助下，协调对位于皮尔森的斯柯达工厂进行一次英国空袭的计划也动摇了。其他包括银B在内的任务完全失败了。在1941年12月至1942年5月间，另有十六个来自英格兰的伞兵被投放到保护国，但他们当中没有一个完成使命：两个人被警察抓捕；两个人自愿把自己交由盖世太保处置，以避免坐牢或是被折磨；一些人在被德国警察追逐的时候中枪或是自杀；其他人则只是放弃了他们的使命而回到了家人的身边。由于对纳粹警察国家的渗透程度感到惊讶，又持有质量不高的假文件，很多人因此而惊慌失措。比方说，一个伞兵给他的母亲捎了话说他还活着并状态很好。兴奋的母亲告诉了一个熟人，那个熟人立即就将这个消息告诉了盖世太保。直到伞兵前来自首之前，这个伞兵的父亲和两个兄弟都被押作人质并受到被处决的威胁。[23]

5月，巴托什要求将投放伞兵的行动全部停止。“你们在给我们输送完全派不上用场的人，”他告诉伦敦，“他们对于组织网络来说是个负担，这在当前的非常时期并不是我们想要的。捷克和德国的安全部门掌握了太多关于我们的消息和知识，以至于重复这些行动会成为对人员和器材的一种浪费。”[24]但是，英国特别行动处和贝内什继续逼近。不久之后，巴托什惊恐地发现了委派给加布奇克和库比什的行动的目的。[25]5月上旬，本土抵抗中央领导都向贝内什传送了两次绝望的信息，恳求他放弃刺杀，并争辩说，德国人对于杀掉海德里希的报复，很可能

会清除所有剩余的捷克地下活动:

> 从奥塔和兹德内克(即加布奇克和库比什的代号)正在进行的准备和他们做这些准备的地点来判断,尽管他们三缄其口,我们还是假定,他们正计划去刺杀"H"。这次刺杀从任何角度来看都不会对盟国有利,并对我们的国家可能有着不可估量的后果。它不仅会威胁到我们的人质和政治犯,还会夺去上千条其他人的生命。它会将这个国家暴露在空前的后果当中,同时会扫除最后的(地下)组织的残余部分。因此,我们将不再可能在以后为盟国做任何有用的事情。因此,我们请求您通过银A发布指示,取消这次刺杀。不立即行动可能就会有危险。立即发送指令。如果出于对外政策的考虑,一次刺杀仍被认为是理想的,那就让它转而发生在其他人身上。[26]

两天以后,贝内什的情报长官弗朗蒂谢克·莫拉韦茨回复了一条误导人的信息:"不要担心什么恐怖行动。我们相信我们看清了形势,因此在当前状况下,任何针对德国官员的行动都不在考虑范围之内。告诉本土抵抗中央领导……"接下来的一天,即5月15日,贝内什自己给地下组织发送了一则信息,其中并未提及刺杀计划:

> 我预料,在接下来的进攻中,德国人会用武力推进。他们肯定会取得一些成功……如果是这样,我料想德国会提出无定论和平(暂时的休战)。这(对于我们来说)会是一场严重的灾难……在这种情况下,像是骚扰、直接颠覆、破坏或是示威这样的暴力行动,可能是我们的国家迫切需要的,或甚至是必不可少的。这会在国际上拯救这个国家,甚至付出巨大的牺牲也是值得的。[27]

贝内什又一次地向英国政府所施加的压力屈服了。正如伦敦的情报分析员指出的那样，“由银A最近发来的电报显示，捷克人民正越来越多地依靠俄国人……”——这一进展给英国长期以来在中欧的利益造成了严重威胁。这份报告总结道，民主的捷克地下组织只是没有出力，并且肯定“能够做出远多于此的尝试……”。现在看来，“如果我们想对指挥接下来的行动继续保有主动性，无论是从军事还是政治的角度来说，采取激烈行动，以此来重新树立对于英国，尤其是对于SOE战争投入的信心，是至关重要的”。[28]

尽管地下组织的保护人向他们发出了最后的请求，要他们放弃这次任务，加布奇克和库比什还是决定是时候行动了。作为士兵，他们觉得，自己所处的地位并不容许他们质疑由贝内什直接向他们发出的命令。当一个在布拉格城堡内的捷克线人向抵抗组织透露海德里希于5月27日要出行去会见希特勒，暗示说帝国总督会有几周都不在境内的时候，加布奇克和库比什决定，要在这一天执行刺杀。[29]

5月27日早晨，当海德里希还在他的乡村庄园和他的孩子玩耍的时候，他们就在划定好的实施攻击的那个急转弯处各就各位了。尽管天气温暖，加布奇克还是在胳膊上搭了一件风衣，好遮挡他的冲锋枪。在街的另一边，库比什正倚着一根灯柱，他的公文包里藏着两颗高度敏感的炸弹。第三个人——约瑟夫·沃尔奇克，在12月作为银A的队员通过降落伞进入保护国——则在更远一点的坡上就绪，好眺望靠近的车辆。在上午十点二十分左右，沃尔奇克的剃须镜在阳光下闪了一下，标志着海德里希的车正在靠近。[30]

正如刺客们所预料的，海德里希的司机因为弯道减速了。当汽车拐过来的时候，加布奇克冲上前，用他的冲锋枪瞄准海德里希并扣动了扳机，但是这把之前被拆卸开、藏在塞有一层草的公文包里的枪却卡住了。海德里希假定只有一个刺客，就匆忙地命令司机停车，并拔出了他的手枪，决意射杀加布奇克——这个灾难性的判断错误将让他丢掉性命。在紧急刹车时，库比什从阴影中走出来，将他的一颗炸弹掷向那辆敞开的梅赛德斯汽车。他误判了距离，炸弹在车的后轮胎处爆炸了，弹片溅回了库比什的脸上，并打碎了一辆路过的电车车窗。就在爆炸的声响逐渐消失的时候，海德里希和他的司机从被炸毁的汽车上跳出来，拔出了手枪准备好杀掉刺客。在克莱因跑向被从额头上滴下来的鲜血弄得半盲的库比什时，海德里希则转向了上坡，加布奇克就站在那里，还不知所措地拿着他那把无用的冲锋枪。在克莱因被爆炸搞得晕头转向，踉跄着朝库比什跑去的时候，后者成功地抓过他的自行车，向坡下逃去，并相信这次刺杀的尝试已经失败了。[31]

加布奇克的逃脱却没有那么容易。当海德里希穿过爆炸的尘埃朝他走来的时候，加布奇克躲在一根电线杆后面，充分预料到海德里希会向他射击。然而，海德里希突然痛苦地倒下了，加布奇克抓住他的机会并逃走了。就在刺客消失的一刹那，路过的捷克人和德国人过来帮助海德里希，并拦住了一辆面包房的送货车，将这个受伤的人送往附近的布洛卡医院。在那里，X光确认需要立即手术：他的横膈膜撕裂，并且弹片的碎块和车上座椅里面的马毛堵在了他的脾脏。尽管处于剧痛之中，海德里希对于捷克人的偏执和怀疑依然强烈：他拒绝让当地医生给他做手术，而是要求一名专科医生从柏林飞过来，做这场急需的手术。中午之前，他勉强妥协，同意一个由当地专科医生组成、由来自布拉格的德国外科诊所的约瑟夫·霍尔鲍姆教授领导的团队来实施手术。午后不久，海德里希被推进了手术室，同时，希姆莱和希特勒在袭击之后立马就得到了通知，并派遣了他们的私人外科医生卡尔·格布哈特教授和特奥多尔·莫雷尔医生去布拉格。[32]

当海德里希躺在医院里生死未卜的时候，怒火已在纳粹领导人和保护国的德国人中间蔓延开来。警察不得不阻止德国人袭击捷克店铺、酒吧和餐馆，以及对他们的捷克邻居动用私刑。[33]官方场合下，由纳粹控制的媒体弱化了这次袭击的严重性，强调说海德里希的伤势并未危及生命，并反而报道在东线战场德国夏日攻势所取得的成功，其中最为显著的是最近在哈尔科夫以南的包围战，在那次战役中，二十四万余名红军士兵被俘获。[34]然而，私底下纳粹领导层却比他们在公开场合下愿意承认的要恼火得多。戈培尔于1942年5月28日在他的日记里写道：

> 从布拉格传来了令人不安的消息。有人在布拉格郊区布置了一场针对海德里希的炸弹袭击，这使他受了重伤。即使他此刻没有生命危险，他的情况也还是让人担心……我们要找到刺客，这一点刻不容缓。接下来，应该召集一个特别法庭来处理他们及其同党。这次袭击的背景尚未明了。但是，伦敦很早就报道了这次袭击，这一点向我们透露了真相。我们必须明确，如果我们不用最残忍的手段来对付这样一次袭击，那么它就会开创一个先例。[35]

元首本人完全同意。在刺杀行动后不到一小时，愤怒的希特勒命令海德里希的副手和在保护国的高级党卫军和警察首领卡尔·赫尔曼·弗朗克最多可处决一万名捷克人，作为对此次袭击的报复。那天晚上晚些时候，深感震惊的希姆莱又重复了希特勒的命令，坚持说在当天晚上就应该射杀“一百个最为重要的”捷克人质。[36]

弗朗克担心大规模的报复行动会损害德国在该区域至关重要的经济利益，因此他立马飞到了柏林，试图说服希特勒，这次袭击是由伦敦精心策划的一次孤立行动。弗朗克暗示道，要进行大规模屠杀，就意味着弃用海德里希成功的占领政策，这样会威胁到捷克军备工业的生产力，正中了敌方政治宣传的圈套。然而，希特勒愤怒极了，他威胁说要派党卫军将军、党卫军在东线反游击队战争的头目埃里希·冯·登·巴赫—泽列夫斯基去布拉格。希特勒坚称，巴赫—泽列夫斯基会“乐意蹚过一摊血海而无丝毫顾虑。捷克人必须要学到这样一个教训：如果他们射倒一个人，就会立马有一个更加糟糕的人来取代”。然而，在会议结束之前，弗朗克已经成功制止了希特勒。暂时地，元首撤回了他对一万名人质格杀勿论的命令，但坚持刺客必须被立即抓捕。[37]

在离开布拉格之前，弗朗克在保护国实施了戒严。任何向刺客提供帮助或是庇护的人，甚至是没有向警察报告他们行踪信息的人，都会连同其全家被处死。那些十六岁以上的捷克人，若是在周五即5月29日凌晨之前没有取得新的身份文件，也将遭受同样的命运。在周六，任何人被发现没有规范的文件都会被射杀。铁路和其他所有公共交通方式都停运了。电影院和剧场、餐馆和咖啡馆都歇业了。布拉格音乐节也被中断了。在晚上九点到早晨六点之间实行宵禁，并根据希特勒的指令，宣布了一份悬赏一千万克朗来抓捕刺客的奖励。保护国政府急于把自己和这次刺杀隔离开来，所以请求将奖励加倍。[38]

在一个下午的时间内，德国秩序警察头目库尔特·达吕格在电话里被命令担任代理帝国总督这一职位，并用尽其所能用的一切手段追捕刺客。[39]达吕格担心此次暗杀尝试可能标志着一次在保护国更为普遍的暴动，因此他立即展开了现代欧洲历史上规模最大的一次警察行动。布拉格被德国警察和军队完全封锁了。由秩序警察小分队支援的盖世太保小队、党卫军、捷克宪兵和三个营的国防军——总共超过一万两千人——开始突袭三万六千栋房子来寻找刺客。[40]然而，尽管几乎没有一栋房子没有被检查过，但警察行动却没有取得想要的结果。大约有五百人因为和刺杀行动不相关的小罪行被逮捕，尽管捷克和德国民众提供了大量的线索（和假的指控），但行凶者还是没有被抓获。[41]

当保护国的平民百姓因畏惧报复行动而屏住呼吸的时候，贝内什高兴极了，尽管刺杀尝试的后果尚未有定论。他即刻向他们在地面的主要联系人巴托什发送了一条无线电讯息："我可以看出，你和你的朋友们都充满决心。这向我证明了捷克整个国家是不可动摇的。我向你担保，这正在起效果。在国内发生的事件已经（在伦敦）产生了非同寻常的反响，并带来了对捷克这个国家的抵抗行动的极大认可。"[42]然而，在这个阶段，海德里希是否能挺过他所受的伤，这一点还远不明确。5月31日，希姆莱到布拉格他的病房来探望他。这个伤者的情况稳步好转，并且还能够进行短暂的对话。[43]然而，两天以后，海德里希的腹腔出现了感染。如果1942年的德国有盘尼西林的话，海德里希就会活下来了。没有它，他烧得更严重了，且陷入了昏迷，这让柏林方面重又开始担心他可能会死掉。6月2日，戈培尔在他的日记中回顾了海德里希伤情恶化的情况，并补充道："失去海德里希……会是灾难性的！"[44]

英国方面普遍持有相似的看法："如果说海德里希没能从袭击中幸存下来，或是如果他因伤离职相当长一段时间，那么纳粹政权的损失无疑是极严重的。可以确定地说，海德里希仅次于希姆莱，是恐怖机关的灵魂……失去'主要的操纵者'将会产生严重的后果。"[45]6月3日，海德里希的伤情再一次恶化。医生对付不了他的败血症，他的体温蹿升，并且处于剧痛之中。次日上午，九点钟，海德里希死于血液感染。希特勒的"刽子手"——正如托马斯·曼在第二天英国广播公司的评论节目中对他的著名称呼——死了。[46]

第二章

年轻的莱因哈德

海德里希一家

莱因哈德·特里斯坦·欧根·海德里希，于1904年3月7日出生在萨勒河畔的普鲁士城市哈雷。[1]他的名字反映了其家庭的音乐背景和兴趣：他的父亲布鲁诺·海德里希是个还算一流的作曲家和歌剧演唱者，作为哈雷音乐学院的院长和创始人，他得到了全国认可。他的妻子伊丽莎白在哈雷音乐学院做钢琴教师。在给他们的第一个儿子取名的时候，他们从周围的音乐世界中汲取了灵感："莱因哈德"是布鲁诺的第一部歌剧《阿门》中悲剧英雄的名字，这部歌剧于1895年首次亮相；"特里斯坦"是向理查德·瓦格纳的歌剧《特里斯坦与伊索尔德》致敬；"欧根"，则是他故去的外祖父欧根·克兰茨教授的名字。欧根·克兰茨是德国最享有盛誉的音乐学院之一——德累斯顿皇家音乐学院的院长。[2]

莱因哈德的出生，与德国一段发生着飞速改变和无尽乐观的时期刚好重合。在俾斯麦和威廉二世的统治下，德意志帝国已变成了欧洲的强国：其经济和军事力量卓越，而且科学、技术、教育和市政令全世界都眼红。但是，威廉二世时期德国的现代化也有其较黑暗的方面，最显著的就是这样一个普遍的渴望，即成为影响力能够赶上经济和文化成就的世界霸权。因此，我们最好这么形容，海德里希所出生的德意志帝国有着截然不同的两面：在政治上，它由一个准备通过草率的对外政策来增强国家的国际地位的领导层实行着半独裁统治；而在文化和科学上，它又是超现代的。[3]

莱因哈德的父亲布鲁诺·海德里希，是自1871年以来根本改变了德国且几乎没有被打断过的经济繁荣的受益者。在那时，经过三次分别对抗丹麦（1864）、奥地利（1866）和法国（1870—1871）的胜利战争，德国这个民族国家已从形形色色的王国、大公国、侯国和自由城里凸显出来。布鲁诺于1863年2月出生于勒本的萨克森村一个新教工人阶级家庭，他在早期经历了艰苦的生活和经济困难。他的双亲欧内斯汀·威廉和卡尔·尤利乌斯·莱因霍尔德·海德里希，从勒本一路搬到了因陶瓷制造业而举世闻名的迈森城，并从1867年起这家人就一直在此居住。此前，卡尔在勒本只是个一贫如洗的家具木工学徒。1874年5月，卡尔·尤利乌斯因结核病在三十七岁的时候就早早去世了，留下了年龄在三到十三岁之间的三个儿子和三个女儿。[4]

卡尔·海德里希的早逝，将他的家庭置于经济上的绝境。因为根本就没有什么遗产，布鲁诺的母亲被迫为了自己和六个孩子的生计去打零工。布鲁诺·海德里希后来回忆道，自己有个“艰难、伤感的青年时期”，在那时，他不得不在他的弟弟妹妹们面前扮演“挣钱养家的人和教育者”这个双重角色，尤其是在他的哥哥莱因霍尔德·奥托在十九岁死于结核病之后。欧内斯汀发现很难养活孩子们，于是她就去寻找一个新的经济支柱，并于1877年5月和一个新教徒铁匠古斯塔夫·罗伯特·苏斯结婚了。他比她年轻十三岁，而且只比她的儿子布鲁诺年长九岁。尽管苏斯本人并非布鲁诺的父亲，也不是犹太人的后代，但在接下来的年月中，正是苏斯那听上去像犹太人的姓氏，才会激起对海德里希并非雅利安人血统的猜疑。[5]

由于布鲁诺的家庭背景并不优越，他做出进入职业音乐家这个行业的决定就显得不同寻常，并且需要很高的天赋和很强的动力。受过专门培训，在音乐厅和歌剧中表演的职业音乐家，在德国是个相对较新的现象：德国第一个完备的音乐学院仅能追溯到1843年，由菲利克斯·门德尔松在莱比锡建立；很快便成为严肃音乐合奏典范的柏林爱乐乐团，则建立于1882年。音乐教育也十分费钱，而布鲁诺的母亲没有闲钱可花。但是，布鲁诺并没有轻易退缩。十二岁还在迈森上学的他就开始拉小提琴和吹中号，接下来又拉低音提琴和吹大号。这个爱好很快就变成了一个非常必要的收入来源：他和他的弟弟理查德通过在当地的集会上唱歌来赚钱贴补家用。布鲁诺作为一名歌手的天赋并没有被无视。在他十三岁之前，他已经作为迈森青年乐团的一员，在公开演唱会上进行独唱表演了。[6]

布鲁诺的才华和决心得到了来自小小的迈森社区之外的认可：1879年4月，他赢得了一份在享有盛誉的德累斯顿皇家音乐学院进修作曲和演唱的三年学位奖学金。这所萨克森最杰出的音乐教育机构，由他未来的岳父，皇家议员欧根·克兰茨教授担任院长。[7]1882年7月，布鲁诺以最高荣誉从德累斯顿音乐学院毕业，并开始在迈宁根和德累斯顿的宫廷乐团拉低音提琴。在松德尔斯豪森宫廷剧院上演（1887）的由弗里德里希·冯·弗洛托创作的喜剧歌剧《玛尔塔》中，他客串饰演利奥尼；在魏玛上演（1889）的《罗恩格林》和在马格德堡上演（1890）的《唐豪瑟》和《浮士德》中，他都扮演同名角色。之后，他在什切青、科沃尔布热格、亚琛、科隆、哈雷和法兰克福，接下来又在安特卫普、日内瓦、布鲁塞尔、维也纳、布拉格和马林巴德的国际舞台上作为英雄男高音演出。海德里希获得了极大成功，但这并不足以支持其职业男高音生涯的持续发展，尤其是他还要继续在经济上资助他的母亲和她的四个女儿，其中一个女儿是她在第二段婚姻中生下的。即便如此，他早期的成功还是为他锁定了一份去拜罗伊特的邀请函。1890年夏，他在那里为瓦格纳的遗孀柯西玛演唱了瓦格纳的《罗恩格林》、《帕西法尔》、《纽伦堡的工匠歌手》和《黎恩济》四部作品中的片段。在瓦格纳于1871年在拜罗伊特的法兰克小镇外围青山上筹建的节日剧院，海德里希也许取得了事业上的重大突破，但他与拜罗伊特瓦格纳音乐节签约的梦想却注定不能实现。他再也没被邀请回到那里。[8]

布鲁诺·海德里希没能成功地在拜罗伊特找到一份工作，这一点是在战后人们误以为他是“一个二流或三流音乐家”的原因之一。这一评价无疑是过度受到了他儿子在第三帝国犯下的罪行的影响。[9]纽约爱乐乐团的首席指挥家布鲁诺·沃尔特在19世纪90年代中期在科隆见过布鲁诺·海德里希。作为一个德国犹太人，在纳粹的逼迫之下，他于1933年流亡。在战后，他陈述道，莱因哈德的父亲有一种“毫无魅力、不再完全饱满的声音”，而且他被同事们认为是个“可疑人物”。“纳粹的刽子手莱因哈德·海德里希，”沃尔特补充道，“是这个男人的可怖的儿子，当我读到关于那个施虐狂的事情的时候，我常常想起那个声音难听的平庸歌手……他被命运选中来生下一个魔鬼。”[10]

莱因哈德·海德里希在第三帝国犯下的罪行，使得沃尔特战后的这番评价让人困惑。他的评价和与他同时代的人对布鲁诺才华的估量截然相反。同时代的人认为，他在同仁当中享有很高的声望。用音乐评论家奥托·雷策尔的话来说，布鲁诺·海德里希于1896年在科隆城市剧院表演的齐格飞，因在“音乐上无可挑剔”而卓越；另一位评论家称赞他于1901年在不伦瑞克表演的弗拉·迪亚沃罗是“一次绝对完美的扮演”。[11]成功又衍生出了更多的成功。在1895年，在他遇上沃尔特的同一年，海德里希被邀请到美因茨，担任汉斯·普菲茨纳的《可怜的海因里希》中的主要角色。普菲茨纳在科隆的时候跟海德里希成了熟人，他对海德里希在演绎齐格飞时“音乐上和思维上都很敏锐”的表演感到那么钦佩，因此邀请他来担任自己新的剧作中的主角。[12]

在作为一名歌剧歌手参与职业活动的同时，布鲁诺越来越多地投入创作当中，并最终写了不少于五部歌剧：《阿门》(1895)、《和平》(1907)、《偶然》(1914)、《里拉琴女郎》(1921)和《永恒之光》(1923)。布鲁诺的作品并不算19世纪晚期和20世纪早期最精良的创作，但在古典音乐的故乡，有几出戏剧能和像贝多芬、门德尔松、瓦格纳和施特劳斯这样的作曲家的作品一起上演，这本身就标志着很大的成功。从形式和内容上来说，他的创作灵感来自瓦格纳这个杰出的榜样——瓦格纳是他那个年代首屈一指的先锋派艺术家，其由四个部分组成的音乐剧《尼伯龙根的指环》(1876)把音乐浪漫主义带到了全新的且可能无法再被超越的高度，由此彻底改变了国际歌剧圈。瓦格纳作品的重要主题——爱、权力和善与恶之间的永恒碰撞——深深地影响了布鲁诺·海德里希自己的作品。在瓦格纳最后几部音乐剧《特里斯坦与伊索尔德》、《纽伦堡的工匠歌手》和《帕西法尔》中，这些主题发展得最为有力。它们在布鲁诺的第一部歌剧《阿门》中就显现出来了。这部歌剧于1895年9月在科隆首演后获得了极高的赞赏。[13]

像瓦格纳剧中的英雄齐格飞和特里斯坦一样，《阿门》中的主人公莱因哈德终究是个悲剧人物，经受过宿命和剧中恶棍狡猾行径的考验。这个恶棍是农民领袖托马斯，他象征着在德意志帝国具有威胁性的社会民主主义的崛起。和托马斯这个以无情的刀刺在背的方式杀了莱因哈德的跛脚恶棍形成对比，莱因哈德是个日耳曼的英雄人物，他有着极高的道德、智力和身体素质——素质之高，足以让布鲁诺以莱因哈德这个名字给他的长子命名。

这部歌剧的成功带来了全国的认可和一定程度上的物质保障，这就让布鲁诺得以和他的导师克兰茨教授的女儿在1897年12月成婚。莱因哈德·海德里希的母亲伊丽莎白·安娜·阿梅利亚·克兰茨，在结婚的时候二十六岁，并且在很多方面跟她的丈夫截然相反。布鲁诺是个气度不凡的高个子，略微超重，有着鬈曲的黑发，他欢快又有趣，在谈话中时不时地插入一些夸张的戏剧手势；而伊丽莎白呢，则体格又小又轻，举止严肃，且很有教养。[14]并且，伊丽莎白是作为一个天主教徒被养大的，因此她是宗教少数派的一员。天主教徒占了帝国人口的36%，而且跨教派之间的联姻是很罕见的。伊丽莎白的母亲玛丽亚·安东尼是包岑一个富商家庭的女儿，她在培养几个孩子的时候，会让他们对自己出身富有资产阶级上层家庭的社会地位有完全的意识。她的两个儿子被送去伦敦锻炼经商、学习外语技能；在父亲的音乐学院受训成为钢琴家之前，伊丽莎白在卢加诺的天主教修道院接受教育。这样的养成对于富裕家庭的女儿们来说很平常，尤其是在受过教育的中产阶级，为了支持丈夫们的社会抱负，妻子们被越来越多地期望受过全面教育、有艺术才能和音乐能力。[15]尽管这对夫妇的成长环境和性格不同，但海德里希的婚姻却是场爱情的结合。他们对音乐都有着深深的热情，而且他们对彼此的倾慕足够强烈，以至于克服了在社会地位、财富和宗教养成方面的显著不同。

受到《阿门》的成功的鼓舞，布鲁诺·海德里希对他的第二部歌剧《和平》怀着雄心壮志。他想让这部剧在柏林宫廷歌剧院上演，这将象征着皇室的认可。在德意志帝国，官方认可和皇室资助是很重要的。然而，布鲁诺高远的志向却落了空。1907年1月27日，为了庆祝威廉二世皇帝的四十八岁生日，《和平》在美因茨首演了。皇帝对于布鲁诺的戏剧缺乏兴趣，这部分是由于其内容：这部三幕的歌剧背景设定在16世纪，有着强烈的宗教暗示，而且围绕着天主教当中的罪与赎罪这两个概念展开——这对于德国新教教会的首领来说并没有吸引力。[16]公众对《和平》褒贬不一的评价让海德里希失望了，他登台亮相的频率也变得更低了。尽管他作为一个作曲家并没有取得什么重大的突破，但他还是留下了涉猎广泛的作品集，其中包括了五部歌剧、数份钢琴谱、合唱音乐作品、抒情三重奏和室内乐曲：在第一次世界大战爆发之前总共有六十份曲谱，这让他在20世纪早期的德国音乐史上稳稳地坐在了一个不容忽视的位置上。[17]

然而，布鲁诺最大的成功是他在做音乐教师时获得的。和克兰茨家庭联姻后，在1898年伊丽莎白的父亲在早早去世后留给她的巨额遗产的帮助下，海德里希夫妇搬去了哈雷这座城市——格奥尔格·弗里德里希·亨德尔的出生地——在这里，布鲁诺依照着著名的卡尔·弗里德里希·克里斯蒂安·法施享誉世界的普鲁士歌唱学院的模式建立了哈雷合唱学校。尽管哈雷早已是德国最佳的大学城之一，是古斯塔夫·冯·施穆勒（1838—1917）这样的国际知名学者的家乡，而且是德国最古老的科学院——利奥波第那科学院的所在地，它在19世纪的大部分时期都是个寂静的、中等规模的省城，有着不足五万居民。但是，在海德里希夫妇到来之时，哈雷已跻身德国欣欣向荣城市的行列。哈雷的繁荣是基于采矿和化学工业的迅速扩张，并且越来越多的地方银行让它变成了一个有着十五万六千人口的德国第六大城市。[18]

在这一根本变革过程的众多受益者之中，中产阶级得到了最多的成功。随着他们日益增长的财富，跟中产阶级特有的教育文化——通过接触文学、音乐和美术来受到教育和熏陶——相关联的社会地位也提高了。尽管其政治精英是落后的，但德意志帝国却是个有着超现代文化圈的国家，在这里，这些艺术受到广泛重视并被官方推广。[19]当布鲁诺在哈雷开展自己的事业之时，音乐已成了中产阶级的日常消费品，它构成了资产阶级教育的一个重要组成部分。具有代表性的音乐媒介——钢琴，在19世纪晚期已成了很多中产阶级家庭的客厅里一件添置得起的财产。由于在19世纪中期，钢琴的生产从手工作坊转到了工厂，在1870年到1910年间，德国钢琴的产量增长了八倍。相应地，钢琴的价格降了一半，它也成了中产阶级养成的核心部分。给业余演奏者谱写的简单乐谱，是中产阶级娱乐和文化当中的一个中心特征。[20]

1901年，布鲁诺小小的合唱学校变成了一个完全成熟了的音乐学院，专攻钢琴和歌唱课程。它是哈雷同类型机构里的第一家。在接下来的几年中，发展是迅速的。这个越来越富有、快速成长的城市中的公民们，能够负担得起将他们的孩子送进音乐学院。一年中有几次，布鲁诺的学生们在公众音乐会上登台表演，这很快就成为哈雷文化生活的一个重要特征。[21]在他取得事业上成功的同时，布鲁诺设法将他自己完全融进了哈雷的社交圈。和那时的其他欧洲城市一样，哈雷的会所和协会保持了为中产阶级社交联系的首选框架。1900年，哈雷登记处列出了四百三十六个私人会所和协会，其中很多都是为受过大学教育且富有的中产阶级的利益服务，并且安排文学之夜、音乐会、球赛和其他类似有益身心的社交活动。在这些组织当中，最有社会影响之一的是三骑士共济会分会。该组织的会员既有大学教员，也有来自更广泛的商业群体的成员。虽然我们并不清楚布鲁诺是何时加入的分会，但在20世纪的头几年，他反复地在该分会的场地组织音乐会。[22]

布鲁诺也是苏拉菲亚协会哈雷分支的创始人之一。这个全由男性组成的组织于1859年建立于布拉格，目的是跨国界地发展艺术、增进友好和友谊。成为苏拉菲亚的一员，对于一个像布鲁诺·海德里希这样的艺术家来说并非不同寻常。更多和他同时代的显赫人士，像著名的匈牙利作曲家弗朗茨·莱哈尔和奥地利诗人彼得·罗塞格尔都是这个遍布中欧各处的协会的成员。作为当地的名人，布鲁诺也成为这个城镇几个音乐协会的荣誉成员，比如哈雷合唱团——一个成立于1834年的男子合唱团。1909年，在该合唱团成立七十五周年的时候，他创作了一曲《致男子合唱团的赞美诗》。并且，合唱团的成员和他的音乐学院的学生屡次登台合唱表演了这首曲子。[23]

与此同时，哈雷音乐学院继续蓬勃发展。学生的数量快速增长，从1902年的二十名增至1904年的一百九十名，需要十一位常任教师、四位助教和一位秘书。此时，海德里希夫妇也能够雇得起两个女仆和一个管家。伊丽莎白负责管理家族生意的财政和行政方面。她管理得井井有条，这些东西若是落到她那有艺术天赋却在理财上无能、花钱比挣钱快的丈夫手里，早就被挥霍一空了。布鲁诺的音乐才能和社交本领，再加上他妻子的财富，共同为海德里希家在哈雷社区里锁定了一个受尊敬的地位。他们和哈雷的市长和当地报纸《萨勒报》的编辑培养了私交。这家另一个要好的朋友是菲利克斯·冯·勒克纳伯爵，他在第一次世界大战期间将会因为是德国最受欢迎的海战英雄之一而出名。[24]

因此，莱因哈德·海德里希出生在一个财力雄厚、社会地位很高的家庭。这个家庭努力地过着有条理的生活。在世纪之交，对于一个蒸蒸日上的德国中产家庭来说，这种以循规蹈矩、勤奋工作为特征的生活是典型的。海德里希的母亲全身心地投入家务和孩子们的健康成长之中，偶尔也会在她丈夫的音乐学院做一下钢琴教师，他的父亲布鲁诺则主要是在其院长的工作中大放光彩。在海德里希家里的这种男女有别的分工在当时很常见：父亲是不可动摇的一家之主，做出关于孩子的抚养和教育的所有重要决定；而母亲则照料孩子的日常需求——对于海德里希家来说，母亲是跟家庭女教师一起分担这个角色的。女孩子们，包括莱因哈德的姐姐玛丽亚，为她们成为被期待的母亲和妻子的角色做着准备；而男孩子们则被当成将来各自家庭的经济支柱和一家之主来培养。[25]

在莱因哈德出生四个月之后，1904年的夏天，海德里希一家搬进了一个大得多的房子。学生数目的膨胀，以及由此导致的空间短缺，迫使布鲁诺开始寻找新的场地。在1904年7月，布鲁诺的音乐和戏剧学院从玛丽大街的两栋独立建筑搬到了邮政大街——哈雷市中心较为宜居的几个街区之一。这片有着宏伟建筑的街区，给完全围绕着中产阶级群体的教育和代表性需求展开的海德里希家族生意提供了一个完美的环境。新的音乐学院也给拥有它的家庭提供了一个宽敞的家，有更多数量的教室和乐器，并且还有自己的排练舞台。[26]

年轻的莱因哈德明显受益于他父母的音乐才能。作为长子，他有一天会继承音乐学院。这个注定了的职业，要求他从很小的时候就接受严格的音乐培训。甚至在他1910年开始上小学之前，就已经学会识谱了；他能完美地演奏车尔尼的钢琴练习曲，而且已经开始上小提琴课。他的父亲鼓励他在音乐方面的兴趣，并在1910年他只有六岁的时候，父子二人在哈雷城市剧院参加了一场杰出的音乐盛事：跟拜罗伊特的演员们一起演绎了《尼伯龙根的指环》。这种对浪漫主义音乐的激情，尤其是对瓦格纳歌剧中神话世界的激情，会伴随莱因哈德的余生——这种激情是他和将来纳粹德国的元首阿道夫·希特勒所共同拥有的。[27]

海德里希家里的日常生活，是按照精准制定和一贯保持的规则进行的。伊丽莎白·海德里希极其严肃地对待宗教教育，积极参与教会生活。两次转折让海德里希一家离开新教，改投了天主教会。莱因哈德的外祖父欧根·克兰茨在与信仰天主教的玛丽亚·安东尼结婚的时候就不再信仰新教。在下一代，新教徒布鲁诺·海德里希在他妻子的要求下转信了天主教。在一个新教徒主导的社会，这并不是一个很容易的决定。作为一个在德国人生活中始终重要的力量，宗教自1871年德意志帝国建立以来就获得了新的、更为突出的重要性。文化斗争——俾斯麦在19世纪70年代晚期至80年代早期以将布道坛“用于政治目的”为由起诉和逮捕了几百位天主教神父，是他意图打破政治天主教的不成功的尝试——在新教徒和天主教徒之间留下了互相猜忌的苦果。[28]

然而，在海德里希出生之前，忏悔室里敌意的强度已经在减弱。在平民百姓中间流行的天主教有着如下趋势：远离19世纪70年代的保守文化，向着明显的爱国主义态度转变，意在反驳德国天主教徒的忠心大多在罗马而非帝国这个指控。然而，在海德里希生活的早期，宗教还是一个很重要的方面。在20世纪早期，新教教堂的出勤率已大幅降低，而天主教堂的世俗化进程却不那么剧烈，人们也更坚持对天主教传统的奉行。[29]海德里希一家人也属于坚守天主教的那么一群人。伊丽莎白是个虔诚的天主教徒。她带领着孩子们做晚间祷告，并且在周日，全家人都去参加弥撒。莱因哈德在当地的天主教堂当祭坛男孩。[30]刻意维持天主教教义，是在他早年的生活中少有的几件怪事之一，尤其是考虑到在20世纪30年代他持有激进的反天主教的立场。这让他在绝大多数都是新教徒的哈雷城里成了极少数派的一员。根据1905年的一份人口普查，哈雷的十七万居民中有94%是新教徒。相比之下，天主教社区的成员数量只有七千出头。[31]

考虑到他在接下来的年月里对于身体强健的痴迷，他童年的另一件怪事就是他的体弱多病。作为一个身材纤细、瘦小，又体质差、易生病的孩子，莱因哈德从小就被父母鼓励参与每一项体育运动：游泳、跑步、足球、帆船、骑马和击剑。海德里希一生对于体育的激情就从这里开始。[32]一家人的夏日假期，经常是在风景如画的波罗的海海岸、乌瑟多姆岛上时髦的海滨小镇斯维内明德度过的。对于海德里希家的孩子们来说，这一定是一年中最让人兴奋的时候。他们的整个假期都是在看风景、散步和享受乘船旅行及在海滩上的时光。[33]

与此同时，音乐学院继续繁荣发展：到1907年，它已拥有了总共二百五十名交费的学生，职工的数量也上升到了十九名。仅一年以后，在1908年，音乐学院有三百名学生，数量多到足够促使海德里希一家考虑在将来扩大自己的生意了。[34]1908年4月——那时，莱因哈德刚满四岁——海德里希一家又搬家了。这次，他们搬进了位于古琴大街一栋大得多、雄伟得多、为他们专门建造的房子。在这里，莱因哈德度过了他童年和青春期的大部分时光。这栋三层的房子位于城市剧院附近一个高档的、很讲究地位的区域，它彰显了这个家庭不断增加的财富。这些财富来源于伊丽莎白在德累斯顿音乐学院的工资和布鲁诺持续扩张的哈雷音乐学院。在1911年以前，哈雷音乐学院已经创纪录地拥有了四百名学生，雇用了二十七名常任教师。[35]“那栋房子，”莱因哈德的一个校友战后回忆道，“给人留下繁荣的印象：铺着人造板的宽敞房间，很多银质餐盘，最精美的瓷器。”这栋郊区别墅有一个很大的音乐室，在那里时常举办社交晚会和音乐会，也会有校友来参加莱因哈德的生日聚会。[36]

一个同时代的建筑评论家表达了海德里希的家到底有多大，设备有多齐全：

> 这是一栋由詹茨和雷卡特设计的、位于古琴大街的华丽的全新建筑。音乐学院坐落在这栋建筑宽敞的三层侧厅，被绿植环绕。这栋建筑里有一些明亮、宽敞的教室，几乎所有的教室都面对着花

> 园。还有一个客厅、一个行政办公室和所有组成现代教学楼的东西。但是，这所音乐学院最吸引人的却是位于一层的华美礼堂，能坐下三百人。它宽敞又明亮，为很多友人和赞助人提供了一个极其愉悦的夏日处所。很多年来，这些人为了密切关注海德里希学生们的进步而一直来看音乐学院的表演。这个有着雅致的电气照明系统和精巧的绘制装饰的礼堂，让人仿佛置身于一个精致的王侯私人小剧院，吸引着在城堡各处的造访者……[37]

鉴于布鲁诺在经济上获得的成功和他的社会抱负，他的长子会上高中这一点一直是很明确的。在那时，中学教育是为一小部分有特权的、几乎全是男性的精英保留的。在20世纪初期，大约90%的德国学生从没有在小学之后继续念书。那幸运地上了中学男校的10%的人当中，则有约66%的人继续接受了人文高中教育。人文高中的终点是一份让中学生们有资格上大学的毕业证书。余下的34%的人去了技术高中——一个不那么学术的机构，其毕业证书不能让学生有资格上大学。[38]

到了莱因哈德该上中学的时候，他的父母决定把他送去当地的新型人文高中。这是一个相对较新的机构，体现了对不断改变、面向未来的德意志帝国的科学乐观主义。新型人文高中旨在将古典人文高中的特征，即强调全面的人文主义教育，并注重拉丁语和古希腊语的训练，与20世纪早期现代教育的要求结合起来。跟德意志帝国多数新兴的工艺专科大学一样，新型人文高中起源于19世纪末期对技术的狂热和兴趣。这样的热情随后帮助德国成就了在所谓的基于技术革新的第二次工业革命当中的领导地位。在海德里希开始上中学之前，德国已经成为欧洲的工业强国，在国际上主导着化学、物理和工程领域。因此，布鲁诺将其长子送去一个新型人文高中的决定，不仅仅是莱因哈德成绩优秀的结果，也是那个时代技术和科学乐观主义的写照。新型人文高中的现代性，还体现在另一个层面上。当时，绝大多数的德国学校都是有教派的，而新型人文高中则跟任何一种宗教的说教都没有关联。在1906年，有不少于95%的新教徒的孩子和91%的天主教徒的孩子在他们各自教会的学校接受教育。因此，莱因哈德的受教育经历从不止一个角度来看，都是不同寻常的现代和有远见的。[39]

除了在德国高中里教授的主要科学科目——化学、物理和数学——之外，德国文学和文化以及现代语言也被着重强调：从一年之后开始教授法语，拉丁语从下四开始，在下五时引入英文。莱因哈德在学校的表现是超出一般水平的。由于其有文化修养的家庭背景，这一点也许并不奇怪。他在科学学科的成绩尤为突出，而且他在少年时期的职业理想是成为一名化学家。同时，他开始对犯罪小说和间谍小说产生了浓厚的兴趣，它们中的很多都在报纸上有连载。来自英国和美国的侦探小说——从夏洛克·福尔摩斯到尼克·卡特，再到纳特·平克顿——在德国取得了巨大成功，并且它们捕捉到了年轻的海德里希的想象力。在第一次世界大战期间和20世纪20年代，他对这类题材保持着浓厚的兴趣，并在1931年初次见到希姆莱的时候好好地发挥了一番他的专长。这两人都不知道怎么开展间谍活动，但海德里希运用从侦探和间谍小说当中学来的知识打动了希姆莱，以至于后者将建立党卫军情报机关的工作交给了前者：这个机关就是后来的保安局。[40]

第一次世界大战及战后

1914年夏天——当海德里希一家人在波罗的海海岸度年假的时候——这家人井然有序的世界被一个重要事件深深地撼动了：6月28

日，奥地利皇储弗朗茨·斐迪南在萨拉热窝遇刺，加剧了一场很快就以第一次世界大战而进入高潮的国际危机。民众对这场1914年8月的战争热情有限，海德里希一家人也不例外。尽管布鲁诺和他的妻子有信心德国能够赢得这场战争，但他们还是充分意识到，它也给音乐学院将来的经济状况带来了不确定性。[41]

年轻的海德里希还很难理解发生在他周围的事件的全部影响。在第一次世界大战爆发的时候，作为一个十岁的孩子，他也是战争青年一代的一员——他太小，还不能作为士兵被送去前线，但也足够大，能有意识地感受到这场战争是他个人生活及其国家历史上一个决定性的事件。尽管他没有直系亲属去往现场，但这场战争是无处不在的：报纸和海报在后方狂轰滥炸，刊登着吹捧军事行动进程的报道；佩戴军事勋章的校友和重要将领的照片装饰着教室，教师们在学校的集会上宣布最新取得胜利的消息。与此同时，在莱因哈德的学校，年龄大点的男孩逐渐消失而去了前线。到1915年6月，大约有80%最高年级的男孩都自愿加入了军队，那些剩下的低年级男孩则翘首期盼着他们能够追随前者脚步的那一刻。像同龄的大部分男孩子一样，莱因哈德一定是把这场战争当成了一场遥远的冒险游戏，在那里，德国人毫无疑问会成为赢家——这一想法被大大流行的“一分钱恐怖故事”*强化了，这些小册子售出了上百万，特别是卖给年少的男孩。[42]

当战争在东欧和远在佛兰德斯及法国北部的战场进行得如火如荼时，音乐学院的经济际遇开始缓慢但稳步地下滑了。由于战争的爆发，学生报名停滞了，接着开始缩水。截至1914年年末，布鲁诺不得不解

---

* 19世纪产于英国的一部廉价、流行的系列文学。一个故事通常被分为几个部分，每周发表一部分，每部分的价格为一分钱。故事的题材通常是侦探、犯罪和超自然实体。——译注

雇了他的九名教师，但继续举办了一定数目的公开音乐会和1914爱国者歌唱协会的演出。该协会是由布鲁诺于战争爆发之时创立的。他的妻子伊丽莎白也为国家的事业做出了贡献：她在音乐学院开办了一节编织课，在课上，哈雷中产阶级家庭的妻子和母亲们给他们在前线当兵的丈夫、儿子和兄弟们制作衣物——主要是围巾和袜子。[43]

到1915年，战争的经济影响已开始侵蚀海德里希家的日常生活。对食品供应和其他重要物资的限制变得日益明显。在1914年以前，德国25%的食物供应是依靠进口，而英国的海上封锁有效地阻断了这个国家所有的进口。在农田里缺少驮马和身强力壮的人更加剧了这个问题，在战争期间，食物生产相应地减少了三成。1915年，面包配给开始实施；下一年又引入了肉的配给。战前平均每日的营养摄入为两千五百卡路里，这在战争期间减少了一半多。[44]海德里希家的孩子们在他们的人生当中头一次经历饥饿，尤其是在“1916年的萝卜冬季”*。与此同时，实际收入减少了，尤其是中产阶级的实际收入。他们中的很多都失去了存款，也不再能够负担得起他们孩子的音乐教育。海德里希一家人的度假也变得不那么奢华。在战争期间，莱因哈德一年一度的暑假是在托尔高和德绍这两个城镇之间的迪本的荒野度过的。他的父母从当地的一个护林人那里租了一个农舍。在第二次世界大战之后，护林人的儿子埃里希·舒尔茨回忆道，他和莱因哈德靠读历史书籍消磨时光，并通过与在当地开垦的战俘交谈获得了对俄国人的基本认识。据舒尔茨说，他跟莱因哈德也努力地读了夏尔·塞尼奥博斯写的《文明史》的法语原版，还用法语讨论了这本书，或至少是尝试着这

* 指在第一次世界大战期间在德国出现的一段人民生活极度困难的时期。秋季糟糕的天气导致了土豆收成不佳，且多数运到城市里的作物都腐烂了，德国人民被迫依赖萝卜作为替代品。——译注

么做。[45]

1916年，正当西线的战争陷入僵局，法国士兵出乎意料地顽强守卫凡尔登的时候，海德里希一家热切地等待着《胡戈·黎曼的音乐辞典》的出版——那是当时最全面、使用最广泛的德语音乐和音乐家百科全书。这本书在那年夏天应该上市了，并且还应当有一则关于布鲁诺·海德里希的生活和工作的条目。[46]但当等到一本书终于到来的时候，期待却变成了愤怒和沮丧。在打开黎曼的百科全书后，这家人就发现有一则条目暗示布鲁诺是犹太作曲家，且他的姓“实际上是苏斯”[47]。海德里希并不是个特别政治的人，但书中含沙射影地说他是犹太人则促使他以诽谤为由起诉了百科全书的编辑——这一暗示在一个潜在的反犹主义一触即发的新教城市可能会对他产生伤害。1916年的这场诉讼显示，原本关于海德里希的条目（没有“破坏性”影射的那条）是被马丁·弗雷出于故意报复的目的而更改了。他是海德里希从前的一个学生，已被从音乐学院开除。弗雷通过辞典编辑团队里的一个亲戚安排了这次改动，为的是破坏布鲁诺·海德里希在哈雷社区内的名声。[48]在事实被查清之后，布鲁诺赢得了这场官司，有关他所谓的犹太背景的提法也被从下一版的百科全书当中删除了。但是谣言并没有消失。相反，莱因哈德在德累斯顿的舅舅汉斯·克兰茨和一个来自匈牙利的犹太女人伊萨·雅尔米结婚这件事被公开之后，这些谣言重又兴起了。在学校，莱因哈德的校友开始戏弄他和他的弟弟海因茨·齐格飞，管他们叫“伊西”或是“伊西多”。[49]

在战争年间，海德里希一家人很看重否认这些谣言，他们威胁要以诽谤起诉那些重复谣言的人。尽管如此，他们自己和哈雷的犹太公民（在1910年，哈雷的犹太人数量不超过一千四百名）的私人关系却很正常，也并没有证据表明布鲁诺·海德里希对待犹太人态度不友好。正相反，犹太人把自己的子女送进海德里希的音乐学院；布鲁诺还将学校的地窖出租给当地的一个犹太商人当作储藏间；而且，他的长子莱因哈德还和哈雷犹太社区教会领唱的儿子亚伯拉罕·利希滕斯坦成了朋友。[50]

因此，1916年关于海德里希的那场谣言，与其说显示了布鲁诺自己种族主义的思想，不如说更多地反映了正在攀升的反犹主义的大环境。尽管犹太人在德意志帝国不再受到歧视性法律的约束，但在有关获得社交、国家机关的重要职位或是军队里高级军衔的渠道方面，非正式的针对犹太人的歧视还在继续。在德意志帝国，反犹主义是普遍的，但跟法国或是欧洲中东部相比并非更严重，并且它还不是一个有明确定义、自洽的思想体系。相反，它是一种刻板印象的松散集合，是从广泛的、可能经过不同比例混合在一起的传统中汲取的。种族主义的反犹主义——在海德里希之后的生活中起推动作用的这种意识形态力量——始终只是处于德国政治极端边缘的极少数人的事情，而且在德意志帝国，从来没有一个一门心思关注“犹太人问题”的游说团体曾取得竞选上的成功。但是，在整个政治界以及由新教和天主教会发表的公开宣言中，你都可以发现对犹太人恶意的流露。对于年轻的莱因哈德·海德里希而言，说他是半个犹太人的指控是件恼人的事，但是，尽管这可能让他对那些散播谣言的人怀有敌意，但一定没有把他变成一个反犹的种族主义者。[51]

比起海德里希的祖先是犹太人的谣言，战争失败了这则消息的毁灭性要更大。德国的政治宣传直到1918年的秋天都在暗示胜利在望，而且《布列斯特—立托夫斯克和约》促使人们相信，打败英国和法国只是时间问题——这一和约使得1918年春德国对俄国的胜利得以成形。[52]因此，1918年11月停战协议的签订是一个沉重打击，是一场粉碎了很多德国人希望和期盼的不受欢迎的意外。在取得初步成功的1918年德国春季防御开始后仅数月，协约国就突然获得胜利，这导致了很多德国人拒绝相信他们的军队已被打败。相反，一个强大的谣言在举国上下流行起来：就是那个所谓的“刀刺在背”的传说，即德国战无不胜的武装力量在后方被不爱国的革命分子背叛了。“刀刺在背”在德国文化中有着强烈的反响，很重要的一点原因是，受到人们欢迎的尼伯龙根传说中的英雄人物齐格飞是从背后被杀死的——瓦格纳的《尼伯龙根的指环》和布鲁诺·海德里希的歌剧《阿门》都采用了这个主题。尽管有一大部分德国人起初乐意看到战争和帝国制度的结束，但在1918年年末和1919年年初革命激化的时候，这种情绪很快就转变了。革命引起了令人精疲力竭的政治动荡，并导致了一种普遍存在的灾难性情绪。德国战败后两个月，极左翼革命派斯巴达克团试图在柏林掌权。这次暴动失败了，且其主要领导人卡尔·李卜克内西和罗莎·卢森堡于1919年1月15日晚被自由军团逮捕和谋杀。然而，革命的威胁仍在继续，特别是在不来梅、慕尼黑和位于德国西部和中部的工业腹地。[53]

截至1919年2月底，革命的浪潮已推进到了海德里希的家乡哈雷。直至此时，布鲁诺·海德里希都不是一个特别热衷政治的人——他对皇帝是忠诚的，持有民主自由主义的观点，但他从未和某一个党派有任何关联。他的政治化始于德国战败和接下来的革命：1919年年初，他成为德国国家人民党（DNVP）的一员。该党有着坚定的反民主、君主主义章程。他就此变得热衷政治这一点和1919年春在哈雷发生的重要政治变化，不可能不对他十四岁的儿子莱因哈德产生影响。

1919年2月23日，德国中部矿工会议在哈雷召开，并宣布反对在魏玛的国家临时政府而展开全面罢工。当反共产主义的哈雷市民以反击作为回应的时候，本来就紧张的局势进一步恶化：当地的商人关了店铺，就这样切断了这座城市的食物供给。邮局停止运行，而且警察、医生、教师和其他公务员纷纷拒绝工作。这次全面罢工在2月27日达到顶峰，此时，德国中部四分之三的工厂和矿井外都设有纠察队。同日，哈雷经历了史上最大的一次政治示威：多达五万名工人要求国家政府下台、建立工人委员会和将德国的工业厂房国有化。社会民主党的国防部长古斯塔夫·诺斯克担心哈雷的动乱愈演愈烈——哈雷靠近魏玛，而在魏玛，国民制宪议会的代表正聚集在一起起草一份新的共和国宪法——于是命令一个由退伍军人和学生志愿者组成的自由军团小队去“收复”哈雷这座城市。其指挥官格奥尔格·梅尔克尔少将是个坚定的保守派前殖民地官员，他参与了针对德属西南非的赫雷罗人和纳马人的凶残殖民地战役，之后又于第一次世界大战期间在东部和西部前线作战。[54]

对莱因哈德·海德里希而言，在他的家乡可能爆发一场革命的威胁的经历，强化了他正生活在一个满是可感知的、切实存在的威胁的时代印象。在家里和学校，1917年俄国十月革命的例子在关于德国未来命运的讨论中是被重点突出的话题。有关布尔什维克对前俄国上流人士犯下的暴行的流言从东部兴起，并快速地被投射到德国本身的境况上。要解释这种流言的穿透力，只能通过思考俄国革命和接下来夺去近三百万人性命的内战的大背景。在1917年至1918年冬季，意志坚定的革命少数派俄国布尔什维克成功地巩固了权力，这给政治世界注入了一股强大的新力量，也导致了同样坚定的反革命力量的出现。于他们而言，对革命，尤其是对革命者的暴力镇压，构成了他们的首要目标。[55]

正当梅尔克尔在哈雷南部集合他自由军团的部队时，事态又升级了：他的长官之一克吕贝尔中校，在一次侦察行动中穿着便衣进入了这座城市。当克吕贝尔被革命派士兵发现时，他遭到了攻击和殴打，随后被扔进萨勒河，被从聚集来观看这一场面的人群中射出的一枪打死。这起事件激化了本来就紧张的氛围，而从德国其他地方发源的暴行故事煽动了这一氛围，其中最明显的是，柏林的保守派报纸暗示，共产主义暴动者已经杀死或伤害了政府军队和平民人质。尽管这些关于暴行的传闻中有多数在后来被发现是不实的或是被夸大的，但对公众的想象产生了强大的影响力。其中也包括了年轻的海德里希，他在第三帝国的职业生涯当中经常会说起1918年至1919年期间的事件。[56]

梅尔克尔的部队次日早晨侵入了这座城市。几天时间，这些士兵都把自己关在哈雷的邮局总部，而暴动者们则接管了离海德里希家仅几个街区的城市剧院。在接下来的两天，莱因哈德和他的父母目睹了政府士兵用包括大炮在内的重型武器攻击城市剧院，最终攻占了这栋建筑物。梅尔克尔的部队随后毫不留情地粉碎了叛乱，总共杀了二十九人，伤了六十七人，其中很多都是围观的平民。超过二百人被捕。梅尔克尔自己的部队则有七人死亡。

3月3日，星期一，梅尔克尔下令系统地占领这座城市并宣布戒严。两天后，他组建了一支志愿民防部队，主要来自市民和哈雷的大学生。这支力量的主要目的，是保护私有财产和在进一步的内乱中维持稳定，尽管内乱不太可能会发生。部队很快就有了四百名成员。[57]其中一个新招募的成员是莱因哈德·海德里希，彼时他十五岁，且仍然是新型人文高中的一名学生。[58]尽管人们对于他在这支志愿军当中扮演的角色知之甚少，但由于年龄和缺乏经验的关系，要说他的参与意味着任何超出象征性姿态以外的东西，这是不太可能的——这一姿态只是一次有些可悲的尝试，想要通过加入一个不太可能见识到真正战斗的准军事组织来弥补他在战时战争经验的缺乏。和他相似，该组织中的很多年轻志愿者都是在一个充斥着英勇热血故事的好战氛围下成长起来的，却错过了“钢铁风暴”的第一手经历。对于他们来说，民兵组织提供了一个再好不过的机会，让他们能活得像一个理想化了的勇士那样，却没有丧命的切实危险。[59]

鉴于海德里希之后的职业生涯，加上自由军团普遍被归结成纳粹主义的先锋，人们很容易就会高估他在第一次世界大战以后参与准军事行动所产生的影响。[60]对一些第三帝国将来的主要人物，包括希姆莱和海德里希未来的副手贝斯特博士在内，这段战败和革命的经历着实是政治觉醒的时刻。在他出生的巴伐利亚发生革命期间，十八岁的希姆莱在日记当中记录道，后方的"叛国"需要以暴力来回应，因此他加入了"高地"自由军团。这支军团于1919年春参与了对短命的巴伐利亚苏维埃共和国的血腥镇压。[61]海德里希的反应却没有那么过激，也确实更能代表战争青年一代这个总体。毫无疑问，尽管他对德国战败和革命爆发感到愤慨，但海德里希在第一次世界大战之后紧接着的余波里并没有变成一个原型纳粹分子。他在学校的许多朋友加入了哈雷的民防部队。和他们一样，海德里希主要的动力是年少时的冒险精神，以及一场针对早就被打败了的共产党人的保证不流血的战争游戏。因此，他对准军事行动的参与大体上局限于向他的青少年伙伴们炫耀他那尺码过大的钢盔和制服。[62]

还不到一年以后，在海德里希仍然在民防部队麾下时，哈雷再次成了血腥巷战的发生地。1920年3月，几支自由军团开进柏林以抗议共和国政府即将遣散他们。他们暂时成功地在极右翼德国祖国党的重要创始成员沃尔夫冈·卡普的领导下组建了一个独裁政府。这次政变很快就被一场声势浩大的全面罢工打败了，后者随之促使了德国工业腹地的极左派发起了布尔什维克革命的第二次尝试。因为有着数目可观的工业工人阶级，哈雷也是受到此次暴动影响的城市之一。几天时间，撤退的自由军团在持续很久的巷战中和共产主义同情者进行对峙，导致了双方均有数十人死亡。3月23日，政府军介入并恢复了哈雷的公共秩序。[63]

再一次，没有证据表明海德里希积极参与了这些对抗中的任何一场。战败和革命使他变得政治化了，这一点没有什么疑问，但那影响究竟有多深远至今仍不明确。根据他的儿时伙伴，后来的冲锋队军官卡尔・冯・埃伯施泰因的战后证词，通过阅读激进的民族主义宣传册和历史书籍，试图进入哈雷的几个当时正迅速兴起的种族主义联盟和协会，海德里希在战争期间就已经形成了一种"极端民族主义"的态度，即视德国人民的利益超越了其他任何政治或是道德考量。[64]后来，海德里希自己声称在1920年至1922年间是德国国民保护与反抗联盟哈雷分支的一员。这支联盟在1920年拥有两万五千名成员，是1918年战败之后在德国出现的数不清的反犹协会当中最大也最活跃的一个，但它在外长瓦尔特・拉特瑙于1922年遇刺之后就被禁止了。[65]

实际上，很有可能的是，海德里希仅仅是在1933年后号称是该组织的成员，以此来证明他早期对右翼政治的忠诚。[66]支持他早期参与过右翼组织这一说法的仅存文件，是一张随着他的个人文件留存下来的、没有标注日期的明信片。这张明信片的正面写着条顿骑士团的广告文字，该团是在战后德国发展出的无数极右翼的小边缘组织之一。在卡片的背面，一个不知名的作者询问了海德里希对民族主义事业的忠心："我们期待很快再次听到你的消息。此时正是有种族意识、纯种的日耳曼人为了最终事业团结起来的时候。你是我们中的一员吗?！"对于这张神秘的明信片最有可能的解释是，海德里希的确参加了条顿骑士团在哈雷的集会，但他再也没有回去过，这才引起了那样的书面询问。根据我们了解到的所有信息，他从来都没有回复过。[67]

尽管海德里希并没有由于1918年至1919年间发生的事件而成为一个原型纳粹分子或是大肆杀戮者，但几乎可以肯定的是，他赞同在紧接着战后的那段时期上学的很多年轻德国人都拥有的想法：反布尔什维克主义，强烈反对《凡尔赛条约》，并拒绝接受帝国和波兰之间“流血的边界”。尽管这些想法是大多数德国人——从温和左派到激进右派——都可以达成一致的，但海德里希个人对1918年至1919年间动荡的经历也让他容易受到另一个想法的影响，这个想法很快就会成为纳粹意识形态不可分割的一部分，即确信生活是一场永久且激烈的斗争。从1919年起——先是在哈雷，然后又在海军，并且最终在党卫军——海德里希都被一种政治的环境围绕着，在这一环境当中，愿意用暴力来对付形形色色的敌人，这越来越多地成了大家的共同点。

海德里希跟他那代人一样，都有那种经历了一场史诗般浩劫的感觉。这场浩劫的特征是军事战败及其政治后果，还有中产阶级变得愈发贫穷。在六千五百万的总人口中，德国在战争当中损失了超过二百万人，且有四百一十万余士兵负伤。战后的经济危机和德国历史上规模空前的通货膨胀接踵而至。在很大程度上，这次通胀发源于国内，最重要的原因是，在战时背负的沉重借贷和只有在取得军事胜利的情况下才能还得上的累累负债。金融和经济危机以臭名昭著的1923年恶性通货膨胀而达到顶峰，此时，买五百克黄油要花一万三千德国马克。这场危机动摇了中产阶级的经济基础，并实际上清空了海德里希家的现金资产。1923年的货币变革并没有怎么改变这种状况。对布鲁诺·海德里希来说，养活他的家庭变得越来越困难了，而实际上他还要资助直到1923年1月去世都持续从她儿子那里拿钱的母亲。[68]

这次通货膨胀和很多德国人一生积蓄的荡然无存，大大削弱了哈雷市民资助他们孩子的音乐教育的能力。1921年，音乐学院仍有二百名学生，海德里希一家仍能够支付得起孩子们的娱乐活动消费，比如说去看无声电影和歌剧，或是去上舞蹈课。[69]但到了1922年，他们的财务危机变得明显了：在一封致哈雷地方法官的长信中，布鲁诺·海德里希请求国家补贴一万德国马克，并以更低的价格获得煤、气和电，以使音乐学院得以继续运转。布鲁诺被迫承认，“因为价格增长过多、收入的减少和我们的私有财产不断增加的损耗”，他的家庭已经“精疲力竭”。如果说战争和之后的革命已经损害了其生意的经济可行性，那么通胀就是让他失去了用家里的积蓄补贴音乐学院的手段。这座城市的优等音乐教师培训学院——哈雷音乐学院的生存正遭受“严重的”威胁。布鲁诺在信中表达了对商业娱乐的兴起、无线电的到来，以及更宽泛的“现代”的狂轰滥炸的深恶痛绝，在这个时代，“普通大众宁愿吃腊肠，也不愿接受音乐教育”。[70]

布鲁诺对国家补助的申请被拒绝了。在六十岁的时候，他面临着事业上的毁灭，而且毕生的心血似乎注定要失败了。即使1924年年初德国经济的稳定让音乐学院得到了些许缓解，但在接下来的十年当中，对极端经济和社会衰退的恐惧还会一直伴随着海德里希一家。

海军生涯

1922年晚春，在以高分拿到他的中学结业证书之后，莱因哈德决定要以一个海军军官为职业。考虑到他的家庭背景和他自己的音乐天赋，当一个职业音乐人，接过哈雷音乐学院院长的职位应是合理的一步，但鉴于这门生意在经济上每况愈下，这不再是个有吸引力的选择了。他也决定不去学习化学，尽管他在校时对这门学科尤为感兴趣。[71]

究竟是什么促使莱因哈德加入德国海军，一直是人们热衷的猜想。他的妻子在战后暗示，年轻的海德里希是儿时在波罗的海海岸度假时对海军着迷的，在那里他可以看到帝国公海舰队的演习。[72]其他人则强调海德里希家的老朋友，第一次世界大战的海军英雄菲利克斯·冯·勒克纳伯爵个人所产生的影响，他的自传《海上幽灵》精彩地描写了他在1914年至1918年间的冒险航海历程。该书在海德里希完成学业之前一年面世，并且被整个一代的年轻德国读者如饥似渴地阅读着。[73]第三个可想到的影响，可能来自海德里希的儿时伙伴，和他一起在迪本的荒野度过了战时假日的埃里希·舒尔茨。舒尔茨在1921年就已经作为军官学员加入了海军。[74]

不管哪一个童年影响起了决定性作用，毫无疑问的是，年轻的莱因哈德是在这样一个国家被抚养长大的：宽泛地说是军事，具体一点说是海军享有很高的威望，它是帝国国家安全的保卫者和德国未来命运的担保人，这个观念在威廉二世晚期的教科书里就被培养起来了。[75]这些年轻人没有一手阵地战经历，不能将那些在魏玛共和国早期由美化了的战争电影和“一分钱恐怖故事”杜撰出的英雄形象和其做对比。因此，1918年后，年轻人对当兵的向往仍然没有黯淡。不仅是军事世界在越来越不安全和看似混乱的时代提供了保障和秩序，而且，假想中的前线士兵的英勇形象作为德国年轻人的楷模，在20世纪20年代对他们产生了强大的影响。这个暴力的“新男人”有着严谨而不羁的军人风范，这让他和遭到鄙视的、没有男子气概的柏林纨绔子弟形象，或是一个看上去衣衫褴褛的布尔什维克革命派完全不同。[76]

尽管如此，和其他军事分支相比，曾是德国民族主义者的喜悦与自豪的德国海军，也许被可憎的叛国玷污得更为厉害：“十一月革命”正是1918年在基尔以德国水手的反叛拉开帷幕。他们拒绝执行长官下达的让帝国舰队出海与英国皇家海军决一死战的命令。只是在1919年帝国公海舰队明显是“英雄”地自沉于斯卡帕湾之后，海军的名声才有了一定程度的恢复，从而对爱国中产阶级家庭的儿子来说，再一次成为有吸引力的职业选择。正是海军军官在人们心中的战时形象——勇敢、有冒险精神、自律、讨女性喜欢——吸引了海德里希，而不是现实中那支被《凡尔赛条约》削减到只有一万五千人、少量落伍战舰和巡洋舰的令人堪忧和失望的海军力量。[77]

海德里希家对莱因哈德做出的职业选择持有矛盾的态度。他的母亲对海德里希想成为一名海军军官感到“非常自豪”，而他的父亲则很难接受他那有音乐天赋的儿子不愿继承家里的生意。[78]不顾父亲的反对，海德里希还是于1922年4月1日在基尔作为一名海军学员，和很多其他“船员22”（以收录的年份命名）的学员一起开始服役。学员培训开始是在“不伦瑞克”号战舰上进行六个月严格的基础训练，接下来的三个月是在“奈奥比”号帆船上。1923年7月至1924年3月，此次培训以在“柏林”号巡洋舰上服役告终。1924年4月1日，海德里希晋升成为海军高级官校学员，并被派往弗伦斯堡附近的米尔维克海军学院进行军官培训。[79]

根据战后海德里希的学员同伴提供的证词，他在基尔的时候一直都是头被孤立的独狼，“在船员当中没有一个朋友”[80]。毫无疑问，这些证词被他们不愿看上去跟一个战犯走得很近的决心给污染了。海德里希发现适应新环境很困难，这一点是真实的，但至于他为什么是个局外人，其中的原因还尚未明确。在解释原因时，有些以前的船员强调了他的害羞，他不同寻常的外表，以及他不能够应付训练对体能的要求。“海德里希的外貌惊人地不协调，”他的一个船员同事在第二次世界大战后回忆道，

他的四肢不知怎么地配不到一起。一颗长而窄且过小的脑袋安在一条长脖子上，他有着短金发、长鼻子、不信任地眯着且靠得很近

> 的眼睛和一张小嘴，他通常抿着嘴唇。上半身修长，几乎像猿人一样的手臂搭在又深又宽的骨盆上；他的体型高大，有着弧形的、没有肌肉的腿……他看上去高瘦又笨拙，有些柔弱和女性化。

同一个军官还如是回忆道，甚至海德里希的学习能力也

> 最多只能算是平庸。做学问和刨根问底从来就不是他的长处。也许他学东西是很快，但他只停留在表面，而没有消化他所学到的东西或是妥善地整理它。然而，只说他是精明的也是不公平的。他的聪明才智……基于逻辑思考、始终如一的行为和一种以对自己有利的方式来对待他人的直觉，他通过这种方式来为自己识别机遇、预判他上级的意志和让自己适应环境。[81]

鉴于海德里希一生都对体育运动充满激情，不能够应付训练对体能的要求这一点，极不可能是他成为局外人的主要原因。[82]在加入海军之前，海德里希是个积极的体育运动爱好者已有好几年了。他是哈雷体操协会的会员、活跃的游泳者和高中划船俱乐部的成员。不仅如此，他在年幼的时候还学了击剑，并在其海军岁月里每日都练习。还有，他很热衷于帆船，在1927年用一艘十二英尺的小帆船赢得了波罗的海锦标赛，一年以后又在同一个类别赢得了北海锦标赛。[83]

海德里希在船员里是个局外人，更有可能的至少一部分原因，是他受过教育的中产阶级这样一个背景，他对音乐的特别偏好，以及他倾向于在没有任务的时候在甲板上拉小提琴，这个消遣在男性化的海军世界里显得古怪且格格不入。[84]在他出发去基尔的时候，他的父亲给了他一把小提琴作为临别礼物，海德里希一有时间就一个人用它练习。他

对音乐的喜好三番五次地使他成为被嘲笑的对象。比方说，当他在基尔进行基础训练的时候，一个来自西普鲁士的军士培训官经常在夜里把他叫醒，并逼迫他用他的小提琴演奏《托塞利小夜曲》。很多年以后，海德里希曾回忆过这些侮辱人的事件，那是在对西普鲁士人因其"被波兰人污染的"血统而具有种族低劣性发表居高临下的评论时。[85]

关于在军官培训的开端他是个异类这一点，还有两个我们必须考虑到的原因。自从开始海军生涯，他就进入了魏玛共和国最坚定的右翼环境之中，在这个环境下，军官和军士们以持有一种好战的民族主义立场来补偿1918年在基尔发生的那场"丢脸的"海军叛乱。海军军官们不仅在1919年至1920年对抗共产党暴动分子的自由军团暴力行为中起到了决定性作用，而且也输出了很多右翼恐怖分子。这些恐怖分子形成了臭名昭著的政务官团，他们对刺杀马蒂亚斯·埃茨贝格尔和拉特瑙等魏玛共和国重要政治家负有责任。在这种右翼极端主义的大环境下，海德里希貌似很奇怪地不怎么关心政治，或者说，他的一些海军中的同事在战后是这么做证的。如果他确实是在1918年对右翼极端主义暂时感兴趣过，那么似乎在1922年之前就失去了兴趣。当他的一个学员同伴恩斯特·维尔纳·特肖于1922年夏参与对外交部长拉特瑙的谋杀时，海德里希让他的室友们失望了，他对这件事丝毫不感兴趣。他也不关心1923年法国占领鲁尔这件事——尽管此事在他的海军军官同伴和全体德国人当中引起了热烈讨论。他的学员同伴汉斯·雷姆在战后做证道，如果非要说有什么，也只能说海德里希被他的同事们当成一个自由主义者且正是因此而被孤立的。[86]有意思的是，他未来的妻子莉娜对他早期对政治缺乏兴趣做出了相似的评估。在战后，莉娜坚称："他对政治一窍不通……他以傲慢的态度看待所有的政党，尤其是纳粹党，并且他觉得政治本身是粗俗的。在这方面，他表现得跟势利眼一样，并把他的海军生涯看成最重要的东西。其他东西都不算数。”[87]

也许，比起他对政治明显的漠不关心，对他是局外人这个状态更加重要的是，关于他的有犹太人家庭背景的传言又重新出现了。“在我们班上，”一个同伴军官如是回忆道，“海德里希多多少少被当成一个犹太人，因为我们另一个从哈雷来的战友告诉我们，他的家人实际上叫‘苏斯’，并且这在哈雷是尽人皆知的事。”在接下来的年月，海德里希的学员同伴会叫他“白种犹太人”，或者是“白种摩西”。为了反驳谣言，海德里希坚称他曾是反犹的哈雷德国国民保护与反抗联盟的成员——该组织拒收犹太人作为成员，而且在1922年拉特瑙遇刺后就被取缔了。尽管这则声明可能并不是真的，但它似乎提高了海德里希在同伴们中的地位。[88]

1923年夏天，在“奈奥比”号帆船上服役两个月之后，海德里希的位置进一步得到了提高。在此之后，他被调到“柏林”号巡洋舰上。正是在“柏林”号上，海德里希遇上了彼时舰上的大副，将来纳粹德国军事情报机关的头目威廉·卡纳里斯，并和他交好。卡纳里斯的军事经验打动了年轻的海德里希：在1914年的福克兰群岛战役中，他是小型巡洋舰“德累斯顿”号上负责导航的中尉。*卡纳里斯成功地于1915年从智利的拘留营里逃出来，之后又回到了德国。反过来，卡纳里斯也立马开始喜欢上这个喜欢音乐、害羞的年轻人，而且他成为海德里希在接下来年月中的导师。从1924年起，他就频繁地邀请海德里希到自己在基尔的家中。在那里，莱因哈德和卡纳里斯的妻子埃里卡在一个私人

* “德累斯顿”号巡洋舰是在福克兰群岛战役中唯一幸免遇难的德国军舰。从舰上逃生的大部分船员在战争期间被拘禁在智利。——译注

的弦乐四重奏团里一起演奏小提琴，并且经常为基尔社交机构的成员表演。[89]

海德里希也在卡纳里斯家以外的地方演奏音乐。根据20世纪20年代末期就读于基尔国际经济学院的学生赫塔·雷曼—乔特科维茨的说法，她首次见到海德里希是他在一个共同的朋友，一个业余大提琴手的家中拉小提琴的时候。雷曼—乔特科维茨记得，海德里希是个极其敏感的小提琴手，他展现出一种深深地打动了观众的温柔和感伤。在交谈中，他给人的印象是一个“肤浅的水手”，没有过多地参与到讨论中来，而一旦他开始演奏小提琴或是讨论与音乐相关的主题时就彻底转变了。[90]

海德里希军官培训的最后一个部分，是在“石勒苏益格—荷尔斯泰因”号军舰——德国北海舰队的旗舰——服役六个月。1926年夏，他登舰参加培训，穿过大西洋，进入西地中海，访问了西班牙、葡萄牙和马德拉岛。在岛上，他显然在那群军官中制造了一起小小的丑闻——一个英国军官的妻子拒绝了同他一起跳舞的邀请。[91]在他完成了“石勒苏益格—荷尔斯泰因”号上的训练后，海德里希被晋升为第二海军中尉。[92]在升职后，他似乎从同事那里得到了更多的认可，也更少成为笑柄了。他的战友和在“石勒苏益格—荷尔斯泰因”号上的室友海因里希·贝克回忆道，在海德里希升职后，他“极大地成长了……他的上级经常给予他认可和好评。他乐于助人，且向人们表明他们可以依赖他……每得到一点认可的信号，他的热情就增加一点，他的傲慢也是如此……野心毫无疑问是海德里希最强烈的特征。他想要成就一些东西，而其他人则应该感到惊叹”[93]。他童年的朋友埃里希·舒尔茨在短暂地来访哈雷途中见到海德里希的时候得出了相似的结论。“由于他的野心和能力，我们都很确定他会在海军中走得挺远。他永远不满足于自己已经取得的成就。他的冲动总是要得到更多，要做得更好，要去往更高的地方。在还是一名中尉的时候，他就已经梦想着成为海军上将了。”[94]

海德里希与其他年轻军官之间的关系大为改善，与此同时，他开始对他的下属显出一种明显的傲慢——这在20世纪30年代会愈演愈烈。他以一种如此专横和无礼的方式对待“石勒苏益格—荷尔斯泰因”号上的普通水手和军士，以至于有两次他的行为就快要引起暴动了。[95]但是，尽管有这些障碍，海德里希的自信还是增长了，而且他感到终于在其海军军官这个职业中“安稳了下来”[96]。他在“石勒苏益格—荷尔斯泰因”号上服役期间和之后，将他那更加充裕的休闲时间用来参加体育运动，主要是帆船、游泳和击剑。据他的室友贝克说，海德里希每天都锻炼，且在周末的时候在树林里骑马和慢跑：

> 他想要当一个五项全能运动员。他以令人吃惊的能量做每件事，却大大地高估了自己的天赋和技能……他那时就已经梦想着得到奥林匹克的桂冠了，而且在将自己的成就夸上天的时候也毫不感到惭愧。当他没有收到参加国防军体育锦标赛通知的时候，他觉得完全是被误判了。根据在锦标赛上取得的成绩，他向我“证明”他本来是可以赢得五项全能的……[97]

对海德里希这个案例来说，高超的运动技能和军事素养，是由得到同伴的认可这样一种欲望推动的，但是，他并不是唯一一个把对体育的激情当成年轻男子气概体现的人。截至1931年，超过六百五十万德国人是有组织的体育协会的成员。在观众当中最受欢迎的体育运动，是各种各样的武术以及要求速度的运动，这包括现代飞行。飞行需要大胆精准的操作，因此常和冒险、英雄般的勇气和技术进步联系在一起。在大众的想象中，英勇的飞行员代表着人类对现代技术挑战的掌控。像是“红色男爵”这样的战时形象就具体表现了这一想象。*海德里希自己于20世纪30年代开始上飞行课，随后在第二次世界大战中作为一名飞行员参与了对挪威和苏联前线的数次空袭。[98]

在接受了无线电操作和无线电报的特别训练之后，海德里希以无线电军官的身份继续在“石勒苏益格—荷尔斯泰因”号上服役，直至1928年10月。[99]1950年，他在海军通信学校的教官古斯塔夫·克莱坎普回忆道，海德里希的“天赋、知识和能力都超出一般水平”。克莱坎普还说，海德里希“总是对自己的能力很肯定、有野心，并且能在他的上级面前有利地展示自己的成就”——他会在随后的年月里恰到好处地运用这个“天赋”。[100]每取得一次成功，他的野心就增长一些。据他当时的室友称，海德里希试图“在哪里都‘发光’：在工作上，对待他的上级时，对待他的战友时，对待船员时，在体育运动上，在社团里和在酒吧。他整理了一份笑话和逸事的集子，并在他的鲁特琴上演奏他的歌曲。而且，他常常以这种方式打动人们……”[101]。

1928年7月1日，海德里希被晋升为第一中尉，并被派到位于基尔的波罗的海海军基地的通信部门。现在，他有了更多的闲暇时间，他把这时间的大部分都投入了体育运动、音乐和第三个兴趣点：女人。在“石勒苏益格—荷尔斯泰因”号夏天去往西班牙和葡萄牙的航行途中，他就已经表现出了对女孩子的强烈兴趣；并且，据他从前的一些军官同伴说，他在酒吧和妓院实现他的性幻想。[102]回到基尔，他不断地寻求

---

* “红色男爵”本名曼弗雷德·阿尔布雷希特·冯·里希特霍芬，是德国的王牌飞行员。——译注

那些他能够用他的军官制服、翩翩风度和音乐才华打动的女性的陪伴。他的一个军官同伴在战后回忆道，他的努力换来了成功："他不止一次地给人留下印象，尤其是年纪较大的女士。"[103]1930年，他认识了一个来自柏林的女学生。他在几个月的时间里都会去首都拜访她。这段关系将会对海德里希个人产生深远的影响。[104]

莉娜·冯·奥斯滕

莱因哈德·海德里希，是在1930年12月6日基尔的一场舞会上见到他未来的妻子莉娜·冯·奥斯滕的。莉娜出生在荷尔斯泰因东部的费马恩岛。她在吕特布罗德的海滨村庄长大，在那里，她的父亲于尔根·冯·奥斯滕管理着当地的学校。奥斯滕家是丹麦贵族的后代，但自从1864年德丹战争中费马恩沦陷给普鲁士之后，这个家族的社会地位就稳步下滑了。于尔根的家里有六个男孩和两个女孩，他是第二个儿子，因此不得不放弃索取家里的农场。1896年，他搬到了费马恩岛，并在此遇上了他其中的一个学生且和她结了婚——莉娜的母亲玛蒂尔德·希斯。玛蒂尔德家好几代人都在这个岛上生活、经商。像奥斯滕家一样，希斯家也曾有过更好的日子。战争和随后的通货膨胀湮灭了所有剩余的家庭财富，且奥斯滕家被迫住进了那栋莉娜父亲给当地孩子授课的红色教学楼里。[105]

在经历了物质匮乏、对未来不确定的童年之后，莉娜在1927年于奥尔登堡收到了她的离校证书。在这之后，她在父母家里留了一年，在此期间，她母亲教了她做饭和做其他的家务。但是，莉娜更有野心，而且她反抗社会传统。她带着成为一名教师的目标，自己主动申请就读基尔女子职业学校——至少是在德国，教师这个职业在当时仍然是由男性主导的。1928年，她搬到了基尔，住在一处名叫“亨利埃特之屋”的女生宿舍。并且，莉娜经常参加社交集会和舞会，像是1930年12月她初次见到莱因哈德・海德里希的那场。[106]

海德里希立马就对这个自信又漂亮的十九岁金发女孩产生了好感。这吸引力是相互的，海德里希在那天晚上余下的时间里都陪伴在莉娜身边，在舞会结束以后又提出将她送回她的住所。当他们在夜色下漫步的时候，他请她准许再一次见到她，她同意了两天以后一起在当地的公园散步。依据她的回忆录，莉娜对这个“野心勃勃却又内敛的男人”立即就感到了“同情”。多年之后，她做证道，这个男人是“一个志同道合的人、一个朋友——其实比这些还多得多”。[107]

在他们初次约会三天之后，莱因哈德邀请了莉娜去剧院，之后到一个附近的酒馆。尽管他们对彼此知之甚少，海德里希却在当天晚上结束的时候向莉娜求婚了。莉娜表达了一系列的反对——她的父母丝毫不知道他的存在，而且她还尚未完成学业——但最终，她还是答应了。12月18日，莉娜和海德里希秘密地订婚了，并且莱因哈德向他的未婚妻保证，他会在圣诞节前寻求她家人的认可。[108]

同日，一个深陷爱情之中的莱因哈德・海德里希给她写了一封信：

我最最亲爱的莉娜！在繁忙的工作之中、在我离开之前，我想赶紧让你知道……我想的都是你。并且，我意识到自己有多么爱你！我再也记不得之前是什么样的，但我太清楚我落下的是什么。这才是我更加期待着我们之后的生活的原因。你！跟你在一起，我能忍受任何悲伤！离圣诞夜只有几天了。离这天越近，我越是自信地向前展望。因为，直截了当和诚实是我一直给自己提出的主要要求。因此，对我来说，看着你父亲的眼睛并不是什么难事。

你知道，我觉得在我爱的人身上没有什么是比绕弯子和不真诚来得更糟糕了。我会毫不犹豫地用同样的武器来对付那些卑鄙的人。——我几乎等不到周六了！直到那时为止，非常爱你，你的莱因哈德。[109]

那个周末，为了请求和他的女儿结为夫妻，海德里希正式地给莉娜的父亲于尔根·冯·奥斯滕写了信。接着，在圣诞节期间，海德里希去拜访了他未婚妻在吕特布罗德的家人。此行确认了莉娜告诉莱因哈德的大部分内容：奥斯滕家属于德国北边贫穷、级别较低的贵族，这个家庭在战后的通货膨胀当中失去了所有的积蓄。从那时起，这家为了补偿失去的声望和财富就转移到了政治光谱的极右端，像其他很多在困难时期陨落的德国贵族家庭一样。莉娜的兄弟汉斯是纳粹党的早期成员，他在1929年4月希特勒在德国北部头几回露面中的一次之后就加入了。在莱因哈德第一次去吕特布罗德之时，汉斯是纳粹党员和冲锋队队员已有近两年了。[110]

在1930年见到莱因哈德·海德里希时，莉娜也已经是个坚定的纳粹和强烈的反犹分子。她在1929年首次参加了纳粹党的集会，并且对在台下保卫当天正在演讲的希特勒的着黑色制服、年轻英俊的党卫军成员特别有好感。在他们相遇的第一天，莱因哈德可能让她想起了那些在那次集会上气宇轩昂的男性，因为她是这样描述他的：“个子高、有男子气，且穿着制服时非常自信。”[111]然而，依据她自己战后的证词，海德里希在他们初遇的时候对政党没有一点兴趣。在她看来更糟糕的一点是，他从未听说过希特勒的《我的奋斗》，还时常嘲笑纳粹党的领导是一个“波希米亚下士”，并取笑“跛脚的”戈培尔。[112]相反，莉娜觉得希特勒的反犹主义尤其有感染力。甚至到了20世纪70年代，当德国的大多数人都试图掩盖他们从前的反犹主义时，莉娜却公开承认，在她还是一个青少年的时候就认为，1918年以后来到这个国家的波兰犹太人是“入侵者和不受欢迎的客人”，并且感到仅仅是他们的存在就已如此“激怒”她，她只是“不得不恨他们”：“我们将跟他们在一起生活比作一场被强迫的婚姻，在这场婚姻中，伴侣双方真的是不能忍受闻到对方的气味”。[113]

海德里希是通过莉娜及其家人才第一次像样地接触到纳粹主义的。这个意识形态诞生于战争过后随即产生的国殇、战败、改革和通货膨胀的气氛中。其兼收并蓄的意识形态所涵盖的多种元素——反犹主义、社会达尔文主义和对强有力的专制领导的坚定信念——1914年以前在德国和很多其他欧洲社会就早已存在。德国在1914年至1923年间沉入政治和经济的深渊，这赋予了如此极端的观念一种新的急迫性，并且让人们更加愿意使用暴力和谋杀来实施泛日耳曼主义者、反犹主义者、优生学家和极端民族主义者自世纪之交以来就一直鼓吹的手段。[114]希特勒的追随者相信，魏玛政治明显的分裂性要求有一个坚定的领导层来重新把国家团结在一个新的民族共同体中。国家、社会和文化机构将被重塑，以此来创造一个种族和谐、充满一个目的的国家：让德国再次伟大起来。所有挡在路中间的人都会被击垮。“共同体的外来人”，尤其是所有的犹太人都会被赶出社会。软弱、无力或是“败坏的”元素，也会被从遗传链中清除。经过如此强化的德国，会在东欧发起一场征服之战，它将会把德国改造成一个超级大国，并一雪之前几十年的耻辱。[115]

这样的想法直至1929年为止还只属于极少数的德国人。但就在那时，大萧条的爆发一下把希特勒之前小小的极端分子党派掷入了德国政治的中心，尽管该党在大选中从来都没有赢得过多数选票。在莱因哈德遇见莉娜之前，该党已经取得了选举上的成功，这是在那时还不是德国公民的希特勒做梦也很难想到的。在1930年9月的大选中——那时，距离莱因哈德和莉娜初次见面还有三个月不到——纳粹党获得了近六百五十万张选票，使它成为德国国会即帝国议会的第二大政党。[116]

莉娜和她的家人对海德里希政治觉醒的影响很难被高估，但在接下来的一年，在他人生中最严重的个人灾难的刺激下，他向纳粹主义的完全转化将开始。就眼前而言，他很高兴他通过了拜见莉娜父母的最初考验：于尔根·冯·奥斯滕在海德里希身上挑不出什么不是，即使是在他将来的女婿承认，不指望从曾经繁华的哈雷和德累斯顿的音乐学院获得什么金融财富的时候，他也没觉得有什么不对。一个聪明、有野心的海军军官，有着一份看似稳定的退伍金和明显一片光明的职业前途，这可能比奥斯滕家本来期待中的还要多，并且这也符合于尔根脑海中未来女婿的形象。接下来，莱因哈德和莉娜在圣诞节正式订婚了，并且和她的父母一起庆祝。[117]

在初次造访吕特布罗德之后，莱因哈德回来工作，他于1931年1月3日写信给他的岳父母道：

> 亲爱的岳父母！我又回来服役且勤劳地工作了。我想再次全心感谢你们和蔼地、像对待儿子一样在你们的家里招待了我。我永远也不会忘记我在莉娜童年的家所度过的最初几天。我对你们同意我们订婚十分感激。我每天都越来越多地意识到，这是个正确的事情。莉娜在基尔不用保守秘密，且我们能经常在一起，更好地了解对方而不用理会别人的流言蜚语。——关于我们婚礼的日期：请求你们，请你们允许我们在9月（17日！）结婚……没有什么是比不确定性更加糟糕的了。如果你们能够同意9月，我会对你们非常非常感激——我的父母到时候也会有时间。请接受我最真诚

的感谢，你们的莱因哈德。[118]

海德里希很合宜地忘了向他未来的新娘提及的是，她并不是他那时生活当中唯一的女人——这个细节会动摇他生活的根基。

遣散和危机

这对年轻情侣的幸福是短暂的。海德里希将报纸上宣布他订婚的消息发送给了几个朋友和熟人。其中一个收件人是来自柏林的一个年轻女子。海德里希于一年半多前在一次由伦茨堡殖民地女子学校组织的舞会上见到并结识了她。因为这两个人在接下来的几个月中一直有性关系，而且互相去柏林和基尔拜访对方，这个年轻女子假定她自己和海德里希订婚了。莱因哈德甚至在见到莉娜之后还是继续培养这段感情：他邀请她来基尔，而且尽管她要求在酒店订一个分开的房间，海德里希却劝她来自己的住处过夜。经过这次事件，两人的关系可能变得更融洽了。不管怎么说，这个年轻女子觉得她自己被辜负了，她在收到海德里希的订婚通知时精神崩溃了。[119]

自从第二次世界大战结束以来，一直都有很多关于该年轻女子身份的猜测，但我们唯一能确定的是，她的父亲一定是跟海军里的高级军官关系密切。作为对他女儿崩溃的回应，他向德国海军的总司令埃里希·雷德尔上将提交了一份针对海德里希的投诉。这份投诉对海德里希产生了严重后果：1931年1月初，由波罗的海舰队司令戈特弗里德·汉森上将担任主席的军事荣誉法庭传唤了他，并请他为自己的行为做出解释。[120]违背婚约明显是违反军官队伍行为准则的，但并不是什么大的罪过，不会自动确保当事的军官立马遭到遣散。这个令人尴尬的小插曲的结局，本不会比海德里希因为一件说起来只是一个“女孩子家的故事”遭到谴责而糟糕到哪里去，但他傲慢的态度让他在法庭上的三个成员那里都遇上了麻烦：汉森上将、他的教官古斯塔夫·克莱坎普和海德里希船员团队里的资深成员胡贝图斯·冯·旺根海姆。海德里希并没有承担责任，同意接受一次轻度惩罚，相反，他坚称是那个女子自己挑起了他们的性关系，并且否认在任何时候向她承诺过以婚姻作为回报。他用轻蔑的口吻形容他们之间的关系，这惹恼了法庭成员。尽管法庭记录可能在20世纪30年代被盖世太保摧毁了，没有留存下来，但法庭的进程在第二次世界大战之后由他的军官同伴们重新建立了起来。海德里希在基尔的室友海因里希·贝克回忆道：“海德里希想要跟这件事情撇清关系，并且连累了（当事的女孩）。他在荣誉法庭上的态度以及他缺乏说出真相、接受谴责和为那个女孩辩护的勇气，这些才导致了他被遣散，而非罪行本身。”[121]

荣誉法庭成员之一的古斯塔夫·克莱坎普确认了这一说法，并且做证说，比起罪行本身，海德里希“以洗白自己为目的而被验证了不真诚”更是激怒了法庭。法庭上最年轻的成员胡贝图斯·冯·旺根海姆明显强烈要求遣散海德里希。他提出，海德里希的行为使得德国军官队伍都蒙羞了。[122]

在反复思考之后，最终法庭提出疑问，“让一个做出如此不可饶恕行为的军官继续留在海军中，这是否可能”，但它自己没有给出任何建议。这个问题被转交给了雷德尔上将。他决定，海德里希“不配”当一个军官，而且应当被立即遣散。克莱坎普着重补充道：“这个决定——尽管很严酷——被大家一致认为是公正和正确的，而且对任何熟悉真相的人来说都没有任何其他解决方案。”[123]

1931年4月30日，海德里希前途光明的海军生涯突兀地、出乎意料地结束了。“被从海军遣散，”莉娜在战后回忆道，“是对他人生最沉重的打击……并不是失去了赚钱的能力使他感到担忧，而是这样一个事实：他把自己的一切都紧紧拴在他作为一个军官的职业生涯上了。”[124]起初，他希望被复职，但递交给共和国总统保罗·冯·兴登堡的关于此次遣散的正式上诉被驳回了。海德里希突然就要面对在1931年——正值大萧条期间——没有工作这个严峻的现实。海德里希在本可以确保享有一份退伍金之前不到一年被从海军开除，因此，即使是在接下来的两年中他还是可以继续收到每月二百德国马克的遣散费，但他的未来看上去还是不容乐观。他把自己关在房间里，出于愤怒和自艾而号哭了好些天。[125]

海德里希的遣散确实是发生在最差的时机。在1929年10月29日华尔街的纽约证交所崩盘之后，德国的经济局势严重恶化了。在德国的工业产量和贸易成交额锐减的同时，数百万失去了工作的工人也突然陷入了极度苦难之中。最后的魏玛联合政府的倒台，以及在专制的中央党政客海因里希·布吕宁领导下的少数派内阁的接手，进一步激化了经济危机。布吕宁的货币紧缩政策本来意在显示德国已无能力向西方盟国支付更多补偿，却使得本就严峻的形势更加糟糕了。截至1931年春，有超过四百五十万德国人失业，这个数字在1932年2月前将会攀升到超过六百万。[126]

在遭到遣散后不久，海德里希和他的未婚妻去了哈雷，以便将遣散的消息通知他的家人并向他们寻求财务上的支持。但那里也有坏消息等待着他：自战后的恶性通货膨胀以及收音机和留声机之类的现代音乐娱乐形式被发明以来，本就已经面临巨大压力的音乐学院正濒临破产。布鲁诺·海德里希那年早些时候经历了一次中风。这次中风使他疲惫虚弱，不再能够参与到经营家族生意中来。现在，他把大部分教学都留给了他的妻子和女儿。[127]如此，海德里希的父母也无力支援这对夫妇了。伊丽莎白·海德里希直到不久之前还能雇得起一个女佣，但现在也得在不教授钢琴课的时候自己做家务了。除了她的丈夫，她现在还要养活她的女儿玛丽亚及她失业的女婿沃尔夫冈·海因多夫；还有她那放弃了在德累斯顿的学业的小儿子海因茨·齐格飞及他的未婚妻格特鲁德·维特尔。长子失败的海军事业给莱因哈德的父母又多加了一个问题，他们指责他愚蠢地毁掉了自己的未来。绝望之中，伊丽莎白陷入了与她的兄弟汉斯和科特关于卖掉越来越不赚钱的德累斯顿音乐学院的无尽争执。这所音乐学院是她父亲欧根·克兰茨遗赠给三个孩子的。战后，莉娜生动地回忆了海德里希家里压抑的气氛，当时，每天关于账单的忧虑与剩下的那些古老家具、昂贵瓷器和银质餐具形成了鲜明对比，那些物品见证了昔日的富裕和社会威望。[128]

最坏的还未到来。1931年5月，布鲁诺·海德里希被告知，在一系列有关教学标准下滑的投诉之后，他的音乐学院要接受一个政府委员会的检查。由委员会提交的报告显示，音乐学院不再能提供国家认证所要求的必备教学水平，且他的学生没有展示出他们技能的充分知识。海德里希在身体上丧失了行动能力，在财务方面被摧毁，事业上也遭受了失败，他向主管学校的相关部门做出回应，承认“我已经测试了三十年的研讨会组织和培训已不再能满足如今的期望”。他主动放弃了国家对他的教学研讨会的认可。[129]

经济上的困难也引起了对海德里希和莉娜婚姻的怀疑。莱因哈德的母亲将他的遣散归咎于莉娜，而且她自己的父母也对他们之间的关系起了二心。与一个拥有高社会地位和可靠薪水及退伍金的女婿相比，嫁给一个失业的前任海军军官这样一个前景的吸引力要小得多。尽管莉娜拒绝打破婚约，但直到莱因哈德找到另一份工作为止，结婚都是不可能的。日复一日，莉娜鼓励她的未婚夫去寻找一份适当的职业，以支撑他们将来作为一个家庭的生活。[130]在接下来的四周里，海德里希考虑了又排除了不同的职业选择，并将他那封积极得令人惊讶的海军遣散证书发送给不同的潜在雇主：

> 所有上级军官都说，海德里希是一个一丝不苟、可靠的军官，并能严肃地对待职责……他积极地执行所有布置给他的任务。在他的上级军官面前，他行为坦诚，且表现出了充分的军事素养，且在他的军官同伴当中也大受喜爱。他很好、很公正地对待下属士兵。海德里希的身体强健，且是个好的击剑运动员和帆船手。[131]

尽管是经济危机，海德里希也真的收到了几份工作邀请。一个来自基尔的朋友维尔纳·摩尔给他提供了一个机会，让他在位于荷尔斯泰因波罗的海沿岸的小镇诺伊施塔特的汉萨帆船学校做一个帆船教练。[132]尽管这份工作提供了相对可观的三百八十德国马克的月薪，海德里希还是拒绝了这个诺伊施塔特的机会和其他来自基尔和拉策堡的类似邀请；他拒绝成为“一个有钱小孩的帆船用人”[133]。人们并不知道他为何没有欣然抓住这个机会，但是，如他向未婚妻坦白的那样，决定性的原因似乎是他不能够接受失去他作为一个军官的社会地位。[134]

在这些情况下，莱因哈德的母亲掌握了主动权，她将自己儿子事业上的不幸告诉了海德里希的教母冯·埃伯施泰因·艾丽丝男爵夫人。男爵夫人六十岁出头，是个令人生畏的女士。她和丈夫冯·埃伯施泰因少校在来到哈雷之后不久就在城里的一场音乐会上见到了海德里希一家，并成为他们最为紧密的家庭朋友，且通过给予大额捐助来支持音乐学院的运行。[135]男爵夫人立马联系了她的儿子卡尔，想看看他是否知道任何合适的职位空缺。卡尔于20世纪20年代中期就已经加入了纳粹党，并已经取得了一个高级职位，是慕尼黑冲锋队的领袖。卡尔的回复是谨慎乐观的。[136]在恩斯特·罗姆的得力领导之下，又得益于德国数量正在攀升的失业人口，冲锋队已从1930年仅有六万出头的成员在接下来的一年发展到超过十五万人。在20世纪30年代早期类似于内战的气氛中，纳粹的武装支持者和他们的对手几乎每天都发生冲突。因此，纳粹很欢迎像海德里希这样受过军事战术训练的前任军官加入他们的行列。尽管海德里希的母亲和未婚妻都为海德里希第二次在军中的生涯这一前景感到兴奋，但他自己似乎在起初有所保留。但是，莉娜却敦促他仔细考虑这个职业选择。[137]直至埃伯施泰因告诉他有望获得在慕尼黑纳粹党总部的一个“重要职位”，海德里希才同意走上这条道路。埃伯施泰因当时想的是在海因里希·希姆莱手下的一个职位，后者在当时还是大部分人都不知晓的党卫军的头目。党卫军是支小而精的准军事机构，从属于冲锋队的领袖恩斯特·罗姆。[138]

部分是因为超出了他控制范围的情况——军事法庭做出的将他从海军开除的严厉决定，他家庭遇上的经济困难和更普遍的大萧条——部分是因为他家里的人际关系和莉娜对纳粹事业坚定的投入，之前基本不怎么关心政治的海德里希就将要进入希特勒运动中最为极端的准军事机构，在这之前，他从未读过《我的奋斗》，甚至之前都未听说过党卫军。他并不是因为意识形态层面上的深深信服才走上了这条道路，而是因为纳粹主义给他提供了一个机会，让他回到一种穿着制服、有组织的生活，与这种生活一起到来的还有一种使命感，以及重新获得莉娜及其忠实的纳粹分子家庭对他的信心的一种方式。

开始新工作的前提是，海德里希必须得加入纳粹党。他在1931年6月1日入党。他的党员编号554916代表着他并不是纳粹运动的“老战士”，但他加入得足够早，因此避免了在1933年之后加入的成员通常会遇上的被怀疑是出于野心而入党的问题。海德里希急切地需要这个空缺所要求的两封推荐信。第一封推荐信来自埃伯施泰因，他跟希姆莱保证海德里希适合该职位：“非常好的资质、丰富的海外指挥经历……海德里希之前因为轻微的个人之间的不合而被海军遣散。他还会再拿两年的工资，因此，至少是目前看来，他可以不计报酬为运动工作。”要么是出于无知，要么是为了增加海德里希获得这份工作的可能性，埃伯施泰因还补充说，海德里希“在北海和波罗的海的上将参谋部做过三年的情报专家”。[139]第二封推荐信是由海德里希以前的指挥官瓦尔泽查海军上校提交的：

> 我从海军中尉海德里希刚开始在帝国海军服役的时候就认识他了。我在他的学员时期当了两年他的教官，也曾有其他机会观察他作为一个军官时的成长。我非常熟悉他被从海军遣散的原因。这些原因并不能阻碍我全心全意地将海德里希中尉推荐给任何可能出现的职位。[140]

这份申请提交得正是时候，当时希姆莱正在构建党卫军情报机构；而埃伯施泰因坚称他儿时的朋友是间谍活动的专家，这给海德里希的申请增了色。1931年夏，纳粹党在选举上获得了成功，与此同时拥进了一批新成员，他们对纳粹事业的忠诚度通常让人怀疑；在这两个因素的促使下，希姆莱感到有急迫的需要去创建这样一个机构。他合理地担忧道，有些新的冲锋队和党卫军成员从警察或者是从政治对手那里拿了报酬，充当他们的间谍或是专门寻衅滋事的人。他意识到，慕尼黑的队伍当中需要一个受过合适训练的军官来应对这个问题。他从埃伯施泰因那里听说了有个前海军“情报”官员要为纳粹运动效力，就邀请海德里希来参加一场面试。[141]

当埃伯施泰因从慕尼黑给海德里希发电报告诉他党卫军首领生病了的时候，他跟希姆莱的面试安排已经确定了。海德里希本来准备将面试改期，但莉娜却鼓励他无论如何都去慕尼黑和希姆莱会面。从莉娜的回忆录可以清楚地看出这次机会对于她的重大意义。三十五年后，她在回忆录中将1931年6月14日海德里希与希姆莱首次见面的那一天，描述成是“我的生活中、我们的生活中最重大的一刻”[142]。

第三章

成为海德里希

第二次机会

1931年6月14日，海德里希临近中午的时候到达了慕尼黑中央车站。他儿时的朋友卡尔·冯·埃伯施泰因在车站接他，并开车带他去了希姆莱位于慕尼黑郊区瓦尔特鲁德的家禽饲养场。在那里，这位帝国党卫军的领袖正在从一场流感中康复。[1]那将是一场事关重大的会面，它是一段长达十一年的紧密合作和相互尊重关系的开端。自从第二次世界大战以来，关于这两个人之间所谓的竞争，以及海德里希后来为了独掌大权而明显是想支开希姆莱的尝试的描述有很多。[2]但是，这种解读所依据的前党卫军官员的战后证词大体上是不可靠的，而且这些证词过于狭隘地关注了希姆莱和海德里希两人之间的明显差异：前者是受意识形态驱使的“校长”，他的外貌与他自己对于党卫军成员的期待截然相反；后者则冷静理性，并且应当说只受事业心的驱使。这两个人之间竞争之谜的关键证人，希姆莱的按摩师菲利克斯·克斯滕声称，在常常是优柔寡断、没有安全感的帝国党卫军领袖边上，海德里希给人留下的印象则是由“锋利的钢铁”做成的。据克斯滕说，只有海德里希是犹太人后裔的这个“事实”，才让希姆莱得以控制住他的中尉。[3]

事实上，他们的关系充满深度信任，而且他们有着互补的才能，拥有共同的政治信仰。希姆莱只比海德里希年长四岁，他也来自一个有教养的中产阶级家庭。他父亲是巴伐利亚最好的中学之一——维特尔斯巴赫中学的校长。在1917年，他应召服役，且在接下来的几年里于雷根斯堡的军营里作为军官学员而经历了德国的崩溃。和海德里希相比，希姆莱的政治觉醒发生得明显更早：由于战争及其不光彩的结局将他变得政治化，他于1919年加入了一支自由军团，以反对短命的慕尼黑委员会共和国*，与此同时，他还在为取得他的中学离校证书而学习——他在同年便获得了该证书。1919年至1922年间，他在慕尼黑工业大学学习，取得了农学方面的文凭。他在施莱斯海姆的一家粪肥工厂工作了一年，但对政治越发着迷。通过以前自由军团的联系人，以及接下来他参加的两个极端民族主义和反犹的协会——阿塔曼纳联盟和图勒协会，希姆莱了解到了正在壮大的纳粹党。他在1923年8月加入了该党，并作为其成员参与了希特勒于当年11月在慕尼黑发起的失败政变。1924年夏，在希特勒的党派被禁之时，希姆莱成为格雷戈尔·施特拉塞尔的秘书——该人是当时纳粹党中第二有权的人物，并且是纳粹党中民族—布尔什维克派的领军人物。在担任施特拉塞尔的政治宣传主管的时候，他骑着摩托车旅行了整个巴伐利亚。1928年7月，他和长他七岁的护士玛格丽特·波登结婚。随后，玛格丽特卖掉了她在柏林的一处养老院的股份，并用所得的钱在瓦尔特鲁德购置一个家禽农场。[4]

---

* 指首都位于慕尼黑的巴伐利亚苏维埃共和国。——译注

希姆莱想把党卫军改造成一个极端精英的组织，这一愿望自从他1929年担任（当时规模尚小的）党卫军领袖以来，就一直反映在由他引入的选拔下属的体格标准上。他将“雅利安人的”身体设想为一种人类理想状态的完美型，它和病恹恹、“低等的”身体是不一样的。希姆莱想要征召高个子、蓝眼睛的人，而且他们要能够证明他们的家谱中没有“低等种族的血统”：只有这样的身体才可以被“确证”为雅利安种族的一员。不出所料，这位在1931年6月14日下午自荐来的年轻申请人让希姆莱印象深刻。海德里希有着金头发、蓝眼睛，而且有六英尺多高，他甚至超过了希特勒的党卫军保镖——精英的“阿道夫·希特勒警卫旗队”——的严格选拔标准。[5]

希姆莱将自己在党卫军内发展情报活动的计划告诉了海德里希。直到那一刻，他们才意识到，原来他们的会面是建立在一场误会之上的。海德里希在海军里曾是一名无线电军官，而非情报军官。[6]虽然希姆莱意识到了眼前这个申请者缺乏从事间谍工作所需要的相关经验，但他并没有被这一点所妨碍。他让海德里希为党卫军的情报机构拟写一份组织计划，并给他二十分钟来完成该任务。海德里希在之前没有任何间谍领域的经验，他便求助于在阅读便宜的犯罪故事和间谍小说那些年里所得来的少量知识，并把他对未来党卫军情报活动的建议用合适的军事用语包装起来。他那极少的有关间谍活动的知识似乎超越了希姆莱的水平：帝国党卫军领袖被打动了，雇用了他而非第二个申请人——一个名叫霍宁格的前警监。后来，霍宁格成了巴伐利亚政治警察的一名特工，并在1933年纳粹掌权之后遭到逮捕；此后，他在监狱自杀。[7]

海德里希的薪水开始只有每月一百八十帝国马克——这比埃伯施泰因在推荐信中向希姆莱建议的要多，却远不如，比方说，一个在化学领域工作的熟练工人（每月二百二十八帝国马克）、一个见习公务员（每月二百四十四帝国马克），抑或甚至是一个不熟练的销售员（每月二百二十八帝国马克）在1931年的预期所得。[8]海德里希选择了这个在党卫军的职位，而非其他可供他选择的待遇更好的工作，原因有如下几个：他想以一个在他妻子和她家人所支持的政治运动中的工作来打动他们；这个职位是准军事性质的；以及在海德里希看来，这个革命机构否定了刚刚导致他那貌似有保障的海军生涯走向终结的政治体系，而在该机构中一份有挑战性的新任务对海德里希是有吸引力的。[9]

在海德里希的余生当中，希姆莱在意识形态上和职业上都是他的主要标杆，甚至也许比希特勒的地位都要更核心。在党卫军的职业生涯当中，海德里希始终都把他对帝国党卫军领袖欠下的情放在心上，希姆莱也可以依靠他毫不动摇的忠心。尽管他们的关系在本质上是上下级，但这种关系却并非基于从属，而是基于紧密协作——基于一种互相理解的感受和对一个共同目标的追求。那个目标的本质会随着时间的推移而改变——因为纳粹政策逐渐变得更加激进了，在德国境内正在升级的恐怖和迫害变成了遍布欧洲的大屠杀——但是，这两个人在他们共享的职业历程中始终都知道，他们可以依赖对方。像希姆莱自己1942年在海德里希的葬礼上所说："我有幸向你致谢，谢谢你不动摇的忠诚和绝佳的友谊，它们在此生中是你我之间的纽带，而且死亡永远都不能将其粉碎。"[10]

希姆莱没有正式的副手，海德里希自1933年起实际上就扮演着这个角色。但海德里希远不止是希姆莱忠诚的武士和附庸：他也是将希特勒和希姆莱口中的纳粹世界观转变成实际政策的那个人。希姆莱绝非一个软弱的领导，他在和其他资深纳粹成员以及他的下属们打交道方面有着明显的、战略性的天赋，与此同时，海德里希是他的执行官——一个做出行动、付诸实施的人。希姆莱深沉的意识形态信仰，他那明确的目的性，以及他对第三帝国特有的政治阴谋所采取的巧妙策略，都使得希姆莱在纳粹领导人中显得与众不同。在意识形态方面，海德里希证明了自己是希姆莱积极的追随者，与此同时，他还表现出了想要实现其反乌托邦幻想的一种不可压制的冲动。

在他与希姆莱的成功会面之后，海德里希去了汉堡，他在那里于1931年7月14日加入了党卫军。在那时，该组织还很小，而且相对不太重要。因为之前一年在慕尼黑的暴动失败了，1924年的大部分时间，希特勒都在兰茨贝格监狱度过。在他从该监狱获释之后，党卫军原本是充当希特勒的私人保镖。它从属于冲锋队，并且在接下来的数年当中都是一个附属的组织，但它很快就形成了一种特殊的自我意识，认为自己是完全忠诚于希特勒的纳粹党荣誉护卫队。[11]

直至1929年希姆莱担任其领导以前，党卫军一直都是一个微型的组织，只有不超过二百八十名成员。在政治野心和一种意识形态信念——他的组织可以通过严格坚持纳粹主义的信条来为该党树立一个榜样——的驱使下，希姆莱设计了一个扩张计划，旨在将党卫军系统地发展成为纳粹运动里的种族精英。他要求每一个未来的新党卫军成员都提交一张照片，好让他亲自查验申请者的种族特征或是“优良血统”。该组织的精英主义这一特征吸引了相当数量的年轻、没有工作的右翼大学毕业生，他们在大萧条时期没有什么希望找到工作。党卫军也吸引了从前自由军团的官员，他们当中的很多都是小贵族，想要在看似陌生和不友好的魏玛共和国诞生之后寻找一个政治归宿。这些官员包括了将来党卫军帝国当中的关键人物，像是前波美拉尼亚国防军官员埃里希·冯·登·巴赫—泽列夫斯基，以及经历过1918年后发生在上西里西亚的激烈种族冲突的老兵乌多·冯·沃尔施中尉。[12]截至

1929年12月，在希姆莱接手后不足十二个月，党卫军已经招募了一千人。截至1930年年底，这个数字上升到了2727人；至1931年7月中旬海德里希加入为止，党卫军已有了超过一万名成员。尽管如此，与至此已有近十万人的冲锋队相比，党卫军仍然是一个相对较小的组织。[13]

冲锋队的地方领袖代表了不同的政治流派，在纳粹运动中个人的抱负也不尽相同，他们有时直接挑战了慕尼黑纳粹党领袖的权威。与冲锋队不同，党卫军不断地向希特勒展现着其无条件的忠心。比方说，在1930年夏和1931年春，在瓦尔特·斯坦尼斯领导下的柏林冲锋队策划了一场针对首都的纳粹党分支领袖约瑟夫·戈培尔的公然反抗，以此为冲锋队队员在接下来的普选当中锁定更多的安全席位。戈培尔向党卫军寻求对他个人的保护。尽管党卫军不如他们的对手冲锋队人数多，但党卫军却坚守在纳粹党领导人的身旁，在从纳粹党内危机当中走出来时更加强大了。[14]

因此，海德里希是在党卫军历史上的一个重要转折点加入了党卫军，这也部分帮助解释了该组织对他的吸引力：党卫军承诺给他一份能让他穿制服的职业，以及在一个尚有可塑性且提倡在德国重新建立秩序的改革性观点的机关中快速取得进步的机会。尽管报酬并不高，但这项新活动给了海德里希——这个犯罪故事的热心读者——一份在精英组织中的工作，这鼓舞了他已动摇的自信心。它也给他提供了一个全面的意识形态体系，这个体系明确地定义了一个只有朋友和敌人的世界，也因此似乎合理地解释了一个越来越复杂的世界。

在接下来的两周中，7月中旬至8月上旬之间，海德里希在汉堡为党卫军服务，在那里，他被掷入了狂热纳粹分子的政治环境当中。正是在此，他第一次见到了布鲁诺·斯特雷肯巴赫。此人将会成为海德里希在将来年月里的亲密伙伴，并负责海德里希的恐怖机关里的人事部门，指挥在1939年德国袭击波兰期间最大的党卫军特遣队。斯特雷肯巴赫生于1902年，他在汉堡的一个中产阶级家庭长大，被战争及其余波中发生的动荡深深地政治化了。跟海德里希不同，他1918年辍了学，去参加在汉堡发生的革命。整个20世纪20年代，他的右翼激进主义都在持续着，与此同时，他还在一家进口公司和德国汽车俱乐部打零工来维持生计。在成为各种小型极右翼边缘团体的成员之后，斯特雷肯巴赫于1931年加入了纳粹党，并在1931年8月上旬成为汉堡党卫军的一名成员。[15]

1931年9月27日汉堡进行地方选举。在准备这场选举时，作为一个难以让人信服的新人，海德里希不得不在会议大厅里与共产党和社会民主党人发生的斗争中证明自己。在这次选举中，纳粹党将他们在市议会的代表人数由三人增至四十三人。[16]在此期间，党卫军机动小队袭击了政治对手的党集会，并且在警察到来之前便消失了。很明显，海德里希作为突袭部队小队的领导很快就臭名远扬，在汉堡共产党人的圈子里被叫作“金发野兽”，他的突击队员展示出了惊人的军纪。[17]斯特雷肯巴赫对在汉堡街头对抗共产党、社会民主党和工会会员这方面有着更丰富的经验，而且毫无疑问，海德里希在汉堡期间，斯特雷肯巴赫对他产生了影响。同样地，这次相遇被证明对于斯特雷肯巴赫也是有利的：1933年11月，他加入了海德里希的保安局，被任命为汉堡的政治警察首领，并且在海德里希的支持下，于第二次世界大战开始之前一跃成为党卫军的旅长。[18]

8月，海德里希返回慕尼黑就任他在纳粹党总部褐宫的新职位。希姆莱委托海德里希发展党卫军情报部门，即将来的保安局。在1931年，这个部门与它在接下来将要成为的那个邪恶组织并没有多少相似之处。它的前身是保安办公室——德国军队的小型反间谍部门，海德里希试图模仿该部门的组织结构。保安局的初衷有两层：一是搜集政敌的情报，尤其是德国共产党和社会民主党；二是在迅速成长的纳粹党当中寻找警方的线人和德国共产党伪装的间谍——这件事更加棘手，将会反复让保安局陷入麻烦。[19]

保安局的开端非常不起眼：比起杜穆林·埃卡特伯爵指挥下独立运行的、更加成熟的冲锋队下属情报机构，保安局在当时是一个一人组织。海德里希是它唯一的成员，他用写有政敌名字的索引卡片建立了一个基本的档案系统。因为资金有限，他不得不和小规模的党卫军南分区幕僚长理查德·希尔德布兰特在褐宫共用办公室和打字机。后者在第二次世界大战期间成为但泽—西普鲁士区的党卫军和警察首领。[20]

尽管工作环境差强人意，海德里希却开始找回他的自信并喜欢上他的新职责了。在他担任这个新职位一天以后，他便给莉娜的父母写信，想要说服他们，他们对于他不可托付的怀疑现在看来是没有根据的，并且他已通过刻苦工作赢得了上级的表扬。从1931年9月1日起，他将拿到一份稳定的薪水，从而让他能够供养一个家庭，并且还清他被海军遣散之后从莉娜家里借来的钱。

> 我的职位和我的工作让我感到非常愉快。我可以独立地工作，并且创造一些新的东西。最重要的是，不管我们现在处于什么样的政治状况，这个职位都将让我能够建立一个家庭，这一直是且将继续是我所有工作的目标。自9月1日起，在适当节制我自己生活方式的同时，我将能够以尽可能高额的还款来赎清我的债务。我已从一位整洁的老妇人那里租了一间处于一片良好区域的便宜且简单的房间。我的工作日极其长……我在不久的将来很可能将要以帝国领袖代表的身份在整个德国进行大量的正式访问，并且

希望我也能够来到吕特布罗德。到那时，你们的莱因哈德将向你们致以最亲切的问候。[21]

仅十天之后，在8月22日，海德里希就向他的岳母宣布，他会在下次造访的时候还清之前向她借的全部债务。海德里希自豪地强调道，因为他现在是希姆莱最亲信的部下之一，他本人有很多事情要做，而且每天都得工作到深夜，星期天也不例外。

> 我在根据我自己的设计发展一个庞大的组织，这需要我投入全部的精力。因为我本来就在自己身上花尽可能少的钱，只在起居和饮食上有些最必要的花费，也因为我想要在9月初向您展示证据表明我有尽可能高的存款，您能想象我每天的日常是什么样的了。也许我不必告诉您，每有闲暇之时，我的思绪便飘到了吕特布罗德。今天，我有了令人欢欣的消息：党卫军的领袖希姆莱先生向我保证，我一结婚就会拿到每月二百九十帝国马克。——在安静的夜晚我常思念着海洋和北方。[22]

尽管他写信的意图明显是重塑玛蒂尔德·冯·奥斯滕对他供养一个家庭的能力的信心，但海德里希对他疯狂的工作时间的描述大概并没有夸张，因为早期发展和扩张保安局的职责跟他个人广泛的野心紧密联系在一起。据希姆莱将来的首席副官卡尔·沃尔夫说，那个彼时仍然非常“没有安全感的小伙子”，已经在1931年8月26日在慕尼黑召开的一次有六十五名党卫军高级官员参加的领导人会议上，讲授了关于敌方战术的第一课。这距离他进入一个完全不熟悉的工作环境仅有不足两个月。海德里希以一种将要成为其特征的方式提醒他的听众，纳粹党常常同时受到警察和其他政党的威胁和监视，借此强调了他自己工作的重要性。他宣布，为了应对这一他所觉察到的威胁，他要建立由党卫军成员组成的小队，他们将会揭露纳粹运动内部的间谍。仅仅几年光景，在掌权之后，海德里希就会把相似的论点作为扩张党卫军权力的正当理由：他将指出，民族共同体被成功地伪装成纳粹忠实分子的内部敌人所包围和渗透，由此为建立一支能够发现和铲除纳粹运动内部敌人的卓越打击力量编织了一个令人信服的理由。[23]

海德里希的建议立马就被采纳了：1931年9月4日希姆莱发出一道命令，要求为搜集情报而建立一个特工网络。这道命令中的一个段落说，该小组将会把其活动限制于非政府组织。这段话只是个幌子，以防计划被巴伐利亚警察识破。[24]

海德里希在慕尼黑的前几个月，是独自一人寄宿在一个年长的寡妇，纳粹党的长期支持者——维多利亚·埃德里希——位于施瓦宾格波希米亚区土耳其大街23号的家里。埃德里希把家里的房间租给未婚的党卫军成员。1931年12月，海德里希将他的情报部门连同其三个新任命的员工搬到了这处公寓，以保护情报工作不受褐宫潜在间谍的干扰。[25]在接下来的一段时间，海德里希奋力在德国全境每一处党卫军团体都安插了保安局联络官，他们受命搜集政敌的情报，并将此情报传送回慕尼黑。截至1931年12月底，约有五十名这样的联络官已经就位。[26]

让海德里希很沮丧的是，其工作取得的快速进展并不是未被察觉。1931年11月，《慕尼黑邮报》刊登了一篇有见地的文章，毁掉了海德里希为了将他的组织保密所做出的努力：这篇文章报道了一个一旦希特勒掌权就会按照计划成为“一个法西斯契卡”的新党卫军情报部门，即由列宁在1917年建立的臭名昭著的苏维埃国家秘密组织的德国版本。对他造成更大伤害的是，这份报纸揭露了它所认为的“该组织幕后真正的头脑是一个名叫莱因哈德·海德里希的前海军军官"。该报明显高估了海德里希在当时的重要性，但那篇文章却让他确信，他的周围都是间谍，并且他在将来不得不对他的同事更加不信任。[27]

至1931年年底，海德里希已改善了他今后的职业生涯和个人财务状况，进步的程度足以让他终于能够与未婚妻结婚了。在节礼日*他岳父的生日那天，莱因哈德·海德里希与莉娜·冯·奥斯滕在位于波罗的海海岸的吕特布罗德的圣凯瑟琳新教教堂结婚了。莉娜在战后对婚礼那天的描述，显示了她那时与纳粹圈子的联系已经有多么紧密。这对夫妇利用这个正式场合来表明他们的政治信仰：

> 在那时，实际上还没有多少人认识我的新郎，但我已经是党内的人了。人们也知道我的哥哥是希特勒最初的十万名追随者之一……冲锋队和党卫军刚刚被暂时禁止了，但是警方不能轻易地闯进教堂周围环绕的墓地。穿着白衬衣和黑裤子的冲锋队和党卫军成员们形成了一支仪仗队，一直通到墓地大门。牧师也站在我们这一边……（并且）引用了路德的话作为给我们的婚礼箴言："尽管这个魔鬼盘踞的世界，或威胁要击败我们，我们却不会畏惧，因为上帝已愿其真理在我们心中得胜。"当我们踏出教堂时，管弦乐队演奏了《霍斯特·威塞尔之歌》，当我们在婚礼之后离开墓地的时候，几个仪仗队员就被警察逮捕了。[28]

为了纪念这一快乐的场合，希姆莱将海德里希提拔为党卫军突击队大队长——这在他升职为党卫军突击队中队长后仅过了七天。因

* 即圣诞节次日。——译注

此，在加入党卫军后的十五个月多一点的时间里，海德里希已经超越了他原来在海军的军衔。尽管在那时当一个海军军官仍然比在党卫军工作更加受人尊敬，但海德里希肯定还是感到，他的生活回到了正轨。希姆莱还批准了他之前承诺的加薪至每月二百九十帝国马克，这意味着海德里希家一共有每月四百九十帝国马克的收入（其中包含海德里希在接下来的几个月里继续从海军那里领取的遣散金）——严格来说，这并不能算一笔财富，但也是一份安逸的薪水。[29]

希姆莱慷慨的姿态至少在部分程度上旨在鼓励其他党卫军领袖仿照海德里希的例子，和一个种族合适的女子组建家庭。在海德里希婚礼后不到一周，12月31日，希姆莱发布了他著名的“婚姻令”，试图将党卫军由一个仅有男性的团体转变成一个由经过甄选的家庭所组成的战队社区。未婚的党卫军成员——也包括那些被怀疑有同性恋倾向的——被号召结婚，但在此之前他们得向希姆莱提出申请，以征得他对他们所选择的新娘的同意。这个准许基于一项由党卫军种族办公室（即后来的种族与安置办公室）实行的合适度检测。未来的新娘和新郎都要经过体检和对遗传疾病及生育问题的检测。还有，他们必须要完成一份关于家族病史的问卷。一份特殊的表格被用来登记每个党卫军成员和他未来新娘的种族特征。随后，关于他们相互间的生殖是否“在种族上是可取的”的报告被提交给希姆莱。[30]

希姆莱对种族选择和选育的执着，在党卫军以外受到了很多嘲笑和批评。这种执着的意义和目的在于，将组织发展成一个在种族上有优越性的丈夫、妻子和孩子组成的社区。党卫军的妻子们不但要保证有一个稳定的家庭环境，使得她们的战士丈夫们能够为他们激进的任务储备新的能量，而且她们还能——更重要的是——在“生育战争”的战场上充当“物种的保护者”，因此，她们在种族社区之内与她们的丈夫享有同样重要的位置。[31]位于希姆莱的种族意识形态中心位置的是庸俗化的达尔文主义中"正向"和"反向"选择的概念。党卫军家庭对于实现他在"日耳曼—北欧种族"内创造一个新的种族贵族阶级——希姆莱思想上的导师瓦尔特·达雷在他1930年的同名书中描写过的"热血和土地的贵族阶级"——这一幻想是至关重要的。[32]

在达雷和希姆莱这样的党卫军理论家眼里，北欧民族——高大、金发和蓝眼睛的人——处于人类种族阶层的制高点。希姆莱不可能自己发明了如下概念，即一支纯净、优越、为统治世界而生的北欧种族几十年来一直就在德国和其他欧洲国家广泛分布。从世纪之交起，种族优生主义者就一直在探讨使用种族选择来实现让人类发展到更高程度的可能性。这些种族优生主义者将自己的想法建立在达尔文的理论及其表弟弗朗西斯·高尔顿随后发表的作品上，并相信他们能用选择的法则来将人类的历史解释为一个进步的过程。对于他们来说，达尔文进化论的关键元素是生存斗争，在斗争中只有最适合的坚持并存活下来。然而，自然选择过程的有效性在这些年来已被"现代文明"破坏了，以至于"不适合"的那些也被允许生存下来，由此就把他们有缺陷的遗传物质传递下去，并有可能削弱了他们的种族作为一个整体的力量。纳粹分子相信，他们可以通过一种人工选择的过程来纠正这个"退化"。"不适者"的生殖应当被阻止，"适者"的生殖则应当受到鼓励。[33]

因此，希姆莱的种族选择的概念，一方面是建立在实证主义的传统，尤其是如下假设之上，即所有自然当中的过程都是可以用科学来解释的；另一方面，他的这一概念是建立在自19世纪晚期以来就在大多数西欧国家被传播开来的社会达尔文主义一种粗俗化的形式上的。在接下来的时间里，这一概念也形成了海德里希信仰的基础。就种族选择来说，海德里希夫妇看起来一定是健康的"北欧品质"的完美范例，就像希特勒经莉娜的丈夫引荐初次见到她时所评论的那样，他们是一对“俊美的夫妇”。[34]

婚礼之后，莉娜陪伴着莱因哈德回到了慕尼黑。他们在郊外的洛赫豪森租了一栋小房子。尽管海德里希夫妇只在洛赫豪森停留八个月，莉娜却立刻就开始动用她的嫁妆装饰起房子来，并让她自己开始熟悉新居所在地的习俗。莱因哈德·海德里希加入了当地的足球俱乐部，但仅是一个不活跃的成员。[35]在一封写于1932年1月6日喜气洋洋的信件里，他感谢了岳父母操持婚礼，并描述了夫妇二人在洛赫豪森的新生活：“我们美丽、整洁干净的房子现在已经变成了一个完满的家。那里远离大城市的喧嚣，我们在日常工作之后能得到休息和放松。莉娜出色地统治着她的王国。每天几乎都有这个或那个访客出现。”[36]但莉娜在适应她不熟悉的巴伐利亚生活方式，以及她在党卫军战队社区中的角色时，遇上了比海德里希所愿意承认的更大的困难。她尤为不喜欢玛格丽特·希姆莱。她们在慕尼黑经常碰面。莉娜在之后会把她描述成一个“平庸、没有幽默感的”女人，她的小气就体现在希姆莱家里廉价的装饰上。莉娜在这个不熟悉的新环境中也感到孤独，她每天的生活大多都是没有她的丈夫陪伴的。莱因哈德的工作占据了他的大部分时间，所以他很少在家。[37]

1932年2月，由于海德里希的一个特工被逮捕，保安局突然陷入了危机。此时，改革海德里希那个尚高度业余化的德国间谍网络的必要性就变得更明显了。这名特工试图从威廉港的海军司令部搜集秘密军事情报。尽管警方的调查并没有显示海德里希参与了该事件，但他还是认识到有必要重组他的情报机构，以避免更多的尴尬。[38]1932年4月的一份对冲锋队和党卫军的禁令，提供了这样一个出人意料的机会。在冲锋队对政敌发起一波街头暴力恐怖活动之后，国家总理海因里希·布吕宁正式禁止了纳粹的准军事组织，尽管这个禁令紧接着就在几周之后被他的继任者弗朗茨·冯·帕彭解除了。在这短暂的不合法时期，海德里希的部门通过使用没有威胁性的媒体和信息服务这一名称来给自己打掩护，同时一边进行着一次结构上的改革。海德里希想让他的组织更少地依赖于来自党卫军各个部门线人的帮助，也想让它在今后免受其他党内机构的干扰。为此，他在整个德国进行了几次检查，在此过程中成功地招募了一些全职员工。他们现在将只对他在慕尼黑的办公室负责（并受其监督）。[39]

1932年6月禁令被解除之后，海德里希的保安局以更强的力量出现了。它也在与杜穆林·埃卡特伯爵指挥下的冲锋队自己的情报机构的内部竞争当中证明了自己的实力，那个机构在该月就不复存在了。[40]与此同时，海德里希被提升到了党卫军的上校。海德里希夫妇现在能够负担得起搬去宁芬堡宫附近的一个小型城市别墅了，这里同时也是新的保安局总部，共有八名全职雇员。[41]莉娜很少在那儿。在为1932年7月31日的帝国议会选举所进行的运动期间，整个德国爆发了共产党和纳粹党之间的每日巷战，导致一百余人死亡，四千五百余人受伤。莱因哈德担心妻子的安危，便把她送去了巴伐利亚乡间的一个小寄宿屋，她在那里住了几周时间。[42]

海德里希在党卫军的等级迅速爬升，而且他对自己的野心几乎不加掩饰，这为他树立了不少敌人。1932年6月初，那个说他是犹太人后裔的古老谣言又一次回来作祟了。这一次，谣言的破坏力更大，因为他实际上正在为一个将反犹主义作为一个基本信仰的政治组织工作。可能是出于对海德里希快速升职的嫉妒，纳粹党在哈雷的当地成员使该区域的领导层对这个谣言开始警觉。6月6日，纳粹党在哈雷—梅泽堡的大区长官鲁道夫·乔丹写信给纳粹党的组织领袖格雷戈尔·施特拉塞尔，询问有关"一个名叫海德里希，父亲居住在哈雷的党员。有理由假设他的父亲布鲁诺·海德里希是个犹太人"。作为证据，乔丹附上了1916年版胡戈·黎曼的音乐百科全书当中的节选，在这段节选中，布鲁诺·海德里希被标注为"海德里希（实际上姓苏斯）"。乔丹坚持要求纳粹党的人事部门调查此事。[43]

几乎在同一时间，和海德里希从前同为军官的荣誉法庭成员胡贝图斯·冯·旺根海姆，把一直伴随着海德里希在海军那段岁月的谣言告诉了一个当时在褐宫工作的亲戚。他提到了海德里希曾被他的军官学员同伴们戏称为"白种犹太人"和"白种摩西"。这些风言风语激起了纳粹党总部的疑心。[44]施特拉塞尔立即将此事移交给了纳粹党的首席家系学家、纳粹信息办公室的头目阿希姆·格尔克博士。仅两周之后，在6月22日，格尔克回复了一份关于海德里希家系的详细报告，并确认了他"起源于日耳曼，且没有受到任何有色人种或犹太人血统的影响"。格尔克坚称，这个号称他是非雅利安家系的"侮辱人的谣言"完全是没有根据的："我为这个观点的准确性负全部责任，并宣称如果有必要，我本人已准备好在法庭上为此做证。"[45]

尽管格尔克做出了澄清，但海德里希还是被这个仅在被从海军遣散之后一年就重又兴起的具有破坏性的谣言深深动摇了。这些传言威胁到了他精心重建的职业生涯。在看到格尔克的调查结果之后，他并没有掉以轻心，而是私底下从他的保安局机构雇用了一名成员——恩斯特·霍夫曼，来展开进一步的家谱调查。在战后，霍夫曼回忆了海德里希在他们每一次会面时的紧张状态，那是一种看上去"可以理解但毫无根据的紧张"[46]。那并不是最后一次海德里希不得不介入那个可怕的谣言：1940年，一个来自哈雷的面包师傅，本身就是纳粹党成员的约翰内斯·帕普斯特因散播海德里希是犹太人的诽谤性谣言而被判监禁十二个月。[47]

部分是因为这个令人尴尬的、可能会终结其职业生涯的小插曲，海德里希在1932年的夏天将很多精力都投入了他的工作当中。他的野心仍然很大。在9月与最近设立的保安局分支机构主管的首次会面中，他宣布，他意图把该组织发展成（他理解中的）英国特勤局在德国的对应物："其任务将会是搜集、评估和证实有关内部敌人的目的、方法和计划的重要材料；它也将报告有关我们自己人内部潜在的不当行为。"[48] 与1932年年中的实际情况相比，上述这些目标都显得异想天开。保安局在当时仍然是一个微型的组织，只有不足三十三名全职雇员和覆盖面不广、大体上由不获酬劳的特工所组成的网络，那些特工几乎都不能够完成已经分配给他们的任务。[49]

1932年的秋天，海德里希遭遇了更多的不确定性。11月，希特勒的党派在帝国议会选举中失去了超过二百万张选票，这促使左翼共和人士在媒体上过于乐观地进行宣传活动，预测纳粹主义即将灭亡。有那么短暂的一刻，海德里希肯定怀疑加入纳粹党是否是个正确的决定。保安局的财政始终依赖于纳粹党和冲锋队不规律的拨款。财政状况在1932年年末进一步恶化了，以至于在圣诞节前后的几周，海德里希的电话都由于欠费而停机了。1933年1月，就在掌权之前，纳粹党索性暂时停止了给保安局的雇员发放薪酬。1932年那个惨淡的冬天，显然标志着海德里希党卫军生涯的低点，而且没有多少人在那时会料想到，无论是保安局还是海德里希在将来还会在德国政治中扮演什么角色。[50]

夺　权

1933年1月的系列事件叠加成了一场非同寻常的戏剧性政治局面，而这个局面是秘密地、基本上是在海德里希看不见的地方悄无声息地展开的。在德国商界资深人士和大多由东埃尔比亚的地主所组成的强大农业联盟的支持下，德国的前保守派总理弗朗茨·冯·帕彭正在想办法用一个受到群众广泛拥护的右翼联合政府，来替换自己越来越不受欢迎、遭到孤立的继任者库尔特·冯·施莱歇将军。参与其中的每一个人都明白，要想建立一个可行的民粹主义右翼政府，唯一的途径就是将德国最强的政党纳粹党迎入内阁。问题是，那些关键人物——希特勒、帕彭和共和国总统兴登堡——能否就让纳粹参与到政府中来的代价达成一致。尽管帕彭本来想把总理的位置留给自己，但在希特勒、帕彭和兴登堡的亲信之间所展开的激烈谈判最终产生了一个妥协的结果：希特勒将作为总理领导政府，但他将会牢牢地被一群大多“可靠”、保守、受到兴登堡信任的部长制约。[51]

失去了兴登堡对他至关重要的支持，冯·施莱歇总理只得在1933年1月27日辞职。就在当日，海德里希接到希姆莱的命令，转移到柏林。他搬进了位于宜人的西区的一栋房子，它既是海德里希的私人寓所，也是保安局在德国首都的总部。希特勒、帕彭和兴登堡正在就未来的一个由纳粹党领导的联合政府进行协商。在这个背景下，海德里希的任务包含两层：一是准备将保安局从慕尼黑向柏林转移，为越来越可能发生的纳粹接管做打算；二是与强大且大体独立的党卫军位于首都的分部建立更加紧密的联系。在海德里希抵达柏林后仅三日，即1月30日，希姆莱便通知他，希特勒已作为联合政府的首脑被任命为德国总理。[52]

大多是毫无计划的事件正在德国全境展开，而海德里希在这些事件中扮演了一个消极的角色。希特勒希望通过3月5日的普选来巩固他新政府的选举基础。在普选之前的一段时间，纳粹对政治上处于左翼的对手逐渐增加压力。最开始，2月4日的《德国人民保护令》为纳粹提供了在大选宣传期间禁止敌对报纸的手段。2月27日，一个曾与共产党有关联的荷兰人——马里努斯·范·德·卢贝，独自在柏林的国会大厦纵火。这一事件为针对共产党和社会民主党的暴力升级拉开了序幕。纳粹领导层立刻就把该事件当成了他们等候良久的向德国共产党公开宣战的机会。[53]五天之前，新一任普鲁士总理赫尔曼·戈林，为了应对所谓的左翼极端暴力的增加，从冲锋队和党卫军的编制里征召了大约五万人。这些人是有逮捕权的"辅助警察"。现在，常被用作威胁的那个清算日已经到来。纳粹的辅助警察迅速动用他们新获得的权力，监禁了成千上万或是真正的或是所谓的政敌，并在未经司法审判的情况下就将他们关押在废弃的工厂、仓库和地下室。在那里，这些政敌遭受了似狂欢一般的暴行的对待。德国共产党受到了尤为野蛮的镇压。人们被残忍地殴打和折磨，有时甚至被谋杀，而这些行为却完全没有受到惩罚。截至4月，仅在普鲁士遭到逮捕的政治犯数量就已超过两万五千名。[54]

共产党、社会民主党和工会的领袖遭到了极其凶猛的肉体胁迫，而那些对正在崛起的第三帝国的政治并不那么完全反对的自由派人士、天主教徒和保守人士也遭到了象征性或是警示性的打击。犹太人虽常常遭到虐待，但他们却不是纳粹暴力的主要目标。在1933年夏天结束以前，德国全境已有大约十万人被捕，约五百至六百人被杀害。被捕的人大多是纳粹的左翼政治对手。[55]

尽管纳粹的1933年"革命"夺去的生命数量相对较少——至少是和接下来十二年当中的惨重伤亡比起来——但暴力和恐吓却是其中的一个核心成分。为了制造恐惧气氛而故意进行的一波逮捕，导致了受害者被关进警察监狱。在更糟糕的情况下，他们被送去了众多"野外"的集中营之一，或是非正式的刑讯地牢。这些集中营和地牢在全国各地快速出现，以应对所谓的敌人。在第三帝国刚开始的几周时间发生的肉体暴力起到了双重作用：消灭纳粹主义最为直接的对手，以及恐吓那些可能会产生威胁的人。无论是真实发生的还是被当成威胁的纳粹恐怖，都产生了毁灭性的效果，但在德国的不同地区，由于地方的冲锋队往往根据自己的策略行动，肉体暴力的实施程度也不尽相同。至少是在第三帝国成立以来的前两个月内，这种恐怖活动并没有经过上级的组织协调。[56]

在第三帝国最初的几个星期里，海德里希一直只是观察着政治事件和在德国街头爆发的恐怖活动。假如他和希姆莱曾经希望纳粹掌权能够将他们推上在柏林有影响力的位置，那么他们的野心很快就落空了。在德国首都的关键部门被分派以后，二人都空手而归。海德里希本人在柏林待到1933年3月，但在此后他仍继续在发生于德国首都的主要政治事件的边线上行动。由于第三帝国的新黎明丝毫没有增加他个人的影响力，海德里希非常懊恼，他决定要发起一项新的提议。

3月5日当日的普选不出意料地——鉴于对手面临的压力——让纳粹获得了43.9%的民众选票。这一天，海德里希试图与党卫军东分区强大的领导人，刚被任命为普鲁士内政部特别行动处处长的库尔特·达吕格取得联系。此人之后将会取得和海德里希对口的职位，成为第三帝国一体化后的秩序警察领袖。海德里希明白，达吕格在首都有门路，是个不可或缺的联系人。达吕格于1897年出生在种族混杂的上西里西亚，他的党卫军生涯很有特点：他既参加过第一次世界大战，也在1918年后的数个自由军团当中待过，于1922年加入纳粹党，1929年从冲锋队转到党卫军并成为党卫军在柏林和德国北部的领袖。从那以后，达吕格就在制约不羁的东德地区冲锋队的过程中扮演着关键角色——这支冲锋队的成员觉得希特勒墨守成规的权力之路简直太慢了。部分是因为达吕格的这个作用，戈林才把他选为未来的普鲁士警察机构的狠角色，并准许他对警察队伍进行一次政治清洗。[57]

在海德里希看来，得到戈林的直接授权，且现任普鲁士内政部的高级官员，这两点让达吕格相对独立于党卫军在慕尼黑的领导层。达吕格正忙着让他的事业更上一层楼，并没有什么时间理会这个他不认识，而且在党卫军编制里算是他下属的来自慕尼黑的使者。达吕格从未应答过海德里希的电话，在3月5日，海德里希沮丧地写信抱怨说，他一直不能成功地穿透达吕格"保护层"一样的接线员们。[58]

当日晚上，海德里希回到了慕尼黑，在那里——在希特勒被任命为国家总理一个月之后——纳粹的接管终于是指日可待的事情了。讽刺的是，德国的第二大州，纳粹主义原本的诞生地巴伐利亚，是最后一个被纳粹控制的州。3月9日，纳粹在巴伐利亚最著名的政治家之一弗朗茨·里特尔·冯·埃普在慕尼黑上任成为新的州长。在海德里希和一群党卫军成员以暴力威胁了邮局的工人——那些工人忠于直至彼时的统治党巴伐利亚人民党——确保那封希特勒宣布任命埃普的电报送达之后，纳粹的接管就被锁定了。[59]埃普又任命希姆莱为代理慕尼黑警察局长，并且在不久以后的4月1日，这位帝国党卫军领袖便控制了整个巴伐利亚政治警察部门和由冲锋队、党卫军成员组成的辅警组织。在魏玛共和国期间曾被用于打击激进左派和右派极端分子的巴伐利亚政治警察，被交给了二十九岁的海德里希。他快速地运用新得到的权力将该部门转变成了一个有效的恐怖工具，来对付纳粹革命真正的和假想的敌人。[60]

海德里希坚定地执行着他的新任务，他很高兴终于摆脱了之前几个月的沮丧。莉娜在3月13日写给她父母的信部分反映出了海德里希的兴奋，以及夫妇二人对莱因哈德这么突然被推到了这样一个有权职位的惊讶：

这是多么美好的生活啊！你们肯定会在报纸上读到有关我们小小的革命的事情。根据莱因哈德的描述，这场革命一定是很让人愉快的。让我跟你们说说我对它的体验：周三，莱因哈德很早就回家了，并宣布他立马就要返回褐宫，因为巴伐利亚州政府拒绝投降……十一点，他打电话给我，告诉我要把他的手枪送去褐宫。自然而然地，我恐怕最坏的情况就要发生了，还受到了不小的惊吓。下午一点，州政府指示，若是冲锋队试图在国家总理的命令下推翻巴伐利亚政府的话，巴伐利亚警察就要向冲锋队开枪。接着，罗姆、希姆莱和莱因哈德开车去了州长[海因里希·]黑尔德那里，并和他谈判了整整一个小时……莱因哈德说，那些在仅半年以前还在关押冲锋队和党卫军成员、用橡胶警棍将他们打趴下的人，现在却因为过度点头哈腰而再也直不起身来，这让他感到了极大的满足。希姆莱将成为警察局长……并且莱因哈德——请不要现在就开怀大笑——将会成为政治警察部长。我情不自禁地大笑……那天晚上，冲锋队和党卫军庆祝了一番。他们奉命去逮捕所有已知的政敌并将其押往褐宫。这对那些小伙子们来说不是件小事。他们终于可以为他们受到的所有不公正待遇、遭到的殴打和伤害而报仇了，可以为他们倒下的同志报仇了。超过二百名来自德国共产党、社会民主党和巴伐利亚人民党的成员和犹太人现在已被关押……在[褐宫的]大礼堂，内政部长穿着袜子和睡衣站在那里，周围环绕着一群忍不住大笑的冲锋队和党卫军成员。接着，他们穿着大鞋，踩在那正在哭泣的内政部长的脚趾上，弄得他不得不在他们中间换着脚跳来跳去。你们可以想象一下那个场景。

莉娜接着描述了慕尼黑犹太社区的一个著名成员是怎样被一群党

卫军员拖进褐宫的:

> 他们很快便制服了他。他们用狗鞭抽打他,拽掉他的鞋袜,接着他不得不在党卫军成员的陪同下光着脚走回家……你们由此就知道他们是怎么处理事情的了。很多耶稣会成员和犹太人已经逃离这里了。没有人死亡,没有人受到重伤,但是那种恐惧,那种恐惧,我告诉你们。[61]

现实中的形势,比莉娜在她的描述中所暗示的更加严峻。在希姆莱和海德里希的庇护下,在巴伐利亚发生的逮捕规模从比例上讲甚至比在普鲁士的还要高。3月9日过后旋即进行的第一波抓捕浪潮集中于纳粹政权真正的和假想的敌人,他们中的多数是共产党员、社会民主党员和工会官员——到4月有大约一万人。[62]在那些被捕的人中,显然也有很多犹太人。对那些经常是专断的逮捕的反抗遭到了暴力的打压。在海德里希被任命为巴伐利亚政治警察头目之后一天,即3月10日,一个名叫迈克·西格尔的律师因为他的一个犹太客户遭到慕尼黑警察的逮捕而发起投诉,就由此遭遇了这样的暴力打压。西格尔被党卫军辅助警察狠狠地殴打,并被迫在城市游街,他的脖子上挂着一块标牌,上面写着:"我再也不投诉警察了。"[63]

海德里希尝试着将巴伐利亚政治警察改造成一个有效的镇压工具,他很快就征召了约一百五十二名来自慕尼黑都市警局的各级成员。他们中的一些是纳粹党员,但大部分人都不是。这些新人中有几个会参与到海德里希的职业生涯中,并留到最后一刻,其中最为重要的人恐怕就是三十三岁的海因里希·缪勒。他将在1939年成为海德里希的盖世太保头目,并在这个职位上待到第二次世界大战的最后。缪勒于

1900年出生在慕尼黑，他是一名信奉天主教的小警官的儿子。自1917年起，他自愿参与了第一次世界大战，并且因为当飞行员时的勇猛而赢得了数枚勋章。战后，他进入了慕尼黑都市警局，并由于他所拥有的巨大能量而在那里快速爬升。他参与了政治警察部门，专门打击极左势力。1933年3月9日，当海德里希接管慕尼黑都市警局大楼的时候，缪勒也参与了抵抗。然而，海德里希并没有将他开除，尽管慕尼黑大区长官由于缪勒对长期统治的巴伐利亚人民党的忠心而对他做出了负面政治评价，但海德里希还是决定要对缪勒所了解的有关国际共产主义和警务的信息加以利用。在新的州警局队伍里留用像缪勒这样的非纳粹党员，并不是什么不同寻常的事情。从1933年至1934年，德国多数州的政治警察机构只是偶尔换上纳粹党员。[64]因为海德里希并不是警务方面的专家，除了依赖像缪勒这样的人的专业素养和经验之外，他并没有什么别的选择。尽管他对外声称非政治性的专家终究是可有可无的，但实际上他却不能够没有他们。[65]

作为将巴伐利亚政治警察重建成一个在意识形态上可靠的有效镇压工具的一部分，海德里希广泛地运用了一种被称为保护性拘留的新恐怖工具，即可能是无限期、不受司法监管地将人监禁在新设立的集中营里，在那里，新政权真正的或假想的敌人受到了任意和无节制的恐吓。[66]3月中旬，一处在达豪——一个位于慕尼黑西北十六公里的小镇——的废弃弹药工厂就已经被改造了，它将成为用于保护性拘留囚犯的几个最臭名昭著的早期集中营之一。[67]在海德里希就任巴伐利亚政治警察头目的第二日，达豪的控制权被移交给了党卫军（之前控制权是在普通警察的手中），党卫军立即就开始进行狂欢一般的暴力行动。很多囚犯由于受到虐待和随机射杀而丧生。达豪这个令人恐惧的名字，很快就成了一种强有力的威慑，成了可怕却又大多没被说出口的，人们所了解或假想的在集中营高墙之内所发生事件的代名词。[68]

海德里希在写给巴伐利亚内政部长的两封信中欢快地汇报道，达豪集中营的囚犯数量快速地增长，由1933年3月的170人增至5月的2033人。到那年8月1日为止，大约有4152名巴伐利亚的政敌被保护性拘留，其中超过2200人是在达豪。截至1934年1月，一共有16 409人被捕，其中有12 554人获得释放，通常是在他们被严重殴打伴随着受到不准再在政治上变得活跃的警告之后。[69]在达豪的保护性拘留期间，囚犯遭到残忍的虐待是一种常态。仅在1933年4月中旬至5月下旬期间，就有十三名集中营的囚犯因为在押时所受的伤害而死亡。[70]

在所有这些事件中，海德里希的行为不能被简单地理解成，一个嗜血的施虐狂在建设一个极权警察国家过程中扮演着预想中的角色。自1931年加入党卫军以来，他就将自己沉浸在这样一种政治氛围里：这种氛围因为人们相信自己陷在生死挣扎中而愈发浓烈。赢得这场生死斗争需要对敌人做出果断行动，在面对敌人的时候，即使是最不可想象的残酷手段都能被认为是合理的。海德里希日后的副手维尔纳・贝斯特评论道，海德里希往往会将自己对阴谋和暴力的渴望，投射到他真正的或假想的敌人身上。他终于能自由地向直至1933年都还占上风的意识形态敌人发起攻击，并把恐惧当成一种正当武器——实际上，他觉得恐惧是对付这种邪恶敌人的唯一合适武器。[71]

海德里希被指派分管政治敌人的囚禁和释放，而不是分管达豪集中营本身，这样的分工方式在纳粹德国这个整体，具体说是希姆莱的领导下是很典型的。达豪集中营的指挥官是特奥多尔・艾克，他出生于1892年，并在经历短暂的军旅生活后，于1919年被从军队遣散。艾克自1928年以来就是纳粹党的成员，他在魏玛共和国期间因为非法藏有爆炸物而被判入狱两年。在1933年的头几个月，他一直待在一所精神病院里。像海德里希一样，希姆莱给了艾克第二次机会，而他将不会让他的新老板失望。[72]

在几个月之内，艾克——这个人将在1934年成为所有集中营的督察——创建了一套和第三帝国的其他早期集中营都大不一样的新集中营体系。这个所谓的达豪系统，将在接下来成为萨克森豪森、布痕瓦尔德和拉文斯布吕克这几个集中营的模板。该系统的主要特点包括：将囚犯与外界完全隔离，最重要的是不惜一切代价防止犯人逃跑，以防出现“敌方的宣传”；为了使该系统在经济上是可行的，所有囚犯都要参与劳动；通过引进刑罚和惩戒制度将之前专断的暴力行为系统化；以及发布特别条例来更加严格地监管集中营的守卫。树立理想的公众形象，即专断的冲锋队暴力行为现在已经被一种虽然严格但建立在一定规则之上的集中营体系取代了，也是该系统的一个元素。当然，在现实中，达豪集中营里面的状况是让人恐惧的，而且囚犯所遭受的暴力仍然是完全专断的。[73]

事实上，过度使用暴力的现象是如此泛滥，以至于在1934年9月，海德里希都觉得有必要提醒他的手下，将不会再容忍他们肆无忌惮地虐待受到保护性拘留的人。他强调说，一个党卫军成员“以不必要的暴力去攻击和对付在押犯”，这么做是“不值得的”；“要用必要的严厉态度对待被捕的人，但绝不能欺骗或是进行不必要的迫害。我将以最严格的态度严肃起诉违反此令的行为”。[74]促使海德里希发布这道命令的，并不是他对囚犯的同情，而是他对更加严格纪律的渴望，以及对党卫军公众形象的担忧。他想让纳粹的政治警察由于其高效和细致而被敌人畏惧，但他也想让“良民”知道无须害怕他的组织。对他来说，比起集中营封闭围墙后的囚犯们所面临的严峻现实，局外人的感受要重要得多。[75]

在遭到海德里希迫害的第一波巴伐利亚受害者当中，最著名的是诺贝尔奖获得者托马斯·曼。曼在希特勒被任命为总理之后不久便前往荷兰、比利时和法国游历。他仔细地观察着德国戏剧般的政治局势发展状况，决定再在国外逗留一段时间，直到国内的形势稳定下来。作为一个非犹太人、自由派保守党，他应该没有什么可担心的，但20世纪30年代早期，他曾在不少公开演说和文章中攻击过纳粹，于是明智地决定要小心行事。4月末，他在慕尼黑的房子被海德里希的政治警察突击了。他的汽车、银行账户和私人财产都被充公。[76]

6月12日，海德里希做得更出格了。在写给州长冯·埃普的信中，他要求道，一旦曼回到慕尼黑，他就该在达豪接受保护性拘留，因为这个作家是“一个国家运动的敌人、马克思主义思想的追随者”。作为证据，海德里希声称曼曾经要求赦免所有1918年的革命者。他还坚持道，曼的伟大著作《魔山》(1924) 包含一段有关犹太祭祀的“光荣篇章”。总而言之，海德里希得出结论，这个作者的“非日耳曼、反纳粹、马克思主义和对犹太人友好的态度，构成了判处托马斯·曼保护性拘留的理由。由于被告的缺席，这个判决尚不能执行。但是，遵照各部的命令，他所有的财产都要充公”。当埃普询问是哪些部门授权这么做时，海德里希没有做出答复。至此，党卫军已经在巴伐利亚发展成了一支在大体上是自治的队伍。在那之后不久，海德里希在申请剥夺曼的德国国籍时使用了相同的理由。1936年，在这位保安局总指挥重新提出申请之后，这项程序执行完毕。曼和海德里希将永远不会碰面，但一直都对对方怀有深深的敌意。在1942年海德里希遇刺之后，曼正是最先在英国广播公司上发表讣告的人之一，他谴责道，海德里希是希特勒最为骇人的心腹之一。[77]

托马斯·曼的案例，在纳粹的迫害活动中并不典型。和很多共产党或社会民主党的中等级别官员不一样，曼在经济上是独立的，而且他在国际上享有足够的名气，可以在流亡时不受太大影响，继续他的事业。但在同时，曼的案例在以下这两个方面又是典型的，即对被归类为非日耳曼作家与日俱增的迫害，以及为了纳入定义越来越宽泛的敌对团体而逐渐扩张的恐怖行为。比方说，在巴伐利亚，在1933年3月至6月期间被捕的五千人中，绝大多数都是共产党和社会民主党人士，但纳粹所针对的团体的范围很快就扩大了。6月，希姆莱和海德里希下令抓捕保守的巴伐利亚人民党的领袖人物，目的是强迫该党解体。在巴伐利亚人民党解体、该党要员被释放后，截至1933年8月，巴伐利亚仍有3965人处于保护性拘留中，其中有2420人被关押在达豪。一年以后，1934年6月，这个数字进一步减少——2204人被党卫军拘留，其中超过半数的人是在达豪。[78]

希姆莱和海德里希在一年不到的时间里，就在巴伐利亚创造了一个有效的恐怖体系。临近1933年年末，他们又有了更大的野心，开始想要在巴伐利亚以外控制其他州的政治警察组织。德国是个联邦制的国家，在每个州都有独立的、规模不尽相同的政治警察队伍，想要控制这些不同的政治警察队伍，这需要耐心和战略技巧。在1933年秋季至1934年夏季期间，多数州的政治警察都逐渐被划归到党卫军的控制下。[79]在这个过程中，希姆莱很好地运用了他的谈判技巧，以及他和当地纳粹领导人的私交，他把他信任的同盟安插在各州政治警察队伍的关键位置上。在德国，大多数州的政治警察分支都微不足道，它们逐渐被党卫军接管这一点，并没有怎么吸引党卫军政敌们的注意力。还有一点原因就是，党卫军被普遍认为是对纳粹党领导层负责的、有纪律的精英组织。党卫军在巴伐利亚既高效又悄无声息地对抗政治对手，他们的成功在当时已被看作整个德国的模范。相比让希特勒的保守派联盟感到排斥的无组织的，常常是随性爆发的冲锋队暴力行动，党卫军的成功更受青睐。

在这几个月中，海德里希多次跟随希姆莱造访德国各地，以招募新成员并与政治决策者谈判。他确保了被希姆莱任命为地方政治警察队伍头目的那些党卫军成员都同时被招进了保安局，这就使得海德里希能够接触到由地方警长搜集到的政治情报。1934年春天，在德国各州的十一名政治警察队伍的头目中，已经有七名是保安局的成员。海德里希招募了一大批成员，他们在今后的几年中将会和他共事，甚至是影响他的职业生涯和政治信仰。[80]比如说，1933年9月，他遇见了维尔纳·贝斯特博士，他将在思想上对海德里希产生长远的影响。贝斯特出生于1903年，他学习过法律，并在魏玛共和国成了一名法官。1930年，他在黑森州加入了纳粹党，并在有空的时候指导其法律部门。1931年，在当局收到所谓的“博克斯海姆文件”后，他就被解除了法官的职务。这份文件暗示，贝斯特计划了一次纳粹政变。在纳粹党掌权后，他成了黑森州的警察首领，并在那里监督了第一批对政敌的逮捕。然而，和纳粹的新任黑森州州长雅各布·施普林格之间的私人矛盾，导致了他在1933年9月被遣散。正是在这种状况下，他第一次见到了海德里希。[81]

战后，贝斯特回忆了他第一次见到海德里希时的情况。他的回忆显示了海德里希自1931年以来发展得有多远——沃尔夫曾将当时的海德里希形容为一个“没有安全感的年轻人”：

> 海德里希是个高个子，比大多数他的下级都要高挑。他看上去很瘦，但在同时，有某种宽度——尤其是在他的臀部那块——让他显得强大有力。金发下那张窄长的脸被那强势的鹰钩鼻和挨得很近的蓝眼睛所统领。这对眸子常常冷冷地注视着，仿佛在盘问

> 一般，流露出不信任的目光，总是用一种忽隐忽现的不安扰乱别人……他立即以一种明显是强势的语气表明他的观点和意图，而不留给他人一点选择，只能要么同意和服从他的意愿，要么就给予回击，但鲜有人拥有回击的勇气。就这样，海德里希立刻就强迫所有人变得非友即敌。他强硬的态度和行为，毫无疑问给人留下了深刻印象……他经常以极其激烈的方式和刻意伤人的评论来表达他对下属的不满。另一方面，当他感到满意的时候——尤其是当一个最初反对他的人终于向他屈服时——他就会表现出最大限度的友好，给他的同伴留下好印象。但他的举止总是表现出毫不掩饰的主观性，并在每时每刻都要不惜一切代价来证明自己这种鲁莽的决心。[82]

贝斯特比海德里希要有智慧得多，并常常惊讶于他的老板对更广泛的哲学问题缺乏兴趣。“在一次旅行中，”贝斯特回忆道，“我们在探讨如果由于什么原因，我们不得不突然离开公共服务部门，我们要怎么办。我提到，我会去学习以前我没有时间接触的领域的知识，像是哲学或是历史，而海德里希则宣称他会完全地投入体育运动中。”[83]因为贝斯特在智力上更胜一筹，而海德里希在法律和警务上并无经验，贝斯特在整个20世纪30年代对他的上级产生了强大的影响。他让海德里希熟悉了一些理论，这些理论貌似支撑起了他自己的价值体系。通过贝斯特，海德里希更多了解了“英雄现实主义”这一在20世纪20年代和30年代早期被恩斯特·荣格等著名右翼知识分子鼓吹的概念。尽管这个概念本来是由战败和右翼人士对魏玛共和国的批判衍生出来的，但英雄现实主义却对年轻一代的人们散发出一种特别的魅力。这些人并没能够作为士兵亲身参战，也就因此没能被准许在战斗中证明自己。[84]

在贝斯特的世界观当中，来自遗传生物学家、人口统计学家以及种族优生学家的思想，与其他极端右翼的意识形态构造相融合了。贝斯特评论道，海德里希的强项是把这些抽象的思想和教条转化成实际政策，并严格地执行它。对海德里希和贝斯特来说，生活是永恒的斗争，永远处于一种紧急的状态，在这种情况下，要无情地对抗敌人。这不是出于冷酷或仇恨，而是出于“客观的”生物学必要性，以赢得为最适者生存而进行的人类斗争。[85]

这场斗争要求对自己和对他人都要严厉。它要求抑制情感，并培养对所有对手的冷酷、强硬和无情。他们相信，现在的强硬就是对未来的仁慈。无条件的严厉将一个人和那些没有胆量去为德国的生存而做生死斗争的人区分开来。“冷峻”这个关键词，被用来鼓吹一种冷酷、务实的意识形态战士的理想型，他们的行动不再受到非理智情感的牵引。这种态度也帮助掩藏了他们社交技能不足和不确定性的时刻。[86]

在接下来的岁月，这样的态度和信条会汇入一系列的“美德”中，这些“美德”成为整个党卫军都期望得到的，也是海德里希自己真切地尝试去坚守的。应该让像是荣誉、忠诚、服从、正直和友情这样的理想来指导党卫军成员的行为，这正是希姆莱的意图。这些美德是从独裁主义运动的标准词汇当中提取出来的，而在逐渐被从大背景中剥离出来的同时，它们在纳粹德国又获得了特殊的意义。比方说，对于党卫军成员来说，忠诚仅仅适用于他们和阿道夫·希特勒之间的关系。这种忠诚构成了一种特殊的荣誉守则的核心，这份守则将党卫军成员和其他所有人区分开来。一名党卫军成员所能够犯下的最严重错误就是打破这种忠诚，这一行为会自动导致丧失荣誉。友情将组织团结在一起，将它变成一个整体，在其中，冲突摩擦和小心眼的妒忌都是不能被接受的。[87]

在这样的原则指导下，海德里希开始发展他具有代表性的领导方式。即使是他最为亲密的下属，都将他的方式形容为“专制的”。[88]比起小心谨慎的希姆莱，他经常表现得更冲动，时不时地通过霸凌别人的方式来解决问题。贝斯特观察道，即使是在关系最近的同事中时，海德里希也是“以那种质问、不信任的方式来对待别人，所有人都立刻感觉到这是他的主要性格特点”，这样，他就制造了一种永远是“紧张的、充满不信任和矛盾的氛围”。在他的一生中，他都很难接受批评，在他直接接触的工作环境中，他根本就不容许别人提出批评。在绝佳的对细节的记忆力的帮助下，他经常喜欢提及和他交谈的对象曾经说过、早就忘却的事情，通过这种方式来吓住他们。在最准确的对海德里希领导方式的战后表征中，维尔纳·贝斯特坚持说：“海德里希所有的下属都惧怕他，但他们所有人又都对他怀有某种崇拜的尊重。”[89]

海德里希有意识地树立这个形象，贝斯特所说的那种结合了恐惧和崇拜的情感，部分来源于海德里希本人似乎达到了他给下属提出的严格要求。他每天工作很长时间：在黎明时就去办公室，而且不到深夜就不回家，并通常是在工作岗位上吃晚饭。尽管他的日程变得越来越繁忙，他仍能设法腾出时间并有精力进行体育锻炼，而且他希望他的下属也跟他有同样的热情。[90]在这一点上，他也试着实现党卫军的理想。一名党卫军成员的外貌被看作其内在心境、男子气概和力量的体现。海德里希相信，一名党卫军军官的公众形象依赖于他身材的健美，经过完善护理的制服，克制的举止及体态。在公开场合穿着制服饮酒是不受推崇的，最好吸烟也要适度。即使是在战时，海德里希也坚持严格遵照他本人为他的员工们制订的体育锻炼计划。帝国安全总部拥有自己的体育器材，并且其所有员工都被期望每周参加两次课程，女性职员在周六早晨的八点到十点期间还要参加额外的课目。[91]

希姆莱在试图教导他的手下时会采用父亲一般恩威并施的办法。

跟希姆莱不一样，海德里希的领导方式基于灌输恐惧和为如何像一名党卫军成员那样生活树立榜样。在和他人共处的时候，他很少给人留下欢快、活泼的友好印象，也几乎从不抽烟喝酒，从不享受昂贵的晚餐。他施加在自己身上的禁欲主义是军人般的自我形象的一部分，至死他都在保持这样的形象。在工作中，他将任务分配给他的直接下级，由他们来以高效、有创造力的方式执行他的命令，从而鼓励下层的完全主动性。从很早的时候起，海德里希就开始推广和执行一种领袖理想，即党卫军词汇里的领袖精神，这种理想的根本重心在于直觉、价值导向和鄙视规则的激进主义，这些与传统意义上领袖精神的理想状态有着深刻的不同。个人的主动性会得到奖赏，而妥协则被认为是懦弱的举动——这一态度将在第二次世界大战期间党卫军开始进行别动队暴力行动时产生致命的后果。[92]

尽管在当时保安局还是一个微型组织，跟之后那个险恶的战时恐怖工具的形态鲜有相似之处，但在1934年之前，它却已经开始展示出其后继形态的特征了。因为正在进行中的对反对者的迫害继续归各州所管，具体来说是归政治警察所管，保安局就将其监视和间谍活动的重点放在那些被认为是敌人，但在当时还不是纳粹镇压的主要目标的团体上：犹太人、共济会成员和教会。至少在部分程度上是受到了想要证明自己存在合理性的欲望的驱使，保安局为未来几波迫害提供了实质和意识形态基础。[93]在第三帝国刚开始的几年，海德里希的保安局也吸引了相当一部分与典型的纳粹官员明显不同的人。他自己身边的内圈成员，是那些既比大多数其他身为领导的公务员年轻许多，又比一般的纳粹党员受过更多良好教育的人。在20世纪30年代中期，一般的保安局领袖跟海德里希本人一样，年纪在三十岁上下。与海德里希不同的是，他们当中的大多数都在魏玛共和国早期就经历了政治觉醒，并且在那时，他们就在极右翼组织和社团中变得活跃起来。他们不顾自己会失去做公务员的资格的危险，在接受大学教育期间仍然常常与非法右翼团体保持联系。因此，多数保安局领袖独特的自我感知都是建立在如下基础之上的：稳固的价值导向，对激进主义和效率的强调，以及精英般的对像冲锋队或纳粹党本身这样的大规模组织的不接受。[94]

在选择最为亲密的下属时，海德里希所考虑的最为重要的因素是意识形态信仰、战士般的忍耐力和运动员一样的体态。[95]他在1938年至1942年期间的副官汉斯—阿希姆·普洛兹博士就是一个绝佳的例子：普洛兹出生于1911年，他曾获得文学博士的学位，并且满足了这份工作所要求的所有意识形态和身体上的前提条件。普洛兹高挑、健美，有着金发碧眼，海德里希称赞他是一个“完美无瑕的国家社会主义者”[96]。保安局所招募的成员相对年轻、有学识，这表明海德里希要创造一支高效、职业和意识形态可靠的新纳粹精英队伍的决心，这支队伍因为其取得的成果、能力和纪律而被称为精英。这支新的精英队伍被训练去完成至关重要的任务，担当第三帝国的要职。海德里希决心要整合并永久锁定这些职位。很久以后，在第二次世界大战期间，这些人将会成为海德里希首选的被遣往东线的人员。[97]

争夺对普鲁士的控制权

截至1934年夏天，希姆莱和海德里希已经将德国大部分州的政治警察机构纳入他们的管理之下，但是，最大且在政治上最重要的一个州——普鲁士，仍然不在他们能企及的范围之内。任何掌握普鲁士警察控制权的尝试，都会被认为是对强大的普鲁士总理赫尔曼·戈林的直接挑战。戈林本人领导着普鲁士政治警察——盖世太保。海德里希和希姆莱二人都非常清楚，他们是没有实力赢得那场竞赛的。[98]但希姆莱和海德里希都没有轻易退缩。在他们追求对盖世太保的控制权的过程中，他们得益于如下情况：戈林于1933年2月让冲锋队成为辅警部队；而冲锋队专断的暴力行为构成了越来越严重的威胁，可能会破坏纳粹党和州的权威。这不但激怒了纳粹的保守派联盟，也激怒了很大一部分德国民众。尽管戈林不情愿将自己的任何权力割让给希姆莱，但他还是开始认为，党卫军是能被用来牵制住比它大得多的对手——冲锋队——的唯一合适工具。于是，他给政治警察下令，辅助警察只能由党卫军成员来担当，并且他还决定，盖世太保中新的职位应该严格保留给党卫军成员。[99]

1934年4月，戈林和希姆莱会面讨论了普鲁士政治警察的未来。希姆莱说服戈林，他会继续在总体上控制盖世太保，而且党卫军永远不会威胁到他的权威。在确保了他对大局的控制后，戈林正式将希姆莱任命为盖世太保的代理局长。虽然在台面上希姆莱仍然受到戈林的监督，但对德国所有政治警察的控制权现在已落到最为激进的纳粹党组织——党卫军的手中。尽管戈林最初表示反对，但海德里希还是由于希姆莱的关系而升迁了：1934年4月22日，他搬回柏林来担任盖世太保办公室执行主管的新职位，同时他也保留了作为保安局局长的职务。[100]

在获得盖世太保的控制权之后，海德里希立即就将他信任的员工，包括海因里希·缪勒、弗朗茨·约瑟夫·胡贝尔和约瑟夫·梅辛格，从巴伐利亚政治警察调到了盖世太保位于柏林的阿尔布雷希特王子大街的总部。这里原来是一所地处德国政府区心脏部位的工艺美术学校，这个区域将会变成纳粹恐怖国家的同义词。[101]当海德里希于1934年4月接管普鲁士盖世太保时，他也一并继承了其规模庞大的官僚机构，其中包含约七百名处在柏林总部的官员和职员，除此之外还有约一千名职员分布在普鲁士境内各地的盖世太保地方分支。[102]在接下来的三年中，这些职员的数量会上升到约七千名，其中大多数都是出外勤的官员。有四分之三纳粹德国政治警察的雇员，在魏玛共和国时期就已经在不同的分支工作过；另有5%的雇员来自其他国家机构。仅有20%的人是新招募的，他们中的多数是纳粹党的成员或是支持者。[103]除此之外，政治警察可以调用一支或是有偿或是无偿的线人大军，他们中的很多人以前都是纳粹主义的敌人，通过监视从前的伙伴而赎回了自己的自由，还有些是被称作街区协管员的人，他们通常是纳粹的同情者和公寓楼的管理员。截至1935年，已有不少于二十万名街区协管员，他们中的每个人都负责对四十至六十户家庭进行政治监视。[104]正如驻纳粹德国的美国记者霍华德·史密斯所评论的，这些协管员带来的后果是，互相之间的不信任很快就渗透了德国社会，制造了一种无处不在的互相谴责的气氛："当时的神句就是，'我要让你被抓起来，你这个鲁莽的年轻人'，还有，'我有个在党内地位很高的朋友，**他**会教训教训你的！'他们就像小孩子扬言说要'叫我爸来，他可比你爸壮'一样。"[105]

然而，那个德国社会自我监督的传统形象却是夸大其词。第三帝国的人口中只有微小的一部分是自愿给盖世太保提供信息的。对某些"罪行"的揭发，像是"种族亵渎"（即和犹太人发生性关系）或是开政治玩笑，要比对政敌的揭发常见得多。从绝对数量来看，揭发的案例少之又少。比方说，在利珀这个拥有十七万六千人口的州，一年当中仅有三至五十一起揭发案例，而且揭发者中有很高的比例都是纳粹党成员。[106]即使是在纳粹德国的首都，政治监视的密度也一直惊人地稀疏。盖世太保成员的数量从未超过八百名官员和探员。在一个有四百五十万居民的城市，这就相当于五千六百名柏林人才对应不到一名探员。[107]

然而，尽管盖世太保从来都不是一个巨型的组织，但它却有意识地创造了一种恐怖和怀疑的气氛。海德里希积极地为这种气氛做着贡献：他在报刊文章和公开演讲中将盖世太保描绘成一个无处不在，让国家的敌人感到心惊胆战的组织，同时又暗示“诚实的公民”并没有什么可畏惧的。这种描述并没有反映出盖世太保的真正实力，但还是成功地构建了这样一种情形：公民因为畏惧盖世太保的影响范围而克制自己不去犯下“罪行”。[108]

在取得对盖世太保的控制之后不久，海德里希和希姆莱就转向了下一个挡在他们膨胀野心之路上的障碍物——恩斯特·罗姆领导下的冲锋队。这场斗争尤为敏感，因为罗姆不仅是海德里希的一个亲近的熟人，也是他1933年6月17日出生的长子克劳斯的教父。在希特勒被任命为总理的头几个月中，海德里希、希姆莱和罗姆曾经是盟友，甚至是朋友，他们组成了一条针对保守人士和温和派纳粹党人的共同战线。正是党卫军对国家警察机构的逐渐吞并才让他们之间产生了间隙。一旦党卫军的领导层取得了对所有合法的国家镇压途径的控制，冲锋队和它实施的非法街头暴力，就成了在对纳粹德国力量的控制争夺中一个麻烦的竞争对手。海德里希以越来越担忧的态度看待冲锋队的缺乏纪律性和对元首可疑的忠心：尽管他个人对罗姆及其下属的反体制极端主义怀有些许同情，但他和希姆莱很快就意识到，他们要通过加入正在壮大的反冲锋队阵营来获得更多权力。该阵营由保守人士及资深军方人物组成，冲锋队想要成为第三帝国的革命军，并最终取代原有的国防军的野心遭到了他们的反对。

长刀之夜

海德里希非常清楚地感受到，1934年夏天，一种紧张的情绪遍布了德国全境。在希特勒获权之后的一年多，自1929年秋天以来就在动摇德国，让希特勒成功升任总理的严重经济危机还远没有结束。自从纳粹接管政府后，1932年年末失业的六百万人当中只有三分之一找到了工作。渐渐地，在1933年1月煽动了大部分人的那种开始时的热情被幻灭取代了。在这个背景下，许下要进行“二次革命”的民粹主义、反资本主义承诺的冲锋队，是一个可能导致政治动荡的危险源头。冲锋队的领导层已经击破了左派势力，并且通过恐吓使得自由派人士服从，他们还想扫除那些持保守态度的同盟——包括商人、实业家和银行家——他们正是最开始让希特勒的升迁获权成为可能的人。[109]

最危险的是，罗姆挑战了国防军在国家防卫中的领导地位。希特勒担心会发生内战，于是在1934年2月，他拒绝了冲锋队的要求，由此激化了这场暗中燃烧的冲突。1934年年初，冲锋队的对手——纳粹党、盖世太保和国防军——开始准备果断行动。从很早起，党卫军——该组织在1934年春有大约二十万名成员——就把自己定位为希特勒忠实的执行部门，可能会被用来打击叛变的、规模大得多的冲锋队。在4月接管盖世太保以后，海德里希加紧了他对冲锋队领导层罪证的搜集。5月，他的盖世太保和国防军军部的军情部门开始交换有关冲锋队的材料。自6月中旬起，党卫军和保安局就处于高度戒备状态。[110]

大约在同时，希特勒的位置也受到了他的保守派同盟的挑战。6月17日，副总理弗朗茨·冯·帕彭在马堡大学发表了一场广为传播的演说，并由此引发了一场政府危机。他在演说中严厉地批评了纳粹的专制恐怖政权，并暗示他会向总统冯·兴登堡递交辞呈，从而威胁到了希特勒政府的未来。如果是这样，那么由兴登堡于1933年1月30日指定的联合政府将会终结，这会导致希特勒被免去总理一职。希特勒经人警告，知道在1934年夏天纳粹政权根本没有那么稳固，撑不过与兴登堡和军队的公开对抗。[111]

希特勒通过对冲锋队采取果断行动解决了这次危机。他认为，清除冲锋队的领导层能让他只出击一次就解决他国内政治问题的一堆麻烦。“二次革命”的威胁就消失了，大多数民众就会对不守规矩的冲锋队被清除这事长舒一口气，而且国家社会主义者和保守派之间的联合政府会变得比以往任何时候都要强大。[112]

海德里希对于希特勒做出的决定的影响，仍然是个有相当争议的话题。根据党卫军的高级官员在战后的证词，海德里希发起了一场有意识的密谋，目的是通过制造冲锋队马上就要发动政变的证据从而摧毁冲锋队的领导层。其他人则辩称，大多数不利于冲锋队领导人的罪证都是由军队提供的，党卫军只是扮演了执行者的角色，而非煽动者。因为大多数有关“长刀之夜”的资料都在1934年6月30日之后被销毁了，我们很难确定真相。有一点是清楚的，海德里希不只是出于想在职业生涯上取得进步的原因才跟冲锋队翻脸，他这么做也是因为他和希姆莱都把冲锋队当成国家稳定的一个切实威胁。他们坚定地相信，派系之争使得德国在敌人的攻击下不堪一击。[113]

1934年6月末，对冲锋队采取果断行动的时机已不能更有利了：罗姆去度假了，并让整个冲锋队都在7月去度假。党卫军相应地开始了为清除冲锋队的领导层而做准备。在6月初，达豪的指挥官艾克在慕尼黑地区为调遣党卫军队伍进行了秘密演习。6月27日，党卫军的区域指挥官和保安局的首要领导在柏林会面，在此次会议上，海德里希向他们解释道：“根据已证实的情报报告，一场由罗姆领导的冲锋队起义正在策划中。”一怒之下，海德里希斥责了“罗姆跟法国的联系，而且他还与其他危害到国家的力量有染”，比如说“共产党——有相当数目的共产党员都混进了冲锋队；还有‘反动派’。党卫军和国防军是唯一能够保护国家和元首的政府的队伍”。[114]

海德里希的保安局提供了列有要遭到清算的冲锋队领导人名字的清单。海德里希在柏林亲自协调了该行动，同时他将贝斯特和他在保安局的副官卡尔·阿尔布雷希特·奥贝格派往慕尼黑，好让他们监督在德国南部的一波逮捕行动。[115]6月30日，冲锋队的领导层在罗姆位于巴伐利亚的度假场所巴特维塞遭到逮捕。另外在柏林、西里西亚和其他地方也同时进行了抓捕。有接近二百人遭到杀害，其中包括了罗姆本人和前纳粹党的组织领导人格雷戈尔·施特拉塞尔。施特拉塞尔在1932年年末就与希特勒闹翻了。党卫军还对保守派右翼发动了进攻。遇害的人当中包括帕彭的秘书赫伯特·冯·博塞、新保守主义知识分子埃德加·尤利乌斯·荣格和在希特勒之前担任德国总理的库尔特·冯·施莱歇将军。施莱歇在柏林附近的家中和妻子一同被射杀。海德里希还利用这一波逮捕来报复“政治天主教”的著名代表，他亲自下令谋杀公教进行会组织的领导人埃里希·克劳森纳。毫无疑问，这是在警告保守派和天主教政客不要挡住新统治者的去路。[116]

党卫军——尤其是保安局——最后成了纳粹党领导层、国防军和冲锋队之间权力斗争的真正赢家。这场斗争以6月30日的“长刀之夜”告终。最有可能的是，一开始海德里希的保安局提交了证据，指控罗姆在策划一场政变，之后他的盖世太保官员执行了多数谋杀，从而向元首证明了他们毫不动摇的忠心。为了奖励他所取得的成就，海德里希于6月30日三十岁的时候被任命为党卫军中将。[117]

家庭问题

到1934年年中，由海德里希被从海军遣散而触发的职业危机，已被他在党卫军中飞速的攀升取代。然而，他父母的财务困境仍在持续让他担忧，在20世纪20年代中期，资金的问题得到短暂缓解之后，哈雷音乐学院的财务状况迅速恶化。1931年，在布鲁诺·海德里希被中风击垮之后，现在他在哈雷的家族生意由他的妻子和女儿经营，但她们并没有布鲁诺的名气。除此之外，大萧条让音乐学院既失了积蓄又丢了生源。在20世纪20年代最后的黄金年代过后，大萧条带来了一场灾难，那些像布鲁诺·海德里希的音乐学院这样提供古典音乐教育的学校，从未从这场打击中恢复过来。突然间，音乐教育变成了一个鲜有人负担得起的奢侈品，尤其是在当时，留声机的普及给人们提供了另一种（实惠得多的）家庭娱乐方式。在大萧条时期，职业音乐人和音乐教师的数量骤减，而且海德里希音乐学院也从未从以下情况中缓过来：截至1933年年初，音乐学院面临破产，这家人不得不搬出学校所在的别墅，住进一间租来的公寓。[118]

海德里希的姐夫沃尔夫冈·海因多夫在1933年11月6日向莱因哈德告知了他家财务上的极度困难，并询问他能不能借给他们五千帝国马克。海德里希一定是拒绝了这个要求，因为仅在几周之后，海德里希的母亲亲自向他要一笔至少是“小数目的钱”。海德里希——他刚在两年半前向他的父母要求过资助——似乎也没有回复这封信。11月23日，他的父母再一次联系他，这回他们直接往他的办公室发送了一条电传信息。海德里希附在电传边缘的手写笔记显示，他不愿意处理这件事，但最终他寄了两张各五十帝国马克的汇单给他的父母——远比他们要求的五千帝国马克少得多。[119]

不到三周之后，这钱就花光了。12月18日，他的姐姐玛丽亚再一次联系了他，她用最悲惨的语言形容了他们父母的财务状况。因为玛丽亚和她丈夫没有资金来改善这一状况，而且他的双亲在实际上是没有收入的，如果海德里希不想他的父母饿死的话，他似乎就不得不提供帮助。[120]玛丽亚和她丈夫也向海德里希讨要钱财，以支援她们自己的生存。比如，1934年6月，海德里希就收到了一份来自哈雷一个熟食店——普菲弗和哈塞——的超过二百一十六帝国马克的账单，其中包括了海因多夫婚宴的花费。海德里希气愤至极，并拒绝支付。[121]

为了深入了解德累斯顿音乐学院错综复杂的所有权结构，也为了估算一旦生意被清算，他的母亲作为共同所有人能期望得到多少钱，海德里希命令一个保安局的下属，来自德累斯顿的律师赫伯特·梅尔霍恩博士，来向他建议可能的法律途径。自1932年以来梅尔霍恩就是党卫军的成员，他在1933年3月才刚加入保安局，但已经成了盖世太保在萨克森的二把手。1935年夏天，大概是由于他在解决海德里希在哈雷和德累斯顿的家庭事务上所提供的帮助，梅尔霍恩被派去担任柏林保安局总部的一个高级职位。[122]

梅尔霍恩对海德里希的要求很快就做出了答复。1933年12月18日，他向海德里希的办公室提交了他对该状况的法律评估。据梅尔霍恩估计，理论上来说，伊丽莎白·海德里希在德累斯顿音乐学院的份额价值三万六千帝国马克。然而，在当前的经济气候下，即使她的兄弟同意卖掉家族生意，出售音乐学院所得的收入也可能远远少于这个数。梅尔霍恩说，她年龄最大的兄弟做出了一个不错的提议，他提出分阶段支付三笔款项——立即付五千帝国马克，在五年后付五千帝国马克，八年后再付两千帝国马克——买断她的份额。他甚至打算以每年4%的利率为未结清的债务支付利息。尽管这个提议并没有反映出伊丽莎白·海德里希在这个家族生意中份额的理论价值，但会解决他们迫在眉睫的财务问题。让梅尔霍恩很遗憾的是，海德里希一家拒绝了这个提议，反而坚持要向他们的长子借钱，直到经济状况允许把德累斯顿音乐学院卖出更高的价钱。[123]

在读了梅尔霍恩的报告以后，海德里希告诉他的父母，他自己的资金不足以满足他们的要求，并且他已经向希姆莱要求借一笔钱。他指出，他已经在过去的两个月中给了他们七百帝国马克，用于他们的生活开销。鉴于他自己的家庭近期也扩大了，这种状况是不可维持下去的。1933年6月，莉娜生下了海德里希夫妇的第一个孩子克劳斯，这意味着海德里希有限的薪水现在必须要支撑一个三口之家。[124]海德里希在信中附上了一份他父母和他自己之间合约的草稿，约定了他们双方的责任。根据这份合约，海德里希提出为他的父母支付生活开支——房租六十五帝国马克，花销五十帝国马克——直至他们卖掉在哈雷的家，有关德累斯顿音乐学院的债权清算完毕。作为回报，他要求父母搬到慕尼黑，并且避免积累更多新的债务。他的父母还得避免在商店和酒馆“闲聊”，因为这可能会“危及他们子女的生计”——这可能指的是，每当他的双亲和姐姐的家人赊账购置杂货和酒精时，他们往往都会提到莱因哈德·海德里希在新政权下的高职位。违反该合约会解除海德里希自愿替他们付款的义务。[125]

海德里希的个人档案中并无这份协议带有签名的副本，而且海德里希的父母从未搬到慕尼黑，这两点事实说明，他的父母拒绝了儿子的提议。这可能加速了繁荣一时的哈雷音乐学院在最后倒闭。1935年12月26日，布鲁诺·海德里希通知哈雷当局，他的音乐学院已经永久性关闭了。[126]音乐学院一直经历的困难及他与哈雷的家人日渐紧张的关系，可能使得莱因哈德更加疏远他过去的生活。他完全停止了拜访哈雷，直到1938年夏天布鲁诺快要去世的时候才去探望他的父母，那时他们租住在位于城里一个工人阶级街区的一间极小的公寓里。在1938年8月末他父亲的葬礼之后，海德里希没有再回到他的家乡，但他继续偶尔为他母亲的生活开销提供金钱上的资助。直到1942年莱因哈德死后，伊丽莎白·海德里希才被邀请回他们的家，可能是为了照看她的孙辈。相反，对莱因哈德来说，在1934年夏天，未来看起来确实一片光明。在经历了将近三年职业上的不确定、总是搬进短期租赁的住所之后，他现在终于有实力在柏林富裕的南郊买下一间宽敞的公寓了。海德里希的收入也足够让他雇用一个女佣。在这非常成功的一年的末尾，1934年12月28日，海德里希的妻子生下了他们的第二个儿子海德尔。[127]

第四章

打击帝国之敌

寻找新的敌人

如果罗姆政变的结果对海德里希的保安局和政治警察机构而言是一次彻底的成功，那么这次事件也勾起了一些有影响力的人的疑心。他们——尤其是军队中的保守派和纳粹的竞争对手——担心，党卫军正在变得过于强大。比如，内政部长威廉·弗里克就是其中之一，他在德国警察当中的整体权威正在逐渐被希姆莱和海德里希破坏。

尽管军方在罗姆大清洗之后有些得意扬扬，但很快它与党卫军之间的关系就变得紧张起来。海德里希认为陆军中的保守派在意识形态上是不可靠的，而陆军则对在清洗当中被谋杀的将军怀恨在心。至1934年年末，海德里希和希姆莱已经让自己相信，一场军事政变就快发生了，并且他们的探员也搜集了支持这一观点的证据。他们怀疑的焦点聚集在军方自己的反间谍部门阿勃维尔和陆军总司令维尔纳·冯·弗立契将军身上。海德里希认为阿勃维尔是极不可靠的。[1]

海德里希对阿勃维尔，更笼统地说，是对境外间谍活动这个神秘领域的态度大致是通过阅读瓦尔特·尼克莱的《秘密力量》一书形成的。该书于1923年首次出版。在对第一次世界大战时的情报活动进行比较研究时，担任德意志帝国军情局头目的尼克莱，基本将国家战败归咎于缺乏一个能够与英、法类似机构相抗衡的情报部门。不像它的敌人，德国在那时尚未对战争期间的敌对方展开有组织的情报活动。独立运行的军方情报部门缺少来自政治领袖的指示，后者则不理解前者的需要，也不给予它支持。德国所需要的是有追求国家利益必要之决心的政治家，以及一个中央的、以政治为指导的间谍机构来确保这一政策的执行。尼克莱强调，少数族裔——尤其是犹太人——和国际运营的教会对国家安全构成了威胁，这一观点得到了海德里希的强烈赞同。[2]

海德里希想要掌控德国所有的政治情报搜集部门，这个野心也是他形成对阿勃维尔不赞同态度的原因之一。迄今为止，阿勃维尔和警察的职责在两方面都有着千丝万缕的联系。一方面是间谍和破坏活动，盖世太保将此类活动当成损害国家和财产的犯罪活动来处理。由于与军事相关的政治犯罪和那些与军事无关的政治犯罪之间并无清晰的界限，军方的阿勃维尔一直以来都和参与调查这些案子的刑警政治部门所谓的反间谍警察紧密合作。这两个组织共享信息，但主要是跟军事相关的事务上，警方必须将阿勃维尔视为权威。另一方面源于国防部缺少一个像其他欧洲国家所拥有的那样的军事化警察机构。因为阿勃维尔既无权威又无手段在民间开展搜查和逮捕，因此就必须得依赖民警——即使是在明显有关军事防御的事务上。如果说在魏玛时期警方和阿勃维尔之间的关系还算相对和睦的话，那是因为警方清楚自己的位置。在海德里希任上，这种权力的制衡从根本上发生了改变。海德里希持续不断地以牺牲阿勃维尔的利益为代价而拓宽自己的职责范围，这在1934年年末导致了双方屡次发生冲突。[3]

党卫军和军方之间的紧张局势，在1934年12月末希姆莱和海德里希对弗立契发起进攻的时候达到了高潮。他们指控弗立契在策划一场反对元首的军事政变。希特勒介入了，试图让冲突降级，随后双方做出了共同努力来缓解紧张局势。在1935年1月发表的一份声明中，海德里希对“毒害（国防军与党卫军之间的）关系”表示了忏悔，称国防军“背负着国家武装”，而党卫军则是“国家和纳粹党意识形态的载体”。他宣称，在过去几个月当中的紧张关系是德国国内外敌人作用的结果，他们散播虚假谣言、引发仇恨，从而削弱国家的力量。[4]

1935年1月1日，海德里希以前在海军的教官，他私下里交好的朋友威廉·卡纳里斯就任了军方阿勃维尔的新头目，这进一步改善了局势。在当时，卡纳里斯还是纳粹的支持者。在战争结束四周前，因为据说与克劳斯·冯·施陶芬贝格试图行刺希特勒的行动有关联，卡纳里斯被党卫军在弗洛森堡集中营处死。与施陶芬贝格和其他很多共同谋划1944年行动的人一样，卡纳里斯是一个极度保守派民族主义者，在他明显觉察出第二次世界大战期间纳粹统治犯下的滔天罪行之前，他也曾欢迎1933年魏玛共和国的终结，为贯穿20世纪30年代德国施行的扩张主义拍手叫好。[5]在卡纳里斯一家来到柏林之后，他们就和海德里希家成了邻居，并共度了很多时间。和之后的传言相反，他们的关系很紧密。[6]1月17日，海德里希和卡纳里斯见面并进行了一次三小时的会议，以解决之前那些使得政治警察和阿勃维尔之间的关系蒙上阴影的问题。这次会面的成果是一份十条的协议，即著名的“十诫”，它细述了今后阿勃维尔、盖世太保和保安局之间的分工。根据这份协议，海德里希承认了阿勃维尔对军事间谍、反间谍活动及控制、保护军事基地全权负责。反过来，卡纳里斯也承认了保安局在工业间谍活动和在国界线附近搜集情报方面的能力。他也接受了盖世太保在国内对打击政治犯罪负有全责。至少是在接下来的几年中，阿勃维尔、保安局和盖世太保在工作上的关系是良好的，而且海德里希和卡纳里斯两人都真切地想要保持有效的合作。[7]

贯穿了20世纪30年代中期的党卫军与内政部之间的紧张关系，从很多方面来看都要更难缓和。尽管希姆莱和海德里希在罗姆政变期间取得了在战略上很重要的胜利，但党卫军还是没有完全掌控德国警察。国家内政部长威廉·弗里克仍在名义上是希姆莱的上级，他坚称由党卫军掌控的、新设立的压迫工具——其中很显著的一个是集中营——只是临时性的，是在夺权期间且以夺权为目的而创造的。他还提出，一旦政治局势稳定下来，这些工具就必须要被重新置于严格的政府监管之下。截至1935年，德国共产党的地下活动已大体被摧毁，其关键人物也已被囚禁起来。他做出决定，解构党卫军的法外镇压工具，回归合法打击政治犯罪途径的时机已经成熟。[8]

另一方面，恰恰是在这个纳粹国家貌似没有更多敌人可以逮捕的时候，希姆莱和海德里希试图扩张警察的权力。为了达到进一步扩大党卫军权力范围的目的，他们不得不兜售永久的警察国家这样一个概念。在那场"促销"活动中，他们大力推动否定如下主张：非凡的政治警察和集中营体系仅是针对国家紧急状况的临时性解决方案。[9]这个问题直到希特勒于1936年6月17日正式将希姆莱任命为德国警察的首脑才得到完全解决。这样一来，希姆莱就将之前联邦的德国警察集中到了他的手里，并且将党卫军这个准军事党组织与警察这个传统国家工具合并到了一起。从上述两点来看，对希姆莱的任命标志着第三帝国历史上一个重要的分水岭。由此，他就创造出了一个由极端纳粹分子运作的政治压迫机关。现在，希姆莱指挥着第三帝国两个最重要的镇压执行机关——党卫军和警察，这两者头一次统一到了单一的控制之下。在法律上，他仍然是内政部长威廉·弗里克的下级，而在第三帝国实际的等级中，希姆莱现在只对希特勒负责。[10]

希姆莱被任命为德国警察的首脑，这对三十二岁的海德里希也有着直接影响：1936年9月20日，他位于柏林的盖世太保总部正式接管了德国所有州的政治警察队伍，也由此创造了一个全国范围的部级机构，有权在整个国家运作。除此之外，德国所有的刑事警察和边境警察队伍——有不少于九千人——会和海德里希麾下的盖世太保合并形成一个新的机构，即所谓的安全警察。这不仅仅是一次让海德里希所指挥的人数翻了一倍多的行政行为。结合刑事和政治警察队伍的主要原因在于，海德里希和希姆莱确信，习惯性犯罪和政治犯罪的问题是不可分割的。海德里希越来越认为，越轨的犯罪行为是“坏血统”的一种表现，犯罪也就变成了一个政治和种族问题。因为海德里希仍然——以纳粹那种职位累计叠加的方式——是保安局的局长，他能联合指挥保安局和安全警察，这就让他得以控制两个机构，它们将对在接下来的年月里发生在德国和欧洲被占区域多数暴行负有责任。[11]

党卫军在与国家内政部的权力斗争中得胜，其主要原因是，希特勒决定向一个更开放的纳粹主义敌人的定义倾斜，它远远超过了所有典型的独裁政权对政敌的迫害，而海德里希则为该定义做出了至关重要的贡献。1934年年末，希姆莱和海德里希得出了这样一个结论：要证明永久警察国家的合理性就必须要借助一个精心构造的场景，勾勒出一个无所不在、细致伪装起来的敌人网络，因此必须要有一个广泛的、复杂的安全体系来发现、揭露和击败这些敌人。1935年，在一系列为党卫军的报纸《黑色军团》所作的，于1936年以“我们斗争的变革”为题重新发表的文章中，海德里希公开定义了上述“威胁”和打击它的方法，并表示有必要对盖世太保行动的方向进行一次重大调整。他的中心论点是，即便是成功清除了德国共产党和社会民主党，德国人民的敌人也还根本没有泄气。在1933年1月达成希特勒被任命为总理的“近期目标”后，很多德国人都错误地假设，纳粹统治现在已经被永久性地锁定了。海德里希坚称，这场战役无论如何都还没有结束。相反，和德国敌人的斗争现在到了最困难并最终是决定性的阶段，它要求“多年的艰苦斗争以便一劳永逸地驱逐、摧毁敌人”。[12]

根据海德里希的说法，“敌方的驱动力自始至终都是一样的：全世界的犹太人、全世界的共济会”，以及那些为了政治目的而滥用宗教言论自由及大众灵性的“政治牧师”。这三类纳粹主义的死敌，致力于通过五花八门的“伪装手段”来摧毁第三帝国，其中，政府官僚中“所谓的专家”扮演了一个重要的角色：他们向政敌通告对他们不利的法律提案，并且散播谣言以激发群众对希特勒政府的不满。与此同时，他们还在努力减缓或破坏立法程序和法律的实施。海德里希表明，这样一来，敌人的范围就扩大了，将很多据称向学生灌输自由思想的大学教授也纳入其中。海德里希的指控是对党卫军在德国公务员中的对手的一次大规模攻击，他们几乎是集体被宣布为国家社会主义的敌人。[13]

在海德里希的描述中，之前被当作纳粹主义最大对手的布尔什维克主义现在不过是一个门面，真正的敌人就藏在后面。他论述道，若是没有党卫军——这支纳粹运动的“意识形态突击部队”——的帮助，警察单凭自己的力量是没有什么机会打败这个善于伪装的敌人的。[14]德国会毫不妥协、严酷地与境内外敌人展开生死斗争，“即使这意味着我们将伤害以个体为单位的对手，即使是一些怀有善意的人将谴责我们是没规矩的痞子”[15]。海德里希不厌其烦地强调，必须要“完全冷酷”地对待自己和反对他人。这种态度同样发源于一个庸俗化的达尔文主义认知：生命是一场“更强、更高贵和种族上更有价值的人与更劣等的下等人之间的永久斗争”。和每一场真正的较量一样，只可能有两种结果：“要么我们会一劳永逸地战胜敌人，要么我们便会腐朽。”[16]

在与瑞士红十字会使者和传教士卡尔·雅各布·布尔克哈特的一次谈话中，海德里希坚称，战胜纳粹主义的敌人所要求的强硬态度，对他自己和他手下的人来说是一个巨大的精神负担，只有借助这项事业之伟大才能证明这种牺牲的合理性：“这对于一个个体来说几乎是过于困难的，但是我们必须和大理石一般坚硬，不然的话，我们元首的工作就将白费；很久以后，人们会为我们所担当的这份责任而感谢我们。”海德里希和希姆莱在第二次世界大战期间将会运用一模一样的论点——尽管是在很不一样的情境下——来证明党卫军特遣队实施大屠杀的合理性。[17]

由此，海德里希就基本重塑、拓宽了纳粹主义敌人的定义。布尔什维克主义和共济会都仅仅是“犹太人权宜的、有目的的创造物”。这就是“最终是犹太人和政治教士（其最为显著的形式是由耶稣会成员所展现的）形成了所有敌对组织的根基”的原因。这样一个极右翼的纳粹主义敌人的概念，对于那些专门打击它的组织，即海德里希的保安局和政治警察是有影响的。首先，必须要根据这个概念重新思考政治警察在德国社会中所扮演的角色。在受到鄙视的魏玛共和国时期，警察受到了错误的个人自由的自由主义概念的约束，而现在警察和党卫军应该挣脱一切束缚，才能确保可以守卫德国人民和他们的种族成分。为了打败一个潜伏在每个角落的敌人，警察的工作不能受到法律的限制。法律上的限制阻碍了盖世太保工作的重要成功，据说有个别几个政府权威部门拒绝合作，这也起到了阻碍作用。希姆莱和海德里希的要求最终会得到满足。直到1945年，警方措施的法律基础都还是1933

年2月28日的《国会纵火法令》。这项法令是一个紧急措施，曾限制了基于魏玛宪法的重要基本权利，比方说囚犯的个人权利、言论自由权以及口头和书面交流的隐私权。在整个第三帝国，德国警察都是在一种长期的紧急状态下运作的。[18]

海德里希认为，德国警察单凭自己的力量不能够战胜这个加剧了的威胁。相反，为了从这场冲突中胜出，警察需要党卫军，尤其是保安局——这支纳粹运动的意识形态先锋——支持他们，发挥专长。逐渐地，在警务方面的“非政治性专家”就会变得多余，因为新一代意识形态坚定的党卫军成员将会取代他们的位置。[19]和传统的官僚不一样，高级别的党卫军官员不应该只是简单地管理；他们将会领导和塑造德国的未来。海德里希反复重申，传统公务员系统内那些看重行政程序和头衔的官员，最终需要被一批新的“政治战士”替代，这些“政治战士”是依据种族资质、意识形态承诺和能力而专门挑选出来的“人材”。[20]

海德里希所述并不仅仅是修辞意义上的。在其党卫军的职业生涯里，他始终对自己的安全警察和保安局帝国的招募过程保持着浓烈兴趣，并保留了介入面试过程的权力，以“建立一个尤为合适的领导集团”。他确信：“如果其成员不在意识形态、职业素养和从个人立场上达到这项伟大任务所要求的标准，那么安全警察这一整个组织都将是无效的。他们能否达标将取决于他们的种族和性格甄选、其年龄及其意识形态和职业素养的培训，最终还有这些人抱着何种态度去完成他们的每项工作。”[21]

当然，实际情况则让人吃惊：要充当某些政策领域的“专家”，海德里希手下的每个成员并不需要多少专业知识。他未来的“犹太方面专家”阿道夫·艾希曼，在加入保安局以前一直都是个商人，没什么与行政相关的经验；海德里希的未来间谍部门头目瓦尔特·舍伦贝格所拥有的唯一与工作相关的资质就是，他跟他的上司一样，都对犯罪小说很感兴趣。海德里希肯定是了解缺乏合适人选这个情况的，他也积极地试图缓解这个问题。像安全警察和保安局领袖学校这样专门的培训中心在柏林建立起来，其目的是向新警官传授最先进的刑侦手段和现代监视技巧，并通过意识形态教育来制造“像军人一般的公务员”，他们能够完成“国家和刑事警察的、由意识形态驱动的任务”。他们接受的培训鼓励他们积极主动地思考如何实现目标，考试的题目类似如下：“结合整个国家的情况，写一篇有关牲畜贸易中的犹太人的文章，并针对所述弊病提出你自己的解决方案。”主动性和独立解决问题的能力，是海德里希所珍视的品质。[22]希姆莱以后会赞许地点评道，海德里希“总是坚持这样一个原则，那就是，只有我们中最优秀的、种族经过最仔细挑选的、有着绝佳性格和纯洁精神、心地善良并生来就有不屈不挠的坚韧意志的人，才适合去完成这项打击一切负面东西的任务……才能经受得起这份责任所带来的困难”。为此，希姆莱称赞海德里希为“纳粹德国最好的教育工作者之一”。[23]

在接下来的两年中，海德里希和他的副手，担任安全警察头目的维尔纳·贝斯特在刊登于《人民观察家报》和《德国法律》期刊的数篇文章里，进一步发展了这个传统警察不再能够制服国家敌人的理念。政治警察必须要预防性地追击政敌。在一篇发表于1937年的文章中，海德里希写道：“安全警察的总体任务就是，保护德国人民这个整体及其生命力和法制，使其不受到任何破坏和侵蚀。在防御方面，它必须要抵御所有可能以任何方式削弱和摧毁人民和国家的健康、生命力和行动能力的力量……在进攻方面，它必须要揭露并且打击一切敌方单位，以确保他们一开始就不可能变得具有破坏性和侵蚀性。”海德里希理解中的第三帝国安全警察的任务，现在比以往任何时候都更加全面了：安全警察负责跟包括犹太人、共济会成员、教会和其他“罪犯”在内的“下等人”做斗争——实际上，从总体上讲是跟“无序”做斗争。[24]为了将斗争和追击意识形态敌人置于一个更新、更坚实的基础上，盖世太保、保安局和党卫军这个整体，应当被进一步合并成一支类似于“内部国防军”的国防部队。[25]海德里希写道，自从纳粹革命以来，德国警察就被分配了一个全新的任务：对“人民和国家”进行预防性的保护，使其“在生活的所有领域”都不受任何敌人的侵害。保安局将会在这一过程中扮演一个关键角色，它是第三帝国对敌人进行迫害的智库。[26]

1937年夏，为了努力实现他创造一个一体的国家防卫部队这个目标，海德里希决定，是时候梳理他的两个部门——保安局和安全警察——之间互相重叠的职能了。至少从理论上来说，今后这两个部门之间的分工是相当简单的：从1937年7月1日起，保安局会负责所有重要的（并且大体上是理论上的）国家安全问题，与此同时，盖世太保则会是保安局的执行部门，负责对政治犯罪进行迫害。[27]海德里希坚称，保安局的任务不是以回顾的形式来分析政治犯罪，而是防止其在将来反复发生。[28]海德里希给予保安局的逐渐增加的重要性在它不断扩大的规模上反映出来：仅在1935年到1940年间，全职保安局雇员的数量就从一千一百人上升到了四千三百人。[29]

因此，海德里希在20世纪30年代中期有关与政治对手和内部敌人做斗争的理念有四个中心信念。第一，为了取得成功，与犹太人、共济会成员和“政治牧师”的斗争，必须要以全面和预防性的方式展开。第二，政治警察的工作不应受到任何法律方面的束缚。第三，盖世太保和保安局应当被合并成为一支国防部队。第四，不屈的韧性和无情，对于保卫德国的国家和人民不受其前赴后继的敌人的侵害是至关重要的。但是，这些思想和概念究竟是怎么转化成实际迫害政策的呢？

犹太人

海德里希的文章在《黑色军团》上的发表，与"第二波反犹运动"有着直接联系。纳粹党于1935年春发起了这项运动，并且将最终导致同年9月《纽伦堡法》的颁布。在反犹的暴力行为得到暂时缓解之后，一波明显是自发的破坏犹太人财产的地方行为在全国各地发生了。[30]海德里希虽然同情这些行为的总体目标，也就是恐吓犹太人，好让他们移民，他却不赞同公开的野蛮行为。这种行为肯定会遭到大部分德国民众的反感，并且引发国外针对第三帝国进行仇恨宣传。

至此为止，海德里希对犹太人的考虑少得让人惊讶。的确，自从希特勒1933年1月30日掌权的那一刻起，德国的犹太人就发现自己处于火线上。冲锋队和希特勒青年团的成员，继续着在希特勒被任命为总理以前就时有发生的袭击犹太人及其商店的做法，并且变本加厉。在几周之内，大区长官就掀起运动，支持在德国各处对犹太人的企业进行有组织的袭击。在1933年4月1日一场全国性、由政府资助的对犹太人企业的抵制之后，接下来又发生了一次对公务员的肃清。[31]

在第三帝国的最初两年，盖世太保和保安局在纳粹反犹政策当中都没有起到显著的作用。刚开始，在海德里希看来，对政治对手——其中最重要的是德国共产党员和社会民主党员——的迫害比犹太人问题更加迫切。[32]纳粹统治的反犹政策在第三帝国最开始两年中的发展，是纳粹党的活动家与立法机制，尤其是内政部相互作用的结果。由鲁道夫·赫斯和马丁·鲍曼为代表的纳粹党，以及一部分特别反犹的大区长官，比如柏林的约瑟夫·戈培尔和纽伦堡的尤利乌斯·施特赖歇尔，启动了反犹的"草根行动"，包括1933年4月1日的抵制和在1935年春夏爆发的反犹暴动。以消除引发正当众怒的原因为借口，内政部就能采取法律措施，专门进一步限制犹太少数民族的自由。相反，在1933年4月1日对犹太企业的抵制，或是接下来导致了成千上万犹太公务员被解雇的反犹立法中，盖世太保并没有扮演主要的角色。[33]

这并不是说海德里希对犹太人问题漠不关心。自从加入党卫军以来，他就已证明了自己在意识形态上是希姆莱积极的学生，并且时常在公众场合和私下里表达他对犹太人的憎恨。据他的妻子说，莱因哈德变得“对必须得把犹太人和德国人隔离开来这一点深信不疑。在他眼里，犹太人是……四处漂泊的掠夺者，他们一心要占对自己有利的便宜，像水蛭一样吸附在宿主国的身体上”[34]。这样的观点毫无疑问是受到了他妻子和纳粹宣传的双重影响，后者一贯将犹太人描述成寄生虫，通过战争和之后的经济危机积累起财富，而雅利安德国人却在前线死去，或是因战后的通货膨胀而受苦。如果说可以用英雄主义和愿意为了国家更伟大的利益而牺牲自己来形容雅利安德国人，那么犹太人就象征着贪婪和经济收益。[35]

因此，海德里希的反犹主义并没有什么特别新颖或是独树一帜的东西。他同意在《我的奋斗》和种族主义反犹早期作品中所阐述的标准纳粹思想，这些作品包括保罗·德·拉加德颇有影响力的《德国著作》(1878)、休斯顿·斯图尔特·张伯伦的《19世纪的基础》(1899)，以及阿尔弗雷德·罗森贝格的《20世纪的神话》(1930)。如果是种族而非宗教为纳粹反犹主义提供了理由，那么自中世纪下半叶以来累积起来的负面反犹原型的各种元素就几乎是原封不动地被纳粹分子采纳了。唯一新加的一个重要内容是，指控犹太人对布尔什维克主义扩散的威胁负有责任。在传统的犹太人是放高利贷的寄生虫这一刻板印象的基础上，又补充了犹太人是执意摧毁资本主义并搅乱社会秩序的破坏性革命者的新形象，尽管这两者在逻辑上并不能自洽。因此，犹太人是一个四处漂泊、遍布世界各地的群体，他们想要通过国际布尔什维克主义机构、国际金融资本和共济会从内部和外部两方面破坏德国。[36]

海德里希自己对犹太人的仇恨，并不是由大量研读欧洲反犹主义的经典文字而发展起来的，尽管他确实读过伪书《锡安长老会纪要》和汉斯·贡特1922年的《德国人的种族研究》。他的仇恨更多的是在坚定信奉种族反犹主义的大环境下培养出来的。维尔纳·贝斯特评论道，他上司的长处在于“坚定地施行来自希特勒和希姆莱的有关国家敌人的理论和教条主义宣言”。和其他所有政策领域一样，在这一领域，海德里希也被证明是个实干家，而非一个有思想或理论的人。[37]

在对待犹太人问题上，海德里希的行为可以由1935年之后发生的一系列事件来概括。与1938年以前几乎从未在演讲中提及犹太人的希姆莱不一样，海德里希变得越来越确信，犹太人处在一个与第三帝国作对的复杂敌人网络的中心位置。[38]在寻找新敌人的过程中，同时面临着1935年的一波反犹暴力行为，海德里希声称，虽然1933年的种族法案确实限制了犹太人在德国所产生的直接影响，但它还不足以永久地控制“顽固”和“坚定”的犹太人：“雅利安法案的引入还没有消除犹太人对德国的威胁。那些权宜的犹太组织与其国际领袖保持着联系，它们继续为终结我们的民族，连同民族的所有价值一起努力着。”无论是德国的经济、学术还是文化生活，都没有完全肃清犹太人，这给了他们很多机会扩大其影响范围。[39]

对海德里希而言，这个威胁与遍布德国，被他认为是走偏了的人道主义概念紧密相关：犹太人的“工作因为尚有民族同志存在这个事实而变得更容易了，他们只有在压力下才接受雅利安法案，并且不能领会其种族基础（教会甚至推崇这种态度）。如今，距离纳粹革命只过了两年，一部分德国人就已经开始对犹太人问题变得漠不关心；与此同时，犹太人无情地追求着他们亘古不变的目标：统治世界和清除北欧民族”[40]。

直至1935年，海德里希的政治警察机关的角色，还仅限于监视犹太组织和执行新的反犹法案。[41]然而，海德里希很快就表现出了他典型的不耐烦，他不再等待着新法律和规则的出台。相反，他开始引进自己的警察措施。比方说，1935年1月，他下令，归国的政治移民应当被监禁起来。他在1935年3月解释了这个指令："所有在国家社会主义革命之后因政治原因离开国家的人，无论是否是雅利安人"，都会被当成政治移民而囚禁在集中营。女性将单独被驱逐到莫林根集中营。[42]自1935年8月以后，盖世太保的地方总部都得对住在他们各自管辖范围内的犹太人保有详细的记录。[43]

海德里希因实施了反犹的警察措施而迅速进步，成为党卫军犹太人政策的中心人物。在1936年7月戈林任命他去领导外国货币调查局的时候，他的地位又得到了进一步提升。[44]在接下来的几年中，这个新的机构将会让海德里希可以追查确实和涉嫌违反外国货币法规的案例，尤其是这些由"疑似会移民出境"的犹太人犯下的"罪行"。在这种情况下，他得到授权，可以预防性地将这些犹太人的存款充公。海德里希被任命为该机构的头目，这是戈林给予他的数起类似授权当中的第一例，这些来自戈林的授权将会在接下来几年当中给海德里希提供迫害犹太人的工具。这一次任命形成了两个相互竞争的、有关纳粹反犹政策的指挥体系，该体系直至海德里希于1942年6月去世以前都会基本保持不变：一个从希特勒通向海德里希，途经希姆莱；另一个是从希特勒到海德里希，途经戈林。尽管上述的第二个体系有效地削弱了希姆莱对海德里希的权威，但似乎这也从未导致两个人之间展开竞争——或者说，除了瓦尔特·舍伦贝格和菲利克斯·克斯滕可疑的战后回忆录以外，至少是没有确凿的证据证明有竞争存在。[45]

在有关迫害犹太人的问题上，盖世太保和保安局主要是负责宣传移民出境活动，并防止一切“同化主义者”对德国犹太人开展活动。“犹太人政策的目标是，必须让所有犹太人都移民出国”，一份1934年5月致海德里希的保安局内部备忘录这样说明。这份政策文件继续说道，为了制造必要的压力来引导“自愿”移民，“犹太人在这个国家的生活机会将被减少——并且这不仅仅是从经济意义上来说。德国必须要是一个对犹太人来说没有未来的国家，在这里，老一代人将在他们剩余的位置上死掉，但是年轻的犹太人却不能在这里生活，这样移民出国才能持续不断地保持吸引力。我们将杜绝采取暴民反犹主义的方式。人们不会用枪来对付老鼠，而是用毒药和毒气。由粗暴的办法产生的破坏性与成功率是不成比例的，尤其是在对外交政策的影响上”。[46]

此处提及的毒药和毒气，不应该被错误地理解成为指导大屠杀的路线图。尽管这份文件的措辞强烈地让人想起瘟疫和寄生虫这样的比喻，但其关键的论点是，该问题应该被尽快解决，最好是通过诱导移民的方式。与诸如约瑟夫·戈培尔和尤利乌斯·施特赖歇尔这样聒噪的反犹纳粹党领袖截然相反的是，海德里希的犹太人专家推崇一种更加沉着（但最终并非更不极端）的反犹策略——这个策略公然允许采用羞辱、征用和驱逐的手段，以达到其在欧洲清除犹太人的目标。然而，系统的大屠杀在20世纪30年代仍然是人们不可想象的，即使对海德里希及其保安局里的反犹智库来说也是如此。[47]

1934年5月的这份备忘录建议，和同化主义组织相比，公开宣传移民到巴勒斯坦的犹太复国主义组织应当被给予更优的待遇。前者认为，德国犹太人应当经受住纳粹的风暴，并且留在自己的故土。海德里希本人对同化主义者的观点从1933起就转变了。直到1934年3月，海德里希的巴伐利亚政治警察还准许民族主义的国家犹太老兵协会在特定条件下继续工作。[48]十个月后，1935年1月，海德里希就此事改变了主意，他向盖世太保指示道，“犹太复国主义青年组织的活动”和“国家社会主义国家领袖的目标一致”，而同化主义者应当受到“严厉”处置。[49]

1935年，海德里希又进一步拓展了在迫害犹太组织方面区别对待的政策。以他的角度来看，那些拒绝移民出国的同化主义者对犹太政策的成功构成了最大的阻碍：“同化主义者否认自己的犹太起源，他们要么宣称已世代住在这个国家，他们是德国人，要么就是坚称他们在受洗礼以后就是基督徒了”，他们试图通过这种方式“破坏纳粹的原则”。[50]但是，怎么才能诱导他们离开德国呢？在这个时候，海德里希是拒绝使用反犹暴民的暴力的，因为这会对德国在境外的地位造成伤害，并且激起大部分德国人的反对。在致帝国总理府的一篇有关1935年夏反犹暴动的报告中，海德里希要求反犹政策采取更加有序的形式，包括对犹太人实施明显更严格的法律：“源源不断地从国家各处送来的有关反犹示威的报告显示，迄今为止对犹太人采取措施的不一致性，引起了广泛且还在增多的不满。那些有种族意识的德国人相信，至今，对犹太人采取的措施是不充分的，他们还要求在总体上采取更严厉的行动。”[51]

次月，一份保安局内部的备忘录确认道，“通过恐怖行动来解决犹太人问题的办法”既不可行，也不理想：

> 只要没有明确的立法，就几乎不可能产生解决犹太人问题的一致途径。相关立法的缺失已经为屡次遭到谴责的独立行动创造了条件。一方面，依照我们人民的纳粹信仰，他们希望看到犹太人被逐出德国。另一方面，负责这个问题的权威机构却没有采取措

> 施；由一些党内工作人员及其家人在他们个人生活中对犹太人和犹太企业所做的事情，并不总是合乎普通党员的意愿和要求，这是不幸的事实……在此，我们应当记住，通婚和种族亵渎是有法律风险的。照良心办事、拒绝为这类情侣登记结婚的注册人，往往不得不在法庭的迫使下这么做了。另一方面，那些想要故意和纳粹信仰唱反调的人可以宣称他们得到了官方法令的支持。因此，应当通过有效的法律来向人们展示，犹太人问题正由上层通过法律来约束。[52]

最重要的是，保安局强调了对有关公民身份、行动自由和标记非雅利安企业方面立法的迫切需求。他们之所以提出批评，并非是因为担忧人的性命，而是想要保证国家对权力的垄断，不让权力落在纳粹党内暴徒的手里。保安局和盖世太保想要让反犹政策变得极端化，但与此同时也清楚地说明“犹太人问题的解决方案”应当保留在国家和纳粹党的权威部门手中，更具体地说，是保留在海德里希自己的机构手中。

为了协调日后的反犹政策，德国经济部长亚尔马·沙赫特于8月20日召开了一次高层会议，与会者包括国家司法部长弗朗茨·古尔特纳、国家内政部长威廉·弗里克、海德里希和其他官员。沙赫特、古尔特纳和弗里克都是反犹分子，但他们也关心合法性，希望执行正当程序，务必避免做得过火，否则可能会带来一些经济和国际方面的后果。沙赫特在会上提出一个要求，“必须要终结现如今缺乏法律的状况，不法活动必须停止”。这给了海德里希一个让他欣喜的提示。他坚持道，现在的状况只能够通过法律措施来修复，这些措施会一步一步地限制犹太人的影响力。更具体地说，他要求对所谓的通婚下达禁令，犹太人和雅利安人之间的性交将受到司法起诉，并且要有特别法规限制犹太人的行动自由，尤其是迁移到会让管理他们变得更困难的大城市。[53]

9月初，在一封致与会者的信中，海德里希详细地阐述了他的要求：

> 在我看来，犹太人问题不能通过动用武力、虐待个别人或是破坏个人财产或其他个人行为来解决。我觉得，这个问题只能通过一步一步地逐渐削弱犹太人的影响力来解决……就像犹太人在公务员当中和艺术文化上的影响几乎已被彻底消除了一样，必须在公众生活的每个方面都强制对他们进行限制。至于最近[针对犹太人的]过度的暴力行为，我认为至关重要的一点是，法律上的平等这个概念要被革除，尤其是在经济领域。我相信，从我们的民族同志意识到犹太人以前在经济方面的霸权已经结束的那一刻起，个人行为在全国就会逐渐平息。[54]

海德里希为如何实现这个目标提出了广泛的建议：如果事实证明要完全剥夺犹太人的德国公民身份是不可能的话——海德里希是倾向于这个方案的——那么，就应当采取一系列其他的措施：新的法律应当阻止犹太人搬去大城市，严禁犹太人和德国人之间通婚，并且使犹太人和德国人的非婚性行为受到惩罚。各州将不再给犹太企业奖励佣金，提供新的特许权，并且犹太人也要被禁止进行房地产交易。除此之外，海德里希还建议，不应再向犹太人发放新的护照，因为他们只会利用出境旅行来将外币非法运出德国。诸如此类的手段将会达到两重目的，既是向德国人民显示，政府正在积极地朝着将犹太人排除在经济生活之外的目标而努力，同时又为犹太人永久离开德国创造了强烈的动机。[55]

8月20日召开的部长和官员顶级会议及海德里希随后的信件，都反驳了如下一个人们长期持有的观点：1935年9月的《纽伦堡法》是仓促起草、未经太多准备的。相反，这些证据都太清楚地显示，早在1935

年于纽伦堡召开第七次纳粹党集会，在集会上通过《纽伦堡法》之前，有关日后立法的既存共识就已经有多么广泛了。《帝国公民法》、《保护日耳曼血统法》和接下来落实这些法律的规章制度，在大体上满足了在8月20日由沙赫特召集的会议所提出的大多数要求。[56]

《纽伦堡法》为全民排斥德国犹太人建立了法律依据。然而，海德里希对《纽伦堡法》的一些方面还是不满意。尤其是，他觉得“混血犹太人”问题并没有得到充分解决。他和他的种族专家提倡，以1800年为上限，即使某人只有一个犹太祖先，他也要被当成犹太人，但这样的提议现在看来还显得有些不成熟，而且太难落实。《纽伦堡法》采用了一个相对较含糊的公式，仅包含了“完全犹太人”，而留下“混血犹太人”问题还没有解决。[57]

纳粹领袖一直为“混血犹太人”这个概念和这些人的最终命运犯难。《纽伦堡法》针对“混血犹太人”制造了两个“等级”。第一等级指的是仅有两个犹太祖父母的犹太人，他们没有和完全犹太人结婚且不是犹太教会的成员。第二等级犹太人只有一个犹太祖父或祖母。一开始，“混血犹太人”和处在所谓特权婚姻关系（即一个犹太人和一个非犹太伴侣）中的犹太人，可以免受很多针对完全犹太人的歧视性措施。海德里希认为，这个方案过于墨守成规和复杂。因此，他和他的种族专家将会在战争期间试图重新处理“混血犹太人”问题。[58]

截至1936年，海德里希已经为规模尚小却仍在成长的保安局犹太人办公室招募了一群年轻、受过教育、充满自信且意识形态坚定的职员——迪特尔·威斯利舍尼、赫伯特·哈根、特奥多尔·丹内克和阿道夫·艾希曼——他们开始独立、全面地发展一个零犹太人德国的概念。他们的目的是融合不同的且从某种程度上来说互相矛盾的纳粹犹太人政策目标——从强制犹太人移民出国，到在社会和经济上孤立、敲诈犹太人。[59]

然而，有几个困难一直存在。准备接受德国犹太人的国家数目并不多。像是英国、法国和美国这样的可能接受他们的国家有着严格的移民指标，这就将移民的机会限制在受过良好培训的工匠和那些有足够的资产来购买签证的人当中。由英国外交大臣詹姆斯·贝尔福签发的有关巴勒斯坦未来的官方政策声明——英国1917年的《贝尔福宣言》，明确将巴勒斯坦指定为“犹太人的国家”，这使得巴勒斯坦仍是世界上唯一一片能让大规模犹太人移民的领土。事实上，在1933年至1936年间，它的确接纳了比其他任何国家都要多的犹太移民。[60]尽管巴勒斯坦在海德里希的算计中扮演了一个关键角色，但他和他的部下仍然担心，建立一个独立的犹太人国家这种可能性也许会增强犹太人在世界上的影响力，并且就像莫斯科成了“世界共产主义”的首都一样，耶路撒冷或许将成为“国际犹太人”的中心。但这一担忧被两大优势抵消了：首先，巴勒斯坦是一个越来越多幻灭的犹太人本来就想去的地方，因此海德里希设想，说服他们在那里重新定居比起世界上其他地方来说要容易；其次，犹太定居者的影响力会永久受到不友好的阿拉伯人邻居的制约。[61]

那年秋天，保安局落实了自己颇为奇怪的提议，来加速犹太复国主义者的移民。通过位于耶路撒冷的德国新闻中心头目，保安局以前的线人弗朗茨·赖歇特博士这个中间人，海德里希的犹太人专家与一个名叫费维尔·波尔克斯的波兰裔犹太人取得了联系。波尔克斯于1920年就已经移民到了巴勒斯坦，他在那里成了犹太复国主义地下组织哈加纳（Haganah）的一名成员。1937年2月26日至3月2日期间，保安局出资安排波尔克斯来访柏林，以商讨哈加纳支持犹太人从纳粹德国移民出境的可能性。这是头一次保安局踏入国际政治的领域。[62]

海德里希派去负责协商的人是阿道夫·艾希曼，此人日后将因为在战争期间作为海德里希在犹太人问题上的特别顾问消灭欧洲犹太人时所起到的作用而变得臭名昭著。艾希曼1906年出生在索林根的一个中产阶级家庭。他们全家在第一次世界大战爆发之前一年搬到了林茨，他就在奥地利度过了他的青年时期。在从学校毕业之后，艾希曼在困难重重的20世纪20年代在一家石油公司担任销售代表。从他上学的时候开始，他就是泛日耳曼主义的强烈支持者，并和其他右翼的民族主义者取得了联系，这些人中最为著名的是卡尔滕布伦纳一家。卡尔滕布伦纳的儿子，继海德里希之后担任帝国安全总部头目的恩斯特是艾希曼的校友。1932年，艾希曼加入了奥地利纳粹党，之后不久又加入了党卫军。1933年8月，在大萧条时期失业之后，他搬回了德国并加入了保安局，当了一个低级别、负责汇总有关德国共济会成员情报的官员。他的组织才能、无情和高效保证了他能获得快速晋升。1936年，三十岁刚出头的艾希曼就已经在保安局的犹太人部门工作了，他在该部门变成了犹太人问题上自学成才的“专家”。他撰写的有关犹太复国主义和移民出境的简报，反映了其部门的“理性”反犹主义思潮，这符合海德里希自己的信仰。[63]

1937年早春，在波尔克斯访问柏林期间，艾希曼在多个场合见过他。尽管他并不知道艾希曼是保安局成员，但波尔克斯肯定意识到，有个纳粹官员就坐在他对面。波尔克斯阐述了巴勒斯坦犹太复国主义者的立场，并提出，如果纳粹们可以让犹太人搬离德国，移民到巴勒斯坦一事变得容易一些，那么他就可以提供与刺杀瑞士纳粹党的主要组织者威廉·古斯特洛夫相关的情报。艾希曼撰写的有关波尔克斯此次访问的报告被送到了海德里希那里，后者决定，艾希曼应当继续与波尔克斯对话，并且动身去近东。然而，海德里希说得很清楚，如果说有关这一安排的任何信息被公众知道了，他将不会为此次行程承担任何官方责任。[64]

1937年9月26日，艾希曼和赫伯特·哈根踏上了他们的旅程，并在10月2日抵达了海法。这趟旅程的结果是令人失望的。当艾希曼于10月10日和11日与波尔克斯会面的时候，后者不能够提供有关刺杀古斯特洛夫的任何信息，而且也几乎没有承诺会进一步打探消息。就移民巴勒斯坦一事而言，他指责刚刚到达的德国移民"害怕工作"，声称他们时不时打算要再次离开这个国家。尽管如此，他还是坚持道，犹太复国主义者"对德国的极端犹太人政策是满意的……因为这些政策确保了巴勒斯坦犹太人口的增长。增幅之大，很明显，在不远的将来，巴勒斯坦的犹太人数量将会超过阿拉伯人"。[65]

哈根和艾希曼没有达到他们的目的，于10月19日离开了埃及。尽管他们为海德里希准备了一篇超过五十页的长篇报告，很明显，他们这趟行程还是失败了。就德国犹太人移民一事，他们并没有与犹太复国主义者达成实质性的协议。然而，虽然这次行程失败了，希特勒本人却默许了保安局的政策路线。从1938年1月的一则外事处备注来看，元首向纳粹党外交政策办公室的首脑阿尔弗雷德·罗森贝格重述了他的立场，他说应当要加速犹太人向巴勒斯坦移民。[66]这对海德里希来说是个不小的胜利。尽管艾希曼和哈根的中东之行失败了，保安局还是有充分的自信提出它自己的犹太人移民问题独立的解决方案，并且尝试将这样一个提案付诸实践。现在，保安局提出的要在部长级别参与犹太人政策讨论的要求受到了认真对待。[67]

在希特勒掌权后的五年，纳粹的反犹政策似乎是取得了成功。政府部门一直以来都在推进从法律上将犹太人排除在公众生活之外，比以往任何时候都要详细的针对犹太人的特别法案也在被起草和施行。在经济上驱逐犹太人也取得了相当的进展，并且越来越多的犹太裔德国人决定要离开第三帝国。[68]然而，尽管庞大的移民潮让德国的犹太社区持续缩小，但希特勒却在1938年年初反转了外交政策，此举很快就将导致奥地利被吞并、苏台德地区被占领，并将会使更多的犹太人**进入**德国，远超过自1933年以来离开的人数。1938年，这条强迫移民的政策并没有终结，但很明显已经达到了它的极限。1938年以后，在海德里希看来，要解决德国愈发严重的犹太人问题，就必须使用更加极端的手段。

教　会

除了共产党员和犹太人，海德里希在20世纪30年代对天主教会也特别仇恨；他比希姆莱更狂热地迫害天主教神父。[69]海德里希在一个虔诚的天主教家庭长大，而且在儿时还当过祭坛男孩，他反复强调自己并不是反对灵性本身，而是反对教会作为一种"政治机构"，自1871年帝国建立以来就在支持不同的"不爱国的"党派。从这个意义上来说，他是反对教权的，而非反对宗教。海德里希举出了教会抵制1933年7月《预防遗传性疾病后代法》的例子，并坚称，在希特勒掌权之后，这种政治煽动的传统仍在继续。希姆莱和海德里希以前都是天主教徒，他们知道，要创造一个"卓越的"日耳曼种族，一定会牵涉到违背天主教有关堕胎、避孕、绝育和其他生殖过程方面的教条。基督教中婚姻的概念最终将不得不被舍弃，取而代之的是一夫多妻制——这样可以让多名雅利安女性受孕——以及一种由种族思想驱使的，允许因为不孕不育和种族不合适而离婚的人类伴侣的概念。天主教会对纳粹人口政策的反对使得海德里希生成了如下观点：由罗马指挥的天主教会不是"在扮演上帝和人之间毕恭毕敬的媒介"，为"并非属于这个世界"的一个王国服务，而是决意要征服"世俗的权力地位"，在德国人民当中播下“不和谐”的种子。[70]

至少是从这个角度来看，海德里希对犹太人和天主教徒的理解是有相似之处的。像谴责犹太人一样，他指控天主教徒不仅只是形成了一种信仰，而且似乎两者都代表着在德国这个整体里的异物。但是，如果天主教徒不触碰“罗马”政治，他们仍可以是人民群体里的无害成员，而德国的犹太人却从来都没有这个选项。像海德里希这样的反犹主义者假定，犹太性保留了一种无法摧毁的、存在民族差异的核心，而政治天主教却是一种可以治愈的疾病。他们的这个假定使得犹太人遭遇了不同的困境。[71]

海德里希于1935年离开天主教会，但早在1933年，他就把自己形容为“上帝信仰者”——一个信徒，但不是基督教派的成员。伴随“信仰上帝”——希姆莱偏好用来表达灵性的词——而来的，是一系列新异教（neo-pagan）、据称是古日耳曼的宗教仪式：父母属党卫军的新生婴儿并不受基督教洗礼，而是会为他们举办一场“奉名”典礼，以象征他们被纳入更广泛的党卫军大家庭。婚姻宣誓取代了基督教婚礼，复活节则被庆祝象征光明战胜黑暗的夏至的活动取代。然而，即使是在党卫军内部，也只有一小部分人追随这个新的信仰体系：截至1938年，只有21.9%的党卫军成员将自己形容为“上帝信仰者”，而54%的人仍然是新教徒，不足24%的人仍然是天主教徒。我们不知道海德里希是因为信念还是仅仅为了取悦希姆莱而追随了新异教的宗教仪式，但莉娜在战后坚持说，她和她丈夫在私底下经常嘲笑希姆莱对新异教主义的痴迷。[72]

希姆莱自己并不怎么干预盖世太保和保安局针对教会所采取的措施，他在很大程度上把这个政策领域留给海德里希。在第三帝国的早期，海德里希的盖世太保和保安局主要将反教会监察和迫害的重点放在了天主教会。和总体上顺从的新教会相比，天主教会对纳粹主义构成了更大的挑战。[73]但是，海德里希必须要谨慎行事。1933年夏天，作为对天主教政党中央党“自愿”自我解散的回报，第三帝国和梵蒂冈签署了《政教协定》，保证天主教会在纳粹德国能继续存在并享有宗教自由。不论是盖世太保还是保安局，都不能被看到公开违反这些协定。德国仍然是一个深度基督教国家，并且希特勒是重视舆论的。[74]

然而，一次又一次地，海德里希和其他有影响力的反教会强硬派，比如约瑟夫·戈培尔、鲁道夫·赫斯和马丁·鲍曼，想要改变现有的状况，通过将个别牧师与同性恋、共产主义和恋童癖联系在一起来削弱教会的地位。比方说，在夺得巴伐利亚的控制权后不久，海德里希就对三个曾对达豪集中营囚犯所受待遇表示担忧的牧师下手了。11月末，在经过调查后，他们承认传播了“有关暴行的谣言”，并且遭到逮捕。对他们住处的搜查发现了必然存在的“大量马克思主义文献”，以及其他将他们和共产主义联系在一起的旁证，这些证据都被适时地公开了。海德里希利用此案公开制造了一种圣职被共产主义渗透的印象，并且主张配备一支能够打击这类威胁的政治警察队伍。[75]

海德里希并不是唯一一个对抗天主教会的前祭坛男孩。他坚信，一个人必须要了解敌人的情况才能够打击他，因此他任命了一位天主教神父阿尔贝特·哈特尔来负责保安局的教会部门。哈特尔长期以来都是纳粹的支持者，1934年，他以全职官员的身份正式加入保安局。当大家知道他在纳粹当局面前谴责一个神父同僚之后，他在天主教会的职位已变得不稳固。[76]

1935年，纳粹国家上演了一系列对不同天主教会成员的审判，指控他们参与国际洗钱和行为不道德——这指的是同性恋和恋童癖。海德里希的机关为这些案件当中的大多数提供了“证据”。1935年3月，对外币违法行为的调查被系统性地扩大了；盖世太保和保安局两个机构都很大程度地参与了对修道院的搜查，收缴了可以在日后的审判当中被用作证据的文件。截至1935年年末，约有七十名神职人员在三十次审判中依据该证据被定罪。[77]

对纳粹政权来说，由天主教神职人员和其他成员所犯下的这些所谓的性侵，甚至能起到更大的宣传作用。自从1935年以后，海德里希的保安局就在收缴和制造旨在证明牧师是所谓同性恋的材料中扮演着关键角色。1935年，盖世太保在其处理同性恋罪的部门里成立了一支特别任务组。大量的调查导致了一波持续至1937年夏的审判——只在1936年奥运会期间出现了短暂的中断。

这些审判的目的是毁坏天主教会的名声，其主要目标是在小学和初中工作的神父、僧侣、庶务修士和修女。与此同时，约瑟夫·戈培尔发起了一场媒体宣传，他想要说服父母不要将他们的孩子暴露在宗教学校可能存在性侵的风险之中。1936年，发生了一场臭名昭著、广为人知的审判。在该审判中，瓦尔德布赖特巴赫的莱茵兰镇的方济各会会士，被指控系统性地虐待交由他们照看的孩子。成年人和学童皆被鼓励阅读有关据说处于方济各会活动核心的虐待和性混乱的耸人听闻的描述。在几座城市，报刊亭的高度被刻意调低了，好让青少年能读到纳粹报纸上配有卡通插画的淫秽和色情故事。总共加起来，一共进行了二百五十场针对所谓同性恋神职人员和教会成员的审判，在此期间，有超过二百名天主教会成员（尤其是庶务修士）被定罪。[78]

1937年春，纳粹对天主教会的攻击平息下来。教皇庇护十一世在1937年3月“深表不安”的教皇通谕中对纳粹当局违反1933年教会协议表达了深度关切。这份通谕终结了纳粹党内期望天主教会会温顺地服从纳粹政体的所有幻想。另外，在1938年，纳粹外交政策也面临重新调整，以更趋向于一种侵略性的扩张主义战略，这就使得似乎有必要稳定而非极化国内的局势。希特勒逐渐避免直接参与教会政治，海德里希和其他党派激进分子所盼望的，从根本上重整纳粹国家和教会之间的关系被推迟到了战后。[79]

尽管希特勒避免在公开场合发表反教会的言论，而且希姆莱正式命令党卫军在教会政策上保持中立，但海德里希还是在推进，他这么做想必是得到了希姆莱的默许。1937年5月27日，他直接写信给希特勒，要他批准如果持不同政见的神父变得政治活跃，就要以"保持国家权威"为由逮捕他们。一年后，1938年6月，海德里希写信给帝国总理府首脑汉斯·拉默斯，指称梵蒂冈对捷克斯洛伐克和法国的反德情绪负最终责任。但是，希特勒一直坚持，"教会问题"的解决必须要推迟到越来越有可能发生的国际战争以后。只有到那时，他才会把解决这个问题当成他人生的最后一大任务。[80]

然而，针对较小的基督教会，希特勒并没有这样的担忧。整个20世纪30年代期间，盖世太保在迫害耶和华见证人——一个创始于美国，在德国仅有不超过两万六千名成员的小宗教派别——上投入了大量精力和资源。耶和华见证人的主要"罪行"是，拒绝参与选举投票、向希特勒致敬、展示纳粹旗帜、加入纳粹组织和服兵役。上述所有都不符合他们的宗教原则，该原则不允许他们对任何世俗政府宣誓效忠，或是为任何国家服务。由于和平主义扎根在耶和华见证人的教义当中，他们成了海德里希警察机关的明显目标。事实上，他们是第三帝国唯一一个仅仅因为宗教信仰就遭到迫害的组织。犹太人由于他们的种族而被迫害，而个别天主教徒和新教徒则是因为他们实际或涉嫌政治行动主义而遭到逮捕。[81]

在1936年期间，盖世太保对这个组织增施压力，并且开始在审讯期间系统地使用刑讯逼供的方法。第一波全国性的逮捕发生在1936

年8月和9月。但是，耶和华见证人继续非法奉行他们的宗教，并且甚至在1937年12月开展了几场反纳粹政权的传单宣传活动。随后，在1938年发生的新一波逮捕，几乎在年底前摧毁了其所有残存的组织网络。因为耶和华见证人的成员在1939年后还是顽固地拒绝服兵役，他们在战争期间受到了尤其猛烈的追击。据估计，有大约六千名成员在第三帝国时期遭到逮捕，并且在集中营里有他们自己的身份标识：一个紫色的三角。成百上千的耶和华见证人成员，因为遭受虐待和过度工作而死在了集中营和监狱里，其他人则是被直接处死了。他们遭受了极大的苦难，但最终他们的命运还是和犹太人的不一样：在海德里希（和其他纳粹高官）看来，他们毕竟是可以被救赎的“雅利安人”。[82]

共济会成员

海德里希在他的《我们斗争的变革》中，将共济会成员同犹太人、布尔什维克主义者和政治神父一道，也当作国家社会主义的死敌。就像布尔什维克主义一样，海德里希把共济会看成一个犹太人的国际主义和反法西斯的“目的性组织”：“共济会会所和与其相关联的组织也处在犹太人的控制之下。它们的唯一目的就是，以一种看似无害的方式组织社交生活，实则是为了犹太人的目的将人们工具化。”[83]

在纳粹夺权后不久，德国共济会的众分支就遭遇了一波逮捕，随后被关闭。保安局开始分析缴获的文件和档案，其中也包括哈雷三骑士共济会分会的。海德里希的父亲布鲁诺曾经是该分会的成员。[84]然而，在20世纪30年代中期，海德里希就已经不再把共济会当成紧要威胁。由于面临着纳粹公开的敌意，多数分会在1933年就要么自行解散，要么被盖世太保关闭了。在取得分会的档案和成员名单之后，警方知道了谁是共济会组织以前的成员。这些人在第三帝国明显处于劣势，尤其是那些公职人员，但他们从来都没有遭受像共产党员和犹太人经历的系统性迫害。如果一个人是共济会成员或者曾经属于某个分会，这并不会自动让他受到保护性监禁。[85]

海德里希给予“共济会问题”越来越少的重视，这一点反映在他1936年对盖世太保和保安局的组织改革上：以前独立的保安局共济会办公室和分管犹太人和教会问题的部门，合并成了一个管“世界观”的部门。自1937年夏起，海德里希的盖世太保不再追查共济会的问题。[86]他反而认为，共济会是一个“消失了的邪教组织”，应该在博物馆里保留起来——这和党卫军于1942年在布拉格建立的，用来纪念“一个消失了的种族”的中央犹太博物馆并非没有相似之处。[87]海德里希下令，在柏林阿尔布雷希特王子大街的盖世太保总部建设一座共济会博物馆，用于展示被收缴的共济会会所的邪教物件、书库、成员名单和文件。1935年10月，当瑞士国际红十字会的使者卡尔·雅各布·布尔克哈特到德国的集中营进行考察时，海德里希向他解释道，他认为共济会主要是“犹太人复仇的工具”。倘若共济会在与国家社会主义的斗争中占了上风，他们就会发起“残酷的狂欢”，比起这个来，纳粹现在采用的手段就“显得颇为温和”。[88]

两天后，海德里希带领他的客人参观了他在柏林的共济会博物馆。海德里希向布尔克哈特解说道，第一间展览室里陈列的是按照国家排序的全世界共济会成员名字的展柜。布尔克哈特回忆道，还有一间黑洞洞的房间，被涂上了黑油漆，而且没有窗户：

> 海德里希打开了一盏紫色的灯，慢慢地，各式各样的共济会邪教物品就在阴影中浮现出来。海德里希在人造光的照射下苍白

得像具尸体，他在屋内边走动边谈论着世界阴谋、入会级别和处于共济会等级顶端的犹太人，说他们正朝着毁灭全人类的目标努力。接下来，还有甚至更黑暗、更窄的房间，这些房间的天花板很低，只有加倍地弯下腰，然后被自动操作的骷髅嶙峋的双手抓住肩膀才能进入其中。

在20世纪30年代中期之前，海德里希就已明显把共济会问题当成过去的事情了，它适合被放在“鬼屋”式的博物馆里，海德里希还可以在这座博物馆里讨好像布尔克哈特这样的国际访客。[89]

无社会性者

在一篇写于1937年有关安全警察在第三帝国的任务的文章里，海德里希主张道，传统的犯罪和第三帝国所面临的意识形态威胁之间存在着紧密关联：“那些……下等人对人民的身体健康和生命产生了双倍的威胁：他们是违反、破坏社会规则的罪犯，也让自己任由我们人民的敌人差遣，被当成实现他们计划的工具和武器。”海德里希接着说，纳粹主义的国际意识形态敌人可以轻易招募“下等人”罪犯，并将他们变成工具，因为他们天生就“喜欢颠覆和无序”。[90]

追捕“无社会性的下等人”是刑事警察的职责，他们的任务是“根除”“职业罪犯”和其他社会弃儿，比方说同性恋者和堕过胎、被认为对纳粹人口目标构成威胁的女子。海德里希认为，“职业罪犯”的行为意味着“恶劣血统”。[91]海德里希的刑事警察于1937年发起了一场针对“惯犯”的浩大行动，在1938年6月13日又发动了另一场针对定义更加广泛的“无社会性者”的行动（代号为“好逸恶劳的帝国”）。在1938

年6月1日的信中，海德里希命令众刑事警察分部将“**至少**二百名身强力壮的男性（无社会性者）”交至警方进行保护性监禁。海德里希强调，要特别留意流浪汉、乞丐、吉卜赛人和皮条客，还有“曾经屡次因抵抗、侵害、争吵、扰乱和谐及类似原因被定罪，由此表明他们不愿意成为民族共同体的一部分的人”。海德里希下达的命令说明，“犯罪的根源在于反社会行为”，这样一来，大规模逮捕就有了正当理由。他还给出了另一个动机：“要严格执行四年计划”，该计划是纳粹于1936年为实现充分就业、储备军事资源而打造的项目。海德里希坚称，要落实这个计划就不能允许“反社会人士不参与工作，并以这种方式破坏”希特勒政府的经济目标。此次行动是在由劳动力市场模式向“劳动力部署”模式强制过渡的背景下进行的，因此，该行动试图消除由1935年开始的加速重整军备运动所引起的令人堪忧的劳动力短缺状况。[92]

对“反社会”边缘团体的袭击，在接下来的几个月当中继续进行。截至1938年年底，共有12 921名无社会性者被预防性拘留，有3231人处于系统性监视之中。海德里希发起的针对无社会性者的残酷运动，肯定对降低犯罪率起到了作用；但更有决定性的因素则是全球经济危机的消退，从而将1930年至1933年间极度膨胀的犯罪率降低到了正常水平。[93]

在“保护”德国社会不受无社会性者和政敌威胁这方面，海德里希的机关并不是独立运作的。在镇压反对派的过程中，普通法院和州监狱也起到了关键作用。1933年通过的一套全新法律和法令极大地拓宽了现有叛国罪的界定和死刑的适用范围。1937年，法院经手了不少于5255例严重叛国罪的宣判。[94]

依据犯罪的性质和严重程度，那些遭到逮捕并定罪的人，要么被送去了集中营，要么就是进了普通监狱。尽管在第三帝国的最初几年中，集中营主要是给政治犯预留的，这个情况在20世纪30年代时发生了改变。1933年间，全国上下有大约十万名德国人未经审判就被关进了集中营，其中大部分都是新政权的敌人。但是，截至1935年年初，他们中的大部分都因为"表现良好"，通常是在保证以后不再参与政治以后获得了释放。在1933年年底前，几乎所有早期的集中营都已被关闭，截至1935年年初，囚犯的数量减少至三千人。直到1936年以后囚犯数量才再次开始增加，到1939年9月第二次世界大战爆发之时共有两万一千名犯人。集中营囚犯的大部分不再是政治犯（他们大多被囚禁在普通监狱），而是"社会弃儿"。[95]

为了接纳越来越多的犯人，党卫军开始扩张集中营体系。在1936年至1937年间，剩余的早期集中营——埃斯特尔维根、萨克森堡、哥伦比亚—豪斯、利希滕堡和苏尔察——被解散了。达豪是较老的集中营当中唯一一个留存下来的。作为替代，党卫军现在开始建造新的、更大规模的集中营，这些集中营采用了与达豪相同的规章制度和纪律守则。旨在严格管理囚犯，使他们和守卫之间的关系非人化的"达豪模式"，建立在一套对不同的罪行采取分级惩罚的体系上，惩罚措施的范围包括从不准进食到处死。为了使囚犯和守卫之间的关系非人化，守卫的行为被限定要与犯人保持距离，消除与犯人的接触。柏林以北的萨克森豪森是首个这样的集中营。1937年夏，另一个在魏玛附近的布痕瓦尔德集中营建成了。接下来在1938年5月，又多了巴伐利亚的弗洛森堡，之后在8月——在吞并奥地利后——林茨城东面又建成了毛特豪森集中营。接着，1938年12月又多了汉堡附近的诺因加默集中营，位于柏林以北约九十公里处的拉文斯布吕克女子集中营也在1939年5月开放了。[96]

跟时常造访集中营的希姆莱不同，人们很少能在集中营看到海德里希。比方说，他唯一一次被证实访问达豪是在1938年夏末，那一次，他和另一个党卫军高级官员，未来被占苏联地区的高级党卫军和警察领袖汉斯—阿道夫·普吕茨曼在集中营见面并共进晚餐。海德里希之所以很少去集中营，至少有部分原因是他的权力止于集中营大门之外。尽管他可以决定谁被监禁、谁可以获释，但希姆莱已经于1934年将监督全境集中营内生活的任务托付给了与海德里希合不来的特奥多尔·艾克。[97]这样的分工不仅是希姆莱领导方式的一个重要部分——他刻意决定把职责分摊给几个他信任的党卫军官员——而且也是使纳粹不断升级的迫害政策愈发激进的一个因素。可以理解，海德里希、艾克和其他党卫军高级官员想要讨好希姆莱和希特勒，而他们越来越多地发现，要达到这个目的，最好的办法就是显示出主动性，表露出极端主义。

享受特权生活

在纳粹警察国家形成的过程中，海德里希的经济状况得到持续改善，达到了一家人能够买得起两套房的程度：他们在柏林有一个家，在莉娜的家乡费马恩岛还有一处度假屋。他们花了四万二千帝国马克来建造这栋传统北德风格、有着茅草屋顶和半木头结构的房子，这笔钱是从威利·萨克斯那里借来的私人贷款。萨克斯是个浮夸的工业巨头，是党卫军的荣誉成员，并且私底下和海德里希家是朋友——就像建筑师古斯塔夫·拉尔一样。[98]建造工作从1935年春开始，是年6月，海德里希一家人与希姆莱和其他党卫军的朋友、同事一起庆祝了房子的建成。在接下来的几年中，海德里希一家人会在那里度过几乎所有的暑假。除此之外，他们还在1934年取得了位于柏林东北部绍尔夫海德森林、紧邻赫尔曼·戈林乡村别墅卡林宫的帕洛的狩猎租赁地；接着，从1936年起，他们又取得了在勃兰登堡的瑙恩附近斯托尔普肖夫的狩猎租赁地。党卫军在此处有一个小型的集中营，海德里希从营里征用了奴隶劳工来翻修自己的狩猎小屋。[99]

1937年2月，海德里希一家人离开了他们租住的南方公寓，并在奥古斯塔大街买了一处七百平方米的家庭住宅，离风景如画的施拉赫滕湖沿岸不远。这个新家有三层楼、九个房间，其中有两间是给家佣准备的，而莉娜·海德里希在战后却说它只不过是个“大一点的安置房”。据希特勒最青睐的建筑师阿尔贝特·施佩尔说，海德里希的房子被装备得像个堡垒一样，在每个房间都有警卫和警铃，这反映了他有些多疑的心态。在花园里，莉娜为孩子们设置了一个小操场，还为养殖动物搭建了一个鸡舍。[100]

施拉赫滕湖的房子又花了四万九千帝国马克，其中的一万是由希姆莱的“帝国党卫军领袖特别基金”提供的。尽管萨克斯和希姆莱提供了两笔私人“贷款”（海德里希将不会偿还其中的任何一笔），海德里希一家人显然也成功地偿还了九万一千帝国马克房贷的利息和分期付款，并且能够长期雇用两个家佣。[101]

依据海德里希1936年所申报的税务，他在前一年赚了八千四百帝国马克，其中一千二百帝国马克可以作为用于支付一个高级国家官员的家佣工资的款项而被抵消。除此之外，作为盖世太保的头目，他还能够得到一万二千帝国马克的补贴。接下来的一年，他的底薪涨到了九千帝国马克——这和中层盖世太保官员平均两千帝国马克的收入相比，算是一笔小财富了。截至1937年，他的收入总计157 279.59帝国马克。[102]因此，莉娜在战后声称莱因哈德的工资几乎“不足以维持生计”，这很明显是在夸大其词。结婚第一年对财务的担忧和莉娜不断抱怨的总是“从一个租住地搬到另一个租住地”的问题，明显已经被解决了。而且，海德里希的工资持续上涨：在1938年，他的收入有相当可观的17 371.53帝国马克，与此同时，他还把他两个家佣的工资减少到了每年五百五十帝国马克。[103]

海德里希一家也通过莱因哈德的职位获得了其他好处。比如，在1936年的夏季奥运会期间，这家人得到了在奥运场馆的免费包厢座席。在1936年2月6日于加米施—帕滕基兴开幕的冬奥会，他们也享受了特殊待遇。一个车队的车辆和司机，以及一架飞机——在战争期间实际上有两架，都可由海德里希差遣。除此之外，直至1934年4月，海德里希都是普鲁士枢密院的顾问；从1936年3月起，他就是国会议员了，这给他带来了额外六千帝国马克的年收入。[104]

1937年夏，海德里希夫妇一起到地中海地区度过了一个温馨的假期。这趟旅行像是他们迟到的蜜月，他们坐"密尔沃基"号邮轮去了意大利、希腊、的黎波里、突尼斯和迦太基。总之，海德里希一家人能够获得与他们在第三帝国政治精英中的高地位相称的生活方式。[105]

他们的社交关系也反映了这种高地位。尽管莉娜和玛格丽特·希姆莱并不是很合得来，但希姆莱一家人是海德里希家的常客。让希姆莱和海德里希十分沮丧的是，这两位女士都不能忍受对方。她们之间一直紧张的关系，在整个20世纪30年代屡次险些变得更加糟糕，因为玛格丽特·希姆莱利用她作为帝国党卫军领袖之妻的权力，总是不遗余力地反复试图给莉娜提出关于如何做个"恰如其分的"纳粹妻子的建议。每个星期三，她都邀请级别较高的党卫军领袖的妻子们到她在柏林达勒姆的家中喝下午茶，并明确告诉她们，如果她们谢绝她的邀请，她是会生气的。作为回应，莉娜故意把她为党卫军高级官员妻子开设的体育课安排到了同一天。据希姆莱的私人助手弗里达·沃尔夫说，玛格丽特甚至怂恿她的丈夫给海德里希施压，让他离婚，希姆莱则拒绝了她的提议。[106]

海德里希在纳粹官级中的提升，也意味着他能频繁地受邀参加帝国总理府的官方招待会，他在那里首次与希特勒有了直接接触。然而，海德里希和希特勒的关系从来都没有他与希姆莱之间紧密和私人：作为一名第二等级的纳粹官员，在1941年他被任命为代理帝国总督之前，海德里希并无权直接向希特勒汇报——这项权利是为内阁部长们和有影响力的地方党领袖或大区长官保留的。因此，在第二次世界大战爆发以前，他跟希特勒的亲身接触仅限于在柏林和慕尼黑的大型官方招待会上。之后，在战争期间，海德里希在希特勒的巴伐利亚山间度假屋贝格霍夫，以及他在东普鲁士的军事指挥部狼穴与希特勒会面。莉娜在她的回忆录里回想了她和希特勒在柏林的一次生日招待会上的首次接触。希特勒站在接待大厅里欢迎他的宾客们，当海德里希夫妇现身的时候，他伸出双手并说道："多么漂亮的一对。真是让我印象深刻！"[107]不仅是海德里希的雅利安人外貌打动了希特勒，还有他毫不动摇的忠心。海德里希的忠心在1934年罗姆政变期间和他为保护纳粹政权不受任何政敌威胁而做出的不懈努力中得到了证明。在1942年6月海德里希的葬礼上，当希特勒将他称为"最佳国家社会主义者之一"和"帝国一切敌人的最大对手之一"时，他并没有在说客套话。到20世纪30年代晚期，希特勒已足够相信海德里希的忠心和"才华"，他能够把他最关心的政治敏感问题交给海德里希负责：和犹太人的战争。海德里希和希特勒很少在社交层面上打交道，但他们的"工作"关系却很紧密。这段关系的特征有如下两点：海德里希对他的元首坚定不移的忠诚，以及反过来希特勒对海德里希能力的信任，相信他能实施纳粹政权愈发暴力的政策所提出的最极端策略。

1937年，威廉·卡纳里斯和他的家人搬到了柏林施拉赫滕湖，再一次与海德里希一家成了近邻。莱因哈德和埃里卡·卡纳里斯重拾了他们的弦乐四重奏，两家人还互邀对方共进晚餐，还一起在格吕内瓦尔德森林骑马。卡纳里斯和海德里希在1935年“十诫”谈判过程中所产生的工作上的争端，似乎并没有伤害他们在工作以外的友谊。[108]

好几张摄于20世纪30年代的相片，捕捉了海德里希看似和谐的家庭生活，然而，这是有欺骗性的。海德里希曾向希姆莱的私人副官卡尔·沃尔夫坦白，他反感莉娜不停地抱怨他不在家，反感她毫无根据地怀疑他的忠诚度。[109]莉娜也在战后表示，在20世纪30年代末，她的婚姻处在水深火热之中。由于她丈夫长期不在身边，她基本上是独自一人带着孩子们生活，还反复指责她丈夫和别的女人有染。根据战后的证词，海德里希的确通过婚外情来试图回避他的家庭问题。莉娜明显知道他的性经历，她在战后认定道，“我的婚姻里”一直有“别的女人”，而且她的丈夫对“任何短裙里的东西”都很感兴趣。[110]

我们无法考证是否真如瓦尔特·舍伦贝格在1945年以后说的那样，海德里希经常跟身为年轻的保安局境内间谍部门头目舍伦贝格一起整夜扫荡柏林的酒吧和妓院，比如由党卫军经营的柏林妓院“凯蒂夫人”。[111]但是，我们可以确定的是，1937年以后，海德里希的婚姻有严重的问题，这一部分是因为海德里希不断地、常常是没有解释的不在家，还有一部分是因为他怀疑莉娜与舍伦贝格之间的友谊并不只是柏拉图式的。这样的谣言不是第一次，也不是最后一次兴起，并且除了舍伦贝格以外，据说莉娜·海德里希与纳粹画家沃尔夫冈·维尔里希和维尔纳·贝斯特在帝国安全总部的继任者威廉·阿尔贝特都曾发生过婚外情。[112]

自1935年两人第一次在某个国家机关见面之后不久，舍伦贝格和莉娜即使不是亲密无间，也是成了要好的朋友。莉娜一直咬定，她只不过是利用英俊且最近刚刚离婚的舍伦贝格来激起她丈夫的嫉妒心。但我们有一些理由怀疑她的说法。据舍伦贝格说，在跟盖世太保头目海因里希·缪勒和海德里希喝醉酒的一晚，事情发生了戏剧性的转折：海德里希告诉他，他的酒里被下了毒。只有在舍伦贝格承认他和莉娜之间关系的实质之后，海德里希才调了一剂解药。为了避免与他的上司之间产生进一步的矛盾，舍伦贝格彻底和莉娜断绝了往来。[113]

尽管存在，或者说也许正是因为这些婚姻上的问题，莉娜还是在1939年的复活节生下了他们的第三个孩子且是第一个女儿西尔克。她在战后说，从她出生的第一天起，莱因哈德就“崇拜”着他的小女儿："他是女儿的好父亲。不管家里是正在举行正式会议还是有访客，他的女儿西尔克都会在晚上六点被带到他那里，让他吻别、道晚安。”从那时起，海德里希更加勤快地返回在柏林施拉赫滕湖的家了。[114]

虽然由于沉重且还在增加的工作负担，海德里希并没有直接参与对自己孩子们的教育，但他对应该怎样教育孩子有非常明确的想法。在和希特勒青年团女孩们的一次会面中，他强调，教育和政治是分不开的。在魏玛共和国时期，“青少年相当肤浅，沉迷于娱乐活动，而且对民族和国家在未来所面临的挑战漠不关心”，而在第三帝国时期，教育则以清晰的意识形态准则为指导：“我们教育理想的主要信条是坚定地保护日耳曼血统，努力表现出不屈不挠的鲜明性格，怀抱真理，谦逊和自尊而不自大，培养要取得最高成就却不自私自利的健康抱负，最后同样重要的是，还要不停地努力达成最高的专业标准。”但是，海德里希将对女孩的教育和对男孩——第三帝国未来的政治战士——的教育明显地区分开来。他坚称，女孩“尽管要有一切必要的自我约束和自控能力……她们永远不能变得军事化或是有刚性。一个女人最吸引人的地方就是她的女人味，女人味本身就能让一个女人美丽，不管你做什么，永远要保护你的女人味。”[115]

海德里希有关保护女人味和柔性的刻板固化的观念，反映了政治宣传下纳粹女性的性别形象，她们是母亲，照顾他人、创建家庭，好让战士丈夫能在家得到休息，恢复精力。事实上，纳粹德国的实际情况看上去大不相同，长期就业的女性数量一直在上涨，从1933年的一百二十万人增至1938年的一百八十五万。但是，女性就业却不是主要问题。海德里希提出的有关教育年轻女性的想法是针对某一种思潮的，这种表现为受鄙夷的“新女性”形象——现代、留短发、解放了的、抽香烟——的思潮，是左翼知识分子和像德国版《时尚》这样的20世纪20年代先锋女性杂志所鼓吹的。海德里希在1939年的遗嘱里又重申了这些想法。这个被认为是现代性堕落重要特征的新女性形象将会永久地消失。[116]

20世纪30年代末，海德里希的婚姻生活并不是唯一让他感到烦恼的家庭问题。他的姐姐玛丽亚在数个场合坚称，莱因哈德应该利用他的人脉来为他的姐夫找份工作。海德里希不情愿地照做了，他屡次为沃尔夫冈·海因多夫找到了工作，一开始是在宣传部，然后是在大众汽车工厂和德国劳工阵线。在六个月之内，他的姐夫分别从这些职位上被解雇。海因多夫是个坏脾气的酒鬼，他时常提交伪造的花费要求报销，吹嘘他有影响力的小舅子，并从下属那里“借”钱，因此，对海德里希来说，海因多夫一直是让他难堪的根源。[117]

1939年6月，海德里希已经忍无可忍，他命令海因多夫到他的办公室来。在他们会面的过程中，他愤怒地抨击了他的姐夫，说他没有能力保住一份工作，常常负债累累，而且明显是个酒鬼。海德里希认为，他家的哈雷音乐学院之所以财务崩溃，有一部分原因是海因多夫的嗜酒。海德里希坚称，海因多夫和他妻子的生活方式过于奢侈。在今后，他们必须要想办法只靠更少的钱过下去。[118]

海德里希的指控一定是激怒了玛丽亚，因为她在6月30日给她的弟弟写了一封怒气冲冲的信，抱怨他用越来越道德高尚的态度对待她和她的丈夫：

> 因为你居于高位，你已丧失了体会我们处境的能力……以至于，如果你是诚实的话，站在你那高高在上的角度，你已不再能够真正懂得和评判一个普通公民的能力和短处。要这么做，要像我们一样思考和感受，你就必须得重新和我们在一起生活几周！请别介意我彻底的开诚布公，但你也要告诉我们真相和你的想法，我今天不是写信给党卫军中将和警察首长海德里希，而是写信给我自己的骨肉兄弟……莱因哈德，告诉我，你这么起劲地想要把我和我的家人打倒，这对你有什么好处？！反正你不再把我们看作你的亲戚，所以如果你不帮我们，至少还我们安宁，不要再在我们的路上设置更多障碍物……[119]

三周后的7月19日，玛丽亚从库尔特·庞姆那里收到了简短的回复，此人自1934年11月以来就是海德里希的警察副官："中将拒绝再与你和你的丈夫有任何直接联系（即使是通过信件），因为他不想被侮辱。"海德里希通过庞姆进一步指示玛丽亚不要将他们的母亲牵扯到争端中来，并下令让盖世太保监视海因多夫，他坚持任何与他姐夫相关的事件都应当马上汇报给他。与此同时，他通知海因多夫的新雇主说，他的姐夫在完成分配给他的任务时需要"有力的指导"。海德里希的怀疑很快就被证实了，他收到了盖世太保的报告，说海因多夫又重新陷入了"老习惯"，欠下债务，在工作的时候醉酒驾车，吹嘘自己是海德里希的亲戚。海德里希只给了他姐夫一个选择：志愿参加国防军，并"在战斗中证明他的价值"——在20世纪30年代晚期纳粹德国准备作战之时，这个情景正变得越来越有可能发生。[120]

第五章

为战争演习

弗立契—布隆贝格风波

1937年年末，在希特勒的挑唆下，第三帝国反转了对外政策。11月5日，元首在陆军、空军和海军的最高司令面前发表演说。他强调，如果德国想要在将来成为一个伟大的国家，就必须获取一定的“生存空间”。一些听众提出了担忧和批评，这让希特勒更加坚信，只有用更乐意帮助他的人替换掉那些一直以来占据政府部门关键职位的资深保守派人物，他才能够实现其外交政策的目标。[1]

仅数月之后就出现了一个能让他实施这样一次全面人事变动的偶然机会，即有关帝国战争部长维尔纳·冯·布隆贝格的丑闻。1938年1月，在希特勒、戈林、海德里希和其他纳粹政要的见证下，布隆贝格和一个比他年轻得多的女人结婚了。其实，她是一个妓女，警方也知道这一点。这起丑闻导致了布隆贝格被撤职。戈林认为自己理应是布隆贝格的继任者。1938年1月末，他出人意料地提交了指证陆军总司令维尔纳·冯·弗立契有罪的盖世太保资料。弗立契是戈林继任该职位最强劲的竞争对手。这份恰好掌握在戈林手中的盖世太保证据显示，弗立契是个同性恋——这在纳粹德国是一项重大刑事犯罪。[2]

海德里希几乎没有对这些指控感到惊讶。早在1936年，他的盖世太保机关就已经搜集了有关弗立契的罪证，并交给了希特勒。在当时，元首选择了无视这些针对弗立契的指控，并命令党卫军销毁警察档案。然而，海德里希没有服从命令，他保留了一份文件副本以备后用。当希特勒和戈林试图摆脱那些保守派的将军时，他想起了这份文件。对弗立契的指控并没有确凿的证据：此案的关键证人是一个臭名昭著的罪犯奥托·施密特。他在柏林的团伙自从1929年起就开始专门敲诈勒索有名望的同性恋者。尽管年纪轻轻，施密特却已经因为盗窃、造假、贪污和敲诈在监狱里服刑多年，并且目前正被关押在埃姆斯兰的集中营。根据他的证词，他看到了弗立契和一个柏林的男妓马丁·魏因加特纳，在万湖火车站附近发生性行为。他进一步声称，当他跟弗立契对峙的时候，后者曾用钱收买他，让他保持沉默。[3]

海德里希又一次将这份“证据”提交给了元首。1月26日，弗立契受命来到帝国总理府。在这里，他当着希特勒和戈林的面和施密特对证。尽管弗立契否认曾见过施密特，也不承认有过任何同性恋行为，希特勒还是解除了他和其他十二位在政治上不受欢迎的保守派将军的职务。另外还有四十四位将军被调动到了在政治上无关紧要的职位。希特勒的内阁也被重新洗牌，清除了潜在的批评者：保守的外交部长康斯坦丁·冯·诺伊拉特被纳粹信徒约阿希姆·冯·里宾特洛甫取代；亚尔马·沙赫特的经济部长职位则由戈培尔宣传部的前负责人瓦尔特·丰克接任。战争部被解散，顺从的、在意识形态上可靠的威廉·凯特尔麾下的国防军最高统帅部替代了战争部（国防军是帝国防卫军在1935年3月以后的名称）。[4]

在希特勒重新调整德国的政策，并担任国防军最高司令的同时，海德里希的盖世太保继续调查弗立契一案。海德里希感到，他不得不证明弗立契是有罪的，因为是他的机关在一开始提出了指控，由此为重组陆军领导层提供了借口。陆军领袖与盖世太保之间的关系现在跌入了谷底。在数周时间内，盖世太保的探员调查了每一个弗立契居住过的军管城镇，与此同时，海德里希在打击同性恋方面的"专家"约瑟夫·梅辛格，则前往埃及寻找弗立契的罪证。弗立契曾于1937年在那里度假。这些调查无一产生实质性线索。尽管遭遇了这些挫折，希姆莱和海德里希还是假定，只要施密特的证词还成立，弗立契就不会被平反。[5]

3月，弗立契出席了负责审查此案的军事法庭。此次庭审以一次对海德里希和盖世太保来说灾难性的转折而告终：在弗立契法律顾问所施加的压力之下，检方唯一的证人奥托·施密特承认，他把冯·弗立契将军和一位名叫冯·弗立契上尉的已退役骑兵军官搞混了，后者也证实了他曾遭遇施密特勒索。对海德里希来说更糟糕的是，法庭获悉，在数月前，这位骑兵军官就已经向盖世太保承认了他的"罪行"，这一点给人留下的印象是，海德里希的机关在知道二人身份混淆的情况下仍然迫害了冯·弗立契将军。法庭得出结论，施密特提交给盖世太保的证词，是调查者在他身上施加"最为极端压力"的结果。弗立契适时获释并得到平反，但并没有恢复陆军最高司令的职位。[6]

这场风波对于党卫军来说是一场政治灾难。海德里希感到尤其难堪，因为是他的盖世太保领导了此次调查。海德里希的副手，曾亲自审问弗立契的维尔纳·贝斯特说，这是在大庭广众之下遭受的极大"耻辱"。其他人的反应更加强烈：弗立契本人曾考虑过要和希姆莱来场决斗，而总参谋长路德维希·贝克将军则要求立即将海德里希和其他高级调查员撤职。即使是在对弗立契的审判结束之前，海德里希就已经开始恐惧和预料军中领导层会做出严厉的回应，甚至有可能发生一次军事政变，军队可能还会袭击盖世太保的总部。[7]诸如此类的计划确实存在，贝克将军和威廉·卡纳里斯上将身边的一群高级官员谋划过要逮捕整个党卫军领导层。在20世纪30年代，卡纳里斯和海德里希的关系已经变得越来越不明朗。卡纳里斯错误地假定，基于他们20世纪20年代中期在基尔的友谊，作为德国军事间谍头目的他可以控制住比他年轻许多的海德里希。在卡纳里斯1935年被任命为阿勃维尔头目的时候，他的前任康拉德·帕齐格曾经警告过他要小心海德里希和希姆莱，但卡纳里斯自信地告诉帕齐格："你可别担心，我能对付得了那些男孩儿。"[8]自1935年起，党卫军权限的逐渐扩张已经证明了卡纳里斯的想法是错误的，并越来越多地侵蚀着阿勃维尔的权威。现在，他已经准备好看到他从前的门生被从权力之位上移除。[9]然而，在希特勒取得了一次重大外交政策上的成功——德奥合并——之后，弗立契、贝克和卡纳里斯秘密主张的政变计划就变得不合时宜了。对海德里希而言，对奥地利采取的军事行动给他提供了他迫切需要的机会，让他可以将注意力从弗立契风波转移开来，并证明党卫军能够和军方合作。[10]

德奥合并

1938年年初，海德里希的注意力转向了奥地利。十八个月以前，即1936年7月，希特勒和奥地利总理库尔特·冯·许士尼格达成了正式协议，依据该协议，奥地利人答应了希特勒的要求，要将政府中的数个部长职位给予奥地利纳粹党。许士尼格把此举当成解决由1934年德国资助的政变企图所引起的德奥关系问题的办法，而希特勒却仅仅把它看作一个逐步推进、最终将导致德奥合并过程的开端。然而，有很长一段时间，希特勒都觉得，采取行动的时机还不合适。由于欧洲其他地区还在为最近莱茵兰的再军事化——德国国防军非法进入了德法边界以东的非军事化区域——感到惊慌，希特勒不想引起国际局势紧张，因此，整个1936年，他都命令奥地利纳粹切莫轻举妄动。[11]

然而，在1938年年初，希特勒改变了主意。2月12日，元首和许士尼格在贝格霍夫——希特勒位于德奥边界贝希特斯加登的山间别墅——会面。为了威慑许士尼格，希特勒安排包括希姆莱、海德里希和新任命的德国国防军最高统帅部的头目威廉·凯特尔在内的高级别德国警察和军事人物到场。希特勒明确表示，如果奥地利人不服从他的命令，他就要采取军事行动。次日上午，凯特尔奉命在奥地利边界举行恐吓性军事演习。[12]与此同时，希姆莱和海德里希自己也开始为侵略奥地利做详尽的准备。从1938年1月起，有大约两万名秩序和安全警察受到动员和训练，以协助德国国防军执行占领这个德国南部邻国的任务。[13]

贝格霍夫会议之后三周，许士尼格突然宣布将在3月13日进行奥地利独立公投，在不经意间给希特勒提供了让德国侵略的借口。为了确保奥地利的独立得到绝对的肯定，投票仅限年龄在二十四岁以上的人参加，这就剥夺了参与纳粹运动的很大一部分人的投票权，因为他们绝大多数都是年轻人。希特勒被激怒了，他在3月11日向许士尼格发出了最后通牒：必须改变公投的措辞，要鼓励人们同意而非反对合并。另外，许士尼格要辞去总理一职，并由奥地利的律师、纳粹活动家阿图尔·赛斯—英夸特接替。在贝希特斯加登协议之后，此人已被任命为内政部长。[14]

希特勒并没有等到奥地利总理做出决定。在戈林的怂恿下，他向凯特尔下达了入侵的命令。3月12日早晨五点三十分，德军越过了奥地利边界，其间没有遭遇任何抵抗。[15]但纳粹并没有冒任何风险，他们不想重演1934年那次失败的政变企图。当时，奥地利总理恩格尔贝特·陶尔斐斯被一名党卫军成员击中，随后政变在顽强的抵抗下瓦解。希姆莱和海德里希是头一批抵达维也纳的人之一，3月12日早晨五点，甚至在德军尚未行至这座城市的时候，他们就降落在了奥地利首都的机场。[16]希特勒已在前一天授权希姆莱掌握对属地的治安控制。像往常一样，希姆莱把这则命令转派给了海德里希，后者受命督察第一波逮捕，并“清理”奥地利的警察。[17]

3月13日和14日，在维也纳的雷吉纳酒店举行的会议中，党卫军和警察领袖——希姆莱、海德里希以及秩序警察头目库尔特·达吕格——就未来奥地利警察的组织进行了会谈。国家安全次长很快就被奥地利党卫军的领袖，未来接替海德里希担任帝国安全总部头目的恩斯特·卡尔滕布伦纳取代了。六千名普通德国警察以及一千五百名安全警察探员受到征召，成为后援力量。[18]但从总体上看，并不需要对奥地利的警察进行一次彻底的清洗。他们中的很多人本来就已经是纳粹的同情者，或者至少足够灵活，可以调整政治立场，和新的统治者保持一致。在1938年至1942年间，超过80%的奥地利盖世太保成员来自原先的奥地利警察机关，另有10%来自旧帝国*，仅有5%的人是以往没有任何警察经验的新招募成员。[19]

甚至在雷吉纳酒店会晤之前，海德里希就已经下令进行了第一波逮捕。他从德国带来了一支由可信的保安局和盖世太保官员组成的队伍，以消除抵抗、收缴重要文件，其中包括有关党卫军参与1934年失败了的奥地利政变的警方档案。[20]海德里希的安全警察官员掌握着忠于

* 指的是第一次世界大战以后1938年以前德国的疆域。——译注

陶尔斐斯和许士尼格的"反抗分子"的详尽名单。他们很快就开始行动，在3月12日至13日的夜里逮捕了所有被认为对纳粹统治产生了实际威胁或者可能产生威胁的人——总共两万一千人。[21]遭到逮捕的人包括前许士尼格政府的成员、共产党员和德国流亡人士，也包括奥地利保皇主义者和保安团即保守的国家防卫联盟从前的领袖成员。一些最为著名的保安团领袖成功地逃出了奥地利，恩斯特—吕迪格·斯塔赫姆贝格就是其中之一，他是16世纪对抗土耳其人、保卫维也纳的斯塔赫姆贝格大公的后裔。其他人则没有那么幸运。另一个前国家防卫联盟领袖，在镇压1934年纳粹维也纳暴动中起到关键作用的埃米尔·费伊少校在枪杀全家之后自尽。[22]

主要的直接目标是奥地利共产党员。海德里希向新任命的负责德奥统一的帝国专员约瑟夫·比克尔暗示，地下共产党可能会抵制即将进行的全民公决，以向外界强调此次合并的不合法性。他有意识地煽动恐惧，让比克尔觉得会发生一场暴力的共产主义起义。[23]截至1938年年底，盖世太保已经扣押了几乎整个奥地利共产党领导层，其中大多数都被驱逐到了集中营。[24]为了应对新一批政治犯，最近刚扩张的达豪集中营又在慕尼黑附近开放了新的设施。此外，党卫军又在邻近林茨的毛特豪森设立了新的集中营。它将成为1941年入侵苏联以前大日耳曼帝国境内最残酷的集中营。[25]

尽管多数遭到囚禁的人在接下来的几个月内获得了释放，但1938年7月以后仍有约两千名奥地利人留在集中营里，或者至少海德里希有一次在与外交次长恩斯特·冯·魏茨泽克交谈时是如此声称的。[26]在维也纳进行第一波逮捕的同时，3月12—13日夜，一次旨在收缴包括珠宝、画作和地毯在内的犹太人财产的针对性行动展开了。由于担心这份新得来的"德国人民财产"的安全，3月17日，海德里希命令新成立的盖世太保维也纳办公室确保系统地录入所有缴获的文件和物品，并威胁要“对任何试图用收缴来的东西充实自己腰包的人无情地采取措施”。[27]

海德里希之所以产生担忧，是因为自德国入侵以来，掳掠行为和不受控制的恐怖手段随着“受控的”党卫军警察行动一同蔓延，这最终有损了他本人的形象和他控制自己手下的能力。毕竟，奥地利不是一个敌对国家，而是未来日耳曼帝国的一个组成部分。3月13日，副总理弗朗茨·冯·帕彭的一个亲密伙伴，批判发生在奥地利的纳粹恐怖的保守派人士威廉·伊曼纽尔·冯·凯特勒，被海德里希手下年轻的保安局官员，未来波希米亚和摩拉维亚保安局的头目霍斯特·勃姆溺死了。此后，海德里希的地位变得更加岌岌可危。这场谋杀发生后不久，戈培尔就在他的日记中写道：“海德里希在奥地利执行了一些非常令人不悦的死刑。那是不能被容忍的。戈林非常愤怒，元首也是。海德里希是不会那么轻易就侥幸逃脱的。”[28]

海德里希因为“可见的原因”而反对的那些不受控制的恐怖手段，主要是针对奥地利犹太人的。他们当中的绝大多数（将近二十万当中的十七万）都住在维也纳。奥地利纳粹发动的暴行比迄今为止在旧帝国发生的一切都更加出格。自从德国入侵一开始，犹太企业和公寓就遭到了打劫，犹太人自身也遭到了虐待。在旁观者的拍手称赞声中，犹太人被迫下跪、擦洗街道。[29]剧作家卡尔·楚克迈尔描述了德奥合并之后头几日的情形：

> 地狱已敞开大门，并释放出最卑鄙、最令人厌恶的暴徒。城市摇身一变，成了一幅如同梦魇一般希罗尼穆斯·博施的画作：……魔鬼似乎已经从肮脏的蛋里爬出来，从泥泞的洞穴里钻出来。空

> 气中一直充斥着悲凉、歇斯底里的尖叫……人们的脸是扭曲变形的：有些人是因为恐惧，有些人是因为撒了谎，还有些人流露出狂野、满是恨意的胜利表情。[30]

在奥地利的这种如大屠杀一般对暴力的滥用，恐怕将要扰乱“秩序井然”的盖世太保行动，破坏海德里希的权威了。在入侵以后，他立即派遣了一支由包括赫伯特·哈根和阿道夫·艾希曼在内的犹太专家组成的专门保安局别动队在维也纳展开工作。这支特遣队的首个任务就是根据之前拟好的名单逮捕犹太官员，并从犹太人组织和个体那里收缴文件。[31]维也纳和其他奥地利城市弥漫着的这种大屠杀一样的气氛，严重影响了他们执行任务。海德里希马上扬言要逮捕那些对暴民暴力行为负责的纳粹分子。海德里希本人正努力对纳粹的意识形态敌人进行外科手术式的打击，然而他的付出却受到了这些过激行为的影响。他为此感到恼怒，因此要采取行动来控制所造成的损害。3月17日，海德里希在《人民观察家报》上发表了一篇文章。他在文章中表示，前几日的大屠杀是由伪装下的共产党员实施的，而非纳粹党的成员，前者的目的是给国外的仇恨宣传提供进一步的材料。[32]

当日，海德里希就写信给大区长官比克尔表示，他坚信应当在“有序的”机制内实施逮捕，并至少要在表面上显示出合法性。他认为，考虑到4月10日即将进行公决，对帝国的外交政策最有利的做法是，尽力向外界展示这里的情况十分稳定。

> 不幸的是，今日我党成员参与了大规模、完全没有纪律的攻击行动。今天，我通过媒体发表了声明，宣称是穿着纳粹党制服的共产党支持者在实施不法收缴、房屋搜查和逮捕行动。我必须指出，

> 实际上我的评论并不是主要针对共产党支持者，而是针对我们党内的同志。如果盖世太保被迫要更大规模地逮捕我们自己党内的同志，那就很遗憾了。因此，我迫切地要求你向所有党机构发布适当的指示。[33]

三周后，即4月5日，海德里希感到，他必须提醒自己的党卫军成员，"所有以党卫军名义针对犹太人的过激行为和措施都必须停止"。然而，直到4月29日，这一波暴力事件才开始平息下来。这一天，党卫军领袖受到威胁，如果他们继续参与这些暴行，就要被撤职。[34]在奥地利的经历促使海德里希在4月14日向整个警察和保安局机关发布了一则更具一般性的命令：尽管"对一切侵扰人民和国家的害虫[必须展开]持续、无情的斗争，这一点是不言而喻的"，但所有手段还是必须要以一种"有序的"方式来实施，这样的方式会打消广大民众的疑虑，让他们相信盖世太保追求的是"正义的事业"。[35]这不意味着在奥地利的恐怖手段就此结束了——事实刚好相反。"毫不留情地打击一切政治敌手、知识分子敌人和罪犯"的这个政策，像海德里希在党卫军的刊物《黑色军团》中所描述的那样，在那年4月会"悄无声息地"继续进行。这种"无声的恐怖手段"会采取不同的形式：从在夜间秘密逮捕批评德奥合并的著名人士，到限制通信隐私和言论自由。[36]

有关德奥合并的公投于4月10日在大规模操纵和恐吓中进行。海德里希的机关在其中扮演了重要角色：党卫军成员将选民集中起来，把他们带到投票站。投票站的亭子已经被撤除，或是被贴上了"只有叛国者才会入内"的标识，从而迫使选民在大庭广众之下投票。保安局还负责搜集、汇总有关"异常情况"和"骚乱"的信息，然后传送给盖世太保做进一步调查。[37]不出所料，有99.75%的奥地利选民都支持德奥合并，这在某种程度上是诸如此类的防范措施的结果。然而,根据一些保安局做出的报告来判断,大概仅有三分之一的维也纳选民真正赞同合并这个想法。[38]

公投之后,这个国家的新纳粹统治者迅速引入了旧帝国所有的反犹法案。公务员和专门职业立刻就排除了几乎所有犹太人。一个精心设计的机关——有着五百名职员的财产转移办公室——被建立起来,负责协调犹太人所有企业的雅利安化。截至1938年5月,在三万三千个维也纳犹太人所拥有的企业中,有七千个都被关闭了;截至1938年8月,另有两万三千个消失了,剩下的都遭到了雅利安化。[39]

纳粹还发起了对犹太人口的强制驱逐,其方式比在旧帝国直接得多。在与匈牙利交界的小块东部地区布尔根兰的一个已存在多年的犹太社区,新纳粹统治者没收了三千八百名社区成员的财产,还关闭了所有犹太人的企业,逮捕了社区的领袖,接着以要在边界创建一个"安全区"为借口驱逐了所有犹太人口。很多犹太人被拖至警察局并遭到殴打,直至他们签署文件放弃所有财产。接着,警察就把他们带到边界,并强迫他们越过边界。因为邻国常常拒绝接受他们,很多人就被困在了无人区。比方说,在一次引起全世界媒体谴责的事件中,五十一人被抛弃在了多瑙河上一个贫瘠的岛屿。大多数人逃去了维也纳的亲友处。截至1938年年底,布尔根兰已经不剩任何犹太人了。[40]

部分是出于对此次大规模逃亡的反应,在1938年5月25日至27日期间,维也纳的盖世太保逮捕了将近两千名已知曾获刑事定罪(不管罪行有多微小)的犹太人,将他们遣送到达豪。在那里,他们被隔离开来,遭到了尤为残忍的虐待。警方还逮捕、驱逐了所有外籍犹太人,甚至是居住在维也纳的德国犹太人。截至1938年11月,总共有五千名犹太人被从奥地利驱逐出境。另有成千上万人试图以任何可行的途径离开这个国家。[41]

为了加速这一使犹太人“有序”移民出境的进程，海德里希于8月20日成立了一个犹太移民中央办公室，总部设在维也纳的罗斯柴尔德宅邸，由阿道夫·艾希曼管理。艾希曼为该中央办公室设立的程序和创造的手段，将在接下来的岁月里得到更广泛的运用。[42]依照海德里希的命令，一支得到授权逮捕著名奥地利犹太人的特种单位于3月16日赶到了维也纳，艾希曼也是其中一员。海德里希和他的犹太人专家意识到，要想有序地强迫犹太人移民出境，就需要犹太社区自己的领袖人物加以配合，尤其是考虑到最贫穷的犹太人缺乏离开家乡到别处开始新生活的途径。海德里希将在几个月以后强调，“问题并不在于清除较为富有的犹太人，而是那些乌合之众”[43]。

有了海德里希的支持和强行征得的维也纳犹太社区成员的帮助，艾希曼和他的团队开始加速出境签证的申领，并动用从犹太社区收缴来的财产来资助贫穷犹太人移民。由于对街头持续进行的恐怖手段感到恐惧，成千上万的奥地利犹太人排队领取出境签证。采取流水作业方式处理出境签证，搜刮犹太人财产来资助穷人移民，实施恐怖手段，取得犹太人配合的中央办公室成了海德里希的机关在往后与犹太人打交道时参照的范例。[44]

水晶之夜

德奥合并使得纳粹德国的人口新增了二十万左右的犹太人。这批新拥入的犹太人，不仅抵消了在1937年年底前已经离开德国的约十二万八千名犹太人，[45]它还使得海德里希之前为加速强迫移民的进程而付出的努力显得毫无意义，尤其是在1938年7月的埃维昂会议之后。

在埃维昂会议上，三十二个国家的代表清楚表明，国际上对于接收德国犹太难民的热情有限。纳粹党基层对犹太人从德国移民出境“进程缓慢”的不满情绪开始加剧。1938年夏，在德国的犹太人所遭受的暴力明显变本加厉了。[46]

大约七万名居住在帝国的波兰犹太人，首先感受到了纳粹新近加剧的，想要将现在数量更多的犹太人口从德国清除出去的欲望。他们中有很多都是因为加利西亚和其他地方在战后发生了大屠杀，从家乡逃离出来的。自从1938年3月波兰政府取消任何在国外居住达五年以上者的国籍之后——波兰政府此举之意在于防止犹太人回到波兰——犹太人的存在就一直让党卫军和警方当局愈加烦恼。纳粹政府突然就面临着近七万名居住在德国和奥地利的波兰犹太人会变得没有国籍而被困在德国境内的可能性，于是在4月就要求持有波兰护照的犹太人离开帝国。然而，华沙当局不准许这些犹太人返回波兰，于是在10月末，希姆莱和海德里希决定单方面采取行动。10月28—29日夜，盖世太保和安全警察扣押并强行驱逐了一万八千名波兰犹太人。[47]

在第一批遭到纳粹大规模驱逐的人之中，有一个名叫桑德尔·格林斯潘的波兰裁缝大师，还有他的妻子丽芙卡和两个年纪最长的孩子埃斯特和莫迪凯。他们在汉诺威城遭到逮捕，并立即被驱赶到了德国和波兰边界的另一边。格林斯潘的小儿子赫歇尔在巴黎听说了他家人所遭受的命运。感到耻辱、愤怒的赫歇尔决定做出行动。11月7日，出于报复，赫歇尔枪击了一名德国驻巴黎大使馆的初级官员恩斯特·冯·拉特，使他受了重伤。[48]

11月8日，为了参加每年一度的1923年希特勒政变纪念仪式和前一日下午党卫军领导层的例会，海德里希来到了慕尼黑。希姆莱利用该会议来解决他之前并不怎么感兴趣的犹太人问题。他向全神贯注的听众们保证道，犹太人在德国没有未来，他们会在接下来的几年从帝国被驱逐出去。希姆莱并未提及巴黎的那起事件，虽然他坚称犹太人在接下来的“几年”时间内会受到驱逐，但这并不意味着反犹政策会立刻就突然极端化。[49]

次日，11月9日，冯·拉特因伤势过重不治而亡。这则并非完全出人意料的死讯于下午传至慕尼黑，并于当晚在慕尼黑市政厅举办的“老战士”年度集会期间被正式宣布。冯·拉特的去世向那些感到自己对反犹政策的走向失去影响力的纳粹领袖发出了一个喜人的暗号，尤其是像施特赖歇尔和戈培尔这样激进的大区长官。希特勒并没有像往常一样发表演讲就离开了集会，但指示戈培尔代替他讲话。这位宣传部长利用这个机会告诉他焦虑不安的听众，在刺杀袭击发生之后，针对犹太人的“自发行动”已经在黑森选侯国和马格德堡—安哈尔特展开了。戈培尔宣称，元首已经决定，纳粹党不会发起进一步的游行，但倘若游行真的发生了，“他是不打算加以阻拦的”。[50]

海德里希也是当晚在慕尼黑市政厅的听众之一。据马格德堡的大区长官鲁道夫·乔丹说，在戈培尔的演讲之后，海德里希就向参与集会的人保证，若是发生“自发的”反犹暴动，警方将不会干涉。[51]事实上，从全国各地聚集起来庆祝此次周年纪念的党卫军成员也参与了暴动。很难说他们是否受到了希姆莱或是海德里希的指使。[52]

无论如何，与会的地方党领袖还是不可避免地从戈培尔的演讲中得到了暗示，他们立即通过电报和电话号召各自选区的纳粹党内同志发起大屠杀。海德里希返回他下榻的四季酒店同希姆莱商议，之后跟身处柏林的盖世太保头目海因里希·缪勒通话。他们交谈的具体内容不得而知，但在午夜来临前不久，缪勒让全国所有地区的州警察局都保持高度警戒，并告知他们，不久以后，反犹“行动”就会在全境展开，“尤其会针对犹太教堂”。无须制止这些事件，只要预防抢劫和幅度更大的过激行为即可。州警察要做好抓捕两万至三万名犹太人的准备，“尤其是富有的犹太人”。[53]

不到两小时以后，海德里希发了第二封电报跟进缪勒的命令。他重申：“我们可以预期，今天一整夜在全国各地都会发生针对犹太人的游行。”这些“游行”将不会受到阻止。但是，警方要确保“德国人的生命或财产”不受到威胁，并留心“属于犹太人的企业和公寓可以被摧毁，但不能被打劫”，与此同时，“外国公民不能受到骚扰，即使他们是犹太人”。另外，保安局要确保犹太教堂的重要档案被收缴而非销毁。最后，电报陈述道：

> 只要现有监狱尚有容量，就要尽可能多地逮捕一切区域的犹太人，尤其是富人。暂且仅扣留健康还不是很老的男性犹太人。在实施拘留以后，要立即联系合适的集中营，以快速安排这些犹太人入营。要特别留心，依据上述指示被逮捕的犹太人不能遭受虐待。[54]

那天夜里晚些时候，海德里希又发了一封电报，重申抢劫者要立即遭到逮捕，但总的来说，参与大屠杀不会使肇事者遭受刑事审查。[55]

缪勒和海德里希一刻不停地传达了一系列指令，这表明党卫军领导层并没有预料到大屠杀的开始及其发展的程度。举国上下，纳粹活动分子已经开始摧毁犹太教堂和犹太人的店铺，破坏私人住宅的内饰，偷窃里面的物品和强行将犹太人拖拽出他们的房子，以羞辱、欺凌并在很多情况下谋杀他们。事后，据官方估计，有九十一名犹太人死亡，但真实的数字可能远远高于此。除此之外，好几个绝望的犹太人自杀了。在当晚约三万名遭到逮捕并被送去集中营的犹太男性中，超过一千人在被囚过程中或是因监禁带来的长期影响而死亡。并且，据估计，有七千五百家犹太企业、一百一十七间私人住宅和一百七十七座犹太教堂遭到破坏，造成了数亿帝国马克的物质损失。[56]大屠杀还扩散到了最近合并的苏台德地区和奥地利。仅在维也纳就有四十二座犹太教堂被烧毁，将近两千户犹太家庭被从他们的房子和公寓里驱逐出来。[57]

在某种程度上，“水晶之夜”——这场大屠杀后来在纳粹德国被这样称呼——让海德里希很是气恼，一部分原因是它破坏了他为系统地驱逐犹太人付出的努力，还有一部分原因是他通过保安局的报告了解到，一大部分德国人并不赞同对犹太人公开施暴。公众支持区别对待犹太人和让他们强制移民，但这种支持并不一定延伸到了谋杀和大规模毁坏财产的范畴。[58]另外，在希特勒需要平息他的扩张主义外交政策计划带来的影响时，此次大屠杀不必要地在国际上引发了抗议。[59]

尽管如此，在海德里希担忧这次大屠杀搅乱了本来“井然有序的”移民进程的同时，他也清楚此次事件有一个积极的副作用：大屠杀加快了惊恐万分的犹太人移民出境的速度。1938年11月，在视察了艾希曼在维也纳的中央办公室之后，哈根向海德里希汇报了奥地利所采取的政策的优势：

> 中央办公室的建立确保了能向犹太人快速发放移民签证，通常是在八天之内。不仅如此，中央办公室还掌握着想要移民的人的确切数量、职业、财富状况等，这将使办公室能够为移民组织必要的运输……根据我们的估算，迄今中央办公室已让大约两万五千名犹太人移民，这样一来，已经离开奥地利的犹太人总数就达到了约五万人。中央办公室的建立并没有给保安局之前负责奥地利的保安局办公室增加额外的财政负担，因为可以通过向每个

犹太移民征收税金来为办公室及其雇员自行筹集经费。鉴于中央办公室在犹太人移民出境这个问题上的成功率，建议——参考1938年1月13日有关建立一个移民办公室的提议——考虑为整个国家建立这样一个办公室的可能性。[60]

哈根的报告在一个关键时刻被送到了海德里希的书桌上。11月10日，“水晶之夜”大屠杀过后一天，海德里希在报告上附上了一条手写的注释，大意是说，保安局应当起草一份提案，根据艾希曼在维也纳创建的模式，在旧帝国设立一个犹太移民中央办公室。就在保安局的犹太人专家拼命拟写上司要求的提案的同时，海德里希几乎不费吹灰之力就说服了戈林，11月9日爆发的暴民反犹主义在经济上是毫无意义的。他告诉戈林，根据初步估计，至少有八百一十五家犹太企业被摧毁，二十九家百货商店遭遇纵火焚烧。在被点燃的一百九十一座犹太教堂当中，有七十六座被完全焚毁。戈林对此次大屠杀所造成的经济伤害感到怒不可遏。[61]

大屠杀之后仅两天，11月12日，由戈林召集，在帝国航空部——戈林自1933年起就作为部长领导帝国航空部——举行的一次高层会议，讨论了未来的纳粹犹太政策。除了海德里希之外，还有超过一百名来自各州和纳粹党组织的代表参与了此次会议，他们中的很多都比海德里希更加资深。在就本次大屠杀的经济影响进行了长时间的讨论之后，海德里希要求加快让犹太人从德国移民出境的进程。他指出，他在维也纳的犹太移民中央办公室之前就取得了成功，并建议为整个帝国创建一个类似的办公室。海德里希声称，截至10月，已有约五万名犹太人被从奥地利驱逐出去。这个数字事实上比之后历史学家得出的要低：最近的研究显示，截至1939年5月，在约十九万名奥地利犹太人中，有半数左右的人都已经离开了他们的国家。[62]如果提案得到落实，海德里希坚持道，就可以期望在旧帝国取得相仿的成功率。当戈林询问要如何为这样一个耗资不菲的过程买单时，海德里希指出，可以通过强制性捐助让比较富有的犹太人为不那么优裕的移民支付相关费用。根据设想，让德国犹太人完全移民出境的大致耗时为“至少十年”。戈林批准了海德里希的提案。[63]

海德里希提出的组织化的德国犹太人清除计划在此次会议上得到了普遍认同，这一点是让他日后担任纳粹德国反犹政策**唯一**领导人这一角色的决定性促成因素。这项由保安局的犹太人部门在过去几年间发展出的全面清除计划得到了希特勒本人的认同，因此现在成为纳粹统治的官方政策。[64]戈林将继续在总体上对犹太人问题负责，但实际上行动的权力已经被转移给了海德里希的安全警察和保安局机关。

1939年1月24日，戈林下令应当尽一切可能推动犹太人，尤其是贫穷犹太人从帝国移民。将要建立一个基于维也纳模式的帝国犹太移民中央办公室，归海德里希统领。仅数日之后，1月31日，海德里希指示，除了少部分尤为“危险的”左翼知识分子，**倘若**处于保护性拘留的犹太人愿意永久离开德国，他们就应当获得释放。[65]

1月末，海德里希接连通知德国各部的头目，帝国犹太移民中央办公室已经成立，并要求他们就一切有关犹太人从德国移民出境的问题予以合作，提供参考意见。[66]与此同时，他还提议为所有犹太人社团和协会创建一个新的伞式组织——德国犹太人国家协会，其主要任务将是与中央办公室合作以确保犹太人有序地从德国移民。[67]从1939年7月4日起，所有居住在德国的犹太人都必须成为国家协会的成员，这就保证了对这个国家的每一个犹太人都有全面的记录。借此，海德里希可以直接督察德国所有的犹太人组织，同时还能紧密监视犹太人本身，显著简化对犹太人资产的管理和处置。[68]

尽管并不是海德里希发起了1938年11月的那场大屠杀，但这一事件仍然是他职业生涯的一个重要转折点，让他和他控制下的警察机关拥有了大得多的权力。[69]煽动11月9日夜大屠杀的戈培尔，希望此举能让他可以再次为犹太政策定下基调；但他的倡议起到了适得其反的作用。这场大屠杀对经济造成了数以百万计帝国马克的损失，引发了国际社会的严厉批评，得到了一大部分德国群众的负面评价。[70]像希姆莱和海德里希一样，戈林也是大屠杀的反对者，他于12月初公开向纳粹党领袖坦白道，他"对整件事情感到非常恼火"[71]。海德里希表示赞同，部分是出于由衷的感受，部分是出于策略原因。1938年12月，在对德国国防军军官的演讲中，他断言，这次大屠杀是自1934年的罗姆"暴动"之后"对国家和纳粹党最严重的一次打击"。[72]

1938年11月的大屠杀之后，又一波进一步的反犹法律出台了：犹太人被广泛排除在德国的经济生活之外，他们的公司被强制雅利安化，在大屠杀中由于受到损失而获得的保险赔偿金也被没收了。尤为具有讽刺意义的是，犹太人被迫为"水晶之夜"所造成的损失支付十亿帝国马克的"补偿费"。[73]

在11月12日的会议期间，戈培尔和海德里希就已主张采取进一步措施来将德国的犹太人从社会其他部分排除出去。新的歧视性法案将会禁止他们进入剧院、电影院、公共游泳池和"德国森林"*；在医院和火车车厢，犹太人和雅利安人将被隔离开来；私人拥有的车辆也要被没收。在接下来的几个月，这些提议中的大多数都得到了落实，要么是以国家法律的形式，要么是通过警察命令，或是由当地社区发出倡议。[74]尽管海

---

* 在纳粹意识形态中，"德国森林"和"血与土地"类似，是典型的日耳曼的象征。——译注

德里希反对设立“隔离区”，但他还是进一步提议，为“有助于识别犹太人”，他们应当在衣服上戴有一个特殊标识：一颗黄星。出于舆论的考虑和“预想”到针对犹太人的“过激行为会再次爆发”这两方面原因，希特勒驳回了他的提议。尽管海德里希对他没有成功获得希特勒的支持感到失望，但他还是会在第二次世界大战期间再次提议采用黄星。[75]

“水晶之夜”和之后愈发具有威胁性的阴谋，对德国的犹太人社区产生了深远的影响。由11月的大屠杀引发的恐慌和几个国家移民法规的放宽，说服了越来越多的犹太人离开帝国：仅1938年就有三万三千名至四万名犹太人逃离了纳粹德国，在1939年又有七万五千名至八万名德国犹太人离开这个国家。尽管他们在逃亡中往往经历了超乎寻常的困难，但日后事态的发展会证明，在他们仍然有机会的时候离开是正确的选择。[76]

捷克斯洛伐克之亡

1938年3月德奥合并之后，希特勒将注意力转向了苏台德地区。他开始发表越来越具有煽动性的演说，要求捷克斯洛伐克最大的少数民族，即大约三百一十万居住在这个国家西部、西北和西南边界地区的苏台德日耳曼人，应当回归他们的祖国。德奥合并的成功，让希特勒有把握进一步发展他的扩张主义政策。西欧强国对莱茵兰再军事化和吞并奥地利的反应并不怎么强烈，似乎没有什么理由不进行接管苏台德地区的计划。[77]

相应地，海德里希和他的下属开始狂热地为安全警察和保安局制订在未来占领区的行动计划。该计划预想，“在可能的情况下，保安局将紧跟在入侵部队的后面，并确保政治生活全方位安全，与在帝国执行的职责类似”。为了完成这项任务，他们立即针对德国移民和捷克的“国家公敌”，尤其是共产党员、社会民主党员、犹太人、政治神父、破坏者和奥托·施特拉塞尔的黑色战线成员，拟订了一份逮捕名单。黑色战线是在施特拉塞尔1930年被从纳粹党开除后形成的一个革命性、反资本主义分裂组织。[78]

至1938年夏末，德国和捷克斯洛伐克之间的战争似乎已一触即发，双方政府都开始了总动员。9月，海德里希批准成立两支别动队，又将它们进一步划分成十一支突击队，并派往德累斯顿和维也纳，通过逮捕那些被认为会产生政治威胁的人以“守护”新征服的领地。[79]

1938年9月，英国、法国和意大利同意苏台德地区与德国合并，作为回报，希特勒保证他将不会再有进一步的行动——此举让大部分捷克人和在爱德华·贝内什领导下的政府感到恐惧——就这样，战争被勉强避免了。在这件事情上，没有人征求过捷克斯洛伐克政府的意见，但它不得不向国际压力屈服，这让贝内什除了辞职抗议以外没有别的选择。[80]与此同时，海德里希告知别动队，他们接到的逮捕“不受欢迎人士”的命令只适用于苏台德地区，但将来还是可能在捷克斯洛伐克的其他区域实施。[81]

10月1日，在爱德华·达拉第、内维尔·张伯伦、贝尼托·墨索里尼和阿道夫·希特勒签订《慕尼黑协定》仅一天之后，德国国防军就越过边界，进入捷克斯洛伐克并吞并了苏台德地区，在那里欢呼雀跃的日耳曼族人群迎接了行进的部队。[82]两支党卫军别动队，总共八百六十三名成员，按照计划参与了此次行动。政治对手的名字被记录在一张“特别逮捕名单”当中，他们将立即遭到拘留。同时，考虑到之前在奥地利的经历，海德里希要求执行“最严格的纪律”，不容许“任何骚扰”、“虐待”或“不必要的杀戮”。他的警察部队要“强力出击、带有明确目标”，但是“要采取一种适当的方式”，这一点是很重要的。[83]

海德里希所要求的“适当”的具体含义，在接下来的几周内变得明确起来。盖世太保和苏台德日耳曼自由军团狂热的志愿者们逮捕了一万到两万名定义模糊的捷克裔和德国裔“帝国敌人”，并将若干捷克人驱逐出新立的德国边界。在遭遇逮捕的人中，有大约七千人被送往了位于帝国的集中营，特别值得注意的是，有两千五百名捷克人和德国流亡者被送往并监禁在达豪。大部分囚犯在以后的几个月获得了释放，然而，海德里希明确表示，不准许共产党员和纳粹国家的其他死敌获释。[84]

很多人清楚在德国统治下等待着他们的会是何种命运，于是在还有可能离开的时候逃出了苏台德地区。跟十六万名捷克人和成千上万的德国反法西斯人士一起，大约两万至三万名犹太人匆忙赶往捷克斯洛伐克其余的领土。这些犹太人占苏台德地区犹太社区中的绝大多数。[85]留下来的人所遭受的命运证明，其他人选择离开是明智的：1938年11月，“水晶之夜”大屠杀时的暴力扩散到了苏台德地区，那些留下来的犹太人遭受了殴打，他们的财产也被掠夺。截至1939年5月，苏台德地区犹太人的数量已减少至不足两千人。[86]

波希米亚西部和北部、摩拉维亚北部和西里西亚南部主要说德语的区域——现在被改名为苏台德帝国大区——被加入了大日耳曼帝国的版图。在西方同盟国大错特错地将《慕尼黑协定》解读成——借用张伯伦那著名的表述——一个为“我们的时代带来和平”的机会时，纳粹领导层却只不过把这纸协定当成了阻碍他们侵略捷克斯洛伐克其他部分的一个暂时性障碍。[87]占领捷克斯洛伐克其他地区，除了能在波希米亚北部为纳粹德国提供更多的战略基地，让德国得以进而袭击希特勒的下一个牺牲品——波兰，还可以给帝国输送重要经济资源。除此之外，捷克斯洛伐克军队储备的大量先进军备，可以帮助缓解德国军事用品的短缺。[88]

捷克与斯洛伐克的关系因金融资源而迅速恶化，这一局面为德国在《慕尼黑协定》中不得不做出的让步提供了补偿机会。1939年3月14日，斯洛伐克国会宣布该国独立。面对国家即刻就要解体的状况，捷克斯洛伐克总统埃米尔·哈查前往柏林与希特勒会面。哈查是一个保守的天主教徒、前最高法院法官，在爱德华·贝内什辞职以后成为总统。[89]哈查遭到了元首无情的欺凌，后者威胁要立即用德国轰炸机袭击布拉格。这位衰老、病恹恹的捷克总统只得同意在他的国家建立德国保护国。[90]

仅两小时以后，3月15日早晨六点，德国军队就跨过了捷克的国界线，并在九点之前就到达了布拉格——尽管天上下着大雪。士气低落、奉命不进行干涉的捷克军队还留在军营里。在入侵当晚，希特勒抵达了布拉格。当万字旗在城堡区升起的时候，海德里希也陪同希特勒在场。次日上午，里宾特洛甫通过布拉格的无线电宣读了由国家内政部次长威廉·斯图卡特博士起草的一份法令，宣布新占领的捷克领土从今往后更名为波希米亚和摩拉维亚保护国。[91]

得益于至此已是精心排练过、由党卫军策划的政治恐怖手段，新领袖很快就建立起他们的统治，并确保了国内的平静。这些恐怖手段再一次将目标确定为消除现存和潜在的敌人，并同时让其他人因害怕而服从。在哈查与希特勒的会议开始之前，海德里希再一次调动了两支别动队，队伍于3月13日就已经在德国和捷克边界集结完毕。在德国入侵之后，布拉格立即实行了宵禁。在美国大使馆目睹了当晚场景的外交官乔治·凯南评论道："通常熙熙攘攘的布拉格街道现在已经空无一人。明天，街道上肯定又会挤满人，只不过这些人并不是之前街上的那些人；我们都敏锐地察觉到，在这种情况下，宵禁其实宣告着漫长、悲惨一天的到来。"[92]

在凯南为民主捷克斯洛伐克之亡而哀叹的时候，海德里希的手下已经开始忙于在这块占领区收缴文件了。不久以后，依照一个被称为“抓捕行动”的计划，他们又开始逮捕成百上千的共产党员和德国移民。截至5月，他们已拘留了总共约六千名政敌，盖世太保将其中约一千五百人驱逐到了帝国境内的集中营。安全警察在波希米亚和摩拉维亚保护国的合法地位，要到9月1日才会依法建立起来。在此之前，海德里希的手下丝毫不受阻碍地施行了长达近六个月的暴政。[93]

直到1938年夏，海德里希都有充分理由对未来感到自信。他不只是在前些年建立了一个大获成功的镇压机关，在迫害纳粹德国犹太人的过程中起到了领导作用；而且德奥合并、吞并苏台德地区和占领波希米亚和摩拉维亚，还展现了他在帝国疆域之外克服新挑战的能力。接下来的几个月，在他的职责进一步增加的同时，他还会以更加坚定的决心来通过极端暴力、冷酷无情来履行这些职责。

坦能堡

在占领奥地利、苏台德地区以及波希米亚和摩拉维亚后，纳粹德国开始向伦敦发出更多和解信号。尽管说着和平的花言巧语，德国却在暗中加紧了备战的进程。从前属于德国的波罗的海小镇但泽——一个自1919年《巴黎和约》签订之后就一直由国际管理的自由市——从1919年以后就是德国和波兰争端的焦点，这两国之间的关系在20世纪30年代晚期进一步恶化了。如设想的那样，占领波希米亚和摩拉维亚加强了德国的军事实力，并为德国国防军按照计划进攻波兰提供了重要的军事基地。此外，根据《希特勒—斯大林协议》的秘密条款，东欧将分别被划分成德国和苏联的势力范围，在8月最后一周来临之前，该协议的签订为纳粹入侵波兰西部铺平了道路。尽管海德里希激进地反对共产主义，但他还是赞同该条约的签订，因为他错误地以为，现在英国只要与纳粹德国发生冲突，就不得不也对苏联宣战，而苏联将会占领波兰的东半区。[94]

海德里希的盖世太保和保安局，自1939年春起就在准备对波兰的战争。5月初，海德里希从希姆莱那里收到了希特勒的命令，告知他接下来在波兰的任务。安全警察要"消除"可能的抵抗中心，并毁灭那些被认为是波兰民族主义载体的社会阶级。保安局总部设立了一个专门的平台，来处理所有与"波兰的日耳曼化"相关的事宜，并建立了一套卡片索引，上面记录着那些一旦战争爆发就应被当成目标的人的名字。[95]这套卡片索引被用来汇编一张"特殊逮捕清单"，这张清单列有约六万一千个要遭到逮捕或立即杀害的波兰人的名字，其中包括了第一次世界大战以后在上西里西亚的纷争中以不管何种方式对抗过日耳曼裔波兰人的人、民族主义政治家、共产党员、共济会成员、犹太人和天主教领袖神职人员。海德里希坚持，每天都要向他本人汇报新的进展。[96]

这次行动的代号是"坦能堡"——奇怪的是，这个名字让人既想起15世纪时条顿骑士败在波兰和立陶宛军队的手下，又想起在1914年8月的坦能堡战役中德国战胜了俄国军队。这个代号并非是庆贺条顿骑士的战败，而是反映了对中世纪时期一种浪漫化的解读：纳粹受到被神化的过去的启发，看到自己**重新**征服在很多世纪以前德国骑士曾赢得并占领而后又失去的土地。只是，这一次，牵引他们的并不是基督教传教士的狂热，而是一个非常现代化的理念：忠实于种族"科学"[97]。

海德里希因上个月的操劳而感到精疲力竭，于是前往费马恩度假。记录那几天的私人影相展示了一个看似无忧无虑的海德里希，通过参加体育运动和侍弄园艺使自己得到放松。[98]当他正在波罗的海享受新鲜空气的时候，他在柏林的副手维尔纳·贝斯特，正从安全警察和保安局的编制中挑选各个突击队的领袖。[99]在海德里希去度假之前，他在柏林的家中召集了会议，目的是跟他最亲密的下属——维尔纳·贝斯特、海因里希·缪勒、海因茨·约斯特、瓦尔特·舍伦贝格和赫尔穆特·克诺亨——讨论有关即将对波兰发起的进攻的“最基本问题”。在会议中，大家一致决定派遣两千人，平均分成四支别动队。[100]

被指定领导特遣部队及其各个子单位突击队的，都是保安局和安全警察高级官员。这些人大多数都是受过良好教育、三十岁至三十五岁上下的中产阶级人士，在魏玛共和国时期转变成了极右翼分子。海德里希坚持要任命拥有“相关经验和完美军事素养”的人。[101]很多相对资深的指挥官，都在20世纪20年代早期参加过暴力的自由军团，比如说伊曼纽尔·舍费尔、洛塔尔·贝特尔、约瑟夫·梅辛格，以及海德里希在党卫军生涯早期于汉堡结识的朋友布鲁诺·斯特雷肯巴赫。他们中的很多人也可以借鉴在吞并奥地利和捷克斯洛伐克时积累的实际经验。海德里希无论如何都没有觉得派遣他们到一线是一种惩罚，相反，他把它当成了一次机会，以证明党卫军能够在战火中“实施打击”的价值。[102]

在海德里希度假期间，尽管集结党卫军别动队的事宜畅通无阻地进行，但别动队与德国国防军之间的工作关系尚不明朗。德国国防军的司令们，已被告知了要在1939年春即将来临的波兰征战当中派遣党卫军单位的计划。但是，在征服奥地利、波希米亚和摩拉维亚期间，党卫军暴力的升级引发了军队领导层的担忧：过于独立的党卫军会在占领区按照自己的想法行动。[103]

为了明确在接下来的征战期间军队和别动队之间的指挥关系，海德里希和贝斯特于8月29日与军方军需处的参谋长爱德华·瓦格纳会面。瓦格纳会后在日记中写道：“我们迅速达成了协议。两个人都是高深莫测的那种类型。海德里希尤其让人不悦。”[104]根据协议，安全警察的指挥官必须与所有当地军事指挥官、民政部门头目和库尔特·达吕格的秩序警察保持紧密的工作关系。每个别动队要提选一名联络官，负责确保和相关的军事、警察官员进行“无摩擦交流”。[105]

根据由维尔纳·贝斯特起草，海德里希于7月31日签署的《有关安全警察和保安局境外行动指导》，别动队受命“击垮”“波兰人的领袖社会阶级”，并“打击敌人领地上、战斗部队后方的一切单位，他们是帝国和德国人民的敌人”。[106]这些任务是为“消除”实际和可能存在的抵抗中心而做出的联合行动的一部分。文件对于“消除”究竟是什么意思和谁要被“消除”并没有做出清晰的解释，这就给前线的每一个指挥官在解读他们的简报时留下了相当大的空间——这是海德里希领导风格中的一个标志性元素，目的是鼓励他的下属显示出主动性。与此同时，保安局要在一线设立一个由德国少数族裔成员组成的情报网络，用来搜集和收缴有关波兰的犹太人、共济会成员和天主教神职人员的材料。[107]

在内容方面，这些指令包含的规章制度并没有提供什么新信息：有关别动队的任务及其与德国国防军之间关系的章节，与在侵略苏台德地区期间传达给别动队的指示大体相同。少数几个不同处之一是，这次的指令包含一个有关种族优生的章节，禁止成员与非日耳曼人出身的女子发生性关系，因为这是“对自己的血统犯罪”。指令还威胁道，“违反”此令的行为将会遭到“严厉惩罚”。与此同时，这套方针还包含了与别动队后来的行为形成鲜明对比的条文。比方说，有条文规定：“严禁虐待或杀戮被拘留者；如果是他人采取这样的行为，它应当受到制止。只有在遭遇抵抗时才可以使用武力。”[108]

尽管和侵略的现实相比，这些方针采用的措辞似乎并没有什么危害，但海德里希和德国国防军领导层都很清楚地意识到，即将发生的波兰战争在本质上是极端的。1939年8月22日，在贝格霍夫进行的一次与约五十名陆军高级指挥官的会议上，希特勒提到了“摧毁波兰”和“残酷手段”。[109]8月29日，海德里希和瓦格纳会面。后者告知陆军总参谋长弗朗茨·哈尔德将军，别动队将要逮捕三万名波兰人，并将他们遣送到集中营。[110]

8月中旬，在一次于柏林召开的会议上，别动队的领导成员收到了来自海德里希和贝斯特的进一步口头指示。这些指示以海德里希的标准衡量甚至都是“尤为极端”的，其中有一则指示是“对波兰领导层诸多圈子的清算令”，这则命令会波及“成千上万的人”。[111]根据当日在场的别动队领袖官员战后受审时的证词，海德里希在会议开场时向与会者告知了日耳曼族人士在波兰所遭受的暴行，并提醒道，他料想此次德国入侵会遭遇游击队顽强的抵抗。别动队的职责就是在德国军队占领区域“消除”这些威胁——尤其是那些由破坏者、游击队员、犹太人和波兰知识分子产生的威胁——并惩罚那些在前几周对波兰的日耳曼族人士实施犯罪的人。尽管海德里希选用的措辞很谨慎，但他仍坚持，在执行这项艰巨任务的时候，“任何手段都是被允许的”。[112]

海德里希的保安局也被分配了任务，他们要在准备发起进攻之前伪造边境遭到武装入侵的景象。这样，他们就可以以此谴责波兰方面，并证明发动战争的合理性。希特勒于8月22日在贝格霍夫就向他的将军们宣布过，他将为“发动战争提出一个体面的借口，不管这个借口是否合理”。海德里希本人策划了这次绝密行动，并于8月中旬亲自向希姆莱展示了他计划之中的边境区域。协调此次任务的职责，被分配给了得力的赫伯特·梅尔霍恩，那个在20世纪30年代中期曾就哈雷音乐学院的家庭纠纷事件给海德里希提供过建议的保安局律师。[113]

8月31日，阿尔弗雷德·瑙约克斯率领身着波兰制服的党卫军队伍进攻了格莱维茨的广播电台、位于德国与波兰边界的一处海关站和一座林间小屋，以造成波兰方面——用次日希特勒的话说——“进犯边界”的假象，且“该事件的性质已达到让一个大国无法容忍的程度”。这些人进而又通过格莱维茨的电台用德语和波兰语发表了宣言。他们还遗留下了数具集中营囚犯的尸体，这些犯人早已遇害并被塞进了波兰制服里。[114]

当晚，海德里希在柏林以寄给妻子私信的形式写下了他的证词，并于1939年9月1日凌晨两点署名。此时，距离德国开始入侵波兰还有不足三个小时。海德里希吩咐他的下属将信件保管在他办公室的保险箱里，只有在“我过世之后”才能把它交给妻子。

> 最亲爱的莉娜，我挚爱的孩子们！我希望这封信永远不要离开我的保险箱。然而，作为一名元首的士兵和一个好丈夫、好父亲，我必须要考虑到所有的可能性。我们伟大德国的元首阿道夫·希特勒——我还在热切地回想今晚早些时候他跟我握手——已经做出了一个伟大的决策：明天早晨四点四十五分，德国军队将开赴波兰；德国国防军将在上午十点会合。我并不觉得我会遇到什么意外。但如果命运另有打算，那么我所有的物质财产都将归你们所有……最亲爱的莉娜，我相信，尽管过去的几周对于我们两人来说都异常艰难（特别是你对我无缘无故的不信任已经深深地伤害了我），这段时间还是加深、强化了我们的关系。要教导我们的孩子坚信元首和德国；要忠于纳粹运动的理念。[确保]他们一丝不苟地遵守党卫军永恒的规则，要对自己严格要求，友善、慷慨地对待我们自己的人民和德国，对待帝国内外的一切敌人则要毫不留情……我最亲爱的莉娜，我并非没有过失。不论是在工作中

还是为人处世方面，不论是在思想上还是行动上，我都犯过错误，但我无尽地爱着你和我的孩子们。请心怀尊敬、深情地记住我们一起度过的日子。一旦时间抚平了伤痛，你一定要为我们的孩子寻找一个新父亲。但是，他必须得是一个真正的男人，是那种我向往成为的人。无限的爱，希特勒万岁，莱因哈德。[115]

海德里希这封专门写给妻子的、非常私人的信件，显示了他从1931年加入党卫军以来所取得的进步。他已成功地将自己重塑成了一个模范纳粹，并对他的新身份怀有坚定的信念。他提及了元首那个让他“印象深刻”的握手，就如何培养他的孩子们做出了精确说明，并坚持莉娜要重新和一个有着诚挚纳粹精神的“真正的男人”结合，这些都指向了一种罕见的目的明确性和意识形态承诺，这在大体上是党卫军所给予他的成型经历的结果。

对海德里希来说，第二次世界大战的爆发是一次空前的机遇。在第三帝国的头六年间，作为希姆莱的首席副官，他发展出了一个仍在继续扩张、与党卫军紧密相连的政治警察机构。现在，在这场战争的背景下，又出现了令人兴奋的新职责。不论是海德里希还是纳粹领导层中的其他任何人，对东欧的未来都没有什么设想，但从一开始起就很清楚的一点是，波兰——与在种族上一致的奥地利和经济命脉波希米亚和摩拉维亚保护国不同——会成为纳粹探索种族帝国主义和种族优生工程的某种实验室。希特勒、希姆莱和海德里希想要在占领区实现的那个乌托邦理想仍然是模糊、不明确的。但明确的是，这个实践不会受到1938年军事行动中施加在党卫军身上的那种“限制”。德国在9月1日清晨时分发动的对波兰的攻击，将会成为第三帝国消灭东部“劣等名族”战争的分水岭。[116]

第六章

大屠杀实验

入侵波兰

没有做好充分准备的波兰士兵受到了自三面而来的进攻。在西方盟国并未提供援助，同时又面临着军事力量雄厚的德国军队的情况下，他们陷入了绝境。但他们在防守方面进行了英勇抵抗，1939年9月9日于库特诺展开了反攻，让入侵的德方遭受了异常惨重的损失。尽管如此，德国国防军还是迅速向华沙挺进。9月17日，在苏联红军依照《希特勒—斯大林协议》中的秘密条款行进到波兰东部的那一天，波兰政府流亡到了罗马尼亚。当月末，华沙沦陷。最后一批波兰军队于10月6日投降。[1]

在正规军的后方，海德里希的五个——后来增至七个——党卫军别动队迅速越过边界，并深入波兰的平民百姓当中，每日都向海德里希本人汇报他们工作的“进展”。征服波兰——这个纳粹分子们普遍认为是种族低劣的国家——很大程度地拓展了什么是可行的、可允许的概念。党卫军在入侵头几日内制造的恐怖，远甚于海德里希1933年后在帝国境内和1938年后在奥地利、波希米亚和摩拉维亚境内开展的暴力、迫害和歧视活动。[2]

驻波兰的别动队将他们收到的简报，随意地理解成了消灭在德军后方的“国家公敌”，并以报复为目的，射杀任何对入侵者怀有丝毫敌意的“敌人”或“游击队员”。党卫军部队围捕了在政治上不受欢迎的波兰人，其中既有专业人士也有知识分子。海德里希坚持道，对广义上的波兰精英人士的全面打击应当迅速展开，并在11月初完成。依照这个指示，这些人不是被当场击毙，就是被关入了集中营。[3]

波兰对日耳曼族犯下的暴行为党卫军的报复行动提供了一个便利的借口。在战争开始后的第一周，作为对或真或假的日耳曼少数民族恶意破坏事件的回应，波兰士兵和平民抓捕了约一万至一万五千名日耳曼族人士，并强迫他们往东行进。约有四千五百名至六千名日耳曼族平民在这场运动的头几日遭到了他们的波兰邻居和士兵的攻击，进而遇害。其中，有一些人在被强迫行进的过程中遭虐待而死，另一些则被正规波兰军队大规模射杀。[4]

有谣言称，日耳曼族平民狙击手朝着正在撤退的波兰军队开枪，这也激化了本就紧张的氛围。与此同时，对活跃在快速行进的德国部队后方的游击队或“狙击手”的近乎神经质的恐惧，以及普遍的反波兰情绪在军队领导层中蔓延开来，这种气氛使得严厉的“治安行动”显得不但可以接受，而且受到欢迎。“与[波兰的]叛乱分子之间的艰难战役已经爆发”，陆军军需官爱德华·瓦格纳早在9月3日就如是说道，并强调“只能通过实施严酷的手段来瓦解”这种形式的抵抗。三日之后，瓦格纳和总参谋长弗朗茨·哈尔德要求增派特殊警察力量，以支援军队后方、打击游击队。[5]

总体上这种紧张和恐惧的气氛对党卫军领导层是有利的。9月3

日，德国侵略开始后两天，在比得哥什的波美拉尼亚市，一百多名当地的日耳曼族波兰人遭到谋杀和肢解。海德里希和希姆莱将此次大屠杀当成了强化他们活动的一个便利机会。在海德里希和希姆莱看来，比得哥什的日耳曼族公民所遭受的暴行，似乎不仅让别动队的暴力进攻显得正当，还导致他们必须扩大"反游击"行动，军方和党卫军在战前协议中就列出了这一点。在比得哥什发生的暴行，还使得别动队必须更大程度地独立于德国国防军的领导。据称，后者不能够或者说不愿意"安抚"位于新占波兰后方的这片地区。[6]

在"比得哥什血腥星期日"当天，希姆莱便授权再组建一支别动队。这支"特别目的行动组"由乌多·冯·沃尔施指挥——此人是下西里西亚的一名贵族，是个出了名的激进分子——目的是"保卫"上西里西亚的工业区。是日，希姆莱还发布了他那则臭名昭著的命令，要求以"一切手段"对"反抗活动"实行"极端镇压"，并号召将所有"叛乱分子"不经审判便"当场击毙"。一周以后，即9月10日，希姆莱命令别动四队在比得哥什逮捕五百名波兰人质，最好是知识分子和共产党员，这些人"若有一丝一毫试图发起暴动或反抗的迹象，便可在当场毫不留情地将他们射杀"。[7]

为了确保下属按照计划完成任务，希姆莱和海德里希在9月3日至13日期间走访了波兰西部，以视察、检阅别动队。维尔纳·贝斯特留了下来，在海德里希出差期间接管了他作为安全警察头目的职责。[8]二人的到场对别动队起到了显著的鼓舞作用。9月11日，海德里希在新占领的城市克拉科夫会见了两位别动队指挥官，布鲁诺·斯特雷肯巴赫和乌多·冯·沃尔施。海德里希再次强调要对叛乱分子采取最为严厉的措施，特别是要"诱导"犹太人逃越德国和苏联的边界线。沃尔施正是执行这项任务的合适人选，因为他在过去几天内领导了波兰战役当中最残酷的几次反犹大屠杀。他的别动队在上西里西亚东部展开了一场疯狂杀戮，导致了卡托维茨、本津和索斯诺维茨地区约五百名犹太人丧生。与海德里希在克拉科夫会面的直接结果是，沃尔施的别动队变本加厉地恐吓犹太人，以促使他们出逃。他们在迪努夫的一处犹太教堂将一群犹太人活活烧死，并在乡下的好几个地点展开了大规模枪杀。[9]

尽管希特勒曾经跟他最为资深的将军瓦尔特·冯·布劳希奇和威廉·凯特尔表露过，他的计划是对波兰的学术、社会和政治精英进行"肉体消灭"，前线的军队指挥官却并没有接到希特勒要求射杀和驱逐这些人的明确指令。在波兰战役的头几周，希姆莱和海德里希有意识地对军方领导层隐瞒了他们从希特勒那里接到的"极其激进的"命令，这样一来，他们便向元首表明了自己的忠心。尽管军方"错误地"指责他们犯下了"随意的""残忍的"暴行——海德里希在给秩序警察头目库尔特·达吕格的信中这样解释道——为了保护希特勒，使他免于受到任何谴责他授权施暴的指控，他们还是愿意为这些行为负全部责任。[10]

相当一部分军方领导对在他们看来是严重缺乏军纪的行为感到担忧，他们不赞成党卫军滥用暴力，其中一些甚至想要将像乌多·冯·沃尔施这样的人送上军事法庭。尽管如此，人们对海德里希残酷的"治安行动"的第一反应并不全都是消极的：很多一线的年轻陆军指挥官都积极地支持党卫军的肃清行动。比如，在比得哥什的日耳曼族人士遭到大屠杀后的几天，军队将五百名囚犯交由党卫军处决；他们在清查这座城市的一片社区时又抓获了九百名囚犯，其中一百二十人在附近的树林和空地被立即枪决。除此之外，在当地学校的一名学生朝一名德国官员开火后，该校的五十名学生都遭到了处决；军方自己则射杀了另外五十个平民人质，其中大多数是牧师、教师和公务员。总的来看，据估计，在9月5日至12日期间，有至少一千三百名波兰平民在比得哥什被别动四队的成员杀害，在更广阔的区域内则有多达五千人丧生。[11]

德国人的暴行并非仅局限于比得哥什，也并非只由别动队实施。普通的陆军部队、宪兵和日耳曼族民兵也都参与了施暴。仅在9月就发生了超过一万两千次行刑，在10月又有四千二百起。与此同时，别动队实施了一万多起逮捕，以完成他们“消除”人口中潜在反德因素的任务。在1939年9月至12月期间，共有超过四万名波兰人成了大屠杀的遇难者。[12]

在完成这些骇人的任务时，别动队还得到了所谓日耳曼民族自卫队的积极支持。该组织于9月初形成，由日耳曼族波兰人组成。这些日耳曼族人士在波兰人的统治下生活了近二十年，他们中有很多人在战争爆发的前后数周都遭受过暴行。那些加入了自卫队的人突然就被给予了权力，被这个算清旧账的机会冲昏了头脑，于是他们开启了一场暴力狂欢，杀戮了成千上万波兰平民，尤其是在西普鲁士这个民族积怨已久、种族仇恨在战前数月就已被纳粹活动激化的地方。在希姆莱的私人副官鲁道夫·冯·阿尔文斯莱本的领导下，西普鲁士的自卫队很快就因在10月5日前杀掉四千余名波兰人而变得臭名昭著。[13]

海德里希一直不赞成**不系统**的恐怖手段。他认为自卫队的一些暴行简直“不可思议”，这倒不是因为他觉得日耳曼族人士的愤怒是“可以理解的”，而是因为他害怕这些人“不受控制”，从而会被敌方的政治宣传所利用。更具体地说，他是反对随着自卫队行动一起发生的广泛的偷窃和掠夺现象。与他对正派或不正派行为的扭曲理解相符，海德里希纵容甚至是要求对“可疑的”犹太人和波兰人进行谋杀，但他憎恶那些财产犯罪，包括在犹太人开的商店实施掠夺。他经常对有嫌疑犯下此类罪行的党卫军成员展开内部调查。[14]

我们有必要就海德里希对偷窃行为的态度做进一步解释。在他看来，偷窃——与杀死政敌不同——是一种源于卑劣动机的犯罪。另外，因为遭到驱逐的犹太人的财产是会充公的，那份财产现在已不再属于那些犹太人，而是属于德国人民。换句话说，他的手下是在从自己的人民那里偷东西，这种行为在任何情况下都是无法被容忍的。[15]

因此，在视察波兰西南部时，海德里希一直在督促更系统而非随意的清算行动，这导致了那些之前被认为对平定波兰尤为危险的“敌方团体”遭到了有针对性而又全面的清算。与此同时，他感到，保守的军方领导层在妨碍这项任务。9月8日，在与威廉·卡纳里斯——军事情报的头目，海德里希从前在海军的上级，他在柏林时的邻居和偶尔一同骑马的伙伴——谈话时，他痛斥了军队对于党卫军在后方实施急需的“安全措施”缺乏理解。他也对德国军事法庭明显不愿将波兰游击队员处死的态度表达了不满。他愤怒地抱怨道，当前，军事法庭每日行刑二百次，这绝对是不够的。若是他有办法，他就会彻底舍弃对嫌犯进行军事法庭审判这种耗费时间的做法。他总结道，帝国之敌应当“不经审判就被立即枪决或是绞死。我们可以对普通人施以慈悲，但是贵族、天主教神职人员和犹太人必须被杀掉”。一旦攻陷华沙，就必须得就“我们应当怎样排除所有这些成分”的问题跟军方达成新的协议。[16]

卡纳里斯感到震惊，他将海德里希的言论汇报给了卡尔—海因里希·冯·施特尔普纳格尔中将，后者又将这则消息转达给了哈尔德将军。哈尔德已经得知了海德里希的别动队所犯下的暴行，他在9月9日告诉总参谋部的赫尔穆特·格罗斯库尔特中校，“后方对波兰人的屠杀正在迅速加剧，情况发展之快也许将让军方不得不对这些行为采取措施了”。哈尔德承认，“摧毁、清除波兰人民”正是希特勒和戈林的意图。格罗斯库尔特在自己的日记中写道，哈尔德告诉他的其余情况是如此可怕，他甚至都“不能够记录下来”。[17]

9月12日，卡纳里斯向德国陆军最高指挥部总长威廉·凯特尔将军提及了海德里希的大规模处决计划，他强调道，“贵族和神职人员将被清除”，并警告他，由于军队允许这些暴行发生，“世界将会让德国国防军承担责任”。凯特尔答复道，这件事情“已经由元首决定”。希特勒曾明确向他表示，他要摧毁波兰的学术和政治精英，并且已经下令要把在新征服的波兰领土上实施枪决作为“政治清洗”的一部分。如果军方不愿和“种族灭绝”产生任何干系，那么他们便要接受党卫军和民兵独立实施清算。[18]

希特勒对党卫军政策的默许并不令人惊讶。甚至是在德国入侵以前，即8月22日，他就对德方的将军们宣布，对波兰的军事行动要采取“残酷的方式”和“最强硬的态度”。这一立场又被接下来在波兰发生的对日耳曼族人士的袭击进一步激化了。[19]在比得哥什大屠杀之后不久，9月11日，军队最高指挥部正式通知第四军的指挥官阿道夫·施特劳斯将军，希特勒已授权希姆莱在比得哥什逮捕五百名人质，并且在这座城市被“平定”之前就要对人质进行草率处决。军方接到明确命令，不得妨碍别动队执行他们的任务。在接到这个命令后，相比大屠杀本身，施特劳斯更加担心的是，军队明显要失去对别动队的执行权。他向军队最高指挥部抱怨道，该命令会导致“职责彻底颠倒”[20]。

德国国防军和党卫军之间在被占波兰有关管控权的争端暗潮汹涌。待海德里希结束其视察驻地别动队的旅程返回柏林时，矛盾看似就要升级了。9月18日，布劳希奇提醒一线的军方指挥官，国防军拥有在占领区的唯一执行权，任何党机构下达的命令如若影响军事法庭的司法独立都将被忽略。这是一次对党卫军的野心不加掩饰的打击。就在当天，希姆莱向行动区的安全警察指挥官们重申了他早前的命令，要求“波兰叛乱群体的所有成员都要被射杀”。在波兰的军方指挥官再一次没有得到有关这则命令的消息。[21]

鉴于党卫军和军方领导层之间的紧张关系不断加剧，海德里希和瓦格纳于9月19日再次会面，并就德国国防军和别动队之间迅速恶化的关系进行了“一次至关重要、必要和公开的”谈话。瓦格纳坚持，军方要了解别动队的确切任务。作为回应，海德里希证实了希特勒分派给他的任务是“根本清除”波兰的犹太人、神职人员和贵族。瓦格纳并没有对这样的肃清计划提出异议，但他不想让军队与此类计划产生任何关联。特别地，他和海德里希达成了一致，应当仅在对波兰的军政管理结束后才可以展开“清扫”行动。[22]

尽管这则协议的条款必然会导致海德里希认为紧迫的治安行动被延期，但他还是对此次会面的结果感到满意。当日下午，他告诉他的高级职员，已经取得了“一个极为有利的结果”。即使在形式上别动队还是会继续服从于军队指挥官，但他们还将直接听从海德里希的命令。[23]

次日，希特勒批准了海德里希和瓦格纳达成的协议。在与海德里希、希姆莱和布劳希奇的一次会议上，元首向不安的布劳希奇再次保证，只有在执行权由军队转移给人民政府之后，大规模种族清洗行动才会开始。为了适应这种新的现实，布劳希奇在9月21日通知他的军队指挥官，别动队已奉元首之命，要“在占领区执行某些种族任务”。他故意没有细述这些任务的实质，但强调任务的执行在军方指挥官的“职责范围之外”。与安全警察的密切商谈将持续进行，以确保治安活动不会影响军队的行动。[24]

布劳希奇对事态的发展感到很不满意，这个态度在他次日与海德里希的下一次会面中变得明显起来。布劳希奇再一次强调，军队应当知晓所有下达给别动队的命令，并且他明确表示，他希望希姆莱那则不经审判就射杀“叛乱分子”的命令被撤销。海德里希同意收回这则命令，并同意持续向军方领导层提供有关别动队活动的信息。同时，他再一次对军事法庭明显缓慢的进程表示了不满。布劳希奇却不愿承认这一点。他说，为了加快庭审的速度，他已经批准建立更多的军事法庭。他并没有对将来的种族清洗政策和枪杀提出保留意见。只要这些政策的落实延迟到波兰的军政管理结束以后，就能避免军队在海外的名声受损，或是在波兰享有的执行权地位遭到党卫军削弱。[25]

布劳希奇离开后，瓦格纳成功地获得了海德里希的保证，臭名昭著的、沃尔施麾下的别动队将撤出波兰。海德里希对此相当不满意，而瓦格纳则十分高兴。在给妻子的信中，他写道，他对“无形的力量”造成了“重击”。[26]

布劳希奇和瓦格纳成功地逼迫海德里希做出了让步，但如果陆军最高指挥部相信海德里希准备按照他们的规则行事，他们就想错了。尽管在9月他正式提醒别动队的指挥官，波兰的军事行动不得受到打扰，并且命令只有“在紧急情况下”才能对叛乱分子实施射杀，海德里希同时也命令他的手下系统地给军事法庭“施压”，“使它不再能够正常运转”。他进一步要求保留所有军队法庭的量刑记录，这样他就能了解哪些判决是无须执行死刑的。想必，他留着这些记录是想将其作为指责军事法庭低效的证据，同时也为接下来的几轮杀戮提供参考。[27]

布劳希奇从未将希特勒在波兰发起种族战争这一决策的细节透露给他在一线的军队指挥官，因此，军官群体中有很多人都反对别动队随意施暴，也不接受党卫军向他们在新占领区享有唯一执行权的地位发起挑战（在他们看来）。陆军在波兰的总司令约翰内斯·布拉斯科维茨上将谴责这些行为是“犯罪般的暴行、虐待和掠夺”，是党卫军“禽兽和病态本能”的表现。这一评论使得军方对党卫军所采取方式的担忧转变成了毫无疑问的、公开的批评。[28]

1939年11月27日，当布拉斯科维茨的报告被传递到元首府后，希特勒愤怒地表达了他对德国国防军“婆婆妈妈、多愁善感”的懊恼。作为对布拉斯科维茨的回应，他赦免了那些在入侵期间对波兰平民百姓实施暴行的人，并结束了军事法庭对党卫军的管辖权。如果说国防军的意见起到了什么作用的话，那就是更加坚定了希特勒的决心，正在成形的德国在波兰的民政局应该充当纳粹种族政策的工具，而不是障碍。[29]

建立新的种族秩序

早在1939年9月的军事行动开始之前，海德里希就清楚地意识到，波兰会跟前两个纳粹扩张区域，即奥地利和捷克斯洛伐克，受到不同的待遇。整个夏季期间，希特勒曾多次断言，对波兰的战争将会引起一场“严酷的种族斗争”。在对眼前这场冲突本质的理解上，很多德国国防军指挥官还在自我欺骗，但海德里希立即就明白了希特勒这番号召的含义和蕴藏的机会。他眼前的这项任务要求他冷酷无情地打击德国的敌人，并且制定出具体的政策方针以落实希特勒模糊的意识形态宣言。海德里希也比一些国防军高级官员更清楚，那些能够落实最符合希特勒心意的政策的人将会得到奖赏，并被赋予更大的权力来巩固这些政策。

关系到大部分波兰人将来命运如何的计划仍未明朗。9月7日，海德里希在一次于柏林举行的党卫军高级官员的会议上解释道，纳粹领导层中的普遍共识是，让独立的波兰解体，并且要通过大规模逮捕和射杀“消除”反德因素。除此以外，希特勒并没有做出什么关于具体政策的决定。在这个时候，唯一确定的是，未受到正在进行的肃清行动直接影响的“原住民”将“不会得到什么特殊教育”，而且将“以某种方式受到抑制”。[30]

9月20日，沉浸在即将战胜波兰的喜悦中的希特勒，批准了党卫军有关波兰未来的提案。海德里希在次日于柏林，并在9月29日又一次通知他的高级职员和别动队的指挥官，波兰将在实质上从地图上消失的决定已经做出。现由纳粹控制的波兰领土将会被分成三个种族均质区：德国人区、波兰人区和一片小规模犹太人“保留地”。从前德国的几个边界地区——西普鲁士、波兹南（或称波森）周围的瓦尔特高和上西里西亚延伸省——将驱逐所有波兰人、犹太人和吉卜赛人，并将一些东欧领土（为履行1939年《希特勒—斯大林协议》中的秘密条款，这些领土最近转由苏联控制）的日耳曼族人口重新安置于此，从而将这些地区变成纯德国人区。这项任务本身就是浩大的：在这些将要被纳入帝国版图的地区，有八百九十万波兰人和六十万三千犹太人居住，日耳曼族居民只有六十万。一堵“东墙”——一圈经过加固的德国移民定居点——将环绕在这些新的德国省份周围，使得它们不受“说外语”的波兰人和犹太人区域干扰。犹太人区域会设立在现纳粹控制区的最遥远、最东边的地方。[31]

海德里希有充分理由将希特勒的第四次分裂波兰这一决定，视为党卫军变本加厉地在波兰推行种族“拆分”政策的通行证。因此，他的机关便开始为大规模将波兰人从被吞并的领土驱逐出去做准备。一旦军政管理转为民政管理，就会实施驱逐。[32]作为“解决波兰问题”的初步措施，别动队将会起草更多要被送至集中营的重要领导人名单，并列出要被驱逐到波兰“残存地区”的诸多专业人士和中产阶级团体的清单。这片地区很快就会被称作总督府辖区。其余的“原住波兰人”将会被逐步从西普鲁士驱逐到克拉科夫地区的“外语区”，而“青年波兰分子”则将被用作季节性民工。[33]

10月6日，在胜利造访新占华沙后的第二天，希特勒公开指出，由波兰瓦解而产生的“最重要任务”是在欧洲中东部进行“种族重新洗牌”，这些决策是他在国会发表演说时宣布的。[34]演讲之后的第二天，他正式将组织种族洗牌的庞大任务分配给了希姆莱，任命他为强化日耳曼性帝国专员。如此，党卫军便在波兰境内拥有了第二个权力的基点——第一个是治安。希特勒给希姆莱布置了两个相互关联的任务：一是监视波兰人和犹太人，以便“消除”他们的“恶劣影响”，并通过将数十万波兰人和犹太人从他们波兰西部的家园驱逐出去，为落实第二项任务创造前提条件：这项任务就是，让数十万分散在欧洲中东部、波罗的海国家以及俄罗斯的日耳曼族人口“回归”到新吞并的波兰西部境内。[35]

让党卫军领袖负责对占领区进行种族拆分的这一决定，既出人意料，又引起了重大反响。出于对意识形态的考虑，希姆莱和海德里希一直都对所谓的“种族德国”感兴趣，即通常因为第一次世界大战以后版图被重新划定而居住在帝国疆界以外的日耳曼族人群。但是，直到1939年，党卫军都没有任何安置工作的实际经验。像海德里希和希姆莱于1933年至1934年间在没有任何警务方面经验的情况下就控制了德国各州政治警察一样，这两个人必须要随机应变。希姆莱凭借意识形态上的可靠性才获取了帝国专员的位置，这种可靠性似乎能确保希特勒的想法得到快速实现。

重新安置现由苏联占领的波罗的海国家的日耳曼族人口的这个需求，与希特勒在1939年秋天做出的深远决定——吞并现由德国占领的波兰西部领土，将其永久转变为德国人的居住地——是共进退的。但泽—西普鲁士和瓦尔特高这两个新建立的国家大区，将会在种族上彻底清除波兰人和犹太人。在来自苏联和欧洲东南部的日耳曼族定居者取代他们之前，这些人将被驱逐到波兰中部，即所谓的总督府辖区。这则命令不外乎要求革命性地将欧洲中部和东部的种族拆分并重建秩序，它将对数十万人产生影响。

同样，对海德里希来说，开展暴力种族工程的这一新任务，也显著拓宽了他的职责范围。为实现让数十万人口重新定居的目标，就有必要成立一个规模不小的新机构，由海德里希掌控。奉希姆莱之命，外来移民中央办公室（EWZ）于12月中旬成立，并在波兹南、罗兹和格丁尼亚设立了办公点。在种族与安置办公室的种族专家的协助下，这个机构将对日耳曼族人士进行种族测试，并决定将他们重新安置在何处。与EWZ相对应的移民中央办公室（UWZ）——该机构也设在波兹南，且在其他波兰城市也有下属办公室——则负责对波兰人和犹太人进行种族筛选，并将他们从被吞并的地区驱逐出去。主要的恐怖和再安置工具——安全警察、别动队、UWZ和EWZ——现在都集中在了党卫军领导层的手里。[36]

尽管眼前这项任务的规模可能是空前的，希姆莱和海德里希所采用的政策却并非史无前例。19世纪70年代的“东方危机”期间，在欧洲东南部就已经发生过几波大规模、或多或少有组织的种族和宗教“拆分”、驱逐和谋杀。那时，高加索地区和巴尔干半岛爆发了反奥斯曼的大规模暴力行动。在第一次世界大战刚结束时的一段时期，数十万奥斯曼帝国的穆斯林、信奉基督教的亚美尼亚人和信奉东正教的希腊人遭到了驱逐和谋杀。通过压迫、驱逐和经常性地杀害少数民族“可疑分子”，从而创造种族上相同的民族国家，这个纯现代的主意绝不是纳粹构想出来的。相反，它遵循的是社会达尔文主义和社会学实证主义思想，即人类社会可以通过科学量化、种族分类和在必要情况下的暴力拆分从而变得更加完善。类似的逻辑曾经指导过土耳其人对亚美尼亚人实施大屠杀，也指导了布尔什维克主义如何对待阶级敌人。和这些先例的主要不同之处在于，纳粹的社会和种族工程项目并非基于相对固定的宗教类别或阶级，而是建立在种族这个捉摸不定的概念上，这就给不同的理解方式留有了充分空间。总的来说，海德里希和党卫军领导层坚持在进行种族隔离时要严格地执行公认的客观标准，而被占欧洲地区的一部分民政部门则态度松懈。比如说，但泽—西普鲁士的大区长官阿尔贝特·福斯特，就用自己颇为独特的方式来解读希特勒的日耳曼化要求而无视党卫军的人口政策。他并没有卖力地用种族标准来衡量但泽—西普鲁士的波兰人口，而只是单纯地相信那些声称自己的祖籍在德国的波兰人，并就此宣称他们是帝国的公民。这样一来，他就得以飞速地将自己的领地日耳曼化，并且只花费了最小的力气，但这却成了和党卫军，尤其是海德里希之间持续矛盾的源头。海德里希认为，福斯特采取的手段严重威胁了日耳曼民族的种族健康。[37]

海德里希担心，即将在10月25日取代军政当局的民事政府可能会限制他采取行动的自由，便在10月14日重申了之前的命令，应当在接下来的两周之内完成在波兰西部“瓦解波兰领导层”的任务。[38]依照这些指令，别动队在西普鲁士再次针对波兰的教师、学者、前官员、民族主义组织成员以及所谓的“国会波兰人”，即1919年以后由东边搬到西普鲁士的波兰人，进行了第二波逮捕和大规模射杀。我们并不清楚第二轮西普鲁士谋杀和驱逐的受害者人数，但身在一线的党卫军成员认为，那个秋天“大约有两万名”波兰人被“毁灭”。截至1940年2月，另有八万七千人被从但泽—西普鲁士驱逐。[39]

在东南普鲁士的恐怖手段和种族清洗要开始得迟一些，在海德里希信任的下属奥托·拉施于11月到达柯尼斯堡以后才明显起步。拉施生于1891年，在第一次世界大战之前曾学习过法律、哲学和政治学。他在暴力迫害“帝国的敌人”方面有着广泛的经验。第一次世界大战之后，他志愿加入了20世纪20年代早期对抗波兰反叛分子的自由军团运动。因为取得了两个博士学位，他被人称为拉施博士。他在20世纪30年代早期加入了党卫军和保安局，多亏了海德里希的保护，他升职的速度很快。没多久，他就成了法兰克福盖世太保的头目。海德里希赏识他在一线实干的"才能"，坚持让他作为乌多·冯·沃尔施的副手，参与在奥地利、捷克斯洛伐克和波兰的保安局行动。在1939年秋到达柯尼斯堡后，拉施立即建议处决一大批波兰囚犯，其中多数要从知识分子当中选取。海德里希欣然同意，但强调进行此次肃清时应当保持"低调"。为了执行这个命令，拉施把处决这些囚犯的地点选在了前东普鲁士—波兰边界沿线的隐蔽树林内，以及位于贾乌多沃镇，现已被弃用的前波兰军营中。[40]

系统的谋杀并不仅仅局限于被吞并的领土。1939年秋在西普鲁士和瓦尔特高开始的，在冬天蔓延遍布东南普鲁士的行动，在1940年春到达了总督府辖区。波兰人依据受教育程度、是否是民族主义者和他们的社会地位遭到定向肃清。这显示了纳粹有能力和决心谋杀成千上万人。和这一目标相辅相成的是"重新安置"数十万，最终甚至是数百万人。将"不受欢迎的成分"驱赶至东边，让"宝贵的日耳曼群体"恢复原位，这样便能为新的日耳曼人"生存空间"打下基础。

尽管波兰人是东欧首批谋杀和驱逐的主要受害者，但战争的爆发也严重影响了现在生活在纳粹统治之下的犹太人的命运。正如希特勒于10月6日在国会的胜利演说中指出的那样，齐心协力、一劳永逸地"解决和管制犹太人问题"，是波兰种族重新排序项目的一部分。[41]

但要怎么实现这个目标呢？海德里希痛苦地意识到，由于最近德国取得的胜利，"犹太人问题"的规模已经扩大了数倍。德国入侵伊始，波兰拥有近三百五十万犹太人，是当时所有欧洲国家当中犹太居民人数最多的。他们当中有超过四分之三居住在波兰的城镇，仅在华沙就有三十五万人。总的来说，1939年9月有逾二百万名犹太人居住在德国控制下的波兰领土，其中三十万在德国入侵期间向东边逃离。但区别不仅仅体现在数量方面。德国军队遇到的正统波兰犹太人，穿戴传统服饰、过着传统方式的生活，这似乎符合反犹主义的意象。与已被大体同化的德国犹太人不一样的是，正统波兰犹太人很容易识别，他们说不同的语言，并且没有德国朋友或亲属的庇护。另外，德国现在处于战争时期，自1933年以来极端纳粹所要受到的“限制”不再适用。自从德国入侵开始以来，波兰正统犹太人就时常被挑拣出来，公开受到凌辱和暴力袭击。战争的前六周之内就有一万六千名波兰平民遭到杀害，其中有五千名犹太人。在党卫军和普通德国军队穿过波兰城镇和村落的时候，他们专门将犹太人的商店和住宅作为打击目标。[42]

尽管他们自1938年以来就一直努力加紧犹太人从德国移民出境的进程，但无论是海德里希还是纳粹领导层中的其他任何人，在进入战争以前都没有想清楚他们到底要怎么处置波兰的犹太人。直至1939年9月，海德里希的强制移民政策已经使得帝国的犹太人口下降了一半以上——从五十万出头减至二十一万五千人。尽管1938年和1939年的胜利将新的犹太社区归为纳粹统治——奥地利的十八万、波希米亚和摩拉维亚的八万五千名犹太人——同样的政策对这些人也奏效了。在1939年9月战争爆发以前，有大约一半奥地利和捷克犹太人已经在艾希曼的运作之下逃离或是被迫移民出境。波兰完全改变了这一形势。海德里希发现，现在，自己在名义上要对另外一百七十万波兰犹太人负责。这个社区的大小是1939年旧帝国犹太社区规模的近十倍。[43]

海德里希在没有任何准备措施的情况下就遭遇了这个问题，他想要尽可能快地将事情解决。早在9月7日，他就向他在柏林盖世太保总部的下属暗示道，党卫军在波兰的犹太人政策将会是以下两种措施的结合：把犹太人强迫驱逐出境至苏联占领区，和把犹太人重新安置在一个特别设立的区域内，这个区域很可能是加利西亚。其他居于德国的“波兰犹太人”，包括那些拥有德国国籍的，也将被尽快驱逐至东边。在这次会议之后，安全警察立即就接到命令实施这个政策，要抓捕所有仍居住在德国的波兰犹太男性，并将他们的财产充公。这些命令中写道：“在可能的范围内，遭到拘留的这些先前拥有波兰国籍的犹太人，将在某个时候被赶到波兰未被占领的区域。”[44]

更加具体和长远的计划在接下来的两周内逐步呈现。9月14日，在一次与高级职员的会议上，海德里希告诉大家，希特勒目前正在考虑党卫军提交的有关“波兰的犹太人问题”的提案。[45]海德里希的为所有处于德国统治下的犹太人在波兰建立一个保留地的计划，是这些提案的核心。两天以后，海德里希和戈林进一步探讨了他的这个想法。[46]9月20日，在一次与希姆莱、海德里希、但泽的大区长官阿尔贝特·福斯特的会议中，希特勒批准了这些提案。[47]次日，海德里希便告知他的高级官员，元首已经就此问题做出了决策。波兰犹太人将会被集中到城区的隔离区，以便将来将他们驱逐到一个尚未确定的地点；其中有一部分数目不详的人将会立即越过新的德苏边界，被驱逐至由苏联占领的波兰东部。一旦实现这些近期目标，就可以开始将德国的犹太人和吉卜赛人驱逐到波兰，海德里希相信可以在一年之内结束这个过程。[48]

海德里希与别动队领导人于9月21日的会面，标志着纳粹在波兰实施更加系统的反犹政策的开端。这些政策和战争开始前几周的随意杀戮是有区别的。海德里希的将犹太人集中到较大城市的隔离区，以便进一步驱逐他们的想法，将会成为纳粹反犹政策的一个至关重要的组成部分。然而，他从来都没有仔细思考过要怎么在他设想的城市隔离区中组织犹太人的生活。他记录道：“出于治安原因，将犹太人集中在城市的后果可能是，要下令彻底禁止犹太人进入城市的某些区域，并且从经济必需性的角度出发，比方说，他们不能够离开隔离区，也不能在规定时间以外出门，等等。”但上述这些都仅是建议，并不是明确的命令。他承认：“很明显，我不能在这里详细叙述手头的这些任务。”这番话不但适用于隔离区措施，而且对未来很多纳粹反犹政策所采取的措施也是成立的。[49]

海德里希对这个政策的实施细节缺乏兴趣，其中一部分原因是，建立隔离区从来都没有被当成一个永久的解决方案。它仅仅是一个前提条件，以辅助将来把犹太人驱逐到一个位于德国势力范围内最为边远的、尚未确定的领土。同时，海德里希也不怎么在乎那些要被驱逐的人，他并不想操心隔离区措施的“琐碎细节”。他更情愿考虑大局，而将政策的实施交给他积极的下属或当地政府。

同日，为了记录党卫军积极实现希特勒反犹理想的情况，海德里希给所有别动队指挥官，以及包括戈林的四年计划办公室、内政部和陆军最高统帅部在内的几个第三帝国中央机构和被占波兰的民政部门的指定头目邮寄了一封快递信件。在信中，他详谈了此次会议中最重要的决策。海德里希清楚地将“短期措施”，尤其是集中波兰犹太人，与“长期目标”区分开来，后者指的是驱逐、排除该区域内的所有犹太人。短期措施的意思是，安全警察会让犹太人在主要铁路沿线“尽可能少数目的城镇”组成隔离区，以便在日后驱逐他们。每个社区将暂且成立由该社区的二十四名成员组成的“犹太长老会”，他们要对执行德国人的命令负担“全部责任”。所有措施都将在军方和当地德国权威机构的密切配合下进行。“最终目标”要受到“严格保密”。[50]

尽管海德里希的信并没有具体说出这个“最终目标”可能是什么，但他清楚地向他亲密的下属表明，他打算将所有的犹太人从大日耳曼帝国驱逐到一个犹太人保留地，并最终把他们赶到波兰东部。[51]但泽—西普鲁士、波兹南和上西里西亚东部将会尽快“清除犹太人”，而在被占波兰尚不须用作德国人安置区的其余地方，采取“较粗糙的”手段就足够了。克拉科夫以东的地区将不用执行这些命令，当时，海德里希认为这片区域将来会是犹太人的保留地。[52]

在1939年9月匆忙起草的这则命令，显示了海德里希对犹太人问题的思考既是连贯的，又有了新的思路。一方面，让犹太人从德国移民出境，将他们逐出新占领土仍是总体政策方针，而非系统的大规模屠杀。另一方面，在战争的影响下，如果谋杀个别波兰犹太人能够起到威慑和恐吓其他人，促使他们逃越德苏边界线的作用，海德里希也越来越可以容忍，甚至是鼓励这样的行为。但零散驱逐的方法已不再适用于对付海德里希所面临的庞大数量的波兰犹太人，这一点很快就变得明朗起来。至1939年9月，党卫军反犹政策的“最终目标”意味着，将建立隔离区和将犹太人驱逐至将来“由德国管理的犹太人国家”的手段相结合。[53]

该计划的落实在很大程度上取决于在海德里希控制范围以外的因素——从外交政策因素到希特勒给予波兰新民政机构的广泛且受到严防死守的权力。因此，在接下来的几个月，党卫军的计划遭遇了数不清的挫折，而且为了适应新的现实而接受了频繁的调整。比方说，如果海德里希在9月22日时仍然将克拉科夫以东地区设想为未来的犹太人保留地，他就不得不在德、苏两国就未来边境进行谈判以后对他的计划进行修改。9月25日，斯大林提出把对卢布林市周边地区（在当时，该地区位于德苏边界线以东）的控制权转移给德国；作为交换，苏联要控制立陶宛。这样，就有可能在德国与苏联的新边界上建立一个犹太人保留区。此外，双方同意，居于苏联势力范围的日耳曼族人将被送回德国领土。[54]

9月29日，在《德苏边界和友好条约》得到正式承认后仅过一天，海德里希就对他在柏林最亲密的下属解释道，他们已经放弃在加利西亚建立一个犹太人区的计划，转而生成一个新的想法：在卢布林地区建立一个帝国隔离区。这个帝国隔离区将会成为"不受欢迎的"波兰人和"所有政治和犹太元素"的新家。[55]海德里希这个修订后的计划实现了希特勒意志的即时转化，元首在当天就向纳粹党外交政策办公室的头目阿尔弗雷德·罗森贝格说明道，新征服的领土应当被分成三个区域：犹太人要跟别的"不可靠元素"一起被安置在新的德苏边界线上的维斯瓦河和布格河之间，在维斯瓦河上修建一堵"东墙"，以"保护"更西边的地区。在波兰西部，沿着原德波边界，他想要设立一片广大的德国殖民和安置区。位于这两片区域之间的某个尚未确定的波兰州将会成为总督府。[56]

即使得到了希特勒的授权，只要军方享有占领地区唯一的执行权，只要布劳希奇"出于经济因素"反对迅速清除犹太人，执行驱逐和安置计划就还是会很艰难。实际上，海德里希的别动队往往并不理会军队领导层提出的反对意见，但军队的干涉经常意味着别动队不能够像他们所希望的那样迅速执行海德里希的命令。[57]尽管如此，在军政管理结束以前，通常是在当地军队指挥官的积极帮助下，成千上万的波兰犹太人还是被强制渡过了桑河，进入了由苏联占领的区域。在苏联当局屡次抗议之后，驱逐活动仅在11月就终止了。作为让日耳曼族定居者移民出境的条件，苏联当局现在要求停止把犹太人驱逐到他们境内。[58]

9月30日，希姆莱和布劳希奇、海德里希和陆军总参谋长弗朗茨·哈尔德同时进行会谈。哈尔德和布劳希奇都抱怨由将波兰犹太人快速驱逐到城市所引起的持续混乱。[59]海德里希屈服于军方施加的压力，于9月21日在给别动队指挥官的另一封信中重申了他的命令：所有的措施都要在当地军方当局的密切配合下方可进行。对何时、以何种强度驱逐和集中犹太人的决定权，仍然保留在别动队指挥官的手中，但行动必须要“低调”进行。[60]

尽管做出这些让步只是影响到了对波兰进行种族重排计划的时间框架，而不是这些政策本身，但海德里希还是很不满意。10月3日，他向别动队的指挥官们提到，“以前的军队—保安局问题”又“气势汹汹地重现了”。[61]三天以后，一个更重要的问题出现了。10月6日，海德里希的机关接到了来自希特勒的命令，第一波大规模驱逐活动——驱逐上西里西亚东部卡托维茨的犹太人——应当立即展开。是日，彼时的布拉格犹太移民中央办公室负责人阿道夫·艾希曼就奉命着手准备将八万名犹太人从上西里西亚东部经维斯瓦河往东驱逐。来自附近保护国东边的城镇摩拉维亚—俄斯特拉发的犹太人也将在此次被一同驱逐。[62]

本次驱逐上西里西亚东部犹太人的行动，只是被当作大得多的驱逐计划的一次试运行。在10月7日和一名维也纳的同事交谈时，以及两天后和西里西亚大区长官约瑟夫·瓦格纳会面时，艾希曼都说，海德里希已经做出原则上的决定，要将三十万名犹太人从旧帝国和奥地利驱逐出境。艾希曼已经接到命令，要为海德里希准备一份有关将第一批犹太人实验性逐出西里西亚的报告，或者至少他是这么告诉瓦格纳的。在这篇报告的基础上，希特勒会发布有关将犹太人从帝国大规模“总体清除”的明确指令。[63]

在这个大规模驱逐计划能得到落实之前，艾希曼必须要为他的“迁移营”找到一个适当的地点。10月12日，他和保护国安全警察的指挥官瓦尔特·施泰勒克从华沙出发，向东行驶，以搜寻一个合适的位置。三天以后，艾希曼向柏林汇报，他们已经在卢布林区的西部边界，桑河小镇尼斯科周围找到了这样一个地方。[64]

10月17日，第一批被运输的近一千名犹太人离开摩拉维亚—俄斯特拉发，向尼斯科进发。两天以后，第一列由维也纳发出，载有九百一十二名奥地利犹太人的火车就到达了，随后，第二批从前奥地利首都运来的六百七十二名遭驱逐者也到达了。在接下来的几天中，又有两列载着卡托维茨犹太人和一列载着摩拉维亚—俄斯特拉发犹太人的火车抵达了。从10月20日至28日期间，总共有四千七百名犹太人被驱逐至尼斯科。[65]

当第一批人到达后，混乱接踵而至。尼斯科的迁移营在当时甚至还不存在。第一批抵达的被驱逐者被从尼斯科押送出去，穿过桑河，来到扎尔策村庄附近的沼泽地，并在这里开始搭建基本的营房。次日早上，最好的工人被从这组人当中挑选出来，其余的人则被向东押送，并被告知永远都不要再回来。接着运来的几批人受到了类似的待遇。[66]以这种方式对待被驱逐者完全和纳粹的计划相符，他们愿意接受很多人在尼斯科附近大多环境恶劣的草地上死去。在计划中，尼斯科本就不会成为中欧犹太人的永久家园，而是一个迁移营地，来自卡托维茨、维也纳和摩拉维亚—俄斯特拉发的遭驱逐犹太人将经这里被送至卢布林周围的犹太人保留地。[67]

尽管只取得了有限的成功，驱逐项目还是像启动时一样迅速地结束了。10月20日，艾希曼接到了海德里希柏林办公室的通知，立即停止驱逐行动。在未来对苏联发动袭击的军事考虑，可能在此事的决策过程当中起到了一定作用。[68]然而，更为重要的因素是，希姆莱于10月上旬开始成形的庞大重新安置项目，妨碍了在卢布林附近建立犹太人保留地的计划。因此，反犹驱逐政策要受制于将日耳曼族人重新安置在被占波兰这个更广泛的考虑。[69]

在就重新安置“旅居海外”的日耳曼族人的事宜上与外国势力达

成一系列协议后，第一批波罗的海的日耳曼定居者于10月15日乘火车抵达但泽。希姆莱和海德里希希望将很多新来的这些人安置在西普鲁士和瓦尔特高。为他们寻找住宿和生计，优先于将犹太人驱逐出帝国。在指定德国人定居地附近的波兰农场，都会被没收并移交给定居者，而农民则会被赶过边界，进入总督府辖区。现在，将犹太人从德国驱逐到波兰其余地区的行动范围极其有限。艾希曼驱逐行动的主要重心，是在保护国北部及维也纳。他的行动并没有在希姆莱和希特勒最需要的地方给德国定居者创造空间。因此，相对于解决犹太人问题，通过重新安置德国人来整合在波兰西部新获取的生活空间，暂且享有更高优先权。[70]

尽管海德里希本来的驱逐计划失败了，但他很快就适应了新形势。11月28日，他递交了他的第一份“短期计划”和一份“长期计划”。短期计划仅适用于作为重新安置东欧日耳曼族人重点目标区域的瓦尔特高。依据该计划，“要驱逐足够数目的波兰人和犹太人，以为将要到来的波罗的海日耳曼人提供足够的住房”。为了尽快实现这个目标，每天要驱逐五千人。[71]长期计划则仍然强调，总体目标是将所有犹太人和政治上“不可靠”的波兰人驱逐到总督府辖区，然后对剩余的波兰人口进行“种族筛选”，继而从被吞并的领土逐步驱逐出境。[72]

即使海德里希短期计划的重点目标是清除不受欢迎的波兰人，并用日耳曼定居者来取代他们，但他从来没有忘记过波兰或是本土的犹太人问题。12月21日，他宣布已决定将艾希曼任命为他的特别顾问，来“准备安全警察相关事宜，以在东部实施清除”一事。尽管尼斯科计划失败了，但他明显感到，艾希曼拥有成功地完结这个重要项目所必需的专门知识和动力。[73]当日，海德里希发布了他短期计划的修正版本，更加清晰地概述了上文提及的安全警察事宜将主要针对的人群：在1940年的头几个月内，艾希曼要确保六十万名被吞并地区的犹太人都要被驱逐到总督府辖区，“不论年龄或性别”。那些声称犹太人在经济上不可或缺的雇主将不会被准予延期驱逐。[74]

仅几周之后，海德里希又提出了一个新的想法：在主持了与来自东部的柏林高级警察官员的高层会议后，他注意到，国家需要（除了波兰战俘以外）八十万至一百万名波兰农业工人来暂时开垦土地。已经挤满被驱逐者的总督府辖区，将要再接受四万名来自被吞并领土的犹太人和波兰人，为更多的波罗的海日耳曼人创造空间。接下来会“再次即兴清理”十二万波兰人，以给沃利尼亚日耳曼人让位。因为希姆莱禁止驱逐任何可能是日耳曼族的波兰人，只有“国会波兰人”会受到影响。在将来，会对那些有可能被日耳曼化的波兰人进行种族筛选。在为波罗的海和沃利尼亚日耳曼人驱逐了总共十六万名波兰人以后，海德里希说明道，初定将在1940年晚春或初夏开始将所有犹太人和吉卜赛人从新吞并的东部领土和旧帝国“撤离”至总督府辖区。[75]

海德里希想要通过将犹太人驱逐至波兰领土而获得犹太人问题的最终解决方案，事实上，他所做出的这些野心勃勃的尝试收效甚微。希特勒在9月末向罗森贝格宣称，所有犹太人，包括在旧帝国的那些，都要被送至维斯瓦河和布格河之间的区域；希姆莱在10月30日命令，在1940年2月以前要将所有被吞并领土的犹太人驱逐出去。自那以来，并没有取得什么进展。驱逐旧帝国犹太人的行动已被推迟至一个尚且未知的日期，由于新来的德国定居者在被吞并领土急需空间，驱逐那里的波兰人和犹太人的行动享有优先权。[76]

但即使是在这件事上，还是有一个关键问题尚未得到解决：接收地区的官员，其中最显著的是总督府的强大统治者汉斯·弗朗克，一直反对在他自己的领地实施大规模重新安置计划。弗朗克拒绝管理被社会“抛弃的一群人”，而是立志要创建一个模范德国殖民地。他的这个

1. 约瑟夫·加布奇克（左）和扬·库比什（右），执行刺杀海德里希任务的志愿者。

2. 海德里希遇刺后被毁坏的汽车。

3. 布鲁诺·海德里希，莱因哈德的父亲。

4. 年少时的莱因哈德和他的姐姐玛丽亚(1910)。

5．参加完希姆莱在巴伐利亚的家中举办的生日聚会后，海德里希和希姆莱的私人副官卡尔·沃尔夫准备乘车离开。

6. 希姆莱、海德里希和德国秩序警察主管库尔特·达吕格在狩猎。

7. 海德里希陪同希特勒视察波兰前线（1939）。

8. 在英国空战期间身着空军飞行服的海德里希（1940）。

9. 希姆莱、海德里希与盖世太保主管海因里希·缪勒（1939）。

10. 海德里希在柏林击剑锦标赛的一场比赛间隙休息（1941）。

11．海德里希1941年1月在戈林的生日招待会上。

12．鲁道夫·赫斯（左一）、希姆莱（左二）和海德里希（左五）在认真聆听康拉德·迈耶教授说明在东部安置德国人的计划（1941年3月）。

13．海德里希在1941年9月布拉格城堡举行的升旗仪式上向党卫军军旗敬礼。

14．海德里希在欢迎他的前副官卡尔·阿尔布雷希特·奥贝格，1942年5月奥贝格被任命为驻巴黎高级党卫军和警察领袖。

想法要求将犹太人从总督府辖区**驱逐**出去。一方面出于名声和种族方面的考虑，一方面是因为他的总督府辖区人口已经过多，弗朗克为结束驱逐行动而卖力游说。海德里希试图清除这样的反对意见，他反驳道，数十万犹太人可以被投入劳动营以建造“东墙”。[77]

1940年2月，弗朗克向一位强大的同盟寻求帮助：赫尔曼·戈林。在一次于戈林的乡村别墅卡林宫举行的与希姆莱的会议上，弗朗克辩称，党卫军领袖对重新安置的推动正在导致混乱。他坚称，该省的食物供应明显受到了威胁，总督府辖区的经济状况也支离破碎。相比海德里希和希姆莱的看法，他的这些论点是基于对实际一线情况的更加现实的评估，因此获得了成功。戈林认为，首要任务是增强德国的战斗能力。希姆莱也不情愿地做出了让步，进一步的驱逐行动只有在弗朗克同意的情况下才能够进行。然而，就在同一天，海德里希的人在什切青围捕了一千二百名德国犹太人，有些人甚至已是耄耋之年。他们被运送到了总督府辖区。随后，卢布林区的地方长官提起诉状，并很快就得到了回应。1940年3月12日，希特勒宣布，犹太人问题是一个空间问题，而他并没有可利用的空间。之后，在两周不到的时间里，即3月24日，戈林正式禁止了任何往总督府辖区的驱逐行动。[78]

海德里希对这个局面感到很沮丧，他试图通过再次加紧让犹太人从帝国移民出境的进程来掩饰这次新的失败。海德里希的帝国安全总部被剥夺了立即将犹太人驱逐到总督府辖区的选项，他们于1940年4月24日发布法令，宣布德国犹太人移民出境的进程“在战争期间将会加剧”[79]。

在入侵波兰六个月之后，海德里希没有什么感到满足的理由。一方面，党卫军正逐渐成为在新占领的波兰领土维持治安和进行种族重组的关键角色。然而，取得的进展却远远抵不过海德里希在1939年秋冬所经历的挫折。德国国防军成功地将波兰暴行用作阻止党卫军参与西部前线活动的理由。另外，在旧帝国，犹太人问题的解决方案也没有取得什么成效，为来自被吞并地区的遭驱逐者寻找一个接收地这个问题也还是没有得到解决。如果说在波兰的经历给了海德里希什么教训的话，那就是尽管从书面上看他的权力既广泛，且在不断增长，但在面对战时的实际情况与强大的纳粹大区长官和军事机构的阻挠时，党卫军政策的执行还是常常受挫。那些大区长官和军事机构都小心翼翼地守护着自己的利益。海德里希在波兰的经历证实了他的疑心：陆军领导层和当前负责民政的老战士，皆缺乏坚定不移地落实他理解中的纳粹意识形态所必需的决心。他们不能被信任。但是，就目前的情况而言，政治现实迫使他不得不做他最不喜欢的事情：妥协。

后方的恐怖手段

从第二次世界大战开幕起，海德里希就设想，未来的冲突是双重的：在战场上要无情地与其他种族和国家斗争，在后方则残酷地打击所有的内部敌人。他从1918年和青少年时期在哈雷经历“十一月革命”起就开始关注后方了。1933年3月在巴伐利亚掌权后，他就立即收缴并研究了与1919年的巴伐利亚苏维埃共和国相关的广泛警方档案。这些资料让他更加确信，德意志帝国已经受到了来自失败主义、士气低落和后方政治反动派的致命打击。海德里希主张，消除革命的可能性，即意味着德国赢得战争的能力得到了加强。这样一来，就不会有人从刀刺在背，也不会认输投降了。[80]

战争刚爆发，希特勒就将“不惜一切代价”维持德国秩序的任务交给希姆莱。同日，1939年9月3日，海德里希发布了他的《战时国内治安准则》。由于预见到了要对波兰发起军事进攻，他已经花了一段时间起草这份指示。海德里希的这些命令旨在确保“协调派遣”所有治安力量，以防德国的备战遭到“任何干扰或破坏”。[81]

海德里希强调，若是不严格执行这项任务，元首的目标和意图就得不到实现。必须对失败主义所产生的威胁采取“无情的”方式：“任何破坏德国人民的团结、颠覆其斗争意志的行为都必须被无情镇压。要立即逮捕一切对德国人民的胜利表示怀疑或质疑战争合理性的人，这一点尤为关键。”但在同时，海德里希也呼吁，如果是在前线失去了家人，或是有其他“可以理解的”原因导致了个人焦虑，这样的德国人若是对政权表示批评则应得到宽大处理。在此类情况下，仅仅有过一次错误、一次个人警告或其他形式“威慑”的罪犯，还足以重新融入民族共同体当中。同时，必须要让这个人知道，如果他或她被发现重复这样的行为，就会导致更严重的后果。重犯者、惯犯和出于意识形态信仰而犯罪的人，不应该指望得到仁慈处理。当地警方指挥官接到指示，要将这些案例立即上报给海德里希，这样，在必要的情况下，他就能亲自下令将他们“残酷清除”。[82]

为了将来在后方和占领区组织恐怖手段，海德里希创建了帝国安全总部这个机构。在经过数月的准备后，帝国安全总部于9月27日正式成立，由盖世太保和刑事警察与保安局合并而成。帝国安全总部形成了一类新机构：它结合了政治警察——在魏玛共和国时期就已经存在的传统国家镇压机关——和较为年轻的纳粹党的迫害机关——保安局。与传统的警察部门不同，帝国安全总部的宗旨不仅仅是迫害罪犯，还要预防性地清除国家和社会上的政治和种族对手。因此，它是建立乌托邦式新秩序的关键工具。[83]

帝国安全总部的创建大体上是由双重考虑推动的，经过前一些年的尝试，这两个因素在海德里希和希姆莱的思想中已经成熟：一是，帝国安全总部将会让党卫军距离建立一个由盖世太保、刑事警察和保安局组成的，将恐怖机关和国家保护力量完全融为一体的机构更近一步；二是，建立一个新的国家机关会解决为不断壮大的保安局提供资金的老问题。自1931年以来，纳粹党的财政只是断断续续地支付着保安局的工资和运行费用。海德里希非常清楚，独立于纳粹党的资助即是免受纳粹党的干涉，因此也意味着更大的权力。通过将保安局纳入新的帝国安全总部，他希望由国库来为保安局出资，这样才有可能扩大其运行的规模，并使其更少地依赖纳粹党的行政管理。[84]

在1939年秋帝国安全总部正式启动以前，曾有过相当大的内部矛盾。在1939年2月，海德里希曾命令保安局冉冉上升的新星，年轻的瓦尔特·舍伦贝格为安全警察和保安局的机构重组制定一个理念——海德里希的副手，安全警察的头目维尔纳·贝斯特在这个项目上已经花了一些时间。舍伦贝格比贝斯特年轻七岁，野心却丝毫不比他的少，他们是海德里希机关内公认的竞争对手。舍伦贝格于1910年出生在德法边界的萨尔布吕肯，他是一位富有的钢琴制造商的儿子，在家里七个孩子中排行最末。他在卢森堡度过了他的童年时光。20世纪20年代后期，他返回德国，并在马堡和波恩学习医学和法律。在波恩时，他的两名担任保安局招聘官的教授笼络了舍伦贝格。舍伦贝格抓住了这个机会。他英俊、聪明，他在保安局的上级夸奖他既有活力又有远见。很快，海德里希就注意到了他，并给他分派了两项尤为重要的任务：1938年，舍伦贝格随同希姆莱和海德里希去往维也纳收缴奥地利的特勤资料；次年，他负责了从中立的荷兰绑架两名英国特工的这个政治敏感的任务。因此，海德里希要舍伦贝格为未来保安局与安全警察的合并起草概念文书，这也就不奇怪了——尽管维尔纳·贝斯特也许会认为这是对他的一种侮辱。[85]7月5日，舍伦贝格向海德里希展示了一份详细的政策文件。在文件中，他主张，应当继续将保安局与政治警察的职责明确区分开来，保持相互独立：与安全警察和其在迫害罪犯时逐案处理的方法不同，保安局要主攻在犯罪发生之前就做出预判，尤其是通过在帝国境内和境外监视所有纳粹主义潜在敌人的方式。从本质上来看，舍伦贝格的文书旨在防止保安局被安全警察吸收，同时又主张改善该组织的财政状况——现在，保安局依赖纳粹党的资助，而不是来自国家财政的稳定资金。[86]在1939年2月的一份更进一步的备忘录中，舍伦贝格重申了这一点。他主张，警方应当被纳入保安局这一纳粹党机构，"而不是反过来"——这个论点是针对维尔纳·贝斯特提出的。[87]

贝斯特很快就做出了回应。仅数天以后，他就向海德里希和舍伦贝格展示了一份与舍伦贝格的提议针锋相对的方案：贝斯特坚持道，保安局应当被整合进德国安全警察，这样，从实际上来看就相当于由盖世太保接管了保安局。在舍伦贝格看来更具有争议性的是，贝斯特坚持由统一的培训体系产生安全警察将来的领导团队，在该体系下，拥有大学的法律文凭——德国高级公务员的传统资质——是一个强制性要求。舍伦贝格认为警方领袖的意识形态信仰比法务培训更加重要，而贝斯特却不以为然，他觉得这会导致"以自我为中心的罗马禁卫军般的那种霸道和短视"。贝斯特坚持，拥有正规资质必须是将来在帝国安全总部担任领导职务的前提条件，这一立场导致了他和保安局之间的关系非常紧张。贝斯特曾是魏玛共和国时期的法官，和他不同，很多保安局的领导人并非受过培训的律师（尽管他们往往是其他学科的大学毕业生，像是历史、哲学或是文学）。舍伦贝格正确地解读出，贝斯特对保安局领导人的描述是对他本人的攻击。[88]

海德里希同舍伦贝格站在一边，他在贝斯特稿件的空白处注释道，以实践为导向的训练应当构成将来安全警察领袖培训的核心部分，而非法律研究。[89]他清楚地表明，他不想让律师和官僚来管理纳粹德国的安全警察。他向秩序警察头目库尔特·达吕格解释道，他一直坚持"将律师们推回到他们应当处在的位置，即让他们在形式上担任法律顾问的角色"[90]。由于对种族和意识形态敌人的斗争必须要掌握在可靠的人手里，所以应当由在意识形态上忠诚、在政治上激进的保安局来领导安全警察。行政问题和法律上的保留意见，只会妨碍纳粹政权打击它的敌人。[91]

从本质上看，1938年至1939年的内部斗争，是围绕未来纳粹压迫机关的领导层应当是由律师还是由"政治战士"来担当的问题展开的。[92]在海德里希否决了他的提议后，贝斯特毫不迟疑地将这场内部矛盾公开化了——这个严重的策略失误会严重损伤他和海德里希的关系。在分别发表在《德国法律》和《德国汇报》的两篇文章中，贝斯特重申了他的观点，称律师应当领导将来的德国安全警察。[93]

海德里希对贝斯特将内部争端公之于众的决定感到怒不可遏，这次风波最终会导致他们不再共事：1940年夏，贝斯特离开了帝国安全总部，他去了巴黎担任国防军民政机构的头目。他们只会在1942年5月再打一次交道。即使到那时，贝斯特还是会意识到，海德里希既没有忘记他，也没有原谅他。[94]

帝国安全总部设在盖世太保位于柏林阿尔布雷希特王子大街的总部，由六个（自1941年3月起将有七个）规模可观的部门组成。帝国安全总部的行政中心是第一局（负责组织、管理和法律），在贝斯特1940年离开柏林以前由他管理。第一局是唯一一个有前盖世太保和保安局人员并肩工作的部门。[95]

第二局主攻对国内外意识形态敌对组织的"科学"探索。海德里希一直坚信，对敌对组织的内部结构、政治信仰和工作方法有基本的认识，是打击他们的重要前提条件。第二局反映了他的这个信念。第二局的工作人员负责研究收缴来的文件，并提供有关广义上的敌对组织的起源、构成和目标的备忘录。该部门由社会学教授弗朗茨·阿尔弗雷德·希克斯领导，此人在整个第二次世界大战期间仍继续进行研究、发表论文。第二局在任命大学职位和招募有学术背景的新保安局领袖方面都产生了重要影响。[96]

第三局大致相当于保安局的境内谍报部门，即海德里希协调境内间谍活动的办公室。第三局由奥托·奥伦道夫领导，现在分为四个下属部门，分别负责搜集和汇总有关种族、法律、文化和经济问题的情报。最为重要的是，奥伦道夫的部门定期编写《帝国报告》。这些报告细述了德国民众的总体情绪、反抗活动和其他有可能威胁国内稳定的因素，是纳粹领袖的一个重要信息来源。[97]

第二局和第三局主要是海德里希恐怖机关内的智库，而第四局和第五局则充当了其执行部门。第四局盖世太保，继续在海因里希·缪勒的领导下实施行动，在帝国安全总部内起到了核心作用。他们负责通过实施逮捕从而主动打击政敌。第四局分为五个下属部门：政治对手（A处）；教会、犹太人、共济会、迁出移民及和平主义者（B处）；保护性拘留（C处）；占领区（D处）；以及一个负责与军事情报机构阿勃维尔相互配合的特殊部门（E处）。有一个单独的部门——艾希曼的B处四科——与第四局的保护性拘留职能（即将“罪犯”投入集中营）相辅相成，该部门负责处理驱逐犹太人的事宜，并在日后战争期间将负责清除犹太人。[98]

第四局有着明确的任务，即迫害纳粹政权的政治和种族敌人，这让它相对于保安局和缺少人手的第五局有着明显的优势。第五局是由阿图尔·内贝率领的前帝国刑事警察办公室，负责“预防犯罪”的相关事宜和逮捕“普通”罪犯。然而，对罪犯的解释越来越生物化，这就模糊了盖世太保和刑事警察二者职责之间的界限。[99]

第六局总共有三十八个科，负责搜集境外情报，是帝国安全总部最大的部门——但绝不是权力最大的。该部门最开始由年轻的前律师海因茨·约斯特，后来由瓦尔特·舍伦贝格领导。它异常业余，在间谍活动方面只有有限的经验，并未取得什么成就。尽管在像是瑞士、瑞典、西班牙和葡萄牙这样的中立国家以及欧洲东南部都设有间谍网络，但其在大不列颠、美国和苏联却几乎没有什么可观的影响。有一次，因为急切地想要取得一些成功，第六局甚至在柏林开设了一家妓院，叫“凯蒂夫人”。他国外交官和纳粹官僚中的可疑间谍在那里被介绍给妓女，他们的谈话被秘密录音，但从来都没有什么轰动的事件被揭露出来。[100]

帝国安全总部的结构显示，海德里希试图避免各个部门之间责任的重叠，这种交集在以前曾导致过各种竞争和矛盾，最为显著的是在盖世太保和刑事警察之间，还有安全警察和保安局之间。现在，盖世太保的主要精力集中在政治迫害问题上（既针对德国人，也针对居住在帝国的外国人），而刑事警察则负责像经济犯罪以及打击流产和同性恋这样的政策领域。针对无社会性者和罪犯的“预防”措施，现在也归在刑事警察的职责范围内。[101]

在第二次世界大战期间，帝国安全总部成了纳粹恐怖的核心组织。但相较于海德里希将保安局、盖世太保和刑事警察融合成一个紧密结合的国家保护力量的初衷而言，它仍是一个异质的组织：受过法律培训的警察官员与保安局领袖共事，但保安局继续由纳粹党的财政出资，而安全警察却是由国家出资。这个帝国安全总部并不像海德里希所希望的那样是个结构严密、统一运行的机关，而是容纳纳粹迫害机器各个机关的一个大屋檐，尽管这些机关都由一个行政部门管理，听从海德里希的统一指挥。[102]

帝国安全总部总共有包括秘书和低级官员在内的三千名雇员，其领导团队约有四百名男性（和一名女性），他们是各个科室或部门的头目。帝国安全总部并不是一个巨型组织，但在宗旨、风貌和职员构成上和传统的行政部门有着根本不同：其领导团队中，有77%的人是出生在1900年以后，大多数来自中产阶级家庭，三分之二的人完成了大学教育，三分之一的人拥有博士学位，这些学位大多是法律专业，但也有文学、历史、神学和语言学方面的。因此，帝国安全总部是一个汇集了有上进心者的机构，而不是废柴的集聚地。但是，尽管海德里希偏好受过良好教育的职员，但他在意识上还是反知识分子的。学术一定是政治的。唯有实践才能检验理念。海德里希想要建立一支意识形态坚定的先锋队或是“战斗部门”，一支不但能设计新的政策而且能落实这些政策的精英队伍。行动才是重要的，而非言辞。比方说，帝国安全总部领导团队的多数成员，既担任过柏林的高级行政职务，又在战争期间做过突击队的领袖。从那个意义上来说，帝国安全总部是一个灵活的组织，常常调整和重组部门；它还是一个活跃的机构，职员们常常奉命完成不同的任务，范围包括从柏林的行政工作到在现场参与战斗和大屠杀。[103]

帝国安全总部不完美的组织结构，绝没有削减其雇员的激进程度。正相反，松散的管理结构为各个科室和部门之间的竞争创造了空间，以至于产生了越来越激进的动议。海德里希为自己创造了一个由“意识形态坚定的纳粹成员”和隐蔽战线的“政治斗士”组成的警察机关而公开地感到骄傲，这个机构将分析政治问题、组织和落实行动集结在了一处。[104]

在帝国安全总部建立后不久，海德里希的这个重组后的恐怖机关迎来了第一次重大挑战。1939年11月8日晚九点二十分，一枚炸弹在慕尼黑的贝格勃劳凯勒啤酒馆爆炸了。每逢1923年希特勒政变失败的周年纪念日，他都要在此处发表纪念演说。这次爆炸发生在元首离开这栋楼以后，导致了八人死亡，数人受伤。如果希特勒不是因为担心天气恶劣而缩短了他的演讲，以搭乘早些的飞机返回柏林，那么他也可能在此次爆炸中丧生。当晚就抓捕了此次刺杀行动的负责人：格奥尔格·埃尔瑟，一个三十八岁的细木匠，在试图越过德国和瑞士边界时被捕。考虑到这个案件的政治敏感性，海德里希和希姆莱亲自负责调查。[105]

尽管在审讯中埃尔瑟坚称他在策划和执行刺杀行动的时候并没有得到任何帮助，一开始，海德里希和盖世太保负责调查此案的官员都质疑他的说法。他们认为，这是由英国秘密情报局策划的一起针对希特勒的阴谋。[106]次日，正巧瓦尔特·舍伦贝格麾下的一支保安局突击队从荷兰边界的芬洛镇绑架了两名英国秘密情报局探员西吉斯蒙德·佩恩·贝斯特和理查德·史蒂文斯，并将他们带回柏林接受审问。海德里希错误地以为保安局已经渗透了以清除希特勒为目的的英国秘密行动——他这个假设反映了他对间谍故事和阴谋论的偏好，但没有任何确凿的证据支撑这个假设。[107]

埃尔瑟被带到了萨克森豪森集中营，并于1945年年初美军解放该营以前不久遇害。他和越来越多的人遭受了同样的命运，1939年8月至1942年春期间，集中营关押的囚犯数量从约两万一千人上升至近八万人（不包含那些自1941年以来在更东边建造的灭绝营中的囚犯），其中大多数新来的人都不是德国人。[108]

在1939年9月前，大日耳曼帝国就已拥有六座集中营：萨克森豪森、达豪、毛特豪森、弗洛森堡、布痕瓦尔德和拉文斯布吕克女子集中营。除此之外，为了接纳这些新来的人，在战争爆发后至1941年春这段时间内，又建造了四个新集中营——奥斯维辛、诺因加默、格罗斯—

罗森和纳兹韦勒。在这些越来越过于拥挤的集中营中，生活条件恶化得很快：食物配给大幅减少，虐待现象变得更加普遍，囚犯营房内的死亡率稳步上升。[109]

尽管海德里希继续“只”负责囚犯的监禁和释放，而非营内的生活（这仍属特奥多尔·艾克的职责范围），他却大量参与了有关如下问题的讨论：国家的敌人一旦被关押应该受到怎样的待遇。1941年1月，他将集中营分成了三个类别，这些类别旨在反映“囚犯的个性以及他们对国家产生的威胁程度”这两个方面。海德里希认为，所谓的“不那么堕落的”囚犯“能够进步”，他们被送到了达豪、萨克森豪森和奥斯维辛。其中，奥斯维辛最初是一座“第一类”集中营，只是在1942年年初才成为全面运作的灭绝营。改造“腐化程度更为严重的”囚犯需要更长的时间，他们要被送去“第二类”集中营，即布痕瓦尔德、弗洛森堡和诺因加默。唯一的“第三类”集中营毛特豪森，是为“严重腐化的”囚犯预留的，他们不太可能再被重新融合进民族共同体当中。事实证明，毛特豪森是日耳曼帝国囚犯生存条件最为恶劣的集中营，有着最高的死亡率。[110]

集中营并不是容纳那些被海德里希手下或是库尔特·达吕格的秩序警察抓捕的人的唯一刑事机构。在整个第三帝国的历史上，普通监狱所关押的囚犯数量从1939年夏的逾十万八千名上升到了1942年夏海德里希死去时的超过十八万名，人数一直远高于集中营的囚犯。这些数据包括了普通罪犯，像是杀人犯、强奸犯和盗贼。但在1939年以后，对刑事犯罪行为的定义变得更为广泛了，被认为懒惰的人或是失败主义者也囊括在内。现在，这些人都被认为是国家公敌。[111]

“离经叛道的年轻人”也遭到了严苛对待。其中最著名的是“摇摆小孩”，他们偷偷摸摸地听爵士乐、组织舞会，在舞会上演奏“腐朽的”英美音乐，从而形成了和希特勒青年团对立的非法文化。“摇摆小孩”

的据点设在像是汉堡或柏林这样大一些的城市，他们大多无关政治的罪行，包括蔑视已渗透到希特勒青年团当中的军队文化，以及培养被纳粹认为不适合德国青年的音乐品位。希姆莱鼓励海德里希不要宽容他们的这些叛逆行为，并要求他“彻底清除”“整个危害”。希姆莱坚持道，“牵头的人”要被送进集中营，在那里，他们“要先遭到殴打，然后再接受严格训练和参与艰苦劳动”。他们的刑期不得少于两年。海德里希欣然执行了这个命令：在1941年8月进行了第一轮逮捕后，盖世太保在1942年年初拓宽了行动范围，并将数名领头者送至全国各地的集中营。[112]

其他人受到的待遇甚至更差。根据海德里希9月3日的指导方针，他的恐怖机关被授权不经审判就可将人处死，哪怕罪行只是轻微的。这种普遍被称为“特殊对待”的方式，在集中营、一般监狱和劳动营都有实行。[113]出于民意和1939年8月《希特勒—斯大林协议》缔结之后帝国与苏联新的外交关系两方面的考虑，保密性是在执行这个政策时的关键。海德里希在1940年2月指出，《希特勒—斯大林协议》给外交政策创造了一个“全新的局面”，但在国内方面共产主义人士仍是最大的敌人。[114]

在第三帝国内部，一个“反对派”尤为遭到了特殊处理：居住在德国的外国劳工。这个群体将在纳粹征服欧洲的过程中飞速增长。从1939年年末以后，各个国家机关都着重处理了如下这个问题：怎样将庞大数目的拥入帝国境内的波兰战俘和工人与德国民众分隔开来。1940年3月，这个问题经由赫尔曼·戈林所谓的波兰法令全面管制。盖世太保机关获准在不参考任何其他机构（比如说法庭）意见的情况下就对波兰劳工做出的“违规行为”——“长期心不在焉地工作”，停工或搞破坏——进行惩罚。他们可以采取的措施包括将他们监禁在劳动营或集中营，若是遇上严重的案例还可以处决他们。波兰工人和德国人之间如果存在性关系也会受到惩罚，波兰工人会不经审判就被处死，德国伴侣无论男女都会被驱逐到集中营。[115]

除了波兰奴工，在战时的德国，海德里希的机关还把另一个“敌方团体”作为严厉打击的目标：犹太人。在战争开始后，对居住在第三帝国的犹太人的监视就明显加强了。从1939年9月起，帝国安全总部加强了对犹太人国家协会的控制。该组织成立于1939年，是包含了所有剩余德国犹太人组织的伞状组织。在战争爆发后的头几个月，海德里希和他的帝国安全总部更进一步地完善了将犹太人排除在德国社会之外的机制。比如说，1939年9月12日，海德里希禁止犹太人在除了少数几个食品商店以外的任何地方购物。不到两周之后，他要求全国所有犹太人都必须上缴他们拥有的收音机。[116]

波兰奴工和德国犹太人，是海德里希在国内实施恐怖手段的主要受害者。但战争的爆发也改变了其他被纳粹领导层认为在种族上更低劣或不适合的群体的命运。在战争爆发前不久，9月1日，希特勒批准了一个特别安乐死项目，即所谓的T4行动。该行动由纳粹党总理府和希特勒的私人医生卡尔·勃兰特执行，但有帝国安全总部的技术职员提供帮助。T4行动的目的是选择和杀死有身体或精神残疾的儿童和成年人。直至1941年8月，约有七万名残疾德国人被杀害。这让海德里希的技术职员获得了大屠杀方面的专门知识，并且他们将会在接下来几年对付俄罗斯战俘和犹太平民时运用这些知识。[117]

战争的爆发也深刻影响了德国约两万六千名吉卜赛人的命运。他们由于自己的生活方式而显得可疑，因此自从纳粹掌权以来就频繁受到骚扰、被社会排斥。在20世纪30年代后半期，反吉卜赛人的政策更是变本加厉，导致了1938年大批人被捕。海德里希宣布，很快就要引入进一步的措施来确保“将吉卜赛人和德国人进行种族分离”[118]。

战争伊始，海德里希禁止了吉卜赛人进行他们的流动贸易，以故意破坏他们唯一的谋生之道。为了寻求对“吉卜赛人问题”的“最终解决方案”，海德里希于1939年9月21日和1941年1月底两次告知他的高级职员，吉卜赛人将和犹太人一起被从德国驱逐到波兰东部。这则命令很快就得到了执行：截至1940年4月底，有大约两千五百名吉卜赛人被送到了总督府辖区。[119]

海德里希的手下于第二次世界大战开始后的几个月内，在德国和新占领区实施的谋杀、驱逐和逮捕，证实了战争对纳粹迫害政策的激化作用。在海德里希和他最紧密的合作者看来，纳粹方才打响的这场与德国国内外敌人的历史性战斗，使得越来越残忍地镇压国家公敌成为必然的、正当的。即便系统的大屠杀在1939年年末和1940年年初仍然是海德里希处理政治和种族敌人时的特殊而非常规手段，但他和整个纳粹领导层已经在通向种族灭绝的湿滑道路上跨越了一条重要的界限。

第七章

与世界交战

深入西部

1940年4月9日，在西线已沉寂六个多月后，国防军策划了对中立的丹麦和挪威的突袭。这么做主要是为了防止他们极其畏惧的事情发生，即英国在斯堪的纳维亚进行军事干预，以及为德国的潜水艇行动锁定沿海的港口和占领纳尔维克不冻港，以便从瑞典输入至关重要的铁矿资源。哥本哈根和奥斯陆在同一天落入了德国人手中。丹麦人在德国入侵两个小时之内就投降了。但是，与丹麦人不同，挪威人一直顽强反击，直至两个月后最终被迫投降。[1]

从军事进攻的最开始起，党卫军的领导层就非常清楚，这些征战会跟与波兰的战争有实质性的不同。希特勒和阿尔弗雷德·罗森贝格在他们的文章和演讲中都强调，北欧人将会在未来日耳曼帝国当中扮演一个重要的角色。就这个考虑而言，实施完全的恐怖政权将会是致命的。尽管希姆莱和海德里希也同意这些理念，但当他们得知在西欧——不像在波兰——陆军将会被准许建立传统的军事占领政权时，二人还是很失望。这会不可避免地伤及党卫军的重要利益。[2]陆军拒绝让党卫军参与对西欧的军事袭击，其核心原因就是，海德里希的别动队和自卫队在征战波兰时滥用暴力。海德里希在给库尔特·达吕格的一封信中写道，在“有关打击国家公敌的基本问题”上，“陆军高级指挥官”当中流行着与帝国安全总部内部“完全不同的观点”。这封信的口吻一反常态地轻描淡写。[3]到3月底，海德里希气恼地告诉他的高级职员，别动队参与西线征战的计划已经被“叫停”。[4]

海德里希似乎是被剥夺了在侵略西欧过程中起积极作用的能力。他选择了做出“豪杰一样的”姿态，并请求希姆莱准许他暂时加入挪威前线的纳粹德国空军。在战争爆发之前很久，海德里希就一直对飞行充满热情。自1935年起，他就接受了竞技飞行员的训练，并多次参加了特技飞行表演。但他的野心却不止于此。在1939年夏天，常常是在上班前的黎明时分，他先是在柏林附近韦尔纳琴的飞行学校，后来又在斯塔肯机场接受战斗机飞行员的培训，直至他成功通过考试。1939年9月12日，他作为枪塔炮手在波兰上空执行了第一次战斗任务。[5]

无论是在私下里还是在公开场合，海德里希屡次表达了他的懊恼：作为后方的“政治战士”，他和他的下属被剥夺了为德国效力和牺牲的“好运气”。[6]他一定是不断地坚持要求加入战斗，因为希姆莱准许了他的请求，这并不符合他先前下达的禁止海德里希参与飞行、威胁自己性命的命令。1940年4月14日，海德里希以一个略加伪装的空军机长的身份来到了奥斯陆。他在第77战斗机中队度过了总共四周的时间。在此期间，他对撤退的挪威军队发动空袭，并和军官同伴们交往，一同玩纸牌游戏直到深夜。海德里希成长在一个被英雄主义的流血传说渗透了的世界，他的20世纪20年代有一大部分是在德国海军度过的，却从来没有见识过真正的战斗。对这样的海德里希而言，前线的经历满足了他长久以来已被两次挡在门外的冒险梦想：第一次是由于他出生在1904年，晚了一些；之后是在1931年，他被海军开除。[7]

5月5日，他向希姆莱汇报道，他状态良好，而且前线的经历既"有趣又具有启发性"。希姆莱很快便回复了，他表达了他父亲般的担忧："我常常想到你，希望你好好的。再次祝你好运、一切顺利！如果有可能的话，请每天都给我来信。"希姆莱的担忧并不是毫无来由：1940年5月13日，海德里希的梅塞施密特109战斗机在斯塔万格起飞时冲出了跑道。虽然海德里希仅手部受了轻伤，但飞机本身却完全毁坏了。次日，他就佩戴着铜质战章——由执行了二十次作战任务的人获得——和一枚二级铁十字勋章返回了柏林的办公室。[8]

然而，海德里希造访挪威的真正目的并不是为了满足他对飞行的热衷，而是为了策划在奥斯陆和其他挪威城市对政治对手实施第一波逮捕。4月20日，在希特勒将约瑟夫·特博文任命为帝国的挪威总督后不久，希姆莱就征得了希特勒的同意，设立一名驻挪威高级党卫军和警察领袖，并向该国派遣一支党卫军特种部队。[9]希特勒出人意料地改变了主意，这让海德里希感到喜出望外。他命令，由弗朗茨·瓦尔特·施泰勒克博士率领一支别动队立即出发。施泰勒克是海德里希最为信任的下属之一，他曾经负责管理过布拉格的安全警察。[10]

施泰勒克于4月29日带领着大约二百名安全警察和保安局成员到达奥斯陆，他们随后又被派往了挪威相对较大型的城市：奥斯陆、卑尔根、特隆赫姆、克里斯蒂安桑和斯塔万格。海德里希告知突击队的领导人，他们眼下的任务并**不是**一场深入"敌方领地"的征战。他强调，挪威"已经被置于日耳曼帝国的庇护之下，并且它期望所有由安全警察采取的措施都仅限于对确保战争胜利绝对必要的范围之内"。他继续说道，在消除帝国的敌人的同时，要"以最高超的技巧、有分寸地"执行这项任务。军官和士官如果违反这些指令都将会遭到“无情和严肃的指控”。[11]

当海德里希还没有从因飞机在斯塔万格冲出跑道而受到的轻伤中恢复过来时，国防军已经对法国和比荷卢联盟发起了大规模进攻。他们对胜利并没有任何把握。人们对第一次世界大战期间西线旷日持久的僵局仍存有鲜活的记忆，而且德国的对手在士兵和武器数量上皆远远超过了国防军。但多亏了对手组织糟糕的反抗，德方仅用几个精彩的战略决定、高昂的士气和一些运气，就对敌方造成了严重打击。荷兰仅在四天之内就投降了；比利时用了十八天；法国则坚持了不到一个月。

同多数德国将军一样，海德里希对军事行进之迅猛感到惊讶。他很快就意识到，如果保安局想要在西欧占领区的政权中起到任何作用，他们就要立即采取行动，这一点是至关重要的。在希特勒于5月18日匆忙地将奥地利的纳粹政治家阿图尔·赛斯—英夸特任命为荷兰占领区的总督后，希姆莱成功地任命了一位高级党卫军和警察领袖：奥地利保安团的老兵汉斯·阿尔宾·劳特。汉斯·诺克曼则在荷兰人投降后不久即抵达阿姆斯特丹，成了海德里希在荷兰的安全警察和保安局指挥官。[12]

然而，海德里希依旧不满意。1940年5月劳特和诺克曼的任命已经发生得“太晚了”。由于军方的阿勃维尔“没能成功获取有关政治流亡者的相关信息”，他无法在西部占领区有效地打击政治对手和流亡者。倘若在征战期间就派遣了国家警察，那么他们就可以获取那些相关资料，不至于像现在这样可能要永久遗失了。[13]

海德里希很快意识到，比利时的形势更加不利。尽管希姆莱曾经请求希特勒设立一个文职的总督，而非一个军事占领政权，希特勒还是没有理会他的意志，国防军在几乎整场战争中都成功地掌控着占领区。

在布鲁塞尔的军政当局还负责管理卢森堡和法国北部（加来海峡和北部）。整个疆域有大约一千二百万人口，由一位保守的将军——亚历山大·冯·法肯豪森男爵——管理。由于这位将军与德国抵抗运动的成员关系亲密，他将会在1944年7月遭到逮捕。在占领的最初几周，法肯豪森和军政当局的强力头目埃格特·里德成功地制止了党卫军领导层进入他们的影响范围。尽管里德是党卫军的荣誉成员，但他只允许海德里希在布鲁塞尔有一个很小的立足点：他的门生马克斯·托马斯在那里成了驻比利时和法国安全警察和保安局头目。面临来自军政当局的阻挠，托马斯很难对德国在比利时的占领政策产生什么影响。[14]

在法国这个国防军西征所获得的最丰厚的战利品，情况并无二致。在法国1940年夏战败之后就被建立起的军政当局，并不愿意让帝国安全总部对占领政策产生任何影响。在6月22日停战以后，一支由三十岁的赫尔穆特·克诺亨博士指挥的安全警察和保安局小队——用海德里希的话说，在征求戈林的意见后，他设法派遣了一支只有十五人的“可怜”小组——被派到了巴黎，以监视“犹太人、共产党员、流亡者、共济会和教会”的活动。这支队伍里都是有很大野心的年轻人，但他们的行动受制于在极度保守的普鲁士将军奥托·冯·施特尔普纳格尔统治下的军政当局的总体权威。直到1942年5月，海德里希以前的私人副官卡尔·阿尔布雷希特·奥贝格被任命为驻巴黎高级党卫军和警察领袖，情况才有所改变。[15]

从海德里希本人的角度来看，在维尔纳·贝斯特——他因和海德里希意见不合而离开帝国安全总部——被任命为法国占领区的民政当局头目之后，事情变得更加复杂了。尽管海德里希没有任何理由怀疑贝斯特对党卫军的政策抱有坚定的意识形态信仰，但他很清楚，在落实这些政策的时候，贝斯特会在大体上依赖他自己的机关，而不是海德里希的探员。因为海德里希并没有与贝斯特和好的打算，在可见的未来，他都很难对德国在法占领政策施加任何直接影响。[16]

因此，纳粹德国在西欧的胜利对海德里希来说却是一次挫折。他一直不能够以利用波兰战役的方式来利用1940年春的这几场征服，即占领了挪威、丹麦、荷兰、比利时和卢森堡。但他还没有完全绝望。他不信任由卡纳里斯领导的军方阿勃维尔，并确信德国会从即将爆发的不列颠战役凯旋，因此，他指示他的职员为即将征服的不列颠诸岛汇集一份逮捕名单。海德里希帝国安全总部第二局的头目弗朗茨·希克斯被安排负责在英国的别动队行动，而海德里希本人则为海峡上空的飞行任务做准备。但是，他对不列颠战役的实际参与程度无外乎就是少数几次在北海岛屿旺格奥格上空巡逻飞行——这是能够让他参与战斗而又不用冒着现实战死风险的完美方式。[17]

依靠审讯被绑架的英国军情六处探员贝斯特和史蒂文斯，再加上他自己的理解，瓦尔特·舍伦贝格汇编了一本有关英国的手册，供盖世太保在成功入侵之后使用。舍伦贝格这本机密的《大英信息手册》让人们可以窥见他和海德里希观念中的英国——他们觉得，这是一个由共济会、犹太人和一小部分上过公立学校的精英统治的国家。“英国的民主自由”被描绘成一个骗局，而坎特伯雷大主教和英格兰教会外交关系委员会，则被认为应为反德的政治宣传负责。在文件的末尾，“大不列颠特殊搜查清单”罗列了需要盖世太保特别留心的两千八百二十人，其中三十人应当在入侵之后立即抓捕。倘若纳粹最终征服了不列颠，盖世太保不但会逮捕温斯顿·丘吉尔和工党领袖克莱门特·艾德礼，而且还会逮捕像诺曼·安吉尔这样的和平主义者、H.G.威尔斯这样的作家，以及像是小说家斯特凡·茨威格这样的德国流亡者。[18]

这份“大不列颠特殊搜查清单”很快就从帝国安全总部的档案中

消失了。1940年秋，在实施了导致两万名平民死亡的一系列轰炸突袭后，德国空军放弃了英伦空战，海军也搁置了海狮作战计划，即入侵英格兰。作为间接向不列颠施压的方式，希特勒转而决定在次年进攻苏联。[19]

马达加斯加

在1940年那个令人陶醉的夏天，就在德国似乎已经赢得了战争，英国政府内有影响力的人物至少是在私下里考虑进行和谈的时候，海德里希的思绪转向了未来。尽管在西欧的军事征服给他带来了更多的挫折而不是成功，但法国的沦陷却可能提供了解决犹太人问题的新途径。1940年6月，胜利的喜悦为重新尝试落实将所有犹太人和波兰人从现已大幅扩张的第三帝国彻底清除的全面计划，提供了一个完美的时机。在法国战败后，从前将犹太人驱赶到波兰的一片保留地的计划，被另一个为犹太人问题提供领土解决方案的项目取代了：马达加斯加计划。

这个在马达加斯加——一个位于非洲海岸的法属殖民地岛屿——设立一个大型犹太人保留地的想法并不新颖。自19世纪晚期以来，各种有关欧洲（不仅是德国，还有法国、英国和荷兰）犹太人未来的反犹小册子就宣传过这个想法。在20世纪30年代晚期，波兰、法国和英国政府都动过念头，将“他们的”犹太人中的至少一部分重新安置在马达加斯加，尽管这些计划无一真正得到实现。[20]

自20世纪30年代早期以来，海德里希的保安局也一直在考虑将一部分国外环境恶劣的领土改造成一个未来的犹太人国家，但实际的计划却进展缓慢。[21]截至1937年，内部讨论仅发展到了以下程度：保安局的犹太人专家向海德里希呈递了一份备忘录，上面设想了通过让德国犹太人移民到有着“低文化水平”的国家从而实现“德国的去犹太化”，这样便能够避免在更发达的国家出现“新的世界阴谋中心”。除了马达加斯加，厄瓜多尔、哥伦比亚、巴勒斯坦的领土也被推选为可能的未来犹太人定居地。[22]次年3月初，保安局犹太人办公室主任赫伯特·哈根命令他的下属阿道夫·艾希曼，就犹太人问题对外交政策的影响为海德里希起草一份备忘录。[23]

1940年初夏，这些先前还很笼统的计划突然就显得可行起来。海德里希迅速地就把握到了这些计划的相关性，觉得它们有可能成为数目不断增加的犹太人问题的简单解决方案。如果说将东欧犹太人集中在卢布林附近这个想法被证明不可能实现，那么对德国那些懊恼的人口工程师来说，将欧洲犹太人运送到马达加斯加这个主意就如同一剂灵丹妙药。突然之间，就有了可用的法属殖民地，受到这个启示，海德里希迅速向希姆莱通告了新的可能性。之后，希姆莱又向希特勒呈递了一份有关“对东方异己人口的处理方式”的备忘录。在东欧种族工程的大背景下，希姆莱推测了将来犹太人的命运。他设想，通过“大规模将犹太人移民至非洲或是其他哪个殖民地，我希望看到犹太人这个词完全消失”。但是，出于“内心的信念”，希姆莱否定了“布尔什维克的将一个民族肉体消灭的方法”，因为这个做法“是不德国的且是不可能的”。他倡导将强制移民作为一种可能的、非种族灭绝的办法。然而，他的建议隐含着一条潜台词，即任何殖民地都可能缺乏让所有被驱逐的犹太人生存下来所必需的基本条件。希特勒评论道，这份备忘录写得“很出色，而且是正确的”，并在接下来的几周当中反复提及马达加斯加计划。[24]

最早有关犹太人重新定居马达加斯加的具体计划，并不是由帝国安全总部制订的，而是外交部新任命的犹太人专家弗朗茨·拉德马赫，一个年轻的、刚刚从他首个在蒙得维的亚的职位归来的职业外交官。1940年6月3日，在法国正式于贡比涅投降前不到三周时间，拉德马赫将第一份有关马达加斯加计划的备忘录呈递给他的上司——副部长马丁·路德。[25]拉德马赫提议的“将所有犹太人清除出欧洲”的犹太人问题解决方案设想，马达加斯加将会“由一个德国警察总督统治，他将服从党卫军帝国领袖的管理。在这片区域，犹太人将被给予自治权”。通过采取这个策略，犹太人会继续“被掌控在德国人手中”，从而确保“他们在美洲的种族同胞会在今后表现良好”。因此，马达加斯加计划（就像之前的波兰犹太人保留地计划一样）本来是被作为一种要挟的手段。[26]

海德里希很快就听说了外交部的计划。尽管他也相信，一个解决犹太人问题的特别机会已经来到了，但他对外交部敢于冒险进入他认为是他自己的权限范围而感到不悦。他坚信，唯有他的机关才有必要的专业知识来处理犹太人问题，因此他很快做出了行动。6月24日，在法国签署停战协议后仅过了两天，他就写信提醒外交部长冯·里宾特洛甫，1939年1月，戈林让**他**负责协调犹太人移民出境的事宜。海德里希还要求，要让他日后参与有关计划中的“领土解决方案”的所有审议。海德里希还提醒里宾特洛甫，直到1939年9月为止，他的强制移民政策都是高度成功的，以此暗示他才是策划现在这个必要的“领土最终解决方案”的最佳人选，而非外交部。这个“解决方案”将会力求解决“**现在**德国管辖下的”约三百二十五万犹太人这个“整体问题”。[27]

海德里希并没有等待里宾特洛甫的答复。尽管海德里希计划在1942年后，预期中战争结束之时才落实该计划，但帝国安全总部立刻就开始为全面驱逐计划做准备。应海德里希的要求，艾希曼和他的犹太人专家团队开始从汉堡的德国热带研究所和法国殖民部搜集和汇总有关马达加斯加的气候和地理情况。艾希曼还咨询了两家德国大型航运公司哈巴格和北德意志劳埃德的代表，询问在他们看来应当怎样解决交通运输的问题。[28]虽然马达加斯加计划看似荒唐，但海德里希却很严肃地对待它，这既是因为该计划有望成为犹太人问题的一个重大突破口，也是因为它提供了一种结束与强大的总督府统治者汉斯·弗朗克之间长久争端的方式。弗朗克欣然听说从德国被驱逐出去的人将不再影响到总督府，他用了“巨大的解脱”一词来形容马达加斯加计划。[29]

在回复海德里希6月24日的来信时，里宾特洛甫承认了海德里希在管理可能设立在马达加斯加的犹太人“超级隔离区”方面的权限，并吩咐拉德马赫在与帝国安全总部“紧密配合”的情况下继续进行准备活动。在他1940年7月2日“有关犹太人问题解决方案的计划”中，拉德马赫设想在马达加斯加建立一个“警察国家”，现由纳粹统治的四百万欧洲犹太人将居于其中并享有自治权（但要受到党卫军控制），他们将拥有自己的警察和邮政系统。他相信，这个举措能够突出德国的“大度”。但是，真正的权力将会掌握在海德里希的安全警察手中，安全警察才是“在该领域有着必不可少的经验”的唯一机关：“安全警察有阻止从岛上潜逃的手段，它还有采取恰当惩罚性措施的经验，这种措施在美国犹太人对德国做出敌对行动的时候可能就有必要实施。”犹太人将会为整个迁往马达加斯加的重新安置过程承担经济责任，并且为此目的，他们在欧洲的所有财产都将由一个特别的欧洲银行进行管理。[30]

尽管外交部为安全警察安排了广泛而长远的职责，海德里希依旧没有被打动。两周以后，在8月15日，他将帝国安全总部自己为马达加斯加计划制订的广泛方案发送给了里宾特洛甫。从后勤规划阶段到管理一个岛上的警察国家，整个项目都将是海德里希的职责。方案再次重申了戈林授予海德里希的在犹太人移民出境方面的权力。[31]

尽管帝国安全总部的计划比拉德马赫最开始的计划要更加详细，但二者只在少数几个重要方面有所不同：帝国安全总部的计划并未包含给予犹太人自治权以向世界展示德国的“大度”这样的空洞辞藻。海德里希和他的顾问设想，在战争胜利结束以后，几百万犹太人将在未来五年内被运至马达加斯加。第一批到达的被驱逐犹太人将主要由年龄在四十五岁以下的农民、建筑工、工匠、工人和医生构成，他们将会立即开始把岛上这片环境恶劣的区域变得更加宜居。与拉德马赫不同，海德里希设想，犹太人的自治程度会有限得多，仅限于建立特殊的犹太人组织，以执行党卫军交给他们的特定任务。[32]

可以将数百万欧洲犹太人运送到环境恶劣的马达加斯加岛这个想法表明，海德里希核心集团变得更加极端了。彼得·朗格里希曾令人信服地评论道，该计划明显预期到在被驱逐者中会有大量人员死亡，甚至有可能是一次刻意的肉体消灭尝试，即使美国的“良好表现”在理论上可以防止出现这种后果。帝国安全总部内部对最终解决方案的规划逐渐地往“根除”的方向发展——即使“只是”在不经意间——而希姆莱在三个月以前还否定了这个想法。[33]

在接下来的几周，海德里希会继续考虑马达加斯加计划。在1940年10月30日一份致德国所有安全警察指挥部的通告中，他形容道，这个将所有处于德国影响范围内的犹太人“重新安置计划”，将会在“和谈结束后”被落实，它是一次“向海外的疏散行动”。[34]甚至是在一个多月后的1940年12月，艾希曼还告诉内政部的种族专家伯恩哈德·吕泽纳，马达加斯加计划仍然停留在海德里希的书桌上，正等待着他的批准。[35]然而，从那个阶段来看，想要在不远的将来实施该计划已经变得非常不可能了。从一开始起，计划的实施就不只是取决于法国战败，而且还取决于像预料中的那样与英国达成和解，这样就能够让德国人将英国商船队用于设想中的驱逐行动。在英伦空战中，纳粹德国空军并没有成功战胜英国皇家空军，德国而后放弃了入侵计划。因为不能锁定从欧洲通往印度洋的海路，马达加斯加计划也遭到放弃。

1940年秋，海德里希的挫败感大幅上升。继尼斯科那场灾难之后，马达加斯加计划成了第二个仅在几个月内就被设计出来的，随后又被放弃的主要领土解决方案。然而，尽管这个计划失败了，海德里希还是对将犹太人驱赶到德国势力范围的最边缘这个想法抱有坚定的信念。如果马达加斯加不再是一个选择，那么就必须找到另一块领土。自从入侵波兰起，大量“削减”被驱逐者的数目就一直是海德里希所考虑的内容之一，但并没有证据或征兆表明，他在那时就已经发展出了任何系统地大规模屠杀德国势力范围内所有犹太人的全面计划。

从1940年秋天到1941年春天这段时间，分批次地将犹太人和其他不受欢迎的人从帝国的边境地区运往总督府辖区的驱逐行动继续进行着。在法国战败、德国吞并阿尔萨斯—洛林后，党卫军旋即开始驱赶该区域内的犹太人、吉卜赛人、无社会性者和法国民族主义者。在1940夏天至秋天，德国人已经从洛林驱逐了四万七千余人，另从阿尔萨斯驱逐了两万四千人，还有七万一千名在侵略期间从该区域逃跑的人被禁止返回。[36]

在邻近的德国大区巴登和萨尔普法尔茨，当地政府欲借此机会清除“他们的”犹太人，他们向希姆莱和海德里希提议，将犹太人驱逐到未被占领的维希法国。海德里希立马抓住了这个机会，10月22日，警察小队就突袭了巴登和萨尔普法尔茨每个村庄的犹太人。在只得到两小时提前通知的情况下，遭驱逐的人奉命打包不超过五公斤行李，随后被送上了驶往法国的火车。10月22日和23日，共九列火车——两列从萨尔普法尔茨出发，七列从巴登出发——载着六千余名德国犹太人驶往维希法国。令海德里希感到满意的是,围捕的过程中“没有遭遇任何摩擦或意外事件”,而且“几乎没有引起民众的注意”。[37]但是,维希政府并不想被当成倾倒德国犹太人的场所,他们在法国和西班牙边界拘留了这些犹太人,并向对这些驱逐行动毫不知情的德国外交部提起控诉。海德里希向路德承认,在实施驱逐之前并没有征求过外交部的意见。但是,他强调了他是按照元首的命令才做出行动的。里宾特洛甫同意了海德里希的观点,他要求“拖拖拉拉地”处理法国人的投诉。[38]在海德里希(和国内的很多纳粹地方大区长官)看来,这些小规模的成功和驱逐行动并不那么让人满意,还是没有找到犹太人问题的“全面解决方案”。

1940年11月或12月,大约在希特勒原则上决定要在次年进攻苏联的同时,海德里希(经由戈林)接到了希特勒的命令,为将在战争结束后落实的“最终解决方案计划”准备初稿。海德里希于1941年1月24日的一次时长两小时的会议上向戈林介绍了自己的方案。尽管这个方案的确切措辞不得而知,但我们还是可以重现其内容。[39]关于海德里希和他的核心集团在此时如何看待“犹太人问题解决方案”,艾希曼在12月4日的备忘录给了我们一些启发。马达加斯加没有再被提及。取而代之的是,艾希曼谈到将来自德国控制下的欧洲的“犹太人重新安置”到一个“尚未确定的领土”。艾希曼估算,这个计划将会影响“约五百八十万犹太人”,这和去年夏天帝国安全总部的马达加斯加计划中提到的四百万犹太人这个数目相比是一个显著的增长。现在驱逐行动所针对的犹太人,还包括了那些德国在东南欧的同盟国和傀儡政权之下的犹太人,以及居住在法属殖民地的犹太人。[40]

海德里希在巴黎的犹太人专家特奥多尔·丹内克于1941年1月撰写的第二份备忘录同样显示了自1940年以来计划又进展了多少:

> 如元首所愿，在德国主导或控制的欧洲以内的犹太人问题，必须在战争结束以后得到最终解决。安全警察和保安局的头目[海德里希]已经接到……元首的命令，为这个最终解决方案项目制订计划。——多亏了安全警察和保安局在处理犹太人方面丰富的现有经验，以及在这个领域长期以来的准备工作，该计划的重点部分已经被制订出来。已向元首和帝国元帅[戈林]呈递了该计划……计划要求在以前的方案和在一个尚未确定领土的重新安置项目基础上彻底驱逐犹太人。[41]

犹太人要被驱逐到哪里这个问题依旧存在。由于希特勒现已决定进攻苏联，我们几乎可以确定，海德里希开始将总督府仅看作一个集中地，以便将犹太人大规模驱逐到即将被征服的苏联各地区。因为不能公开提及希特勒次年夏天侵略苏联的计划，以免破坏巴巴罗萨行动的机密性，在这几个月，海德里希与其他纳粹官僚决策者之间的交流中谈到的，都是一个“尚未确定领土”或“待定国家”。[42]

3月26日，海德里希和戈林会面并探讨了前者1941年1月的提案，以及他在仍待征服的苏联领土未来的权限。戈林大体同意了海德里希的提议，但“就罗森贝格的权限做出了一些修改”。他们提及了阿尔弗雷德·罗森贝格——指定的东部占领区部长，这再一次表明，那个“尚未确定领土”就是苏联。[43]海德里希于1941年7月31日重新提交了犹太人问题解决方案的修改稿。此时，戈林正式将“为在德国势力范围内的欧洲犹太人问题全面解决方案进行组织、技术和材料方面的准备工作”的任务托付给他。[44]

由于要为巴巴罗萨行动进行军事准备，1941年3月中旬，向波兰输送遭驱逐犹太人的事宜便暂停了。就纳粹对犹太人问题的解决方案而言，从这时起，大规模驱逐的时代就终结了。1941年夏天，海德里希仍继续设想，最终的解决方案是强制犹太人在德国势力范围的最边缘重新定居。在强制重新安置的环境中，无数被驱逐的人会由于饥渴和疲劳过度而丧生——海德里希在大体上并不关心这个副作用。在他看来，他的任务就是将犹太人清除到德国势力范围的最远处，而不是将他们杀害，但如果有一些人在驱逐过程中死亡，那也与他毫不相干。尽管海德里希本身是个具有破坏性的人且天性凶狠，但就最终解决方案而言，他还没有开始产生无论年龄或性别，系统地杀害每个欧洲犹太人的想法。[45]

在1939年至1941年间，海德里希主要主张过两个反犹政策：建立隔离区和进行驱逐，前者是短期内的措施，宗旨是辅助达成后者这个长期目标。在这个时期内，将犹太人驱逐到日耳曼帝国最边缘的地方，才是海德里希对犹太人问题的解决方案，而非系统地滥杀。对收容地区的不懈搜寻——最开始是克拉科夫以东，后来是卢布林周边、马达加斯加，再后来是总督府辖区——反映了海德里希在这几个月期间对反犹问题的思考。在1941年德国进攻苏联以后不久，向种族灭绝的逐渐过渡就要开始了。

准备全面战争

1931年以后，海德里希在党卫军体制内迅速崛起。随后，自1939年9月战争爆发以来，海德里希已经历了数次严重挫折。他的别动队在波兰犯下的暴行，已经极大地损伤了与国防军之间的关系，以至于安全警察和保安局在西欧占领区都很少有机会起到任何作用。另外，希姆莱雄心勃勃的安置计划和海德里希自己有关犹太人问题的领土解决方案的提案，皆未取得任何明显成功。就是在这样的情况下，在希特勒决定进攻苏联以后，一个新的机会出现了。海德里希决心不错过这次机会。

1941年春天，希特勒的与苏联进行军事对抗的计划基本定型，海德里希非常清楚，巴巴罗萨行动将会是一场具有破坏性的战争。3月30日，希特勒召集了新总理府武装部队的所有最高指挥官，并强调道，即将爆发的与苏联的战争将会是两个不可调和的意识形态间的生死较量，这场战争容不得过时的骑士精神思想。支持布尔什维克的人，包括支持秘密警察和政委的人，都要被就地正法。[46]与在西欧时的情况不同，在军队后方，希姆莱将会"替元首履行特殊职责"，党卫军将会"独立"行动，并负有"自己的职责"。因此，国防军领导层相信，他们可以跟大屠杀保持距离。可以预料，本次大屠杀的规模甚至会超过在波兰的时候。[47]

海德里希和陆军军需官爱德华·瓦格纳，就接下来对苏战争中党卫军和国防军合作的确切性质展开协商。协商从1941年2月开始，于3月中旬海德里希从波罗的海沿岸短暂度假归来后更加深化。相比之前二人在1939年波兰战役准备阶段时的讨论，这回协商时的气氛要友好得多。1941年3月的协议草案说明道，"为了落实某些安全警察的任务"，需要在行动区域"派遣安全警察特别突击队"。[48]

这些特种部队的确切任务被草草带过：在靠近前线的后方行动区域，突击队将负责"识别和打击针对帝国的破坏活动"。突击队在从海德里希那里接到"对平民百姓实施措施"的直接指令后，将"自行负责"完成他们的任务。换句话说，海德里希和瓦格纳已经达成协议，在军队后方大规模清除共产党官员的计划将由别动队全权负责，而别动队则可以依靠国防军获得后勤支援。每支军队将设一位党卫军突击队联络官，以确保与陆军进行密切配合。军方要随时了解海德里希向别动队发布的命令和指示。[49]

就在当天，即3月26日，戈林要求海德里希为军方生成一份简要的备忘录，向他们告知苏联政委、秘密警察和犹太人的"危险性"，这样他们就能够"理解他们将要与何许人进行对抗"。[50]

当欧洲东南部发生始料未及的事件时，党卫军与陆军的协商还在进行。3月27日，亲德的南斯拉夫德拉吉萨·克维特科维奇政府被一场军事政变推翻，这让柏林方面担心，贝尔格莱德的新统治者会加入同盟国的阵营，反对纳粹德国。军方和党卫军领导层仓促地为即兴进攻南斯拉夫做着准备。与此同时，希特勒决定入侵希腊。希腊已经在同德国的盟国意大利交战，并在其英国盟友的协助下成功阻止了意大利人行进。4月6日，德国国防军进军南斯拉夫，后者在不到两周之后就投降了。4月末，德军占领希腊。海德里希匆忙请求希姆莱准许他加入行进的武装部队中，并作为战斗机飞行员短暂地参与进攻。但德国迅速取得了胜利，让他根本没能过多地参与到战斗中来。[51]

安全警察和保安局的两支别动队，跟随行进的德国部队开赴巴尔干半岛——一支进驻南斯拉夫，另一支则前往希腊。海德里希和瓦格纳3月就制订出的协议草案，切实解决了海德里希的安全警察和保安局在这场即兴战争中应当扮演何种角色的问题。该草案有一处经过了虽然很小却相当重要的修改：海德里希的手下将要抓捕的人员清单，不仅包括了"流亡者、破坏分子和恐怖分子"，还包括了限定宽得多的"共产主义者和犹太人"。在海德里希看来，与之前一年在占领丹麦、法国、比利时和荷兰期间经历的挫折相比，向巴尔干战役派遣党卫军别动队是一次显著的进步。[52]

4月16日，在南斯拉夫投降的前一天，海德里希和希姆莱在奥地利城市格拉茨的一个酒店房间同瓦格纳会面。基于3月26日的草案，他们为即将到来的对苏战争就“在陆军体制内部署安全警察和保安局的规定”达成了最终协议。尽管这份最终文件并未明确提及“共产主义者和犹太人”，但所有与会者都完全清楚这些人会是未来冲突的主要目标。[53]

海德里希并没有等到协议签署完毕才开始为对苏战争进行准备工作。整个3月期间，他和他的人事主管布鲁诺·斯特雷肯巴赫为原先设想的三支别动队选定了领导人，这三支队伍将分别跟随一支军团进入苏联。最后，另增加了第四支前往罗马尼亚前线的特种部队。A队由弗朗茨·瓦尔特·施泰勒克博士率领，将随北方集团军群取道波罗的海国家。B队由阿图尔·内贝指挥，依照指示随中央集团军群经白俄罗斯和俄罗斯中部开赴莫斯科。分别在奥托·拉施博士和奥托·奥伦道夫博士麾下的C队和D队，将在乌克兰、罗马尼亚和克里米亚活动。这些特种部队都将被进一步划分，其中两个特别突击队将在前线的直接后方活动，另两支突击队则在上述特别突击队的后方活动。与将要投身到苏维埃领土的三百万国防军战士相比，海德里希的别动队的规模小到几乎可以忽略不计：四支特种部队总共也只有三千至三千二百人，其中包括保安局成员和安全警察，也有普通警员和武装党卫军的成员。[54]

跟以往的行动一样，别动队的领导人大多是来自海德里希的帝国安全总部王国的纳粹成员，他们受过良好教育，且大多数在四十岁以下。比方说，在别动队A队的十七名领导人当中，有十一名是律师，其中的九人还拥有博士学位。十三人在1933年以前就是纳粹党或其相关组织的成员，并且截至1939年战争爆发，他们中的所有人都已是党卫军和警察机关的长期成员。不管他们从前担任何种职务，很多别动队的领导人都是通过海德里希的保安局得到提拔的。想必，他们之所以给海德里希留下了深刻印象，不仅是因为他们对犹太人、布尔什维克和斯拉夫人有着大多相同的意识形态观念，还因为干劲十足、冷酷无情、积极主动和行动主义的风貌在帝国安全总部内部占主流，而他们正是体现了这些特征的典型人物。在整个5月和6月初，被分配到突击队的成员在普雷茨赫的边境警察培训学校，以及迪本周边的城镇和萨克森的巴特施密德堡集合。在入侵以前，海德里希多次造访了他们。[55]

希姆莱和海德里希在5月末和6月初数次会面，以完成巴巴罗萨行动的准备工作。[56]有关这些会议的详细记录并没有留存下来，但他们讨论的很可能是两天以后披露的党卫军对苏德战争的整体策略。6月11日，希姆莱召集了包括海德里希、达吕格、沃尔夫和三位指定的被占苏联领土的高级党卫军和警察领导人——汉斯—阿道夫·普吕茨曼、埃里希·冯·登·巴赫—泽列夫斯基和弗里德里希·耶克林——在内的整个党卫军领导层，并召开了为期四天的会议。会议在维威尔斯堡举行，这是一座位于威斯特法伦的帕德伯恩附近的中世纪城堡，希姆莱想把这里开发成党卫军的文化和精神中心。[57]

在此次会议中，党卫军领导层沉浸在即将实现会使前十八个月的实验都黯然失色的人口工程的可能性之中。希姆莱提到，据估计，东欧人口中会有三千万人死亡。他的言辞反映了进攻苏联前的那段时间，在党卫军最高领导层中弥漫着的那种杀气腾腾的气氛。他们完全清楚，他们将要开启一场空前的战役，一场出于种族动机的灭绝行动。[58]

这些血腥的、规模之大完全算得上是种族灭绝的计划，绝非仅限于党卫军领导层的最顶端。五周以前，在1941年5月2日，各个部门的次长与战时经济及武器装备办公室的头目格奥尔格·托马斯将军举行了会议，并讨论了为苏德战争所做的经济准备。他们一致同意，如果德国要赢得战争的话，入侵的国防军就必须要从俄罗斯内部获取食物。另外，对后方的供给至关重要的农产品，如油和谷物，必须被运回德国。“如此一来”，在该会议上达成的协议简要地陈述道，在被占领的苏联，“数百万人”“毫无疑问将会饿死”。三周以后，这个被称作“饥饿计划”的潜在受害者目标群体，被更加具体到将包括“数千万”的苏联人。[59]

为了锁定德国的胜局，“数千万”人必须死去，这个抽象的数字可能是参加了本次5月会议的关键人物赫伯特·巴克给希姆莱和海德里希留下的印象，尽管我们无法证实这一点。巴克于1896年出生在格鲁吉亚（当时俄罗斯帝国的一部分），他的双亲都是德国人。1914年，巴克作为敌国侨民遭到拘留。在第一次世界大战结束后，他搬回了德国。20世纪20年代，巴克起初在哥廷根大学，后又在汉诺威攻读农业学位（后来又读了博士）。在他的博士论文中，巴克阐述道，由于种族低劣，苏联的衰落是不可避免的，他还主张德国有自然权利占领东方荒芜的斯拉夫领土。巴克发表的某些文章吸引了未来纳粹的粮食和农业部长瓦尔特·达雷的注意。他邀请巴克加入纳粹党，后者在1931年照做了。在纳粹掌权三年以后，当戈林正为他的四年计划办公室寻找一名农业专家时，有人将巴克推荐给了他，这个职位让他和从前的导师达雷形成了直接竞争关系。正是在那时，海德里希和巴克相遇了。前者尤其被巴克毫不收敛的极端主义所打动和鼓舞。海德里希和巴克成了亲密的朋友。他们常常在柏林的家中共进晚餐。[60]从1941年年初起，巴克就一直以国家粮食部次长的身份制订饥饿计划。他还负责为东方占领区未来的统治者起草所谓的“十二诫”。巴克强调道：“我们希望把俄国人变成我们的工具，而不是将他们变成国家社会主义者……上百年来，俄国人历经了贫困、饥饿和艰苦的条件。他的胃是有弹性的；因此不要错误地同情他！”[61]

在党卫军领导层于维威尔斯堡举行的会议结束后两天，6月17日，海德里希在柏林举行的一次会议上，随后又在德国进攻苏联前不久于普雷茨赫边境警察培训学校的闭幕式上，再次给党卫军突击队的指挥官们做简报。根据几个当时参加集会的别动队成员在战后的证词，海德里希提到需要以“空前的严酷”对待这项任务。[62]D队的指挥官奥托·奥伦道夫在战后回忆道，海德里希明确要求处决共产党官员和犹太人，这两类人在海德里希的脑海中已经合并成了一个敌人。[63]

在6月17日柏林的会议后，其中一个突击队的指定领袖想要确认他正确领会了海德里希的命令，便提问道：“我们应当射杀犹太人吗？”据称，海德里希向他保证，这个问题的答案是显而易见的。[64]另一名别动队军官证人埃尔温·舒尔茨做证说，海德里希说得很笼统，但暗示必须要“严肃”处理犹太人。[65]

很多别动队成员在战后做证时都提到他们不得不服从这个全面屠杀令，借此想要逃脱自己对在苏联犯下大规模暴行的直接责任。即使我们考虑到这个因素，说海德里希的确下达了诸如此类的笼统命令，这似乎也是合理的。在德国入侵开始后不久，他在给别动队指挥官以及新占领区的高级党卫军和警察领导人的两则书面命令中总结了6月17日的口头命令。[66]海德里希提醒他在一线的下属，他们当下的这个“在政治上平定”被占苏联领土的任务需要他们采取“无情的严厉手段”，并重申，连同“共产国际官员（以及一般的职业共产主义政治家）、中高层官员和激进的底层官员、中央委员会、区委员会、街道委员会和人民委员”，还有“其他极端分子（破坏分子、宣传工作者、狙击手、刺客、煽动群众的人等）”一起，“所有为该[共产]党和该国服务的犹太人”都应当被“消灭”。[67]

要遭到处决的目标人群被刻意模糊化了，但很明显的是，“所有为该党和该国服务的犹太人”这个表述仅仅是一个代号，指的是杀掉定义模糊的犹太上层人士的命令。[68]大体上，突击队的领导人将自己决定究竟谁会被包含在这个类别里——再一次，这种方式高度代表了海德里希的领导风格，即激发主动性而又不说明确切目标。他的这种领导风格将成为接下来几周大规模屠杀迅速升级的一个重要因素。[69]

巴巴罗萨

1941年6月22日，一支史无前例空前浩大的由三百万德国士兵和逾六十万意大利、匈牙利和芬兰部队组成的侵略军，在长达一千五百公里的战线上侵入苏联。国防军行进的速度快得惊人。在发动入侵的两天之内，北方集团军群就占领了格罗德诺、维尔纽斯和考纳斯这几个波罗的海城市。到了6月底，利沃夫也沦陷了。中央集团军群向东推进，在7月中旬拿下了斯摩棱斯克，与此同时，南方集团军群向乌克兰南部深入。截至深秋，德国国防军已经俘虏了超过三百万名苏联士兵，他们当中的绝大多数都会由于饥饿、斑疹伤寒和其他感染病在德国的战俘营中死去。[70]

海德里希的别动队跟随在军队后方，他们立志要出色地执行他们的命令。尽管海德里希会通过每日的事件报告来了解他们的进展，但他和希姆莱很快便决定要亲自监督别动队的工作。[71]在巴巴罗萨行动开始后八天，即6月30日，他们从希特勒在东普鲁士的总部前往曾经被苏联占领的波兰领土格罗德诺和位于新占立陶宛的奥古斯图沃，后者拥有波罗的海国家最大的犹太人社区。在格罗德诺，海德里希不悦地发现，尽管一周前这个镇子就被占领了，但没有任何一个安全警察或保安局的代表在场。他向负责这片区域的突击队领袖发出了谴责和警告，命令他“在战术行动上”展示出“更大的灵活性”，并且“跟上军事行进的节奏”。别动队B队的指挥官阿图尔·内贝回复并致歉道：尽管在占领格罗德诺和利达的头几天“只有九十六个犹太人被清除”，但他向海德里希保证，他已经下令“必须大幅加强清除的力度”，“必要清除的实施”在“任何情况下都会得到保证”。[72]

与此同时，在奥古斯图沃，海德里希和希姆莱赶上了由汉斯—约阿希姆·勃姆率领的别动队A队分支。在前几周，勃姆和他的手下数次参与枪杀平民，他们来奥古斯图沃是为了在快速行进的国防军后方发起进一步的“惩罚行动”。希姆莱和海德里希二人都“完全”赞成像这样的大屠杀。得到上级许可、受到鼓舞的该别动队分支，在次日又射杀了三百余名平民，其中大多数是年龄在十七岁至四十五岁间的犹太男性。截至7月18日，勃姆的队伍号称已经杀害了总共3302名平民。[73]

7月11日，海德里希和希姆莱返回格罗德诺查看别动队灭绝行动的进展。两人都亲眼见到，在6月30日还受到批评的谋杀小队已经克服了“被动性”：当他们到达时，格罗德诺、奥什米亚内和维尔纽斯发生了大规模枪杀。[74]在出差的间隙，海德里希还在为参加1941年8月在巴特克罗伊茨纳赫举办的德国全国击剑锦标赛（最后他取得了第五名）做准备。他通过每日进行击剑训练来分散自己的注意力并获得放松。[75]

海德里希的格罗德诺视察之行，以及此后平定措施的极端化，都呈现出了一个总体趋势：在对苏联作战的头几周，希姆莱、海德里希及其他党卫军高级官员频繁造访他们在一线的下属，而且在他们进行视察以后或是刚好在视察途中，暴行发生的次数通常会增多。虽然并没有什么确凿的证据表明，他们中的任何一个人直接呼吁过不论年龄与性别地屠杀手无寸铁的平民，但在这片曾由苏联占领的疆域，似乎希姆莱和海德里希的到场就已经引起了对犹太平民进行大屠杀的狂潮。他们准予这些已经发生了的事件，并鼓励他们的下属显示出更多的主动性，这样一来，他们便对大规模屠杀的升级起到了决定性的推动作用。东部前线的别动队官员们很快就认识到，激进主义和主动性定然会受到褒奖。[76]

于是，在夏天，杀戮加剧了。自6月末以来，几乎所有的突击队以及整个前线的一些德国警察部队，都开始不分青红皂白地射杀到了服兵役年龄的男性，并常常是一次屠杀几百个，甚至是上千个。他们以各种借口实施处决，有些人要"报复"苏联特勤部门——内务人民委员会（NKVD）——所施的暴行，有些则是为了惩罚"抢劫犯"和打击"游击队员"。[77]

海德里希对党卫军和陆军在波兰被占领土发生的冲突还记忆犹新，他一直担心由行刑导致的紧张局势会再度浮现，因此他吩咐行进部队的领袖在执行他们的任务时表现出"必要的政治敏感性"。事实证明，他的担忧是缺乏根据的。别动队的第一份行动报告记录道，与国防军的合作很"出色"。[78]军队指挥官仍然会接到个别投诉，但与在波兰时类似的普遍愤怒情绪并未出现。1941年8月，当游击队活动在被过度拉长的前线后方开始萌芽时，国防军便更加愿意容忍和参与施暴了。在迅速延展的前线上出现了兵源短缺，与此同时，人们对游击战的恐惧也日渐增长。为了应对这个困境，他们对潜在的和真正的敌人实施了更大程度"先发制人"的暴力。

然而，大屠杀并不仅限于党卫军特种部队。在数片新占领土，党卫军成功地激发了由当地居民发动的反犹骚乱。6月29日，大概是出于对6月底发生在考纳斯，导致了三千八百名犹太人丧生的恐怖反犹骚乱的回应，海德里希提醒特种部队的指挥官，在苏联被占领土，"反共人士和反犹团体的自清活动""将不会受到制止"。相反，在"不留下"

德国参与其中的“任何痕迹”的情况下，这些人要受到积极的鼓励和教唆，这样，这些反犹骚乱便会看似反犹愤怒情绪的自然爆发。[79]在自1939年以来苏联红军占领的区域中，有证据证明，至少六十个城镇都发生过反犹骚乱，尤其是在立陶宛、拉脱维亚和西乌克兰。尽管对遇难者数目的估计有所不同，但是少则一万两千名、多则两万四千名犹太人不幸成为这些暴动的受害者。[80]

尽管海德里希急于将反犹骚乱当作本地人憎恨“犹太布尔什维克”的表现，但他也了解该政策中隐含的危害。在复杂的民族主义、机会主义和反犹动机的混合作用下，反犹骚乱具有一种不可预见性，这个元素可能会对任何系统的反犹政策起到反作用。一线的军队指挥官并没有立刻把帝国安全总部推荐的基本做法——挑起反犹暴动、利用当地的协作者，却不正式对他们所起到的辅助作用进行制裁——当作有效占领政策的一部分。7月1日，在卡尔—海因里希·冯·施特尔普纳格尔将军率领的十七军提出疑问后，海德里希对之前有关“不阻碍反共人士和反犹团体的自清活动”的命令做出了详细说明。这么做的目的，一部分是为了防止非德国人所实施的暴力不受控地迅速增长，另一部分是为了防止和陆军发生冲突。海德里希声称：“显而易见，清洗行动必须得主要针对布尔什维克和犹太人。”另一方面，波兰人暂且会得到赦免，因为海德里希相信，他们的反犹程度足以让他们“作为反犹暴动的发起者而起到特别重要的作用”。[81]在未来的某个阶段，再决定他们长期的命运。

相反，布尔什维克政委的命运则很简单：他们一旦被捕就要被当场击毙。但海德里希试图说服军队，在可能的情况下，在行刑以前，这些人应当接受保安局和阿勃维尔官员的审讯。他们通常在受到折磨后招供，这有助于海德里希更加清晰地了解苏联内务人民委员会的组织结构和运行模式。[82]

因此，对于海德里希而言，德国进攻苏联标志着那个令他极不满意、意识形态成就和事业上的野心双双停滞不前的时期的终结。在入侵波兰至巴巴罗萨行动开始之前的这段时间，他并未成功加深保安局和安全警察在西欧占领区的影响。与此同时，波兰西部的日耳曼化和犹太人问题依旧皆未得到解决。巴巴罗萨行动给他提供了跳出这种僵局的一个潜在策略。

命运攸关的决策

1941年6月和7月初，在德国以闪电般的速度进入苏联领土后，海德里希就安全警察在占领莫斯科后的职责发布了一份详细指令。欣喜的希特勒，向几个纳粹顶级官员宣布了他对东方占领区未来的计划。这块占领区地处神秘又朦胧、被德国人唤作“东方”的王国——据推测，这片位于波罗的海和黑海之间的荒芜土地覆盖着湿地、茂密树林和沼泽。直到此时，关于这片占领区将来会怎样，尚有很大的不确定性。[83]在7月16日的演讲中，希特勒做出了一些澄清：东方将要成为德国的“伊甸园”，要使用“任何必要的手段——枪杀、重新安置等”来实现这个乌托邦理想。像往常一样，希特勒并没有下达明确的系统大屠杀命令，但他所传达的基本信息却明白无误：在这个德国的伊甸园，并没有共产主义者、犹太人和其他不受欢迎者的容身之地。他的下属，尤其是希姆莱和海德里希，迫切地不想让他们的元首失望。[84]

典型的，希特勒并未敲定任何有关这片从前由苏联统治的领土的具体计划；但令希姆莱和海德里希感到十分失望的是，希特勒决定，在苏联的军事行动结束后，占领区将由民政部门来统治。这些部门将由新任命的东部占领区部长阿尔弗雷德·罗森贝格统一管理。罗森贝格出生于1893年，是波罗的海日耳曼人。他曾经在莫斯科上学，并于1933年成为纳粹党外交政策办公室的头目。海德里希曾经希望希特勒会将新占领区的政治控制权交给希姆莱——这样一来，党卫军便能够在除波兰以外的地方协调日耳曼化政策了——但他的希望就此破碎了。就目前而言，希特勒将党卫军的权力限制在维护新占领区治安的范围内。海德里希将会充当罗森贝格和党卫军之间的联络人，因此，用他自己的话说，他“在占领区就政治问题对党卫军帝国领袖负责”[85]。

潜在的未来冲突从一开始就很明显：罗森贝格希望最终将新占区域分成四个帝国总督辖区：乌克兰、奥斯兰（纳粹对由波罗的海国家和白俄罗斯组成区域的称呼）、高加索和俄罗斯的领土。在现实中，只有其中两个得到建立，即帝国总督乌克兰辖区（归埃里希·科赫管理）和奥斯兰辖区（归欣里希·洛泽管理）。而海德里希却把帝国总督视作天生的对手，将自己的警察任务理解成本质上的**政治**任务，在执行这些任务时不应当受到民政管理者的任何干涉。他在一封给库尔特·达吕格的信中指出：“在所有的东方事务中，有90%在本质上都主要是政治的，因此和我自己的机关有很大干系。”[86]让人并不感到奇怪的是，海德里希在一封致帝国总理府首脑汉斯·拉默斯的信中要求，给予安全警察在警务方面向东方占领区的民政部门下达命令的权力，这个要求立即就引起了罗森贝格的强烈反对。[87]

海德里希对罗森贝格政府和东方民政部门的态度，在某种程度上受到了他长久以来对老战士的反感情绪的影响。这些人仅仅因为是长期效力于纳粹党的老将，就收到了任命在东方担任要职。海德里希认为，无论是洛泽还是严重肥胖的埃里希·科赫，都不太像是能够建立起一座新德国伊甸园的合适人选。另一个新政府当中的关键人物是白鲁塞尼亚（从1939年前的波兰东部和苏维埃白俄罗斯分割出来的区域，是奥斯兰的一部分）的总督威廉·库贝。他也是纳粹运动的老战士，海德里希于1935年12月曾教唆对他发起警方调查，导致库贝被判挪用公款，暂时失去了全部纳粹党内职务。[88]无能又腐败的库贝对海德里希怀恨在心，今后与他打交道确实会非常困难。另外，罗森贝格还发起了与东欧当地民族主义者的反布尔什维克战时同盟，海德里希觉得这个想法本身就是有缺陷的，并且还有可能是危险的。赢得一场种族战争不是依靠少数民族，而是永久地驯服他们。[89]

希特勒拒绝赋予希姆莱在东方占领区进行种族重组的总体政治责任，这对于野心勃勃的党卫军领导层来说又是一次苦涩的挫折。然而，希姆莱和海德里希从这次失败中吸取的教训却是典型的：他们并没有削减野心，而是决定在民政管理局完全建立**之前**就在苏联领土上发起系统性种族清洗的政策，而非像原先计划的那样在打败苏联**之后**。[90]1941年10月20日，正是在这个激进主义抬头，人们因明显即将取得胜利而沉浸在喜悦之中的背景下，海德里希向希姆莱提议，列宁格勒和莫斯科这两个主要的"犹太布尔什维克主义象征"应当被夷为平地。这个主张最不寻常的地方并不在于它的极端性，而在于它将意识形态目标凌驾于军事需求之上。[91]

如果党卫军领导层的总体目标是在苏联领土发起一项空前的驱逐和灭绝计划，一场（根据在战争之初讨论过的估测）将导致三千万苏联人丧生的种族灭绝式猛攻，那么这样一个针对东欧全部原住人口的大范围灭绝计划的落实，在1941年夏天仍然完全是乌托邦式的。想要将苏联的主要城市夷为平地是根本不可能的；想要不冒着在行动区域引起骚乱的风险而射杀三千万人或是切断他们的食物来源、让他们饿死，这也是根本不可能的。然而，在海德里希看来，在对付苏联犹太人这个小得多的群体时，这些担忧都是不存在的。作为消除所有东方异己人口元素的第一步，党卫军会将以下两种手段相结合，从而使这些区域完全“零犹太人”：一是在战争的阴影下大规模行刑，二是把那些仍能被压榨、被迫进行强迫劳动的人关进隔离区。

通过在战争**期间**消除苏联的犹太人，希姆莱和海德里希就可以证明，唯有他们拥有实现希特勒在东欧建立新种族秩序的计划所必需的意识形态信念和经验，而不是罗森贝格或其他任何民政或军政当局。借助落实反犹太人政策，党卫军领导层便可以展示德国对东方的统治如何才能有效地实施和管理。[92]

海德里希产生这样的想法，并非仅仅是因为他怀疑他人的能力，也并不只是从战略性的角度出发。这样的想法与海德里希本人坚定的意识形态信念也是高度吻合的。在海德里希看来，对苏战争是两种不可调和的政治意识形态之间的生死较量。这场战争更是加剧了道德观的转变，这种转变在波兰战役期间就已开始出现。在海德里希的眼中，党卫军必须要证明它忠于希特勒的种族幻想，而且一定要对德国人民广义上的敌人显示出严厉的态度。

作为纳粹主义的意识形态突击部队，党卫军将无条件地完成希特勒的命令。这个任务虽然艰难，却是历史性的。按照这个扭曲的逻辑，杀戮上万，最终是上百万不受欢迎的人，是一项不可替代的任务，任何**没有**谋杀帝国的种族—意识形态敌人的人，实际上是在对德国人的后裔犯罪。要“体面”地执行这项任务，就不能让行凶者从中牟利，或是让他们获得施虐的满足感，而是要让他们清楚地意识到，他们为了创造一个更好的世界而做出了历史性的牺牲。行凶者是这个污秽世界的受害者，这样的任务已降临在他们身上。像希姆莱一样，海德里希也说服了自己，党卫军面临的这项血腥任务是唯一的选择。有时，他将自己形容为“第三帝国的垃圾收集总长”——执行着令人不悦又肮脏的任务，但为了日耳曼民族的未来和政治体的洁净，他不得不执行这项任务。[93]

在希特勒的伊甸园演讲之后不久，海德里希大幅增加了驻扎在东部前线的党卫军别动队的人数。与此同时，希姆莱将警察后备营和党卫军骑兵都分派给驻苏联的各高级党卫军和警察领袖，并让他们负责清除区域内的游击队员和其他广义上的敌人。立陶宛、拉脱维亚、爱沙尼亚、白俄罗斯和乌克兰在红军撤退前曾被苏联占领，成千上万的国民遭到苏联内务人民委员会杀害。当地人受到这段经历的煽动，也被招募进了辅警部队以充实杀戮小队的力量。希姆莱在接下来的几周内踏遍了东方占领区的大部分地区，一些一线的别动队领袖更是受到了来自他本人的鼓励。其他人，比如奥托·奥伦道夫，则直接听命于海德里希。[94]

海德里希决定于7月末探访奥伦道夫的别动队D队，并将他的视察之旅与一次短暂的前线之行结合起来。他还沉浸在胜利即将到来的愉悦中，因此并不想在战争结束前错过战斗的机会，是时候再一次展现英雄风范了。1941年7月20日，在德国战役开始后约四周，海德里希停下了在柏林的工作，在南俄前线、亚姆皮利附近停留了三天时间，并在此重新加入第77战斗机中队当中。他在去年曾经和这支队伍一起参加了对挪威的空袭。[95]

海德里希的这趟旅程并没有得到希姆莱的批准。希姆莱在事后“带着骄傲的喜悦”说道，这是“在我们共事的十一年当中唯一的秘密”。[96]海德里希是驾驶着自己的飞机——一架梅塞施密特109——到来的。这架飞机似乎是他之前从空军上将恩斯特·乌德特那里借来的。作为交换，海德里希为乌德特签发了一份特殊警方许可证，让他在空袭期间和夜晚可以在柏林开车。跟在挪威时一样，海德里希很享受他的“冒险之旅”，他同普通士兵和军官同伴们一起喝酒和玩牌直至深夜，在白天则对撤退的苏联军队进行了数轮空袭。[97]

战斗机中队的任务是在德涅斯特河上占领一座对战略至关重要的桥梁。飞行员们接到指示，要防止撤退的红军摧毁这座桥，这样德国士兵才能畅通无阻地越过这条河。7月22日，下午两点刚过，中队遭遇了苏军猛烈的高射炮攻击。海德里希的飞机被击中，导致引擎发生故障。在紧急降落以后，这位飞行员被困在了奥尔尚卡区——该区位于苏方界线内。在纳粹德国空军基地，惊慌蔓延开来。指挥官担心海德里希不是死了就是落到了苏联内务人民委员会手中——后者更为糟糕。仅在几个小时以后，一位步兵军官打来电话，汇报说有一支行进的巡逻队救起了一名坠机的飞行员。这名飞行员看上去并未受伤，但很明显他的脑部受到了损害，因为他一直坚称自己是帝国安全总部的头目。[98]

在他安全返回柏林后，海德里希立刻就着手准备与赫尔曼・戈林于1941年7月31日傍晚举行的会议。在此次会议上，海德里希得到了戈林在一份文件上的签名。这份看似简单的文件只有三句话，想必是由海德里希自己起草的。戈林曾于1939年1月24日赋予海德里希权力，让他就日耳曼帝国境内（到那时，疆域已经大幅拓展）的犹太人问题通过迁出移民的方式来组织一个解决方案。现在，戈林扩大了海德里希的权力，准许他为“彻底解决德国在欧洲势力范围内的犹太人问题”而进行“一切必要的准备”。另外，他还授权海德里希负责协调那些管辖权受到影响的组织参与到这一过程中，并就“犹太人问题的最终解决方案”的相关计划提交一份“详尽的草案”。[99]

我们至今仍然不知道，海德里希在那个时候究竟是如何设想这个最终解决方案的。他仍然像1941年春天预想的那样，认为最终解决方案是将欧洲犹太人从德国势力范围大规模驱逐到荒芜的西伯利亚地区，并让他们在那里由于气候条件和强迫劳动而大批死去吗？还是“最终解决方案”这个词已经暗指杀害欧洲的每一个犹太人的意图了？[100]

有些历史学家将海德里希7月31日得到的授权，解读成戈林命令他对欧洲犹太人实施大规模屠杀进行“可行性研究”。[101]但还有人对这则授权有着不同的理解。很明显，海德里希的思想由主要专注于德国、波兰和苏联的解决方案，转向了从整体上考虑纳粹控制下的欧洲。然而，他在接下来几个月内的行动和命令，并没有表明政策会发生根本改变。他明显意识到，由于占领了苏联，犹太人问题的规模已扩大了许多。当德国军队向东驰逐时，在纳粹控制之下的犹太人数量每天都成倍增加。但在此时，他还是相信一个总体解决方案会奏效。这个办法由两部分组成，一部分是系统地杀害苏联的犹太人、接纳德国原定居者移民区域的犹太人和被从帝国驱逐出境的人。第二个部分仍然是，一旦军事形势允许，就将犹太人从德国势力范围内的其他部分驱逐到苏联。

如果说在战争的前几周别动队对于在苏联占领区杀害犹太女人和儿童还有所保留的话，他们很快便克服了这种心态。但是，各个特种部队开始扩大杀戮范围的时间点却大不相同。在白俄罗斯，7月底，阿尔弗雷德·菲尔贝特麾下的突击九队成为头一支系统杀戮犹太女人和儿童的队伍。他们明显是接到了海德里希的明确指令。[102]

在苏联，大屠杀范围的扩大源自一个颠倒的逻辑。这个逻辑在海德里希和希姆莱的脑海中已经成熟，并且在一线的很多军官也都认同这个逻辑：他们认为自己是为了自卫才伤害之前的（可能还有将来的）那些受害者的。如果他们让这些孩子生存下来，他们便会采取报复行动。女性则会生下更多的孩子。老人会讲述这个故事。只有通过一次可怕的最终清算，才能终结德国过去的不幸——据说本来就是由犹太人造成了这不幸。这个方法虽然残酷，却是决定性的，将会对下一代德国人“有益”，他们将既不再需要处理以现有形式存在的犹太人问题，也不再需要解决将来"复仇者一代"的犹太人问题。[103]

海德里希并未留下文档或信件，表明其在道德上曾对自己在反犹政策致命升级这一过程所起的中心作用存有疑虑。但是，像是希姆莱或莉娜那些亲近他的人确实指出，他意识到自己的行为严重违反了西方文明的常规，背离了他的家庭向他灌输的价值观。1942年6月，在海德里希的葬礼上，希姆莱坚称："从我和海德里希的无数次探讨中，我知道这个男人付出了什么代价才变得如此冷峻、严苛，其实他的内心是柔软的；为了始终依照党卫军的法则行事而做出艰难决策。党卫军的法则约束我们，在国家生死存亡的关头，既不要吝啬献出自己的鲜血，也不要犹豫索取别人的鲜血。"[104]他的妻子也声称，海德里希"完全清楚他的角色是刽子手，但他知道怎样积极地证明该角色的合理性"：他说服自己，为了善待德国人的后裔，让希特勒的乌托邦成为现实，他和他的手下必须在当前的冲突中表现强硬。[105]

别动队杀戮的速度，不仅取决于海德里希的命令或各个特种部队的指挥官，还取决于他们各自的军团推进的速度、他们遭遇的犹太人口的密度、当地人提供帮助的程度，以及当地犹太人是否可以被用作德国备战的奴工。例如，在立陶宛，对当地犹太人的种族屠杀，明显比占领区的其他部分更早升级。长久以来阻止在总督府辖区大批屠犹的经济因素在这里并不成立，而食物短缺问题在1941年秋季变得更为突出，从而使得处理掉"没用的嘴巴"一事变得更加迫切。事实证明，由施泰勒克率领的别动队A队在完成交予其的谋杀任务时尤为高效。他们对摧毁立陶宛和拉脱维亚的庞大犹太人社区负有责任。[106]

暴力渐增的后果是惊人的：截至1941年年末，德国人和他们的当地帮手已经在苏联领土谋杀了五十万至八十万名犹太男人、女人和儿童。他们常常一天就杀戮两千七百到四千二百人。其中，多数人是在邻近的区域遭到射杀。受到仇恨“犹太—布尔什维克主义”的影响，当地帮手有时会用棍棒和锄头对付基本没有还手之力的犹太人。[107]

至1941年夏末，希姆莱和海德里希都开始担忧，别动队执行的这些近距离杀戮任务影响了他们手下人的心理健康。自从1941年8月中旬到场观看了对明斯克犹太人行刑，希姆莱就一直担心这种方式会制造出喜欢施虐、精神错乱的杀手。战后，这样的人会很难重新融入德国的社会。海德里希同样也意识到了这个问题，因为他常常接到有关那些被分派到其特种部队的人酗酒和精神崩溃的报告。[108]

关于怎样解决这些由他们自己造成的问题，有来自多方面的建议。其中一个最早提出使用毒气来加速屠杀“不能够工作的”犹太人，让该过程变得“人性化”，是一个总督府的当地官员——罗尔夫·海因茨·霍普纳。7月16日，霍普纳写信给艾希曼，建议应当让一个“行动迅捷的探员”来为罗兹除去没用的犹太嘴巴。在俄罗斯中部的前线，别动队指挥官阿图尔·内贝也于9月中旬和从柏林前来的化学专家会晤，并探索了使用毒气的可能性。[109]

受到这些建议和实验的启发，海德里希指示他在帝国安全总部技术事项办公室的头目瓦尔特·劳夫研究新的大屠杀手段。劳夫转而要求他的手下为东部前线的别动队开发一种“更加人性化的行刑方法”。此人负责管辖安全警察的四千辆机动车。[110]

10月末，柏林附近的萨克森豪森集中营首次试验了拟议的解决方案——移动毒气室。四十名赤身裸体的苏联战俘在一辆货车的后部被用废气杀死。三十辆这样的毒气车又被预订，送至东方，它们先是在明斯克和莫吉廖夫，然后又在瓦尔特高和塞尔维亚被使用。海德里希认为，对于行凶者来说，这种杀人方式更加人性化，但移动毒气室却从未真正流行起来。在中型货车里以一氧化碳让人窒息而死的方式，实在是过于缓慢，且最终其令人不安的程度也丝毫不少于枪击。行凶者必须得等到受害者的尖叫声在车内消失殆尽——这个过程往往要持续超过十五分钟——才能将尸体从车内清除。尽管在波兰，最著名的是在贝乌热茨，已经开始对更加“有效的”固定毒气设施进行试验，但在德占苏联领土，手动处死仍然是最普遍的做法。[111]

与此同时，奥斯维辛在9月开始实验一种强力化学熏蒸剂齐克隆B，苏联战俘在一系列试运行中被迫吸入毒气。海德里希的毒气车和奥斯维辛的齐克隆B实验的初始目的，都不是系统地屠杀所有欧洲犹太人。它们的首要用途是辅助东部前线的杀戮行动，并在总督府辖区为即将到来的，被从帝国驱逐出境的人创造空间。

在苏联前线发生屠杀的消息很快就传遍了整个德国社会。在东方目睹、参与或仅是听说了大规模行刑的士兵，将这个信息传递给他们在家乡的朋友和亲属。比方说，将来对希特勒进行军事反抗的菲利普·冯·勃泽拉格尔就是通过一个军官朋友了解到对犹太人的大规模行刑。他的这个朋友跟一些喝醉了的保安局成员搭乘过一列火车，那些人吹嘘说他们曾于1941年在南方集团军群的后方杀害了二十五万名犹太人。这样的事件并非例外，截至1941年9月，在几乎每一个德国城市，都存在保安局成员散布的有关东部前线大规模暴行的传言。[112]

这些传言造成了不安，也导致海德里希敦促他的手下在执行任务的时候要更加谨慎和注重保密。9月初，他向他的下属们解释道：“元首已经多次强调，帝国的所有敌人都会利用一切机会造成德国人民间的不和——就像在[第一次]世界大战时一样。因此，切忌使用任何可能影响人民团结情绪的手段，这一点是有迫切必要的。”想必是为了防止在德国产生不必要的传言，也是为了防止一线的党卫军部队和民政部门之间产生进一步的矛盾，海德里希下令，“在采取任何尤为严厉的措施以前”，必须经过他本人的同意，但如遇“迫在眉睫的危险”则除外。[113]

在面对纳粹领导层的时候，则不用这样谨慎或保守秘密。海德里希的帝国安全总部负责编辑别动队的定期汇报，并将其发散至其他政府部门，以让他们了解——并让他们适应——在东方占领区的事态动向。接收这些报告的人数量一直在增长，到10月末，海德里希已经让德国官僚机构接收的别动队报告泛滥成灾。因此，处在边缘的党卫军官员，也可以期望他们的报告会被一大批有影响力的纳粹官员阅读。在将报告呈递给希特勒时，帝国安全总部还搜集了“说明性材料”，尤其是记录特种部队在东方执行谋杀任务的照片。[114]

在苏联的大规模行刑范围逐渐扩大，大规模枪击也一直不断吞噬新的受害者群体，这些都不太可能招致纳粹最高领导层的任何批评。正相反，海德里希下达的命令，仅仅是预见了希特勒在战争结束后的一段时间内本就想做的事情：不论采取哪种形式，都要对苏联犹太人进行肉体毁灭。

在德国犹太人的问题上，希特勒则更加谨慎。1941年7月末或8月初，当海德里希提议将德国犹太人立刻、完全从帝国清除出去时，希特勒有些迟疑并否定了这个想法。[115]在离后方尚有成百上千公里以外的地方杀害苏联犹太人是一回事，而将德国犹太人，包括那些参加过战争、立过功的老兵，从自己家里赶出去则是另一回事了。民意很重要，在战争的重要节点，并没有必要和民意作对。但是，从8月中旬起，美国越来越可能与同盟国协同作战——据称，这是犹太人运作的结果。这时，希特勒的想法转变了。德国现在并不再只是和体现为苏联的犹太布尔什维克主义做斗争，而是还要与全方位的“犹太人世界阴谋”做斗争。后者让正在形成的共产主义和资本主义同盟团结在一起。

在这个背景下，纳粹政权进一步加剧了对德国犹太人的迫害。德国犹太人除了不得不从9月起经受新的歧视性措施外，还要按照希特勒在8月18日做出的决定，被强迫佩戴黄星的身份标识（在总督府辖区和瓦尔特高，他们必须佩戴这个标识已有两年之久），以便一眼便可以看出他们是“内部敌人”，并进一步帮助将来把他们驱逐到东方去，就像设想的那样。但希特勒还是没有批准驱逐行动。[116]海德里希在1938年11月的反犹暴动后就已经做出过类似的提议，因此，他对希特勒的决定感到欣慰。当时，希特勒否定了这个提议，但在接下来的几年中，这个主意不断被重新提起。尤其是在1941年春季，戈培尔敦促希特勒重新考虑标记犹太人的可能性。[117]

1941年夏，后方不断低落的士气与标记计划的复兴紧密相关。尽管在1941年6月22日入侵之后，国防军迅速向苏联领土推进，并在早期与措手不及的红军敌人的交战中取得了一些杰出的胜利，但很多德国人都担心，此时希特勒已做得太过分了。从那年7月起，保安局就注意到，信心有明显减退，人们也惧怕对苏战役会发展成一场旷日持久、损失惨重的长期较量。补给状况的恶化和英国对德国西部城市的轰炸，使得这些悲观的看法更加严重。[118]戈培尔于8月12日在自己的日记中写道，他和其他纳粹领导人确信，犹太人在散布谣言，充当“情绪破坏分子”，他们要为士气的不断低迷负责。戈培尔希望，如果让别人看见他们是犹太人，他们就不可能“以德国人民的名义发表言论了”。[119]

在他写下日记的三天后，即8月15日，宣传部召开了一场有关标记事宜的会议。艾希曼作为海德里希的代表参加了此次会议，并确认他的上司正在就此事寻求元首的直接决定。艾希曼还告诉其他与会代表，帝国安全总部已经在旧帝国的大城市里“部分清除”犹太人了。[120]

希特勒于8月18日批准了做标记的提议。与戈培尔亲自干涉产生的影响相比，这个决定更多的是受到元首对将德国犹太人逐出帝国一事总体改变了主意的影响。[121]希特勒批准该提议的消息很快就传遍了柏林。外交部的犹太人专家弗朗茨·拉德马赫在8月21日传递给上司路德的便条上记录道，艾希曼已经“秘密地通知我……海[德里希]从元首的总部收到电报，据说，元首已经批准在德国对犹太人做标记”。[122]

艾希曼打来这通电话的目的是故意向外交部表明，海德里希和他的犹太人专家已经着手执行希特勒的命令。内政部还在斟酌可能排除在这则标记令以外的情况，比如说处在“特权异族通婚”*关系中的犹太人，与此同时，海德里希的帝国安全总部已经在以超凡的速度处理这则标记令了。9月1日，在希特勒做出决定后还不足两周，海德里希便签署了“有关标记犹太人的警察条例”[123]。海德里希的命令不仅强迫年龄在六岁以上的德国犹太人戴上明显可见的、印着“犹太人”字样的黄星，使他们备受耻辱，而且还包含了犹太人“禁区”的条文，禁止他们在没有警察许可的情况下离开居住地。[124]

在接下来的几周，海德里希发布了更加详细的指令，他还亲自把即将采取的措施告知帝国剩余犹太人组织的代表。[125]9月8日，德国犹太人国家协会的保罗·爱泼斯坦和维也纳以色列教会的约瑟夫·洛温赫尔兹被传唤到帝国安全总部，以熟悉“犹太大卫星”的发放细节。他们被限定在三天之内完成以每个十芬尼的价格售卖这些徽章的工作。[126]尽管希特勒在8月同意了给犹太人做标记，但他还是不愿意批准驱逐犹太人。9月，由于国防军在东部前线取得了成功，列宁格勒和基辅很快就要被包围了。受到鼓舞的希特勒已经打算更改在这个问题上的立场，并做出一些对纳粹种族灭绝政策的进一步升级和海德里希的个人

---

* 指非犹太男子与犹太女子的结合，且双方没有子女，或子女没有在犹太教会登记。——译注

生活、职业生涯都影响深远的决定。[127]

至关重要的是，由于反抗活动在保护国崛起，也因为希特勒明确表示过希望将布拉格变成大日耳曼帝国境内的首批“零犹太人”城市之一，他在9月末决定要用海德里希替换掉他在布拉格的“软弱”代表冯·诺伊拉特男爵。早在1939年，出于战略上的考虑，希特勒任命了这位极端保守却风度翩翩，在国际上受到尊重的施瓦本贵族和职业外交官。之所以任命诺伊拉特，是因为希特勒想要安抚伦敦，而诺伊拉特曾经在那里的圣詹姆斯法院担任大使。然而，任命海德里希则是出于全面战争的需要。像希特勒所希望的那样，将海德里希任命为代理总督对波希米亚和摩拉维亚的犹太人立即就产生了影响。从1941年10月1日起，在海德里希到达布拉格后不到一周，保护国的犹太移民办公室就要求布拉格犹太宗教会开始重新登记每一个保护国的犹太人。那个时候，受到恐吓的教会已经对海德里希言听计从了。海德里希不信任在诺伊拉特的“松懈”统治下生成的数据，他怀疑诺伊拉特根本就不怎么理解种族问题。仅在布拉格就有三十七名犹太教会成员在遭受被驱逐的威胁下几乎马不停蹄地工作，有时候一天要登记两千人。来自德国和捷克群众的揭发受到了积极鼓励，事实证明，他们对识别犹太人起到了关键作用。[128]

10月10日，海德里希在布拉格主持了会议，艾希曼和其他种族和定居问题的专家到会。根据纪要，会议的目的是探讨保护国和帝国境内犹太人问题的可能解决方法。海德里希宣布，希特勒要求“在年底之前将所有犹太人从这个德国领地清除出去”，并提醒道：“所有[有关犹太人政策]悬而未决的问题都必须马上得到解决。甚至是在运输问题上也绝不能出现任何差池。”在像特雷津这样的“暂时中途营”内集中之后，保护国的犹太人就要被驱逐到罗兹。但是，考虑到罗兹当地政府估计会提出抗议，五万名“最累赘的”犹太人，即那些最不具备工作能力的将会被送到明斯克和里加。别动队B队和C队的领袖内贝和拉施将会“在关押共产主义囚犯的集中营”，为这些和其他来自帝国的犹太人腾出空间。另有五千名吉卜赛人被从奥地利送到了里加。[129]

在次日发布的一份新闻稿中，海德里希总结了会议的结果：他陈述道，“最终目标”不仅仅是将犹太人排除在社会和经济生活之外，还要“让他们重新定居到欧洲以外的地方”，并要“尽快”采取行动。四天后，即10月15日，布拉格的驱逐行动便开始了，每天都有一千人被运送出去。[130]

很明显，在海德里希的设想中，驱逐中欧犹太人只不过是朝泛欧洲解决方案迈出的第一步。他在10月4日同罗森贝格的东部占领区部的代表开会时，并在11月6日致陆军总军需官的信中再一次强调，这个泛欧洲计划将最终导致“犹太人被从欧洲彻底清除”[131]。

就在将犹太人驱逐出保护国和帝国的行动开始后不久，所有从德国控制下的欧洲逃跑的可能性都被消除了。10月13日，当西班牙外交部提议将两千名居于法国的西班牙犹太人驱逐到西属摩洛哥时，海德里希以两个理由拒绝了。第一，他认为西班牙政府既没有意愿也没有决心在摩洛哥有效地看守这些犹太人。第二，“将在战后制订的犹太人问题解决方案所采取的手段，将会无法直接触及这些犹太人”[132]。

显然，移民出境已不再是海德里希的犹太人问题解决方案的一部分。10月18日，在他通知外交部的路德他不同意西班牙政府的提议之后第二天，他和希姆莱就犹太人迁出移民的问题做出了一个更加一般的决定。“不允许犹太人移民到海外”，希姆莱在与海德里希通过电话后在日记中如是记录。[133]10月23日，迁出移民这条路径被正式封锁了。所有欧洲的犹太人都被包括在了最终解决方案计划中。

然而，甚至是希特勒授权的这个有限驱逐计划，在落实上依旧遭遇了实际问题。其中一个最为紧要的问题——接纳地区的问题——还未得到解决；如果海德里希希望被从帝国驱逐出境的人能够暂时居住在波兰被占区，在德国战胜后再将他们送至苏联，那么当地的一线官员对此则持有不同观点。10月初，罗兹的地方首长弗里德里希·乌贝尔霍尔对把六万名德国犹太人运送到已经人满为患的罗兹隔离区提出了强烈抗议。[134]海德里希气愤极了，他对乌贝尔霍尔的“反对态度”感到震惊，并威胁说如果他不改变他的“敌对态度”，便要就此得出“适当的结论”。[135]最终，海德里希不得不妥协，随后被送至罗兹的遭驱逐者数量减至两万名犹太人和五千名吉卜赛人。作为即时的替代解决方案，海德里希向希姆莱建议道，里加和明斯克的隔离区必须要再接纳另外五万名大多来自保护国的犹太人。[136]

希姆莱、海德里希和乌贝尔霍尔继续交换着口吻不友好的信件。与此同时，海德里希同罗森贝格的东部占领区部的高级官员会面，以解决第二个问题，即在东部占领区职权重叠的问题。身为帝国专员，希姆莱肩负着强化日耳曼性的职责，他的权限原先仅限于波兰。自从希特勒宣布将希姆莱的权限扩大到新的苏联被占区以来，罗森贝格和希姆莱之间发生冲突已是常事。[137]

现在，海德里希建议道，就犹太人问题采取一种互相配合的方式会很有帮助，尤其是能防止伪经济考虑威胁到任何“彻底重新安置我们占领区的犹太人的计划”。他苦涩地抱怨道，很多德国企业都不尝试雇用其他的外国劳工，反而号称犹太劳工是“不可或缺的”，他还表示自己对罗森贝格明显“不配合的”态度感到不满，并且强调说，“犹太人处置计划的落实”将会“全方位地”掌握在“安全警察的手中”。[138]

同日，海德里希设法说服了外交部，塞尔维亚的犹太人问题需要一个紧急解决方案。在塞尔维亚，游击队活动正在造成严重破坏。海德里希和副部长马丁·路德达成一致，在下一周把他们的犹太人专家送往贝尔格莱德。他们的出现鞭策了在现场的保安局指挥官威廉·富克斯和塞尔维亚军事占领政权的首席行政官员哈罗德·特纳，让他们加紧杀害犹太男性。[139]布朗宁曾正确地主张道，大规模屠杀塞尔维亚男性犹太人，并没有被有意识地认为是整个欧洲犹太人问题解决方案的一部分："主要是考虑到游击战和军队报复政策方面的本地因素，才对犹太男性进行杀戮。受害者，无论是犹太人还是吉卜赛人，都被认为是'可牺牲的'群体。将这些人处死可以满足报复目的所需达成的指标，而又不会引起不利的政治后果，加剧反游击斗争。军方并未宣称他们的行动目标是消灭所有犹太人，因此女人、儿童和老人没有遭到杀害。"[140]

就目前而言，最紧迫的问题依然是帝国犹太人的接纳地。一方面，将所有犹太人从帝国和保护国完全清除的压力越来越大；另一方面，他们并没有什么明显可去的目的地。希姆莱在卢布林区的党卫军和警察领袖奥迪洛·格洛波克尼克提出了一个极端的解决方案。这个声名狼藉的奥地利人既疯狂又刻薄。1939年，他因腐败而被解除了维也纳大区长官的职务，但希姆莱拯救了他的职业生涯。从此以后，他势必会对希姆莱忠心耿耿。10月13日，在和希姆莱的会议上，"格洛宝"——这是格洛波克尼克在党卫军的昵称——提议在贝乌热茨建造一个毒气室。毒气室的本来用途"仅"是谋杀卢布林区身体不好的犹太居民。[141]希姆莱对这个主意非常感兴趣，贝乌热茨——第一个专门的灭绝营——的建造工作在两周后的11月1日就开始了。在这一天，海德里希和莉娜动身去了他们在瑙恩的度假屋，他们将在那里猎鹿，度过一个愉快的长周末。[142]

海德里希和希姆莱愈发坚定地要通过系统大屠杀来大幅削减波兰被占区隔离区的现存犹太人数量，从而缓和接纳地过度拥挤的问题。[143]

大约是在同一时间，1941年的10月或11月，他们开始同大区长官阿图尔·格赖泽尔展开协商，探讨把一大批德国犹太人送至瓦尔特高的可能性。格赖泽尔宣称他愿意接收来自帝国的被驱逐者。作为回报，海德里希和希姆莱承诺在几个月内屠杀不少于十万名来自格赖泽尔的瓦尔特高的犹太人。[144]他们选中的地点在距离罗兹五十五公里处，海乌姆诺村庄外围的一座废弃的庄园，四周环绕着篱笆和树木。在那里，最终有十五万名犹太人遭到杀害。尽管中央授权了这次大规模屠杀，这个主意却是由地方当局提议的：其目标就是解决局部"问题"，而不是拟订一个全面的计划。[145]

在格洛波克尼克造访柏林一天后，10月14日海德里希和希姆莱进行了一次五小时的会议，想必是探讨了即将发生的第一波驱逐——将犹太人从帝国驱逐到罗兹、里加和明斯克——以及格洛波克尼克提出的，通过杀害现居于接纳地的犹太人的方式来创造空间这个方案。在10月末，又出现了两次机会让他们可以就这些问题交换意见，第一次是在10月25日两人共同拜访希特勒的时候，第二次是在此四天以后希姆莱来访布拉格期间。[146]

有些历史学家辩称，至1941年10月末，纳粹政权已经抛弃了原先暴力驱逐和逐个杀害的反犹政策，开始向系统地对全体欧洲犹太人进行肉体毁灭转变。[147]近年来，历史学家逐渐达成了一个新的共识，他们认为在贝乌热茨和莫吉廖夫建造灭绝营的计划是小范围的解决方案，意图是为大量被从帝国驱逐出来的人创造空间，而不是系统地对欧洲所有犹太人进行大规模屠杀的开端。彼得·朗格里希令人信服地论述道，在1941年秋季，并不存在对居住在德国势力范围内的所有犹太人进行"短期、系统屠杀的具体计划"；那个时候，纳粹正在计划的是"杀害上万人，而不是数百万人"。[148]

希特勒沉浸在即将取得胜利的喜悦中，同时，因为各个德国大区长官都要求驱逐“他们的”犹太人，他又面临着与日俱增的压力。他做出了一个命运攸关的决策：他批准了一个有限的驱逐计划，将犹太人从帝国和保护国驱逐出境；在同时期，他又扩大了希姆莱作为帝国专员的权限，以强化苏联被占领土的日耳曼性，并将海德里希任命为波希米亚和摩拉维亚的代理总督——这个他已同意实施驱逐的地区。与此同时，食品资源出现短缺，占领区反抗活动增加，这导致了对苏联犹太人大屠杀的加剧和灭绝营延伸到了苏联被占领土以外的空间（包括东欧和中欧的一些地区，尤其是塞尔维亚）。最后，为被驱逐的帝国犹太人寻找接纳地的问题，导致纳粹在投放目标地附近筹划和建造大规模灭绝中心。1941年秋季，以杀害“无工作能力”的犹太人为目的，党卫军已经开始在投放第一批帝国被驱逐者的目标隔离区附近——里加、罗兹（海乌姆诺）、卢布林（贝乌热茨）和明斯克（莫吉廖夫）——建造固定毒气设施。当时，将中欧犹太人驱逐到这些区域仍然被看成一个临时解决方案，在次年春天这些人就会被进一步向东驱逐。在本质上，这个计划的后半部分是种族灭绝，因为这些被驱逐者的预期生存率会非常低。但是，在当时还没有计划要系统地射杀或是用毒气杀害欧洲大陆上每一个犹太人，从而解决犹太人问题。[149]

大规模杀戮的驱动力，来源于纳粹帝国的中心和边缘这两方面。在新的东部占领区，当地民政部门、军方指挥官和党卫军别动队领袖，都在各自寻找犹太人问题的解决方案。在某种程度上，这是由于纳粹当初制造出了这个“棘手的状况”：遭到驱逐的人被送到已是人满为患的总督府隔离区、尚不存在的营地和本是用作重新安置东方日耳曼族人口的区域。我们很难高估海德里希在故意创造这些必须寻求“极端解决方案”的“棘手状况”中所起到的作用：他怂恿特种部队的指挥官们争相采取极端措施；他的办公室负责了大量驱逐和重新安置行动；另外，他的犹太人专家团队协调了这些驱逐行动。[150]

正是在这个紧要关头，纳粹德国的军事命运开始发生逆转。12月的第二周是整场战争中最富有戏剧性的一周。12月7日，日军袭击了珍珠港。四天以后，德国对美国宣战。希特勒认为这件事情并无风险，因为在至少一年时间内，美国武装部队都会被限制在太平洋，而他则可以在这段时间内胜利地结束欧洲战争，并在同时畅通无阻地袭击美国在欧洲的海上运输。12月11日，在国会的一次特别会议上，他正式宣布德国将支持日本并参加太平洋战争。国会成员，其中也包括海德里希，以狂热的掌声作为回应。[151]

12月12日，在国会演讲一天以后，希特勒邀请了各个纳粹要员前往他在帝国总理府的私人住所，元首又回顾了他于1939年1月30日做出的"预言"，并强调，现在德国面临的世界大战是生死存亡的斗争，在这场战争中，任何手段都是合理的。"就犹太人问题"，戈培尔在他的日记中这样写道：

> 元首已经决定做一次彻底的清扫。他曾经向犹太人做出预言，如果他们再次挑起世界大战，就将意味着他们的灭绝。这不是在喊口号而已。战争已经降临在我们身上；其后果是犹太人必须被清除。在看待这个问题时不应当抱有任何伤感的情绪。我们在此的目的并不是同情犹太人，而是同情我们的德国人民。再一次，有十六万德国人民已牺牲在东方的战场上，这场血腥斗争的始作俑者必须付出生命的代价。[152]

尽管这番陈述看似极端，但在口吻和内容上，它跟希特勒和戈培尔之前发出的类似威胁并没有本质区别。[153]与其说希特勒12月12日的讲话表明纳粹的犹太人政策开始彻底极端化，不如说是显示了早就在进行的大规模屠杀进程的加剧和扩大。[154]12月18日，在希姆莱和希特勒会面后，他的日记不祥地提到“犹太人问题”。希姆莱在这个词旁边记录道：“将作为游击队员被消灭”，这明显是此次与希特勒会面取得的成果。[155]彼得·朗格里希提出，由于从夏天起，纳粹就一直以反游击活动为借口大规模杀害犹太人，很可能希姆莱只是想让纳粹德国的最高权力认可这种做法。[156]

从1941年夏秋起，寻找犹太人问题的全面解决方案所涉及的挑战就成倍增加。在苏联被占领土，对犹太人实施屠杀与将犹太人从帝国驱逐出境这两项活动同时进行，这就必然导致了海德里希的帝国安全总部和其他在犹太人问题上有既得利益的部级机关之间要进一步合作。为此，海德里希命令艾希曼召集一次与各部次长的会议，即万湖会议。按照原计划，会议将在12月中旬进行，但因为德国对美国宣战，会议延期至1942年1月。

万　湖

1942年1月20日，在这个下着雪的周二早晨，海德里希将十四名纳粹高级公务员、纳粹党官员和高级别党卫军官员，聚集在柏林万湖岸边的一座从前属于实业家的别墅中。[157]

如海德里希在1941年11月发出的请帖所述，此次会议的目的是，就最终解决方案“在中央机关之间”达成“共识”。海德里希甚至提到，之所以有必要与纳粹德国的其他中央机关协调合作，是因为要将帝国和保护国的犹太人向东方“疏散”。[158]

受海德里希之邀前来的，都是重要且大多受过良好教育的人物（其中超过半数的人拥有博士学位，而且基本是在法律方面）。他们中的很多人和海德里希平级，尽管没有任何一个人拥有和他相当的权力。负责犹太人问题的部门的代表形成了与会的最大团体：威廉·斯图卡特博士（内政部）、罗兰·弗赖斯勒博士（司法部）、埃里希·诺伊曼（四年计划组）、弗里德里希—威廉·克里青格（帝国总理府）和马丁·路德博士（外交部）。来自东部占领区部的两位代表阿尔弗雷德·迈耶博士和格奥尔格·莱布兰特博士也属于这个范畴，但他们跟汉斯·弗朗克的总督府次长约瑟夫·布勒博士共同形成了第二个群体，即负责东部占领区民政的德国机关。接下来，还有来自党卫军和纳粹党内对种族问题尤为感兴趣的官员：格哈德·克洛普弗（纳粹党总理府）和奥托·霍夫曼（党卫军种族与安置办公室主任）。另外，海德里希还授意他自己机关的官员参加会议。他们当中级别最高的是盖世太保头目海因里希·缪勒及其下属、海德里希的犹太人专家阿道夫·艾希曼。来自一线的有总督府的安全警察和保安局头目卡尔·埃伯哈特·舍恩加斯和拉脱维亚的地方安全警察首领鲁道夫·朗格博士。后者对1941年11月末在里加对犹太人的大规模枪杀负有责任。[159]

海德里希在会议开场时提醒他的来宾，戈林将解决欧洲的犹太人问题托付给了**他**。因此，他宣布，当前会议的目的仅是明确基本问题并协调合作，使得“政策平行化”。海德里希在接下来说的话，针对的是总督府和东部占领区的代表：现在，“不论地域界限”，党卫军都掌握着“对最终解决方案的集中控制权”。[160]

海德里希刻意使用了“不论地域界限”这个表述，目的是强调东部占领区部长罗森贝格和波兰占领区总督汉斯·弗朗克皆不能在他们各自的辖区内就犹太人政策做出独立决定。这绝非毫无争议。犹太人问题究竟应该被当成“治安事务”来处理，因此在海德里希的职责范围以内，还是被当成政治问题并属于罗森贝格的权限，在这一点上依旧存在高度争议。1941年冬季，罗森贝格屡次试图更加严格地控制苏联地区的党卫军代表。结果，海德里希在1942年1月10日致函罗森贝格，坚称纳粹在东方的犹太人政策是在罗森贝格权限之外的治安事务。[161]

海德里希的这番话也是说给汉斯·弗朗克的副手布勒听的。自1939年秋天起，一场有关总督府行政权的争端就一直使得他跟海德里希之间的关系不融洽。[162]在万湖会议前的一段时间，希姆莱和海德里希曾多次因与犹太人事宜相关的权限问题和波兰的民政机构发生矛盾。[163]比如说，1941年11月末，海德里希在总督府的代表向他投诉，称弗朗克想要自己掌控在总督府辖区“处理犹太人问题”的权力。在此次会面后不久，布勒就被加到了万湖会议受邀者名单中，想必是为了永久解决有关犹太人政策的权限问题。[164]

在重申了他在犹太人问题所有相关事宜上拥有不容置疑的权威后，海德里希概括了纳粹对抗犹太人斗争当中的前几个阶段以及在过去取得的成就。自1933年以来，主要目标就一直是将犹太人从德国社会的方方面面和德国领土清除出去。当时，唯一的解决方案是加速犹太人迁出移民，为此，帝国犹太移民中央办公室成立。所有参与者都清楚这项移民政策的弊端，但鉴于缺乏备选方案（至少是在一开始），这个政策就被沿用下来。海德里希骄傲地回忆道，在1933年1月至1941年10月31日期间，总共有五十三万七千名犹太人在“引导之下移民出境”，离开了德国、奥地利和保护国。

但是，自从和苏联的战争爆发以来，形势就完全发生了改变。从德国移民出境不再是一个选择；事实上，希姆莱在1941年秋季完全禁止了移民出境。海德里希提出，“东方出现的新的可能性”提供了“可能的进一步解决方案”，即“将犹太人驱逐到东方”。这个方案可以替代原来的政策，而且最近已得到了希特勒的批准。从帝国和保护国往罗兹、明斯克和里加的小规模驱逐行动自1941年10月就开始了，这提供了宝贵的“实际经验”。这种经验将“对未来的犹太人问题最终解决方案具有重要意义”。他继续说道，不幸的是，各个地区之间在处理犹太人的方式上仍旧存在差异。在运送的目的地和被驱逐者的命运方面所存在的分歧清楚地表明，参与其中的中央机构仍在努力追求用一个一致的方法来应对将被从帝国驱逐出去的犹太人。海德里希希望通过万湖会议来解决这些持续存在的问题。[165]

在做了简短的总体介绍后，海德里希概述了他们所面临的这项任务的规模。大约有一千一百万犹太人——包括现居于德国占领区和像土耳其、爱尔兰和瑞典这样的中立欧洲国家，以及像英国那样仍在和纳粹德国交战的国家的犹太人——将会受到该最终解决方案的影响。海德里希不赞同地补充道，这个数字是根据宗教机构的统计数据得出的推算，而非种族机构的统计数据，“因为在有些国家，对犹太人的定义仍然不是建立在种族原则之上”[166]。因此，只能够在战争胜利结束以后完全地落实这个最终解决方案。但海德里希相信，德国很快便能够给中立国家施加足够的压力，让他们将犹太人交由纳粹处置。

接着，海德里希向他的来宾们描述了他设想中已在德国控制之下的犹太人的命运：“在最终解决方案的背景下，犹太人应当在恰当的指挥下被送去东方劳动。适合参加工作的犹太人，将被组成大型的单性别劳动营，边修路边往东行进。毫无疑问，他们中的绝大多数将被自然原因消灭。”任何“最后还存活下来的人无疑将是最具抗性的分子”，这些“分子”将会“受到适当处置”，以防形成“新犹太人复兴的生殖细胞”，像“历史经验”已证实的那样。数百万名在一开始就被认定不能够工作的犹太人的命运要简单得多，尤其是老人和病人。他们将要遭受的命运是如此明显，甚至都没有讨论的必要。[167]

海德里希提到奴役犹太人，让他们在东方劳动，这在研究犹太人大屠杀的历史学家当中引发了很大争议。受到艾希曼在耶路撒冷接受庭审时的供词的启发，有些学者辩称，这则在万湖会议上使用的暗号最终指的是系统地屠杀在德国势力范围内的所有犹太人的整体计划。其他人则提出，海德里希的强制劳动计划并不单纯地是为了掩人耳目，而是构成了最终解决方案计划的诸多元素之一。因为在瓦尔特高和总督府辖区，灭绝营的建造进展缓慢，而且让犹太人进行强制劳动对德国的战时经济意义重大，后一个论点似乎更加合理。[168]

海德里希说，德国和保护国将会率先清除掉犹太人。只有到那时，欧洲才会按照自西向东的顺序得到清理。犹太人将被带到“迁移隔离区”，并从那里再往更东边输送。尽管如此，他还是同意犹太人不应当被从构成战时经济的命脉企业内清除，除非能找到可以替代他们的外国劳动力。纳粹德国面临的劳动力资源短缺状况已经到了危急时刻，就连海德里希也不能忽视战时经济的需要。他承认当前劳动力紧缺，但又想要清除所有犹太人。海德里希试图在这两者之间寻找一个平衡点，但杀死所有“最具有抗性的”幸存犹太劳工的这一决心则显示，他将意识形态置于经济因素和军事需求之上。[169]

接着，海德里希指出了驱逐行动的一些关键前提。谁将受到驱逐，必须要弄清楚。年龄超过六十五岁、立过战功的老兵，将要被送到特雷津“老年隔离区”，这样做的目的主要是防止他们的德国邻居或朋友届时大力干涉。至于其他因素，海德里希在谈到他希望怎样落实他这个致命的驱逐、灭绝和通过劳动来清除犹太人的想法时，明显一直在含糊其词。在又一次强调驱逐的速度将大体取决于接下来几个月的军事情形后，他暗示道，在后续的会议上将讨论具体的实施方案。这次会议将由各部和机关与反犹政策相关的中级专家参加。[170]

在万湖会议上，海德里希在犹太人问题上的立场并不是全新的。在1941年年初，他仍然假定将会在战争结束**以后**通过强制劳动和大规模屠杀的手段来实施犹太人问题的彻底解决方案。就更近期而言，可以加紧在上一个夏天已经于苏联开始的对犹太人的系统大规模杀戮，并将该手段扩展到波兰占领区。[171]

于是，弗朗克的副手布勒便向海德里希提议，最终解决方案应当始于总督府，因为"运输问题在这里并不是一个重要因素"，而且大部分住在这个地区的犹太人本来就不能够工作了。因此，可以并且应当尽快开始实施总督府辖区犹太人问题的解决方案。东部占领区部的代表迈耶也请求道，"考虑到要实施最终解决方案"，应当立即采取"某些预备性措施"。由于在万湖会议上讨论了"各种可能的解决方案"（换句话说，就是大规模屠杀的不同手段），迈耶所提及的"预备性措施"只可能意味着一件事：以正在修建中的贝乌热茨集中营为模板，建造更多的灭绝营。[172]

因此，布勒和迈耶提出的备选方案，让海德里希所设想的驱逐计划在很大程度上是多余的。虽然事情的这番转折有些出人意料，但海德里希认可了这个提议，因为它保证了在总督府辖区的犹太人问题能够得到迅速解决——在德国占领下的欧洲，这片领土有着最高密度的犹太人。在接下来的几个月，当整个欧洲的最终解决方案的焦点从苏联领土向波兰占领区转移的时候，希姆莱和海德里希将会采纳并进一步发展布勒的建议。[173]

万湖会议的剩余部分被用来进行关于如下问题的冗长讨论：处在"特权"异族婚姻中的半犹太人和犹太人是否应当被排除在"最终解决

方案”之外，海德里希很重视这个问题。自从1935年实施《纽伦堡法》以来，党卫军的种族专家就一直要求采取进一步的措施，来应对由所谓的混血犹太人所产生的日耳曼民族衰落的威胁。[174]他们对1935年的第二项《纽伦堡法》，即《保护日耳曼血统法》，感到十分失望，因为这项法案只把拥有三个或四个犹太祖父母的人看作犹太人，这就能让大多数拥有两个或以下犹太祖先的人被当作德国人。尽管希特勒偏向更为极端的种族立场，但在决定是否实施可能引起上述半犹太人的德国亲戚不满的法律时，他还是犹豫了。折中的解决方案是设立一个新的法律类别，即混血犹太人。该类别由各种复杂的宗教和种族条件所定义。四分之一犹太人被称为混血犹太人，但他们可以与别的德国人通婚，却不能和其他混血犹太人或犹太人通婚。半犹太人也被认为是混血犹太人，但如果他们是犹太教会的成员或与犹太人结了婚，他们则被认为是完全犹太人。[175]

1941年，纳粹党内极端人士再一次做出努力，希望拓展这些定义的范围、移除受保护的类别，并让混血犹太人在法律上等同于完全犹太人。海德里希也开始更多地关注这个问题，尤其是在它会对确定将被从帝国驱逐出去的群体产生重要影响之后。到1941年夏，他决定是时候对保护混血犹太人的条文进行修改，对在《纽伦堡法》中做出的妥协发起正面攻击了。[176]

受影响的人数相对较少。在1939年，在旧帝国、奥地利和保护国有六万四千名一级混血犹太人和四万三千名二级混血犹太人。尽管如此，海德里希还是花了相当一部分时间勾勒他自己对混血犹太人的狭隘定义。他建议，一级混血犹太人或半犹太人应该被当成犹太人（因此要遭到驱逐），除非他们要么与“日耳曼血统的人”结了婚，**并**在婚姻中有孩子诞生，**或者**他们曾经从纳粹的最高权力处得到过豁免权。作为对免于遭受驱逐的回报,如果一级混血犹太人想要继续留在帝国,他或她就必须要接受"志愿"绝育。如果以下三个条件中的任意一个成立,那么一个二级混血犹太人或四分之一犹太人就要被当成犹太人:父母双亲皆为混血犹太人;他或她曾有过"极其糟糕的种族面貌",让人可以辨识出他或她的犹太人身份;或者如果他或她"感觉像一个犹太人,或是行为举止像犹太人"。[177]

海德里希的提议并没有遭到其他代表的太多反对。斯图卡特唯一担心的是,海德里希所提出的措施牵涉到"做不完的行政工作"。因此,他建议换一种策略,对所有混血人口实行完全绝育。这个提议得到了种族与安置办公室主任奥托·霍夫曼的支持。[178]

处于异族婚姻中的德国犹太人在当时有不足两万人。海德里希建议,对这些人也采取一种极端的解决方案:所有德国夫妻的完全犹太人伴侣都应当被驱逐。尚有待决定的主要事项是,犹太人伴侣应当被清除到东方(也就是被杀害),还是考虑到该措施对他们的德国亲戚所产生的心理影响而被送到老年隔离区。海德里希认为,这个规定的唯一例外情况,应当是在子女被看作二级混血犹太人的时候。在这种情况下,犹太人家长能够在可见的未来留下来。[179]

海德里希提出这个建议的目的,似乎依然是宣称党卫军在犹太人问题的方方面面都有总的决定权。尽管《纽伦堡法》禁止了将来犹太人和非犹太人结合,但对现存的异族婚姻却鲜有描述。1938年年末,在征询希特勒的意见后,戈林起草了新的指导方针,以将所谓的特权异族通婚和其他情况区分开来。特权通婚指的是男性为非犹太人的情况,除非在婚姻中产生了"受犹太教育的"子女。如果男性为犹太人,则婚姻就不是特权通婚,除非在婚姻中产生的子女是信仰基督教的。在万湖会议上,又是斯图卡特提出了一个有关如何解决异族通婚问题的极端方案。他呼吁通过直截了当的立法行为来瓦解现存的异族婚姻，从而为驱逐犹太人配偶铺设道路。[180]

在万湖会议上，代表们并未就此事达成一致，但他们同意，党卫军的种族专家和其他纳粹官员应当在万湖会议以后，1942年夏秋举行的中层会议和会晤上，讨论处在异族婚姻中的混血犹太人和犹太人的命运。[181]

在进一步要求在将来实施最终解决方案时协调合作后，海德里希结束了此次会议。总的来说，会议持续了不足一个半小时。如果在会议之前海德里希曾料想会遭遇“相当大的困难和阻碍”，他一定对协商时的融洽气氛感到惊喜。据艾希曼说，海德里希很明显对会议的结果十分满意，并邀请他和缪勒在会后留下来“喝上一两杯或是三杯干邑”。[182]

海德里希并不是无缘无故地感到满意。之前，他希望在此次聚会上达成三个目标。第一，他想从民政部门那里得到进行驱逐程序的正式许可，并就他所计划的犹太人问题全面解决方案的范围寻求他们的同意。第二，他想要强调，不论民政部门如何进行阻挠，他都对犹太人问题的解决方案全权负责。在前几个月，民政部门曾试图防止帝国安全总部进一步侵入自己正在衰退的影响力。第三，他想要就将要被驱逐的人群这一点达成一致。

这些目标中，至少有两项实现了。万湖会议毫无疑问地确定了海德里希在最终解决方案相关事宜上的总体权威。内政部、总督府和东部占领区部都站在了统一战线，甚至偶尔还提出了比海德里希原先认为合适的方案更为极端的解决方案。和总督府的民政部门之间长久的矛盾似乎也得到了解决。海德里希和弗朗克派来万湖的代表都表示，可以接受减少总督府的犹太人数量，而非将犹太人倾倒在该区域。1942年1月以后，争端还会持续下去，但是海德里希在致路德的一封信中自信地陈述道，“底线”已被建立。[183]

但是，如果海德里希认为他已经成功地解决了混血犹太人的问题，那么他很快便要失望了。如果像原先计划的那样，万湖会议在成功占领莫斯科以后举行，那么他将混血犹太人纳入将被驱逐者之列的企图未必不会成功。纳粹的种族政策通常会在德国取得军事上的成功之时激化，因为胜利的喜悦会让情绪高涨的希特勒敢于提出更加极端的政策。[184]然而，在1941年至1942年的冬天，在军事上并没有取得成功，甚至是在接下来的几个月内，党卫军领导层都发现，很难在混血犹太人问题上取得什么进展。在1942年万湖会议的后续中层会议期间，艾希曼敦促大家遵循斯图卡特和海德里希所提出的建议，落实极端解决方案，但此类政策从未得到实施。宣传部和司法部都对实施强制离婚表示担忧。1943年10月，司法部长奥托·格奥尔格·蒂拉克与希姆莱一致决定，在战争期间不驱逐混血犹太人。[185]

在异族通婚的问题上，也尚存在类似的障碍。纳粹政权害怕，如果雅利安男人和女人的伴侣遭到驱逐，这将会对公众的士气产生不利影响。比方说，1943年春，上百名柏林的非犹太女子公开对她们的犹太丈夫遭到驱逐威胁进行抗议，纳粹做出了让步，并释放了那些男人。这些被称为1943年“玫瑰街抗议”的活动表明，在遇到民众的坚决反抗时，纳粹政权便愿意修改自己的政策。[186]但是，在大多数情况下，处于特权异族婚姻关系中的犹太人是会得救的。只有在她们的雅利安人丈夫去世后，有一些从前处于特权异族婚姻关系中的犹太寡妇才在1943年12月以后遭到驱逐。因此，在这个问题上，万湖会议并没有成功地取得海德里希原先希望看到的决定性突破。[187]

在万湖会议上也并没有做出基本决定，将本就致命的东方反犹政策变成对所有欧洲犹太人的全面大屠杀。会议上没有任何人能够在未征得希特勒明确同意的情况下做出这样一个决定，甚至海德里希也不行。相反，在万湖会议发生的讨论表明，纳粹德国的中央机关在看待犹太人问题时逐渐变得越来越激进。将要让1942年成为犹太人大屠杀历史上最惊骇的谋杀年——实际上是在人类历史上最恐怖的、经历了系统大屠杀的年份之一——的决定尚未来临。[188]

万湖会议一天以后，海德里希和希姆莱通了电话，告知他会议的成果。随后，他登上了返回布拉格的飞机。在那里，作为波希米亚和摩拉维亚保护国的代理总督，他在过去的三个月中一直在建立一个彻底基于恐怖手段的政权。[189]

第八章

帝国总督

波希米亚和摩拉维亚保护国

第二次世界大战期间，在众多被纳粹德国占领和控制的领土中，波希米亚和摩拉维亚保护国是比较不寻常的一个。这个保护国的面积约四万九千平方公里，总共有七百五十万人口居住于此（其中二十四万五千人是日耳曼族），因此无论如何都不属于最大的纳粹占领区之一。然而，纳粹却将波希米亚和摩拉维亚看作未来大日耳曼帝国的一个组成部分，并且由于该保护国占据着战略要地，对德国备战具有重要的经济意义，因此，它在被占欧洲区扮演了一个特殊的角色。[1]

在德国占领捷克斯洛伐克西部后的第二天，即1939年3月16日，波希米亚和摩拉维亚保护国成立了。它将会成为德国的殖民地，并由一个希特勒所指定的、对他直接负责的帝国总督领导。尽管纳粹领导层旨在描述保护国未来的殖民言论令人震惊，但它所掩藏的内容却比揭露的要多：施加于该国的新组织结构仅仅是战时的手段，最终取而代之的将是，波希米亚和摩拉维亚在政治、经济和种族上完全并入大日耳曼帝国。在德国赢得第二次世界大战后，捷克人要么成为德国人，要么必须以这样或那样的方式消失。[2]

但是，就目前而言，保护国的捷克居民还保留着自己的自治政府（至少从理论上讲是这样的），而苏台德区的日耳曼人则被赋予了完整的帝国公民权。包括国会在内的捷克共和国的民主残余一律遭到废除。现有的政治党派被解散，并在所谓的民族团结运动的旗帜下获得重组。在曾经蓬勃的民主体系当中，唯一存留下来的就是形式上的捷克政府，由担任总统的埃米尔·哈查领导。还有一个由总理阿洛伊斯·埃利亚什担任主席，拥有五十名指定成员的民族团结委员会。大约四十万名捷克国家雇员和公务员在1939年以后仍然留任原职，与一万一千名左右的德国民政人员一同工作，或者说成为他们的下属。施加于保护国的这种特殊形式的行政手段，与在其他被纳粹占领的欧洲地区所引入的措施有着显著不同，这表示纳粹领导层意识到了保护国发达的经济实在太有价值，经不起像在波兰、白俄罗斯和乌克兰实行的那种野蛮占领制度的侵扰。[3]

有一支庞大的军械工业分布在布尔诺和其他保护国的城市，其中包括了欧洲最领先的武器制造商之一，位于皮尔森的斯柯达工厂，另外还有大量的熟练劳工。因此，保护国对于希特勒的战争有着不可低估的重要性。在占领之初，德国的特种部队就控制了数目巨大的军事装备、武器和弹药，犹太人的财产也被移交给了德国当局。[4]但是，当地的工业却被允许在德国人名义上的指挥下继续运转。像巴塔鞋业帝国这样由捷克所有的跨国公司，创造了宝贵的利润和高额的税收，也没有受到德国占领者的严重限制。[5]

直到第二次世界大战爆发前，第一任帝国总督康斯坦丁·冯·诺伊拉特都实行着比波兰被占区域宽容得多的统治。诺伊拉特是个老派的保守人士,而不是一个极端的纳粹分子。在1938年被派遣到波希米亚和摩拉维亚以前,他在外交领域有着超过二十年的经验,并在1933年成为希特勒联合政府的首任外交部长,达到了职业的巅峰时期。尽管他曾积极地支持过1939年莱茵兰的再军事化和1938年吞并奥地利,但他在私下里对希特勒那些有关东方的日耳曼人生存空间的想法却不以为然。但是,他因为举止得体、修养出色而在海外受到人们的尊敬,这一点是希特勒不顾其他资深纳粹成员的反对意见而在1939年春将他任命为帝国总督的关键原因。[6]

最初,德国占领者的首要任务是,控制该国的资源和镇压任何公开反对德国统治的行为。在第二次世界大战于1939年9月1日爆发,捷克人在次月大规模示威以后,纳粹便开始更加严格地控制捷克社会。犹太人的处境恶化得尤为迅速。德国人入侵以后,《纽伦堡法》就开始对保护国的犹太人生效,他们立即便遭到了迫害。直到1939年9月,捷克犹太人都还能够移民出境,但战争的爆发让所有对犹太移民者敞开的大门都关闭了。在海德里希位于布拉格的犹太人专家阿道夫·艾希曼的监督下,更具压制性的法案出台了:到了1940年,犹太人的身份证上都被印上了一个字母"J";1941年8月末,诺伊拉特又发布了一则命令,从当年9月1日起,在保护国,所有年龄超过六岁的犹太人都必须佩戴黄星。与之前在总督府引入的规定相似,这颗星要被缝制在他们衣服的左前方。只有处于特权异族通婚关系中的犹太人才可以得到豁免。[7]

德国占领政策的变化,也影响到了社会的其余部分。战争刚一开始,保护国全境的报纸和海报就宣布,任何抵抗活动都将受到死刑的处罚。1939年11月,在布拉格和其他城市爆发了几次暴力示威以后,纳粹逮捕了参加抗议的学生,并将捷克的大学关闭三年时间。这波逮捕清除了成千上万的知识分子、神职人员、共产主义者、社会民主主义者和犹太社区的领袖。[8]

因此，在纳粹占领后的第二年，即1939年时，相对仁慈的统治便彻底中断了。这也标志着捷克抵抗运动的一个转折点。之前，抵抗运动在很大程度上是分散的。除了捷克斯洛伐克共产党残存的共产主义地下组织外，还有三个在德国入侵后不久便形成的本土抵抗团体，即政治总部、“我们保持忠诚”请愿委员会和国家防御。另外，像索科尔这样的大型体育协会，也为地下抵抗运动输送了人员。[9]迫于1939年秋和1940年春大规模逮捕产生的压力，这三个主要的非共产主义抵抗组织集结在了本土抵抗中央领导的旗下。该组织充当了位于伦敦的捷克流亡政府和位于保护国境内的抵抗力量之间的主要秘密媒介。[10]

诺伊拉特在递交给希特勒的报告中不得不承认道，只是在1941年6月22日德国袭击苏联后，保护国的抵抗活动才开始像很多其他处在纳粹统治下的国家一样，开始发展到相当的规模。[11]9月初，保护国的抵抗活动在几次罢工和“磨洋工”运动中达到了顶峰。这些活动导致了保护国的工业生产力平均下滑了18%。在波希米亚和摩拉维亚全境，电话线被切断，列车被焚烧，抵抗力量还成功组织了一次长达一周的对受德国控制的保护国媒体的抵制活动。与此同时，共产主义地下组织在保护国内发放的传单数量从1941年6月的377份陡增到了7月的3 797份，到10月则达到了顶峰，有10 727份。[12]

这次传单运动显示，最擅长地下工作的共产主义抵抗活动，已克服了由1939年8月的《希特勒—斯大林协议》所引发的强制瘫痪。1941年夏末和秋季，一波罢工、破坏活动和刺杀德国军方人士的活动，席卷了数个被占领的国家。由此，希特勒下定决心，只有残酷的惩罚措施才能防止对德国统治的反抗活动进一步扩散。9月16日，他要求对任何挑衅行为一律采取“最为严厉的手段”；凯特尔则命令，游击队员每杀死一名德国士兵，就有五十至一百名共产主义者人质要被枪杀。尽管塞尔维亚、法国、比利时和挪威的军方指挥官以大规模逮捕、射杀人质和其他报复行动作为回应，但抵抗运动还是在以令人担忧的规模持续进行。[13]

在1941年夏巴巴罗萨行动刚开始时，海德里希就是最公开支持“强硬”回应由本土抵抗运动发起的挑战的人之一，他命令当地的安全警察指挥官采取“强化审讯手段”（即实施折磨）来获取有关“幕后操纵者”的信息。同时，他还发布指令，要求“必须将敌对的捷克人和波兰人同共产主义者和其他人渣一道转移到集中营关押更长的时间”。1941年9月初，海德里希飞往挪威，在那里，罢工潮的蔓延程度已达到了警戒水平。他和帝国总督特博文见了面，后者在不久以后——于9月10日——就采取了他的建议，在奥斯陆实施了戒严令。[14]

在荷兰，安全警察指挥官威廉·哈斯特也听从海德里希的命令采取了行动。在德国进攻苏联之后，他实施了大规模的逮捕。9月，他指控保守派的前荷兰首相亨德里克斯·克林从事间谍活动，并将他抓捕。[15]同样是在9月，海德里希下令逮捕并射杀乌克兰民族主义者组织的成员。尽管这些人持坚定的反布尔什维克立场，他还是将他们视作潜伏在快速行进的德国国防军后方的不安因素。[16]

抵抗活动的显著增加让海德里希坚定地相信，是时候更加全方位地主张党卫军在管理德控欧洲方面的主权了。9月18日，他和希姆莱在波罗的海被占区域开启了为期三日的视察之旅。当日，他向拉默斯提交了一份影响深远的方案，并提醒他“保卫帝国、守护其疆界、打击间谍和政治破坏活动，以及和国际犯罪行为做斗争”是“至关重要的”。因此，他还附上了一份元首令的草稿，提议在总督府、保护国以及实施民政统治的西欧各区域（洛林、阿尔萨斯、卢森堡、荷兰和挪威）赋予党卫军进一步的警察权限。从此以后，党卫军和警察应当负责纳粹帝国所有与“国内政治安全”相关的事宜，而不仅仅是那些“治安”事项。[17]

由于害怕挑起党卫军、罗森贝格和各占领区民政和军政当局头目之间的矛盾，这份提案从未被呈递给希特勒。但是，它却揭示了海德里希的战略思维。从加入党卫军之初，海德里希就已意识到，想要扩大他个人的权力和更普遍的党卫军的权力，最佳方式就是以过分夸张的方式来描述纳粹主义所面临的对手的力量。1932年，他就曾故意夸大其词，号称纳粹运动受到了间谍和叛徒的破坏，以此来充实他的保安局的力量；20世纪30年代中期，当德国的共产主义运动大体被镇压后，他又构想出了纳粹主义“看不见的敌人”这个概念，声称只有通过形成大规模的党卫军警察队伍，采取法外手段才能够破坏这些敌人的力量。在第二次世界大战爆发以后，他又将人们普遍恐惧游击队员这一点用作工具，不断扩张他自己的议程，即和一个虚构的、定义宽泛的敌人网络做斗争。目前，就在纳粹领导层和军方高级别人物正越来越担忧占领区的抵抗活动会加剧时，他又运用了相同的论点：只有党卫军拥有有效打击抵抗活动、防止其升级到一个真正具有威胁性的层面所必需的经验和决心。毫无疑问，海德里希在打击帝国内外的敌人这方面所取得的成绩，是马丁·鲍曼——一个在1941年5月鲁道夫·赫斯潜逃苏格兰后接任纳粹党务部长一职的强硬派——将他作为波希米亚和摩拉维亚代理总督的合适人选推荐给元首的原因之一，在那里，罢工和“磨洋工”运动已开始影响到德国的备战。

通过定期从波希米亚和摩拉维亚的盖世太保和保安局办公室收到的报告，海德里希非常了解保护国持续恶化的状况。他的探员们搜集了这些信息并发送到柏林，再小结、汇总后呈递给纳粹领导层。这些信息帮助人们形成了诺伊拉特不再能够控制住局面的印象。虽然并没有确凿的证据表明海德里希曾刻意要取代诺伊拉特，让自己获得帝国总督的提名，但他肯定促使了在保护国党卫军职责的大幅拓展，也由此削弱了诺伊拉特的地位。[18]

希特勒对捷克军械工业逐渐下降的生产力和保安局报告当中所描述的抵抗活动感到担忧，因此，他在1941年9月末决定要撤换诺伊拉特。在鲍曼的建议下，元首命令诺伊拉特、保护国的高级党卫军和警察领袖卡尔·赫尔曼·弗朗克以及海德里希到他的军事指挥部——位于东普鲁士拉斯滕堡附近的狼穴——和他会面。在那里，他宣布了他的决定，让诺伊拉特不定期休“病假”，并将海德里希派遣至布拉格接替他的位置。希特勒的这个决定并不仅仅意味着人员的变更：这体现了他决心要用恐怖手段取代诺伊拉特在保护国克制的、“不成功”的占领政策。[19]

海德里希得到任命的第二个与之前不无联系的原因是，希特勒对将犹太人逐出帝国一事改变了主意。直到1941年8月中旬时，他还清楚地表明，只有在打败苏联以后才会进行驱逐。但是，9月第二周之后，国防军在东部前线取得的重大突破将很快导致列宁格勒被包围、基辅沦陷，可能是受此鼓舞，元首打算修改他的决定。[20]

在8月份希特勒驳回海德里希的提议，拒绝将犹太人从帝国和保护国完全驱逐出去之后，帝国安全总部就开始准备一份在战争期间实施部分驱逐的提案——这波驱逐将主要影响到那些居住在规模较大城市的犹太人。[21]9月中旬，苏联前线的军事进展使往东部驱逐犹太人成为可能，而且来自大区长官方面的压力与日俱增——他们要求将各自的辖区变成“零犹太人”区，以缓解因盟军轰炸德国城市而产生的住房问题——这便使得驱逐犹太人在政治上更有益处。此时，希特勒更加青睐这个提案了。9月18日，希姆莱通知瓦尔特高的阿图尔·格赖泽尔，希特勒明确表示希望“将旧帝国和保护国的犹太人由西向东部全都清除出去，而且越快越好”。希姆莱接着又说，“第一步”就是将犹太人驱逐至被占领的波兰，随后在“次年春天”再把他们运送到“更东边的地方”。因此，冬季期间，有大约六万名旧帝国和保护国的犹太人将必须被监禁在罗兹隔离区和瓦尔特高。[22]

在被任命为代理总督当天，海德里希与戈培尔在元首的指挥部见面时，后者就表达了类似的态度，并强调说，帝国的犹太人“最终”会被“运输到由布尔什维克设立的营地。这些营地本来就是由犹太人建造的，那么又有什么会比让犹太人住在这些地方更合适的呢？”戈培尔还在当天的日记中确认：“元首认为，犹太人要被从德国一步一步地清除。首批要清理掉犹太人的城市是柏林、维也纳和布拉格。”[23]

海德里希被任命为波希米亚和摩拉维亚代理总督的这个时机，正是纳粹领导层决定让反犹政策变得更加极端的时候。这并不是什么巧合。既然希特勒已经将布拉格同柏林和维也纳一道选为将要变成“零犹太人”的几个主要城市之一，海德里希一定是确保他的意志得到迅速执行的不二人选。

因此，海德里希抵达布拉格的时间点，恰好是希特勒和希姆莱受到向苏联快速行进的德国军队的鼓舞，并开始思考在占领区进行种族重新洗牌、在东方创造德国伊甸园的那一刻。海德里希接下来几个月在保护国实施的政策说明，他被派遣至布拉格的目的不只是恢复秩序——这个任务本可以由一个像保护国高级党卫军和警察领袖卡尔·赫尔曼·弗朗克那样不那么显赫的党卫军军官执行——还有启动并督促实施纳粹种族政策中接下来的极端步骤。这些步骤包括，开始将德国和保护国内的所有犹太人驱逐出境，并着手准备让波希米亚和摩拉维亚在种族上完全融入帝国，以便测试即将在整个帝国实施的反犹政策和影响力更深远的种族工程政策。希特勒和希姆莱打算于战争结束以后,在所有被认为可日耳曼化的边境区域实施后一项政策。

特别是在希特勒、希姆莱、海德里希和戈培尔看来,在同一时间加强对欧洲被占区域发生的诸多抵抗运动的镇压手段,变本加厉地在苏联系统屠杀犹太人和从帝国驱逐犹太人,这些在逻辑上都是贯通的。他们假定共产主义者和犹太人大体是相同的,因此他们确信犹太人也是占领区反德抵抗运动的主导者。在某种程度上,这个逻辑成了一个自我实现的预言。由于鲜有其他生存途径,很多波罗的海国家和白俄罗斯的犹太人便倾向于活跃在被占区域树林中的共产党游击队。[24]

然而,海德里希对希特勒将他任命为代理帝国总督这个决定始终是感到矛盾的。他很愿意让自己对保护国的政策产生更强的影响力,但由一个他信任的副手来指挥,扩张党卫军在警务方面的权力也可以达到同样的目的。在对苏联取得军事胜利似乎指日可待的时候,离开柏林这个纳粹德国的权力中心,这个想法可能让海德里希对他这次任命背后的动机产生了怀疑。但这颗药丸被以各种方式裹上了糖衣。像一个真正的纳粹一样,海德里希在接受这份新职责的同时,并没有放弃他原先积攒的那些职位。他也知道,这项新任务能够让他不必考虑那些不情愿配合的行政官或是纳粹党大区长官的反对意见就实施党卫军的政策。这次任命还意味着他将被提拔为党卫军上将和警察上将,但也许最重要的是,这个新职位打开了直接和希特勒联系的渠道,因为帝国总督只对元首本人负责。

人们常常坚称,这次任命和海德里希逐渐独立于党卫军帝国领袖,使得海德里希和希姆莱之间的关系变得紧张,但并没有实质性的证据表明,1941年9月以后二人的关系有所恶化。正相反,在接下来的几个月,他们在日耳曼化政策、反犹迫害和管辖占领区方面又加深了合作,而且也没有迹象表明海德里希对其导师的忠诚度有任何动摇。[25]

9月24日，海德里希和希姆莱在狼穴进行了一次长谈。随后，前者从拉斯滕堡致电告知他的妻子，他被任命为代理帝国总督这个“绝佳消息”。当他告诉莉娜，他会独自前往布拉格，她和三个孩子暂且还将留在柏林时，她一点也不兴奋。本来就已为他时常缺席、无视家庭事务感到恼火的莉娜，表达了她深深的不满。尽管他保证在接下来的若干星期会留在柏林，但这还是没有让形势好转。[26]

9月27日午后，海德里希抵达布拉格鲁济涅机场，并受到了保护国高级党卫军和警察领袖卡尔·赫尔曼·弗朗克的欢迎。弗朗克于1889年出生在卡尔斯巴德一个苏台德日耳曼人家庭。他于第一次世界大战期间在奥地利陆军中服过役，还曾有一年在布拉格学习法律，在离开大学后做过几份不起眼、低报酬的工作。1933年，他加入了康拉德·亨莱因的苏台德地区的日耳曼人运动，并迅速崛起，成为亨莱因在党内的副手。他在这个职位上一直留任到了德国占领保护国，随后成为保护国的高级党卫军和警察领袖。在那时，弗朗克已经与海德里希紧密合作多年，并且即使他因本人没有被任命为帝国总督而感到失望，他依然还是一个最忠实的仆人。[27]

在简短地参观这座城市之后，海德里希就搬到了他在切宁宫左翼的新住所。次日早上，他在城堡前检阅了一支仪仗队，然后就正式上任了，这座城市的炮楼和塔尖上升起了党卫军的黑色旗帜。[28]

平定捷克人

在抵达布拉格不到一周后，1941年10月2日，海德里希在切宁宫向一群保护国高级官员和纳粹党官员发表讲话。一般，他是害怕进行公开演讲的，并会事先在他妻子面前反复地排练，由她对他的表现提出意见；然而这次却不同。[29]当他穿着崭新的党卫军将军制服，在一群溜须拍马的助手簇拥之下步入切宁宫的礼堂时，海德里希有充分的理由感到自信。截至1941年秋天，德国已经占领了欧洲大陆将近三分之一的地区，并且统治着欧洲二分之一的居民。德国国防军在10月第一周取得的令人惊叹的胜利，让德军更加接近莫斯科的外围了。他自信地认为，苏联投降指日可待。

在演讲中，海德里希强调，他处理保护国内部事务的手段会和他的前任有着根本不同。不像诺伊拉特，他会以长期以来在打击帝国敌人方面取得的经验作为基础。元首给他布置的任务，很显然是一项党卫军的“作战任务”，而不是外交使命。因此，海德里希解释道，他在布拉格最紧要的短期目标是“平定”保护国，从而保障德国在此地至关重要的经济和安全利益。工业破坏和其他抵抗活动都要被立即制止。海德里希敦促他的听众时刻牢记“捷克人是斯拉夫人”，他们“将任何形式的善意都当成软弱”。因此，他采取的第一步将会是“告诉他们谁才是家里真正的主人”。据一个证人说，海德里希还补充说，任何对他采取的措施有异议的人，都会被发放一张前往德国或者是东部前线的单程票。[30]

在海德里希10月2日进行演讲之时，他的平定计划的第一阶段实际上已进行了好几天。在他刚刚抵达布拉格的那天，他就宣布对保护国实施戒严，以展示其采取行动来实现“在后方的背叛行为将遭到最严厉惩罚”的诺言的决心。[31]戒严的实施让简易法庭得以建立。这些法庭配备了保安局和安全警察成员，而且只能做出三种可能的裁决：死刑、遣送至集中营或释放。在他到达的几日之内，保护国上下的建筑物都被贴上了列有被新法庭判处死刑者姓名的红色海报。在海德里希统治下的前三天，有九十二名被告被处以死刑。仅在9月30日，就有五十八人被处决，二百五十六人被送至盖世太保的监狱。仅有一名遭到指控且受到审判的人被判无罪。[32]

被官方判处死刑的人只占到了被捕者中的一小部分。出于“心理上的考虑”，海德里希希望官方处决的人数逐渐下降，由此给人造成已经恢复平静的印象，鼓励大众进行合作。[33]这不过是政治宣传罢了：总的来说，从海德里希抵达布拉格至1941年11月末期间，总共有404人遭官方处以死刑（绝大多数人是捷克抵抗力量的成员），大约六千人被逮捕。所有的本土抵抗团体都在人员和设备两方面遭受了重大损失。成百上千人在佩切克宫底下盖世太保的地牢里消失了。在保护国，海德里希可以调动一个庞大的机关，将其用于识别和抓捕国家公敌。那年秋天，有1841名盖世太保官员在波希米亚和摩拉维亚活动，以监视1030万人口。如此，每个盖世太保官员要负责5600名捷克人，这种密度的政治监视虽然不及苏联共产党在国内实施监视的程度，却是旧帝国境内政治监视水平的两倍。[34]

1941年至1942年的冬天，很多被定罪却未遭立即处决的捷克人，成了被送往毛特豪森集中营的五批人中的一员。在1299名被送到毛特豪森的捷克人中，只有4%的人在战争中幸存下来。除此之外，1487名被控政治犯罪的捷克人被送到了奥斯维辛。他们当中鲜有人最终返回。[35]在海德里希的受害者中，有超过一千五百名曾经参加了像是索科尔这样的民族主义组织。受到人们欢迎的爱国主义体育组织索科尔于1941年10月11日遭到解散，其可观的、价值11.2亿捷克克朗的资产也被收缴。此外，在海德里希统治下的头四个月，有超过九十个非法无线电发射器被收缴——这对德国安全部队来说是一次重大的成功，因为他们切断了伦敦和捷克地下组织之间的无线电通信。这些搜查行动几乎清除了保护国内所有有组织的抵抗活动。[36]

1942年3月末，在破译了从被捕的捷克伞兵那里得来的加密信息后，海德里希的盖世太保又一次取得成功，抓获了双面间谍保罗·蒂梅尔。蒂梅尔曾为德国的阿勃维尔工作，又以代号A-54为贝内什的流亡政府效力。海德里希个人对蒂梅尔这个案子有着浓厚的兴趣。蒂梅尔身上结合了两种让海德里希鄙夷的特征：他既是一名高级阿勃维尔官员，同时也是纳粹运动中的老战士，他对像海德里希这样政治上的后来者抱有强烈的憎恶情绪。证明他是有罪的，不但有助于解决与阿勃维尔和军方的持续争端，而且有利于和纳粹党代表在东部占领区就政治优先权进行权力斗争。这使得海德里希的对手失去了权威，并向希特勒证明了党卫军才是新秩序唯一可依赖的中流砥柱。在被捕后，蒂梅尔被关押在特莱西恩施塔特集中营，并在1945年4月27日——第二次世界大战结束前十二天——被党卫军守卫谋杀于此。[37]

由于领袖被捕，无线电网络也遭到了破坏，本土抵抗中央领导基本上已不复存在。布拉格保安局苦涩地察觉到，虽然共产主义者抵抗力量也有大批人员被捕，但仅有这个组织存活了下来。罢工和怠工行为消失了。孤立的破坏活动还在继续，但其中并未有多少成功击中像电话和电报线路或是军械工厂这样的重要目标。[38]有一整队捷克和德国警察守卫着铁道线路。海德里希向保护国政府明确表示，他会“激烈地”回应未来任何破坏铁道线路或通信设施的行为，并且还会让所涉及区域的所有人口都“付出人头的代价”。[39]

海德里希到来之后进行的那些逮捕，并没有将保护国政府排除在外。盖世太保一直都将保护国的政府看作孕育叛徒和为英国效力的间谍的摇篮。海德里希给捷克人的教训是自上而下的，他逮捕了总理阿洛伊斯·埃利亚什，他此前实际上是本土抵抗中央领导在保护国政府内的主要联络人。海德里希早就知道埃利亚什和地下运动有联系，但希特勒之前做出了决定，必须要等不久之后德国在对苏战争中取得胜利时才可以“清算抵抗运动和妥协的捷克领导人”。[40]

埃利亚什被捕，是海德里希任上德国占领政策发生根本逆转的最明显标志之一。受到召唤，从柏林匆忙赶到布拉格的德国人民法院，马不停蹄地将他和布拉格市长奥塔卡·克拉普卡判处了死刑。海德里希自豪地向鲍曼汇报道，他已经举行了一场“公平的”审判，并且强迫埃利亚什签署了一份谴责抵抗活动的声明。更重要的是，这份发布在保护国全境通敌媒体首页的声明，在结尾处令人难以置信地否认了捷克是独立国家和独立民族的主张：“我认为，出于政治、经济和社会方面的原因，我们这个仅有区区七百五十万人口、被德国人居住地所环绕的民族，是不可能作为一个独立国家而存在的。”[41]

在审判结束后，哈查总统请求海德里希饶恕埃利亚什的性命。海德里希拒绝了这个要求，并多次催促希特勒尽快处决埃利亚什。希特勒做出了不同的决定：埃利亚什暂且要作为一名人质被关押在监狱中，以便控制哈查和捷克政府的其余部分。[42]由于本土抵抗中央领导的领袖被捕，埃利亚什被押作人质，哈查有两个选择：要么辞职以示抗议，要么留任，就此承认海德里希的恐怖政权是合法的。在埃利亚什被捕当天，哈查准备了一份辞呈。海德里希早就预料到哈查会这么做，于是在9月28日下午和他会面。他怕哈查的辞职会进一步鼓励人们进行抵抗，因此声称他对不得不“心痛地”引入镇压手段而感到遗憾，并且向年迈的总统保证，捷克的自主权将会完好无损。[43]哈查留任了，并着手准备起草旨在让捷克人民不再流血的合作政策。出于防止发生更邪恶事情的愿望，12月4日，他通过布拉格电台谴责了贝内什，指控这位流亡总统在安全距离之外挑起事端，却不考虑后果。伦敦的英国广播公司捷克斯洛伐克语广播节目做出了回应，称哈查是个叛徒。四面楚歌的总统回答道：“不像我，贝内什先生看不见母亲和妻子们的泪水，她们向我发出绝望的请求，因为她们的儿子和丈夫在受到具有欺骗性的无线电广播的引诱后便陷入了灾难之中。他能够允许自己产生幻想，搭建空中楼阁，描绘诱人的未来场景……而我们却不得不坚毅地面对现实，根据赤裸裸的现实来清醒地做出行动。”[44]海德里希很是高兴。他在一次致纳粹领袖的演讲中开心地评论道，保护国政府终于烧毁了联系布拉格和伦敦的桥梁。[45]

海德里希采取的紧急措施并非仅针对保护国政府和捷克地下活动，还旨在打击黑市商。官方上，黑市商要对困扰着保护国的粮食紧缺问题负责。海德里希试图利用大众对黑市的憎恶情绪来抹黑抵抗活动。于是，地下组织和黑市商——“后方的鬣狗”——被冠上了“捷克人民之敌”的称号。在海德里希统治下的前几个月内由军事法庭判处的404起死刑中，有169起是所谓的经济犯罪。在追捕非法商贩这件事上，被海德里希处决的既有日耳曼人也有捷克人。这种明显的公平性掩藏了他真正的目标，即出于纳粹的战争需要提高捷克的农业产量。在打击黑市的同时，他还对谷物和牲畜进行了重新计数，并成功地凭借恐怖手段所产生的影响得出了准确的结果。农民们得到允诺，过去的漏报行为可以被赦免，但如果再有欺瞒便要面临死亡或驱逐的惩罚。[46]

尽管比不上在波兰发生的事件，但海德里希这个新的恐怖和镇压政权的行动速度和恶毒程度，在波希米亚和摩拉维亚的历史上却是前所未有的。海德里希认为，他采取的这些恐怖措施是不可避免的：作为斯拉夫人，“捷克人[……]更具危险性，并且必须要将他们”和雅利安民族“区别对待”。“北欧、日耳曼人不是可以被说服，就是可以被击垮——捷克、斯拉夫人是很难被说服的[……]其后果就是，我们必须时刻压制他，这样他才会一直屈服于我们、才会服从和配合我们。”[47]

然而，1941年10月末，由于“可见的原因”，第一波恐怖手段正式平息下来。为了给外界营造出一种保护国已被完全平定的印象，简易法庭暂停了死刑的判决，但党卫军仍然暗中在毛特豪森集中营继续行刑。[48]11月29日，为了推进他展现出“积极姿态”的政治宣传政策，海德里希在保护国除布拉格和布尔诺之外的所有行政区都中止了紧急状态。1941年11月30日至1942年5月27日之间，纳粹当局只宣布了三十三起行刑。但是，一个伦敦的线人汇报道：“人们[仍然]回避在任何公开场所行动、参加社团、讨论或交谈，而且多数人索性[避免了]建立任何关系[……][所有捷克人都]咬紧了牙关。”[49]

治理国家

1939年至1941年，海德里希的注意力主要集中在维持新占德控领土的治安上，而不是管理其他方面的问题。他来到布拉格的时候是一个政治新手，虽然深谙各纳粹对手机构之间的内斗，但他对管理占领区的过程中所面临的挑战仅有一些理论上的知识。

毫无疑问，总体来说，在入侵苏联以后，党卫军领导层已越来越多地开始思考日耳曼帝国的未来。比方说，1941年的《海因里希·希姆莱纪念文集》就阐明了未来可能的治理纳粹帝国的方式，这本文集当中最具思想深度的是海德里希的前任副手维尔纳·贝斯特博士所作的一篇文章。他现在掌管着法国被占领土的民政部门。就依照纳粹理念管理欧洲被占领土各个不同区域的问题，贝斯特提出了四种方式：一是他所谓的“合作”，丹麦就是这样一个“具有种族价值”，在管理上不怎么受外交部干扰的国家的最好案例。第二种是“监督”，属于这一类别的案例有法国、比利时和荷兰，在这些地区，德国官员目前正借助原有的国家公务系统开展工作，同时在当地又保留了强大的军事存在。第三种是“统治”占领，就像在波希米亚和摩拉维亚保护国那样，德国对当地官僚机构的重塑程度更深，纳粹警察机构也必须对威胁到德国利益的事件保持加倍警惕。贝斯特提出的第四个，也是最后一个类别是“殖民”：总督府及其更东边的领土就是重要的案例，当地居民“更低的”文明程度要求占领者必须为了“秩序和健康”而承担起政府的责任。[50]

在海德里希看来，贝斯特的提议存在两个严重缺陷。第一，他主张一些非日耳曼人实际上应当被准许自行维持治安，这样一来，党卫军——这个负责警务和治安方面的主要机构——便失去了进驻西欧的入口。这是海德里希肯定不会同意的一点。第二，贝斯特仅仅是对战争结束后德国的占领制度提出了一个理论上的框架，他并未就实际治理保护国提供任何建议。因此，海德里希必须要临场发挥。这条学习曲线虽然陡峭，但像是典型的海德里希会做的那样，他投入了不懈的精力，把自己沉浸在这项新任务中，通常每天都会工作超过十五小时，并在他到布拉格后的第一周之内就连续雇用、解雇了三名副手，因为他们无法达到他的要求。[51]

在布拉格的前三个月，他只是偶尔才返回柏林，而莉娜也几乎见不到她的丈夫。[52]他将工作以外剩余的那一点宝贵时间都投入了体育锻炼中，这是他的一大爱好。即使是在布拉格，他也还是遵循着一份颇具雄心的训练计划。1941年9月，他开始为一场将在12月举行的德国及其同盟国匈牙利之间的国际佩剑击剑比赛做准备。在国际上，匈牙利队统领了整个20世纪30年代，几乎战无不胜，而德国队的实力却被大幅削弱：1940年的全国冠军格奥尔格·弗拉斯在东部前线阵亡，而顶尖的德国佩剑选手约瑟夫·洛塞特也未能获准离开苏联战场。海德里希自愿填补了这个空缺。像人们预期的那样，匈牙利人轻而易举地就赢得了比赛，但他们明显不愿冒犯纳粹德国恐怖机关的头目：海德里希在他那三个回合中全部胜出。[53]

1942年1月初，莉娜和孩子们搬到了布拉格，海德里希的家庭生活有所改善。作为代理帝国总督的妻子，现在莉娜总算能以她一直认为自己应得的那种方式来生活了。食物比在柏林的时候更加充足，而且她还有一支仆人队伍供她差遣，但她从来都没有多喜欢住在有着华丽房间和冷冰冰装饰的布拉格城堡。三个月后，她厌烦了住在一个"博物馆"里，并敦促莱因哈德为她找一处对家庭更加友好、更加私密的居所。她抱怨说，在布拉格城堡有"太多历史"包围着她。[54]

1943年复活节，海德里希家搬去了在首都北边大约二十公里处潘内斯克·布列札尼的奢华宅邸。这栋白色的、新古典主义的豪宅有三十个房间，周围是一个面积达七公顷的花园，远处则有一片一百二十五公顷的茂密阴凉的树林和一个小村庄。这片地产是在德国入侵以后从一个犹太业主——制糖商、著名艺术收藏家费迪南德·布洛赫—鲍尔——那里收缴来的。在被用作海德里希的前任在布拉格的避暑别墅前，这栋楼已经得到彻底的重新装饰和修缮。当海德里希一家决定将这栋房子用作他们的主要居所时，人们又安装了中央供暖系统，好让这家人在冬天也可以住在宅邸中。从特莱西恩施塔特集中营运来的奴工，还在花园修建了一个游泳池。莉娜对成果很满意，并感到莱因哈德终于给了他的"公主"一个像样的家。[55]

但海德里希并不怎么在家。除了专注体育运动、履行作为帝国安全总部头目的职责和协调最终解决方案之外，现在他还要在布拉格参与到治国的所有事宜中：从给保护国政府成员加薪、任命布拉格德国大学的每一个教授，到布拉格城堡的装修、考古发掘，再到考察在斯柯达工厂工作的每个工程师在政治上是否可靠。[56]

为了履行职责，海德里希每周至少两次，常常是三次乘坐火车或飞机往返于柏林和布拉格。[57]他频繁前往柏林，不只是为了主持重要的帝国安全总部会议，也是为了和戈培尔和其他有权的纳粹们保持紧密联系。[58]在他的这些联系人当中，对海德里希的占领政策最有影响力的人是赫伯特·巴克博士。巴克时任帝国经济部次长，并在1942年5月成为粮食部次长。他在俄国革命觉醒之时以难民的身份来到德国。巴克是少数几个和海德里希在私下里保持亲密友谊的人之一。在海德里希的人生中，这样的友谊往往并不是建立在强烈的共情上，而是基于相同的意识形态理念和这样一个信念，即在意识形态问题上做出妥协是懦弱的表现。他们的孩子常常一起玩耍，而大人则频繁互相邀请对方到自己在柏林的家中举行晚餐聚会。这种紧密的关系甚至会持续到海德里希和巴克分别在1942年和1947年暴亡之后。20世纪50年代早期，海德里希的儿子海德尔在汉诺威学习工程学时就和巴克的遗孀乌尔苏拉住在一起。[59]

巴克深刻地塑造了海德里希关于德国占领政策在经济方面的想法。对这两个人来说，经济的重组与种族的问题是交织在一起、不可分割的。欧洲更“低等”的种族要为德国的需求服务。巴克比任何人都清楚，为了养活国内人口、军队、数目众多的战俘和奴工，德国对食品供应的需求与日俱增，而可供调配的资源却越来越稀少。他在设计1941年春的所谓饥饿计划当中起到了关键作用；这个计划就是，在东欧策划一场特大饥荒，从而杀掉苏联西部的全部城市人口，从食物链中清除掉多达三千万张“没用的嘴巴”。巴克对东方的设想与党卫军领导层在当年的“东方总计划”中阐述的想法完全契合，后者设想在占领区进行大规模种族清洗和重新定居，同时实施广泛的奴工计划，让犹太人和苏联战俘在东方建设新的基础设施，并一直工作到死去。[60]

巴克将欧洲的其余部分设想成一个由德国主导的经济大区，一个多国家、自给自足、以德国为核心的欧洲经济体。要拓展20世纪30年代战争时期德国的贸易政策，在整个大洲用易货贸易和计划生产替代凡尔赛体系之后的金本位和开放的自由贸易经济。在中欧建立一个广阔的、由德国领导的经济体的地缘政治思想并不新颖。在20世纪伊始，弗里德里希·诺伊曼和其他一些自由派民族主义者就推崇过这个思想；在20世纪30年代时，右翼的宪法理论学家卡尔·施米特也宣扬过这个理念。但巴克这些人将这个较为陈旧的想法又和现代的种族理论融合在一起，为德国在经济上主张其优越性提供了新的理由和目标。[61]

为了达成他的目标，巴克主张在占领区和“附属”区域建立零关税区，包括20世纪30年代期间遭遇了越来越强烈的德国经济渗透的巴尔干半岛在内。1939年和1940年，与罗马尼亚和匈牙利的贸易协定达成，这让第三帝国得以掌控重要原材料。在巴尔干的经济计划将是一个甚至更有野心的计划的第一步，即将整个欧洲大陆设立为一个单一的市场，能够在战后的全球秩序中与美国和日本相抗衡。[62]

这样的想法强烈地影响了海德里希对保护国，总的来说，是德控欧洲占领政策在经济要务方面的思考。在海德里希和其他纳粹领袖的设想中，在这个新秩序下，必须要在经济上让保护国更深地融入大日耳曼帝国的势力范围，和德国进行分工。要鼓励捷克工业向东南欧出口，与此同时，德国将主要向西欧出口。因此，经济帝国主义是建立纳粹帝国的一个至关重要的元素。为此，1941年12月17日，海德里希召开了第一次德国东南欧学会国际经济会议。这个设在维也纳的学会由该市大区长官巴尔杜尔·冯·席拉赫创立，从事对东欧的经济研究活动，其长期目标是将东南欧经济强行纳入德国的权力集团。海德里希喜欢把自己看成“帝国和欧洲东南地区之间的中间人”，并确保了在帝国别人也是这样看待他的。[63]

在帝国经济部长瓦尔特·丰克在场的情况下，海德里希强调了为“统一的欧洲”规划将来的经济秩序的迫切必要性：“在将波希米亚—摩拉维亚的经济当作帝国经济的一部分、评估其任务的时候，我们会得出如下结论：从与东南欧地区建立关系和发展新东方这两个方面考虑，该地区都达到了最佳要求。”保护国要充当“帝国和东南欧地区的重要桥梁”——自20世纪30年代中期以来，苏台德区日耳曼领袖就在推崇这个思想。“东方丰富的资源从前一直仅仅被当成用来产生破坏的工具。现在，在欧洲历史上，”海德里希继续说道，“这一资源将首次以积极、有利的方式被新欧洲利用。”在此次会议上并没有达成具体的协议。像其他对未来欧洲的计划一样，重大方案的实施被推迟到了战争结束以后。[64]

如果在公开场合下海德里希谈论的是重建欧洲、德国实用主义和整个欧洲大陆的经济状况，那么他当前的关注点实际上却在别处，即怎样才能最好地利用欧洲被占领土的经济潜能来赢得这场战争。尽管柏林的纳粹领袖有时会担心海德里希让意识形态方面的考虑凌驾于实际问题之上，但他在布拉格期间始终都留心着战争的需要和波希米亚军械工业对德国备战起到的特殊作用。比方说，戈林就感到有必要提醒海德里希，他认为斯柯达工厂生产的武器是“最精良的，有时甚至优于我们自己生产的武器”。尽管“有必要对斯柯达工厂的管理层采取一切必要的行动”，但他还是敦促海德里希不要忘记他们对德国备战有着至关重要的作用。[65]

海德里希确实考虑了经济上的需求。增产的至关重要性，决定了他和捷克工人阶层之间的关系。在抵达布拉格后不久，他就告诉保护国的纳粹官员，他决心要“给予捷克工人所需要的干粮”，好让他们为德国的战争投入卖力。他坚称，毕竟，“如果捷克人不[……]具有工作所必需的体力，那么我用棒子打他，使尽浑身解数，动用全部警力来让他工作，也没有一点意义”。10月2日，海德里希宣布，元首已经批准了他“给捷克工人增加大约四百克脂肪配给”的提议——这可是个“了不起的数量”。但是，他主张，在增加食物配给的同时也要明白无误地告诉捷克人民：“你要保持安静——不然的话，你的配给大有可能再次减少。人们必须以恰当的心态来面对这些事情。”[66]

按照他的指示，保护国的媒体纷纷赞赏海德里希在1941年10月27日引入的为工人们增加脂肪配给的决策，同时强调道，还没有任何捷克人显露出的忠心能够匹配帝国总督这种“善意的”姿态。[67]三天前的10月24日，海德里希在布拉格城堡接待了一支工会代表团，他表达了对捷克工人需要的“诚挚”关切，并承诺提高他们的生活标准。与此举相映衬的是，五百多个捷克工厂举行了精心策划的车间活动，其间，提前挑选好的工人代表被鼓励提出他们遭遇的经济困难。在接下来的几周，某些类别工人的脂肪和烟草配给增加了，还有二十二万双鞋经由劳动委员会被发放出去。海德里希对他的下属承认道，他的目的是“将捷克人民去政治化”，这个政策的宗旨是鼓励每个个体将注意力集中在“他的工作和物质需要”上。[68]

满足工人们的要求——从改善工作环境到增加食物和烟草配给——被纳粹政治宣传机器刻画成了一种严肃、善意的和解方式，体现了海德里希的诚心，表明了他要代表普通捷克工人打击黑市商和发战争财的奸商的决心。比如，在海德里希会见经过精心挑选的劳工代表的那天，从黑市商贩那里收缴来的食物就被发放到了军械工厂的食堂。[69]根据海德里希发回柏林的报告，在采取这些措施后，结果似乎很出色：在他统治保护国期间，工业总产值增长了23%。另外，他在1941年晚秋采取了“谷物行动”——一次针对黑市的大规模警察行动——

结果，五十六万头之前遭藏匿的猪和二十五万吨谷物得到逾期上报。[70]

海德里希还采取了其他用来平定保护国的手段，其目的是通过贿赂一些人，让他们服从统治，从而刻意在政治上分裂捷克民众。[71]1942年五朔节期间，人们可以免费入场观看足球比赛。除此之外，海德里希还依照德国劳工阵线的模式，重新设计了以前由捷克人管理的国家工会。该工会组织了“力量来自欢乐”运动，即利用从索科尔收缴的器械和场地组织体育赛事、放映电影，上演戏剧、音乐会和舞台剧，以提高工人们的劳动积极性。[72]

海德里希还引入了更进一步的宣传措施，目的是让捷克民众确信，他们正在经历一次决定性的斗争，在此期间，他们必须要在布尔什维克的欧洲和国家社会主义的欧洲当中做出选择。为了帮助他们做决定，海德里希将维也纳的“苏维埃天堂”展览带到了布拉格，于1942年2月28日开放。[73]通过展示在巴巴罗萨行动的前几个月期间拍摄的照片，这个展览描绘了苏联骇人的生活条件，以及布尔什维克主义明显给东欧民族带来的痛苦。这次展览传达出的信息是明确的。通敌报刊《新的一天》中的一篇文章评论道：“捷克工人代表已经得到机会，可以亲眼看一看布尔什维克‘工人天堂’的可悲状况。现在，他们就能相信，由于德国国防军的介入，波希米亚和摩拉维亚受到了保护，免遭布尔什维克主义恐怖情形的侵扰，该是一件多么幸运的事。”[74]在展览展出的四周期间，有大约五十万人前来观展，其中也包括了埃米尔·哈查、教育部长伊曼纽尔·莫拉韦茨，还有未来刺杀海德里希的刺客约瑟夫·加布奇克和扬·库比什。他们已于12月被空投到保护国境内，现在正每天在捷克首都游逛。[75]

海德里希面临的另一大挑战是加紧招募捷克奴工。由于几乎每个身体强壮的德国男子都被招募进了军队，帝国急需用那些奴工来缓解越来越严重的瓶颈状况，而又不让保护国的经济失去为德国战事做出重要贡献的可能性。从第二次世界大战开始起，德国人就开始加紧在占领区招募劳动力。在被占领后的第一个月内，大约有三万名捷克工人报名去了旧帝国。由于还需要远多于此的人，在1939年9月战争爆发以后，强制成了越来越可能被采用的手段。[76]

截至1941年夏，实际上有大约一百七十万强制劳工和一百三十万战俘居住在第三帝国。在入侵苏联以后，德国迅速抓捕了约三百万战俘，并侵占了大片拥有丰富劳动力储备的领土，从而制造了巨大的经济机会，也产生了相应的风险。纳粹政权相信，显然近在眼前的胜利会确保他们可以获取所需要的外国劳工，因此并未计划将苏联战俘用作劳动力。实际上，希特勒积极地阻止了在帝国配置这些战俘。他们预计战争的结束可以让国防军迅速解散，这样便可以一劳永逸地缓解德国劳动力的紧缺。但这个政策是有风险的。如果战况并不如预想中的那样，德国就会面临巨大的困难：为了动员巴巴罗萨行动，本土经济中已经出现了空前数目的空缺，而且军中死亡人数的不断上升也要求更多的工人被送上前线。1938年5月至1942年5月期间，征兵导致劳工群体缩水了七百八十万人。在1941年10月，希特勒才终于缓和下来，批准在德国全面启用苏联战俘。对这些战俘中的一大部分人来说，这个时间点已经太晚了。在1941年至1942年的冬天通过刻意忽视的方式杀戮了二百万苏联战俘之后，纳粹现在才开始感到迫切地需要强制劳工。[77]

在海德里希来到布拉格之后，对捷克奴工的招募也随之大幅加紧。这倒不是因为海德里希想要在旧帝国看到更多“种族起源可疑”的“外国人”，而是因为截至1941年秋，军队指挥官、经济规划人员和其他顶层纳粹领袖都意识到，战胜苏联不会像他们曾希望的那样快。要想让德国的战争投入达到甚至更高的水平，国内经济就需要更多的劳动力。[78]

1941年12月，很快就要成为帝国军械和军火部长的阿尔贝特·施佩尔访问了布拉格，并且让海德里希承诺再向帝国运送一万五千名捷克建筑工人。尽管海德里希有着"冷酷、不可预料的名声"，这位主人却给了施佩尔一个惊喜。后者觉得他"非常有礼貌，而且态度也不那么傲慢，最重要的是，他非常自信和踏实"。正是后一项品质最为打动施佩尔。[79]但海德里希坚持不能够完全不顾意识形态。他很反感德国可能将会永久性地依赖外国工人这个想法。战争导致了一种荒唐的局面：德国一直在为经济独立性和种族纯粹性而斗争，但它已经比以往任何时候在劳动力方面都要更加种族多样化（并且这一趋势还在增长）。海德里希希望，最终德国的劳动力需求能够由"日耳曼民族"来满足，并且同化那些"适合被日耳曼化"的人。就在施佩尔来访布拉格以前，海德里希刚在柏林主持了帝国安全总部的会议，并为在德国分离、管理外籍劳工制订了计划。他记录道："尽管所有人都同意经济方面的需求是相关和紧迫的，但我们还是必须不能将种族和民族政治方面的问题拖延到战争结束以后，因为我们并不确定战争可能持续多久。"[80]

尽管海德里希坚持认为意识形态比实用主义更为重要，但招募捷克劳工的压力还是与日俱增。1942年3月末，希特勒任命图林根的大区长官弗里茨·绍克尔为动员外籍劳工的全权代表。这个角色与施佩尔的职责互补，旨在满足施佩尔工厂日渐增加的劳动力需求。虽然海德里希在私下里对很多即将遭到强行招募的外籍劳动力的种族价值感到怀疑，但他还是同意了。1942年5月，他宣布，捷克男子全部要进行强制劳动，同月，保护国发布法令，规定所有身强力壮、年龄在十四岁以上的保护国居民都要接受劳动动员，并被分配到德国的工厂。在接下来的四个月期间，这些名单上有了四万人。[81]"在布拉格，"1942年5月末，一个线人向伦敦汇报道，“从前熙熙攘攘的咖啡馆现在几乎空无一人；在餐厅，人们狼吞虎咽并尽可能快地离开。由于德国越来越缺乏劳动力资源，这些地方遭到了系统的突袭：所有前来的顾客，尤其是女子，若是不能够证明他们正全身心地投入备战工作中，便要被立即带去盖世太保总部并被送往德国的强制劳动营。”[82]

除了追求他的双重短期目标——一是清除抵抗力量，二是通过将恐怖手段、强制招募、激励措施和政治宣传相结合的途径而开发保护国的经济潜能——海德里希还决心要提高德国占领政权的效率。他想要的是一个规模小但效率高的机关，由可靠的帝国和苏台德日耳曼人以及他们的捷克人下属共同运作，能够增强纳粹对保护国的社会经济、政治和文化生活每一方面的控制。海德里希主张，哈查和他的政府必须要明白，德国人会一直留在这里，而且他们未来的命运跟第三帝国是密不可分的。海德里希想要强迫他们通过“行动”来认识到这一“事实”，而不是让保护国政府内部可能的“叛徒”和“破坏分子”通过言辞来宣誓效忠。[83]为此，11月的一则法令让海德里希得以解雇或是调走“在政治上不可靠的”公务员，不管他们的年龄有多大。他还开始亲自审查哈查的公开演讲稿。在寥寥数月之内，哈查和他周围的人就变得和说捷克语的纳粹政策执行者没什么区别了。[84]

海德里希甚至还想更进一步。他计划对保护国政府进行重组，好让他自己可以完全控制其行动。就在帝国总督办公室开始策划这次行政改革的时候，海德里希一家正在瑙恩附近，柏林以西不到四十公里处的斯托尔普肖夫狩猎小屋度过他们1941年的圣诞节，整夜逐鹿。海德里希的心思却在别处。新的一年中有太多的任务等着他处理，他焦急地想要回去工作：就在1941年圣诞夜，他甚至还在琢磨怎么调整部长薪资的结构。[85]

1942年1月19日，在几个月紧锣密鼓的筹划后，新的保护国政府一切就绪了。遵照于1941年10月在狼穴和希特勒会面时收到的指示，并在与帝国总理府首脑汉斯·拉默斯进一步讨论后，11月9日，海德里希在于慕尼黑举行的一次会议中宣布将捷克政府部门的数目减少至七个，其中每一个都将直接对帝国总督办公室负责。由首席部长雅罗斯拉夫·克雷伊奇领导的部长会议的权力仅限于落实海德里希下达的命令。[86]

让他的捷克同事非常不悦的是，党卫军准将瓦尔特·贝特施被任命为新成立的经济和劳动部头目。贝特施的角色是——用海德里希自己的话说——他"在政府内部的耳目"。因为贝特施是来自帝国的德国人，而且他假装不会说捷克语，政府事宜就必须通过德语来处理。[87]另一个重要的革新是，负责媒体、戏剧、文学、艺术和电影的人民启蒙办公室成立了。这个办公室由新任命的教育部长伊曼纽尔·莫拉韦茨主管。这个捷克退伍军人是政治实用主义者，常常被流亡政府称作"捷克吉斯林"*，以每周发表亲纳粹的电台演说而出名。莫拉韦茨并不欣赏海德里希或是他的手段，但他为人精明，善于利用机会，足以意识到他未来的职业生涯全都依赖于海德里希的好感。[88]反过来，海德里希认为，对莫拉韦茨的任命是至关重要的，因为他相信，由捷克人自己的同胞来进行纳粹的政治宣传会让他们更加容易接受。即便如此，他也不想出现任何意外，因此还是严格控制着莫拉韦茨的一举一动。[89]

在海德里希飞往柏林主持万湖会议前一天，即1942年1月19日，在对新成立的保护国政府进行演讲时，他为自己"以强硬的手腕完成了

* 指纳粹德国占领挪威时期的挪威总督维德孔·吉斯林。因参与通敌活动，"吉斯林"成了叛徒的代名词。——译注

捷克政府在两年半时间内没有做到的事情”而感到自豪。他还说，保护国政府未来的工作将会被精简至两项主要任务：处理保护国的日常行政事务，以及另一项也许更重要的“艰巨任务”，即本着日耳曼化的原则引入一种“对[捷克]青年的正确、清晰的教育方式”。在结尾，海德里希强调道，自主的“部长级决策会妨碍实际、积极的治理和领导”，这样的时代“肯定结束了”。[90]

因此，海德里希在保护国的两个最重要的短期目标已经得到了实现：波希米亚和摩拉维亚已被平定，而且保护国政府已经言听计从了。作为对新政府宣誓效忠的回报，海德里希解除了布拉格和布尔诺的戒严，并且释放了一些自1939年起就被监禁在集中营的捷克学生。他向捷克人表明，他们的合作得到了回报。

海德里希的行政改革，是德国在保护国占领政策彻底重组的一部分。这次重组的明确目标是使保护国政府“丧失权力”，与此同时，在表面上装出保留1939年3月希特勒所承诺的捷克自治权的样子。在和海德里希私下交谈的时候，元首曾坚持要保持这个表面现象，因此，海德里希选择了采取一种“从内部瓦解自治权”的策略。[91]他向他在布拉格的高级雇员解释道，这不会在一夜之内就实现。相反，他的目标是“逐渐以不起眼的方式破坏捷克的自治权”，这就避免了激起民众不必要的愤怒。[92]同时，海德里希告诉鲍曼，他会“命令捷克人实施所有可能引起不满的措施，同时转而让德国人来落实那些会产生正面影响的措施”。[93]

海德里希破坏捷克自治权的计划要得到“严格保密”。[94]纳粹舆论和通敌媒体接到指示，将他的行政改革刻画为对错误的历史路线的重要修正，即在1918年至1938年间，“自我主义、有野心的”捷克知识分子“阶级”在西方“财阀政权力量”和东方“以所谓泛斯拉夫主义为掩护的布尔什维克力量”的教唆下所走的路线。遵照海德里希的指示,保护国媒体将此次行政改革描绘成一次对**强化**捷克自治权的尝试。[95]

为了使行政工作更加有效,海德里希还积极在保护国动员消除行政阻力。他很快便意识到,很明显,治理保护国需要投入太多的人力:每七百九十个捷克人就需要一名帝国官员。相比之下,在法国,这个比例是一万五千比一。减少德国官员的数量将会产生两个积极的副作用:一是空出一大批德国行政人员,让他们能够去东部前线服兵役;二是让海德里希可以按照自己的喜好重新塑造行政部门,因为谁去谁留是由他来决定的。[96]

诺伊拉特在行使自己权力的时候,既依赖了他办公室的广大工作人员,也得到了三十五个(从1941年起是十五个)高级地方官员的支持。后者在自己各自的属地内负责管理当地德国人的行政、德国人的治安、公民登记以及捷克人和德国人之间的关系。[97]海德里希相信,平行存在的德国和捷克行政机构规模实在太庞大,这并没有使得决策过程加速,而是使其受到阻碍。他给每一个高级地方官员都分配了一个党卫军官员,从而限制了他们的独立程度。他还关闭了他们的八个办公室,将高级地方官员的数量减至七个,并且希望在未来某个时候彻底摆脱这些人。[98]海德里希在致希特勒的一份报告中沾沾自喜地声称,六分之一保护国的德国公务员,大约有五万人,很快就能被“空出来去服兵役了”[99]。甚至是像副国务卿库尔特·冯·布格斯多夫这样的海德里希的亲密下属,也于1942年3月被解除职务,送上了东部前线。在海德里希上任前,帝国总督办公室有9362名德国雇员,并且另有4706名德国人被分配到捷克机关工作。根据海德里希的计划,在改革结束以后,只有一千一百名德国人会留在保护国的行政机构中,有七百名会留在帝国总督和高级地方官员的办公室。[100]海德里希告诉他的下属,帝国总督办公室将“最终变成它必须成为的样子：一个只拥有少数优秀人才的领导机构”[101]。

海德里希实施的改革和他平定保护国的能力在柏林受到了极大的赞许。戈培尔感到很是钦佩，并在他的日记中记录道：“简直可以用榜样来形容海德里希在保护国推行的政策。他已轻而易举地控制住了那里的危机，结果就是，现在保护国精神振奋，和其他占领区和属地大相径庭。”[102]希特勒也表示他很满意。1942年1月，在饭后漫不经心的独白中，他称赞德国在布拉格的占领政策“既无情又残酷”[103]。四个月以后，5月20日，元首又补充道：

> 正确的且对日耳曼帝国来讲显而易见的政策是，首先清除这个国家所有具有危险性的元素，然后友好地对待捷克人。如果我们推行这种类型的政策，所有捷克人都会追随哈查总统的领导。在任何情况下……由于我们进行的人口迁移，他们对被强迫从家中撤离的恐惧就会让他们相信，表现得热衷于和帝国合作对他们才最有利。正是这种萦绕着他们的恐惧解释了为什么此刻——尤其是在军备工厂——捷克人的工作能让我们感到完全满意。[104]

事实上，当地的情况并没有海德里希在他定期发往柏林的报告中描述的那么乐观。尽管有些工人（最明显的是那些军械工业的工人）所得到的食物和烟草配额有所增加，也得到了更好的福利待遇、免费的鞋履，可以带薪休假，而且一度还可以在周六不上班，大部分工人的状况却并没有得到改善。[105]海德里希的政治宣传活动和他给某些军械工业的工人提供的额外福利不能掩藏这样一个事实，即在他统治布拉格的八个月期间，食物供给状况变得更糟糕了，而不是更好。1942年

1月以后，大多要归咎于东方的军事状况，黄油的配额降至了海德里希来布拉格以前73%的水平，而保护国的肉类配给则从1941年9月的共一万二千余吨减少到了1942年3月的7826吨。截至1942年春，保安局探员已注意到，工人普遍感到不满，但这种日渐增加的不满并没有导致任何生产力的显著降低。[106]

与此同时，海德里希正忙着对付别的纳粹机关，抵御他们对其势力范围的不断干涉。就像在旧帝国和其他占领区一样，在保护国也有各种各样的机关——从陆军到纳粹党的官员——在争夺权力和影响力。海德里希尤为鄙视保护国的四个大区长官（即苏台德、上多瑙河、下多瑙河和巴伐利亚东部四个大区的长官）。他屡次发表评论，说这些纳粹党的官员平庸无能，无论是在外貌还是智力潜能方面，他们离他本人对领袖人格的理念都存在着巨大差距。[107]

海德里希对纳粹党统治新日耳曼帝国的能力存在疑虑，这并不是什么秘密。据他的妻子说，他对被派遣去制服斯拉夫人的纳粹党官员的能力感到非常担忧，并在私下里谴责这些东方的"金鸡"既腐败又低效。在东方的行政部门，高级职位的确是为老战士或是纳粹党的长期成员预留的，他们当中有很多人都和希特勒关系密切。唯一让他们够资格治理占领区的条件就是他们加入纳粹党的时间早，他们转而又带上自己信任的追随者，让他们担任行政人员。很多这些追随者都没有受过良好的培训，而且又腐败，因此不适合在西欧工作。[108]

但是，海德里希非常清楚，这四个大区长官一直都跟在柏林有影响力的人保持着联系。[109]他意识到，如果他不主张自己的权威，他在布拉格的权力就不会永远不受到挑战。因此，他请求鲍曼再三保证，他必须只服从元首本人的命令，而不是那些纳粹党代表的命令。[110]那些政客必须不再对党卫军的政策说三道四，或是阻挠党卫军政策的落实。"如果我提出的方案底下还有四种不同的方法，”他在收到鲍曼肯定的答复后告诉那些大区长官，“我就不能够统治捷克人了。”在同一次发言中，他还专门因为帝国总督办公室最顽固的对手，下多瑙河的大区长官胡戈·尤里扰乱了自己的计划而批评了他。其他不合作的纳粹党官员索性被解除了职务。[111]

然而，1942年5月，海德里希在私底下承认，他本以为已经消灭了的捷克抵抗运动又再次兴起了，破坏事件又有所回升。在1941年10月初，海德里希就已经告诉希特勒，抵抗力量终于被击破了，而且捷克工人已经平静地接受了抵抗斗士遭到清算这件事，他并不想承认局面可能再次失控。他反复向柏林方面保证，没有必要产生担忧。[112]

所有这一切都是一个狡猾的沟通策略的一部分，目的是以积极的方式呈现他在布拉格的活动。为了防止他往往经过粉饰的报告和一线现实情况之间的差异被泄露到柏林，海德里希独霸着对描述保护国状况的报告的控制权。他停止了每日和每月发送保护国情报报告，并且确保保安局的《帝国报告》从1941年10月起基本上不再涵盖有关其属地的信息。[113]

作为替代，海德里希在布拉格的八个月期间一共直接给马丁·鲍曼发送了二十一份报告，汇报他在保护国的活动，并坚持元首也要被告知其内容。这些报告以胜利的口吻呈现出保护国的动态，主要被海德里希用作保持自己在第三帝国权力精英当中的地位的手段。这个办法并非没有奏效。1942年2月15日，戈培尔在日记中写道：

> 我跟海德里希就保护国的情况交谈了很久。那里的局势已经稳定。海德里希采取的手段收到了良好的效果……在保护国，威胁德国安全的捷克人这个危险已经被完全解除了。海德里希做

> 得很成功。他在跟捷克人玩猫鼠游戏，而且他说什么他们都照单全收。他已经采取了一系列格外受欢迎的措施，包括几乎完全消灭了黑市……他强调不能用统治日耳曼民族的方式来统治斯拉夫人；必须要击垮他们或是一直给他们施压。很明显，他一直采取的是第二条途径，并且取得了成功。我们在保护国的任务绝对已经完成了。诺伊拉特完全误解了这项任务，而且这是最开始导致了布拉格发生这场灾难的原因。[114]

在到达布拉格城堡之后四个月，海德里希盘点了保护国的形势：为了给评估自己的成就做铺垫，他在开头尖锐地批评了在诺伊拉特统治下保护国的德国占领政策所犯的“根本错误”，说他对待“捷克人和捷克政府的方式就仿佛捷克是一个独立的国家，仿佛帝国总督办公室对外国总统而言比一支代表团强不到哪里去”。诺伊拉特还犯了战术上的错误：“如果一个人相信通过和捷克贵族保持良好的社会交往就有可能对大众产生影响，那么他是不能够将捷克人、捷克群众引导到帝国的。”相比之下，他自己的政绩则令人刮目相看，或者海德里希是这样暗示的。粉碎捷克抵抗力量、刺激保护国的战争经济和重组占领区行政体系这几个短期目标都已经达成。现在，他说道，是时候去追求德国占领捷克斯洛伐克的“真正目的”或是“终极目标”了。“如果其他方式都不可行”，那么就应当通过“暴力手段”来达成这一目标，即保护国的日耳曼化。[115]

保护国的日耳曼化

对征服的领土和边疆地区进行日耳曼化，即在文化、社会经济、政治，最重要的是，在种族方面将这些地区完全同化为大日耳曼帝国的一部分，这在整个第二次世界大战期间始终都是党卫军人口政策的重中之重。在本质上，海德里希所理解的日耳曼化，旨在取得对被征服人口的完全控制，抹去他们以前的民族特征，消除所有不能与纳粹意识形态相融的元素。要通过识别出非日耳曼人口中“有价值的”种族血统，同时驱逐和谋杀那些被认为“在种族上不适合”的人口，从而创造出一个经过种族净化的大日耳曼帝国，在这个乌托邦里，被征服人口中种族合适的成员将和日耳曼民族融合起来。[116]

1941年6月，希姆莱告诉海德里希和其他人，东方的战争将会是“一场格外严酷的种族斗争，在这个过程中，会有两千万至三千万斯拉夫人和犹太人由于军事行动和食物短缺引发的危机而死去”。截至1942年春，已有超过两百万被德国俘虏的苏联士兵以及无数犹太人和非犹太人的非战斗人员遭到杀害。另有一百万来自帝国总督乌克兰辖区的平民和战俘丧生。在白俄罗斯这片在1939年拥有一千零六十万居民的领土，总共有二百二十万平民和战俘在德国占领期间死亡。[117]但幸存下来的人口究竟命运何如？为了全面了解新占领土的“种族血统”，从1939年年末起，种族与安置办公室的党卫军种族专家就在整个德占东欧对数百万日耳曼族和非日耳曼族人口展开了“种族筛选”，而其结果则将决定每个个体的命运。[118]

阿尔萨斯、洛林以及波希米亚和摩拉维亚保护国也采取了相同的程序。1940年4月，帝国总督办公室下令，所有捷克人和日耳曼人的通婚都必须经过当地高级区管理员的批准；纳粹党员和捷克人、波兰人或马扎尔人的通婚，则属于当地纳粹大区长官的管辖范围。当地的医务官、纳粹党干部、政府官僚和警察要向高级区管理员呈递各自的报告，供其参考。1940年10月9日，在诺伊拉特的办公室召开了一场会议，以协调保护国日耳曼化的各种不同途径。会议上讨论了三个可能的策略：第一，通过一次大规模的人口迁移，将所有居住在摩拉维亚的捷克人输送到波希米亚，这样就能为来自东方的德国定居者创造生存空间；第二个，也是最为极端的策略是，将所有捷克人从保护国完全驱逐至一个尚未确定的目的地；第三，"同化"大约一半的捷克人口，并将另一半"重新安置"。[119]

希特勒更倾向于第三个选项：帝国总督应当加强在保护国推进日耳曼化，与此同时，在战争期间维持捷克自治的表象。[120]应希姆莱的要求，1941年1月，卡尔·赫尔曼·弗朗克和布拉格保安局的头目霍斯特·勃姆开始着手准备对捷克学童进行检测。2月，党卫军少校埃尔温·孔泽尔也加入进来。后者曾经在波兹南和罗兹建立了种族与安置办公室，目前又开始在保护国建立类似的办公室。[121]

1941年夏，当德军入侵苏联时，帝国总督办公室的健康专家就召集了德国的医务官及其助理，为他们讲授有关种族选择科学的课程。但是，不像在波兰，在海德里希来到布拉格之前，保护国很少有人实际上接受了种族检测。帝国总督办公室的主要注意力，集中在控制地下抵抗运动和工业破坏上。并且，在保护国内，很少有人坚定不移地支持像大规模驱逐和安置这样的日耳曼化措施。像在波兰被占领土一样，为了防止他们各自的属地产生政治或经济上的动荡，保护国的四个纳粹大区长官都反对进行大规模的种族检测。[122]

但是，跟诺伊拉特和保护国的纳粹大区长官们不同，海德里希下定决心要实现波希米亚和摩拉维亚的完全日耳曼化。他在多个场合都曾提醒他的下属，"所有短期任务的执行一律不得影响最终目标的完美实现"[123]。因此，狭隘地关注海德里希在平定保护国时扮演的角色，便会导致我们错过如下这个关键点：他采取的那些实用主义、"胡萝卜加大棒"的恐怖手段仅仅是短期的策略，最终这些措施都会让位于长期计划，即在政治、文化和种族上将保护国完全吸收进大日耳曼帝国。[124]

1941年10月2日，在布拉格第一次正式的演讲中，海德里希详细阐述了他在保护国，总的来说是在欧洲的长期政策的目标。事实上，在1941年年末时，纳粹德国所控制的大陆板块已经从北冰洋延伸到了撒哈拉沙漠的边缘，从大西洋伸展到了乌克兰。这让他有充分的自信公开臆测欧洲的未来。他认为，德国对欧洲的占领“将不会是暂时性的，而是永久性的”，并由此引出了一个至关重要的问题，即未来战后欧洲的秩序会是怎样的。海德里希谈论到了规模空前的种族清洗计划，语气之“冰冷”甚至让听众中一些资深的纳粹党代表都感到震惊。[125]终极目标是在欧洲创造一个日耳曼人生存空间，将所有能够被日耳曼化的居民容纳在内：“在战争结束以后，帝国的未来取决于帝国及其人民保留、统治和在必要情况下融合那些［新吞并］区域的能力。帝国的未来还取决于［我们］应对、领导和融合这些人［……］的方式。”“这些人”包括挪威人、荷兰人、佛兰德斯人、丹麦人和瑞典人，由于“糟糕的政治领袖和犹太人的恶劣影响”，他们已经忘记了他们的日耳曼之根，但如果像对待德国人一样对待他们，这些人最终将会被吸收进大日耳曼帝国。在更往东的区域，德国人会统治当地的人口并利用该地区的原材料。第三片区域，包括被吞并的波兰西部，将会面向斯拉夫世界形成一堵“东墙”。德国人必须居住在这堵墙后的土地，同时“波兰元素［将被］一点一点、一步一步地抛弃”。[126]

保护国也被包含在“东墙”后面，因此将被纳入日耳曼帝国的版图。捷克人的“最终解决方案”，海德里希告诉他的听众，“必须是以下所述：这个区域将永久性地由德国人定居”。在历史上，波希米亚和摩拉维亚一直处在德国的势力范围之内，形成了一个“守卫德国精神的堡垒”和“面向东边的哨所”。因此，海德里希要求自己的下属生成——

通过各种形式、系统的种族伪科学检测——一幅能够让他“感受到所有人口的种族和民族特征”的“全景”，以及一份“这个区域可以被日耳曼化的人”的清单。[127]

一些历史学家开始倾向于将总的来说是第三帝国在东方的征服之战，具体看来是纳粹的日耳曼化政策，解读为德国式的殖民主义。[128]这样的思想是受到了希姆莱和元首所发表的言论的启发，最为显著的大概是希特勒在1941年9月的发言：“俄国人的土地就是我们的印度，就像英国人仅靠寥寥数人就统治了印度一样，我们也将统治我们的这块殖民地。”[129]

但是，参考诸如此类的言论是误导人的。在治理占领区时，纳粹所实施的实际政策与英国或法国的殖民手段并不存在什么相似之处，事实上，这些政策反而凸显了纳粹对于西方海洋殖民主义认知的局限性。比方说，在被占领的东欧，纳粹并没有在任何一个地方采用“间接统治”的方式——这是20世纪早期英帝国主义的一个典型特征。纳粹领导层经常提及西方殖民主义，这也许反映了其对英国能力的钦佩，他们凭借几个殖民官便能统治世界上最大的帝国；或者他们可能是企图通过指向其他欧洲国家的劣迹，来证明德国暴力扩张的正当性。但这些言论很难证明，纳粹会像英国人对待印度人那样对待东欧人民，或是他们有这样的打算。[130]

如果说20世纪早期英国殖民主义的特征是将开发和武力的方式相结合，以创造新的商业市场，那么对波兰、白俄罗斯、乌克兰及保护国的“开发”则涉及肉体消灭当地的精英，驱逐或许杀害约三千万人，并且完全根除所有当地的文化。没有一个东欧当地的精英，会被允许像尼赫鲁或是甘地那样在宗主国最好的大学学习法律。另外，不像往往在英国或是法国参与的殖民战争中那样，驱逐或屠杀“劣等种族”人口的政策只是胜利结束战争或是"恢复秩序"的手段；德国人认为这样的政策本身就是目的。大规模屠杀、驱逐和剥削，外加将中东欧剩余的人口转化为德国人或是奴隶，这正是巴巴罗萨行动和1941年7月的"东方总计划"的目标。

和西方殖民主义相比，和党卫军人口政策有着更直接关联的是，由德意志帝国和哈布斯堡奥地利建立的模式。对于它们的东欧邻国和少数族裔，德意志帝国和奥匈帝国确实在1933年以前很久就表现过殖民的态度。"开化使命"的思想，也曾是德意志帝国和哈布斯堡奥地利对各自的斯拉夫少数民族政策的一部分。但是，对海德里希和党卫军的种族专家而言，普鲁士对波兰人、哈布斯堡对捷克人的政策，正是**不**推行帝国构建政策的最好案例。海德里希主张，这两个国家都从未完全理解种族的重要性，而他和他亲密的下属则认为，种族才是在欧洲重建秩序的唯一标准。他们也不曾试图识别可日耳曼化的群体。[131] 海德里希将这些在他看来错误、过时和半心半意的民族政策抛在了脑后，他想要将种族和生物学变成行政的指导性原则。这种对中东欧国家种族同质性的信奉并非仅在纳粹德国存在，在非常不同的环境下，这一信仰也指导了第一次世界大战结束后伍德罗·威尔逊提出的"十四点和平原则"，其中最显著的是他的"民族自决"的概念。在落实这样的同质性时的不同之处在于，党卫军坚定不移地忠于生物学上的种族主义，并决心要以暴力的方式来实现"民族的拆分"。

因此，海德里希对哈布斯堡在1914年以前的人口政策极为不屑："把这个捷克垃圾变成德国人"的"老办法"失败了，他在1941年10月的演讲中如此说道。现在，是时候只服从种族这个"客观"条件的指导了。海德里希保证立即就要照着这个想法行动，不再迟疑片刻："[日耳曼化]何时发生必须由元首来决定。但是，策划和收集原始数据马上就可以开始。”[132]

海德里希的演讲汲取了纳粹领导层当中关于在欧洲重建秩序的最新思想，尤其是1941年7月的“东方总计划”里阐述的那些。戈培尔称赞道，他的演讲“清晰得让人耳目一新”，“是占领区的榜样”。[133]1941年6月末，身为强化日耳曼性帝国专员的希姆莱，命令他的首席人口规划师之一康拉德·迈耶教授，为波兰被占领土制订一份详尽的驱逐和重新安置计划。此前，迈耶一直是“东方的建设和规划”展览的主要组织者。希姆莱和海德里希于1941年3月20日在柏林参观过这个展览。迈耶为德国定居者搭建的示范村庄，给这两个人都留下了如此深刻的印象，以至于希姆莱委托了他来为占领区的未来制订一个宏伟的计划："东方总计划”。[134]

7月15日，在接到希姆莱命令后不到三周时间，迈耶就展示了他的“东方总计划”的第一稿。这个版本的计划要求将波兰及其西部边境地区日耳曼化。但是，与此同时，德军已经入侵了苏联，行进速度之快使得这个计划看起来不再足够有野心：在迈耶提交第一稿之后仅一天，希特勒就要求建造一个东方伊甸园——在波罗的海国家、白俄罗斯、乌克兰和克里米亚为日耳曼人建造一块广阔的定居地。因此，希姆莱便要求迈耶将他的规划拓展至苏联。这个要在未来二十至三十年期间落实的计划设想，大批日耳曼族会被转移到东部占领区，他们将住在有着农场和示范村庄的新封建体制，在其中，沿着两条分别是通往列宁格勒和克里米亚的主干道穿插着全副武装的党卫军哨站。当地人口中的绝大部分都将遭到驱逐，一小部分则会被当作奴隶留下来。在新的日耳曼帝国最东面的边界，沿着乌拉尔山脉，“勇士村”将会保护前线不受东方的野蛮人部落的侵犯。[135]

因此，海德里希在切宁宫的演讲反映了来自希特勒、希姆莱和各个党卫军种族专家的最新思想，其中包括一些在布拉格工作的著名学者，像是卡尔·瓦伦汀·缪勒和汉斯·约阿希姆·拜尔。[136]缪勒是一个社会人类学家，他是优生学方面的专家，而且在帝国安全总部有很广的人脉关系。他尤为强烈地影响了海德里希对保护国日耳曼化问题的认知。在海德里希到达波希米亚和摩拉维亚后不久，1941年11月6日，缪勒就得到任命，担任在布拉格新设立的社会人类学教授一职。他把大部分的时间都花在研究“种族改造”和日耳曼化这两个问题上，“帝国总督”对这些问题的答案有着“最浓厚的兴趣”。[137]

缪勒认为，捷克人口的相当一部分都有着日耳曼血统，但他们的血液已经因掺杂了斯拉夫人的血液而被污染了。缪勒主张，对整个日耳曼化进程来说，重新获得和培养这支日耳曼血统是当务之急。[138]1941年秋，他向布拉格保安局的头目霍斯特·勃姆提交了两份备忘录，并在其中展开阐述了这个想法。他表明，在捷克人口中，大约有50%拥有珍贵的日耳曼血统——海德里希立即使用了报告中的这个数字。[139]

汉斯·约阿希姆·拜尔是第二位对海德里希的思想产生了重要影响的人口统计学家。1908年，拜尔出生在汉堡附近。他学习过历史、法律和人类学，并且于1933年7月适时地加入了冲锋队。在1935年，他已经出版了自己的第一本书。他在书中主张，波希米亚传统上一直是日耳曼人的定居点，只是因为15世纪早期由反对扬·胡斯而引发的波希米亚战争，以及其信徒之间的内部争斗造成的毁灭，捷克人的数目才开始超过日耳曼定居者。拜尔表示，纠正这个历史上的偏差是至关重要的。[140]

在接下来的几年当中，拜尔继续研究他的“减少人口”和“重新填充”的双重概念。他的其中一些主张包括：日耳曼族应当将自己和他们的斯拉夫邻居区分开来，不同种族的通婚只应当发生在血统“相关联”的两个人之间，应当按照受日耳曼基因影响的程度来给东欧民族排列等级。[141]他坚称，捷克人有最大比例的日耳曼血统，这个血统必须要被“重新获得”。[142]这样的极端思想很快便引起了党卫军人口规划师的注意，于是，拜尔便在1938年被招募进了保安局。他撰写的备忘录也让他开启了学术生涯。1940年，在三十二岁时，他在享有盛誉的柏林弗里德里希—威廉大学被授予了教授一职，尽管他同时也为海德里希的帝国安全总部继续工作。1941年，作为党卫军别动队C队的种族政治顾问，他进军至伦贝格。拜尔亲自汇集了一份逮捕名单，在列的波兰知识分子都遭到了谋杀。他本人的加利西亚经历和印象，形成了他接下来发表的学术论文的经验基础。在这份论文中，他将“被犹太血统污染的”波兰领袖形容为游离在欧洲社会边缘之外的一群人，永远不应该允许他们再次参与到这个大陆的历史当中来。[143]

在波森帝国大学短暂地工作过一段时间后，1941年9月，在海德里希的坚持下，拜尔被调动到布拉格德国大学。他成为海德里希的首席人口统计顾问，以及新创立的莱因哈德·海德里希基金会旗下的欧洲人类学和人种心理学学会的主管。该基金会是一个伞状组织，包括了布拉格所有重点研究东欧、东南欧人类学和人口统计学的学术机构。[144]

有了从缪勒、拜尔的备忘录以及迈耶的“东方总计划”中搜集的伪科学知识作为武装，海德里希自信地谈起了在新征服地区的种族等级。波兰人、东乌克兰人和白俄罗斯人已经和各个苏维埃民族融合，被布尔什维克思想“污染”，他们的等级处于最低的地位。在邻近的波罗的海民族中，一些在种族上要优于另一些。“可以从爱沙尼亚人身上找到最好的种族成分，”海德里希肯定地陈述道，“因为他们受到了瑞典的影响，其次是拉脱维亚人，立陶宛人是他们当中最糟糕的。”[145]

同样，在保护国，海德里希也设想把每个人划分到若干类别中。他宣布道，“种族优秀”和“心怀善意的”捷克人肯定会成为德国人。“种族低劣”和“心存恶意的”捷克人将会被“撤离到”东方的“广阔空间”。种族卑劣但怀有善意的捷克人将会接受净化，然后在旧帝国重新定居并被用作奴工。“有恶意”但“种族优秀”的捷克人是“他们当中最危险的”，这些人将被“枪毙”。三分之二的人口将会被立即归到这些类别中的某一个。其余夹在中间并不那么好分类的人，将会在几年时间内被分类。[146]

再一次地，海德里希运用了1939年和1940年在纳粹占领下的波兰首次实施的种族分类和种族政策。面对中东欧人种超乎寻常的复杂程度，希姆莱和他的种族专家，曾分别依照那些从前被应用于遴选党卫军候选人的类别又创建了四个种族价值分类：这些类别包括“种族最优”、“良好或一般”、“濒于分界线”和“种族不合适及外族血统”。这个将个体划分为“受欢迎的”或“不受欢迎”的分类，将会指导纳粹的人口政策和整个欧洲的种族重建。[147]

除此以外，1941年9月30日，希姆莱下令，曾经由于“政治贡献”、社会品质和语言技能而被列入所谓“人民名单”（由瓦尔特高的大区长官阿图尔·格赖泽尔作为登记其属地德国公民的办法而最先引入），从而取得过德国公民身份的“濒于分界线”的候选人，将要根据种族条件接受重新检测。所有拥有“不明确的”日耳曼之根的人——总共有超过一百万人——都要在1941年下半年之后经过筛选，其结果将被记录在每个人的种族身份证上。[148]海德里希的帝国安全总部负责监督迁出移民中央办公室和外来移民中央办公室的活动，前者负责实施驱逐和搜集种族信息，后者主要给来自前非德国领地的日耳曼族人士办理公民身份。他熟知“种族工程”背后的根本问题。[149]1942年2月初，受到不到一周以前与希特勒的一次会面的鼓舞，海德里希再次指向日耳曼

化，称其为纳粹统治保护国的整体目标：[150]

> 我想要明确强调，日耳曼化确实是我们的内部原则，但只是对那些真正可以被日耳曼化的人来说。这就要求我们现在应当在暗中就开始准备一份种族清单。这很明显：如果我想要推进日耳曼化，首先我必须要知道谁可以被日耳曼化。我还是认为这个数字是在40%至60%之间。这份种族清单将通过身份证的途径完成……通过检查身份证，我们大概可以筛去大约三分之一本来就不能被日耳曼化的人，也许我们能够识别出另外三分之一从表面看来可以被日耳曼化的人。那样就会剩下大约三分之一的人口，他们还需要经过一次简短的检测。这就意味着我们可以将准备种族清单的时间由三年缩短至一年，这个办法既实际又合意。[151]

海德里希并没有具体说明种族专家究竟要怎样将捷克人划分到这些种族类别当中的一个。毕竟，不像给犹太人和吉卜赛人这些相对少数的族裔分类，整个捷克人口都要进行可否日耳曼化的检测。事实上，对于什么是斯拉夫人或什么是日耳曼人都没有明确的定义，这就使得这件事情更加复杂了。[152]海德里希认为，真正或潜在的德国人应当有着蓝眼睛，身材好，身高和头型佳。但是，令人惊讶的是，他也接受对日耳曼人特征的非生物学理解：他认为，正是非生理性特征才往往会透露出一个人的日耳曼血统。整洁的房屋、活力、性道德和社会行为都是入会的条件。那些捷克人当中最乐意成为德国人的——那些“没有原则的无赖”和“垃圾”——是最不合适的人选。讽刺的是，海德里希感到，正是投身于自己的事业、健康且独立的捷克爱国者才会成为最好的德国人。[153]

海德里希在不同的场合都指出，保护国的状况尤为复杂，因为所有最显赫的捷克人都有一些日耳曼血统。他告诉希特勒，阿洛伊斯·埃利亚什的母亲从外貌看上去就像是日耳曼人。[154]海德里希断言，雅罗斯拉夫·克雷伊奇那“漂亮的蓝眼睛”，意味着他新任命的捷克司法部长肯定有日耳曼人背景。相反，海德里希认为哈查就“不可被日耳曼化”，因为他“总是病恹恹的，来的时候声音都在颤抖，而且试图唤起我们的怜悯、需要我们的同情”。海德里希说得很清楚，行为、精神状态和面相都可能是一个人“种族核心”的关键指标。[155]

作为唯一一个在纳粹帝国的中心及其边疆地区都占据着重要位置的党卫军领袖，海德里希驱动、塑造纳粹日耳曼化政策的能力在欧洲都是无可匹敌的。在纳粹控制下的欧洲，没有一个行政机关——可能除了格赖泽尔的瓦尔特高之外——曾经尝试过在如此短的时间内实施如此有野心的种族分类和隔离政策。在海德里希统治下的布拉格，检测和登记进程显著地加紧了。1941年秋，他的办公室宣布了由种族与安置办公室的专家负责检测在占领前就嫁给德国人的捷克女子的计划。由捷克人—德国人联姻而生产出的儿童也要被检测。5月，海德里希向鲍曼汇报道，种族与安置办公室的专家已经在整个保护国内分散开来。他们的目标是生成一个反映出种族秩序的社会截面。这一切都将在保护国全境抗击肺结核运动的幌子下进行。[156]

尽管宗旨是辅助实现日耳曼化这个遥远的目标，但海德里希的检测和登记计划却对保护国的居民产生了直接影响。曾和德国女子发生过性关系的、“种族不合适的”捷克男子会被送到集中营。如果一段婚姻得到批准，那么不论是在男性候选人的同胞眼中还是在国家看来，他都被认为是德国人，因此得到的待遇也不同。嫁给德国人的捷克女子，必须要将她们的孩子培养成德国人。如果不这么做，她们的孩子就会被人收养。任何不携带新身份证的人都会立即遭到逮捕。这就让警察机关可以更加容易地追踪隐藏起来的伞兵、游击队员和犹太人。[157]

海德里希在保护国落实日耳曼化政策的另一重要工具是所谓的地产局，即由党卫军控制的，负责识别和收缴用于日耳曼化的捷克财产的地产管理部门。[158]早在1941年10月17日，海德里希就向他在布拉格的高级雇员宣布，地产局是实现“逐渐将东方日耳曼化”的“唯一合适的机构”。[159]他那通过收缴捷克地产从而在人口稠密的斯拉夫地区创造“富有日耳曼性的岛屿”的想法，为希姆莱1942年夏季在乌克兰，尤其是在日托米尔周围区域实施的大规模定居项目提供了灵感。[160]

海德里希迅速任命了他选定的局长——激进的苏台德日耳曼人，于1939年起在布拉格保安局效力的党卫军军官费迪南德·费舍尔。[161]在接下来的几个月期间，费舍尔驱逐了选定土地的所有者——不仅是犹太人，就连捷克20世纪20年代和30年代土地改革的受益人，以及1938年9月17日对捷克共和国宣誓效忠的那些贵族们也遭到了驱逐——以便为大约六千名德国定居者留出空间，尤其是那些来自比萨拉比亚、布科维纳、多布鲁亚、特兰西瓦尼亚、南蒂罗尔和苏台德地区的人。[162]在1942年春季前，布拉格的地产局已经管辖着将近八十个收缴来的地产，土地面积达四万六千公顷。在接下来的十八个月内，还要再增加一万一千多公顷的土地。截至1942年5月，已有一万五千多名保护国居民被从家中驱逐出去。[163]

海德里希的定居政策显示了纳粹日耳曼化计划在本质上是不真实的，甚至是存有幻想的：虽然党卫军没收了大量土地，但要找到愿意耕种这些土地的德国人却困难得多。1940年10月，德国人只占保护国总人口的3.5%，而且并没有多少德国人想要来到这里。海德里希原先希望有十五万日耳曼族人口会来保护国重新定居，但实际上在第二次世界战期间仅有不到六千人实际上决定搬来这里。[164]最初，海德里希和希姆莱准备解决大部分存在于他们想象中的那个德国是一个“没有空间的民族”的问题，但实际情况是，他们创造出了没有人前来的空间。但是，海德里希并不会轻易退缩：他意识到德国并没有足够富余的人口来填充大片被征服的领土，因此主张道，就目前而言，让德国“统治阶级”来监督那些反之则“群龙无首的”捷克裔工人就已足够。[165]

为了进一步推进日耳曼化的目标，海德里希让他信任的党卫军成员主管布拉格的研究中心。他们中的很多人都影响了或是直接参与过波兰及更东边地区的种族检测。[166]他的种族专家几乎不受阻碍地降临到了强制劳工、学童，最后是普通百姓当中。在成为帝国总督后，他采取的第一个行动便是在保护国纠正以往日耳曼化政策中“令人震惊的错误”。诺伊拉特和高级地方官员，海德里希生气地说道，竟允许“种族有缺陷的人和没有社会性的分子”成为德国人。他指出，当纳粹占领统治开始时，有大约两万名捷克人——仅在布拉格就有六千名——突然就“记起”他们拥有日耳曼血统。合法的日耳曼社区满是海德里希所谓的“人造奶油日耳曼人”：这些人更改公民身份的唯一原因，就是为了获得更高的食物配给和其他优先权。[167]

海德里希对很高比例的捷克“痞子”曾获得德国公民身份这一“事实”感到惊骇。1942年4月，他命令他的种族专家重新检测**所有**曾经成功获得德国公民身份的候选人。身着白大褂的人将重新使用分类面板，以决定在那些被他们脱光、检测的捷克人当中，哪些可以被“再日耳曼化”。被认定“不能再日耳曼化”的人将被驳回公民权。甚至在此之前，种族与安置办公室的官员在10月就已经开始复审“可疑的”入籍申请。次年春天，海德里希又下令让该机构的种族专家解决所有还没有定论的案例——截至1941年年末，共有12 368个这样的案例。但是，就像在被占领的波兰一样，标准不一、官僚主义竞争、个别人比较死板的现象依旧存在。在党卫军介入以后，在伊格劳，仅有10%的申请者获得了德国公民身份；而在皮尔森，则有78%的人成功入籍。[168]

1941年2月，在万湖会议后的两周，海德里希向保护国的官员宣布了推进日耳曼化进程的“新方式”：十七岁和十八岁的捷克人将会被聚集到劳动营，并在那里接受种族检测。[169]受到1939年和1940年波兰被占领土实施的政策的启发，他坚持道，那些“能够成为德国人”的人要被分派到旧帝国工作，在那里接受成为德国人的“再教育”。这个方法还有一个额外的好处，就是为德国的工业和农业提供廉价、不会对德国的民族产生“种族威胁”的劳工——不像其他种族血统可疑的奴工那样。不能被日耳曼化的青年，也许还有他们的家人，将被运送到西伯利亚，在那里他们将充当“一千一百万欧洲犹太人的监工”。为了避免在战争期间“不必要地扰乱局势”，海德里希提议，“就当下而言”，在保护国要采取“不残酷、非暴力”的形式来落实他的日耳曼化政策：他将允许被驱逐者携带他们的家人，以加快该地区种族清洗的速度。[170]

尽管海德里希一直很清楚战时的需求，但他还是坚持，一旦军事形势允许种族不良的捷克人被驱逐，就必须由种族意识形态的迫切需求来指导保护国的纳粹政策。犹太人被做了标记，要遭到立即处决，而其他种族不良的捷克人则要尽快被驱逐。按照海德里希这番评论的逻辑，距离捷克人遭到1942年春季欧洲犹太人所面临的那种驱逐大概也只有几个月了。[171]因此，海德里希对“捷克人问题”的解决方案，是纳粹更广泛的、有关怎样处置整个东欧不能被日耳曼化的斯拉夫人的说辞的一部分。根据党卫军人口规划师的估计，至少有四千万人居住在日耳曼化的目标区域，其中超过三千万都被认为在种族上是不受欢迎的。令人吃惊的是，这中间包括了80%的波兰人、64%的白俄罗斯人、

75%的乌克兰人和一半捷克人。即便是在党卫军人口规划师的小圈子中，这些不受欢迎的斯拉夫人口的确切命运也尚未被确定。1941年9月初，波兹南中央再安置办公室的头目罗尔夫·海因茨·霍普纳写信给阿道夫·艾希曼，向他询问有关那些不能被日耳曼化的人的命运。他写道："我们要在一开始就完全清楚，最终会怎么处理那些在大日耳曼定居区不受欢迎的被驱逐人口，这一点是很重要的。我们的目标是要给他们找到某种永久性的生计，还是应当将他们完全清除？"[172]海德里希显然倾向于后面那个选项，他希望不惜一切代价地将所有不受欢迎的人口从德国人生存空间中清除出去，但无论是他本人还是希姆莱，都没有权力在不和纳粹德国最高权威商量的情况下，就做出这样一个有着深远影响的决定。在有关上百万东欧非德国人的命运的重要问题上，海德里希和希姆莱都还热切地等待着希特勒的最终决策。

犹太人大屠杀

根据海德里希的说法，经过接下来几年的种族工程之后，大约会有一半的捷克人口将会成为德国人。然而，保护国犹太人口的最终命运却有着根本上的不同：纳粹反犹政策的目标是立即排除，随后驱逐，最终处决犹太人。

毫不奇怪的是，海德里希到达布拉格后引起了保护国反犹政策的决定性激化。和捷克伴侣通婚的犹太人以前都可以不用佩戴黄星。但到了1941年9月29日，这个豁免权被撤销了。所有的犹太教堂都被关闭了，而那些继续跟犹太人保持社会交往的非犹太人则遭到要被保护性拘留的威胁。[173]在布拉格城堡召开的头几次新闻发布会之一，海德里希向聚集在此的记者告知了他的"基本信念"：

> 犹太教对各民族产生了种族和精神上的威胁。德国人和保护国——对那些明事理的人来说——的经验都证明了这一点。帝国的目标将是且必然是，不但要消除犹太教在欧洲各民族中的影响，而且尽可能多地让他们重新定居在欧洲以外的地方。其他所有措施……都是通往这个终极目标道路上的某个阶段。我已经决定在保护国尽可能一致、尽可能快地实施这些措施。在不久的将来，第一步将会是把所有犹太人都集中到一个城镇或是某个城镇的一部分……此地将是一个集合点，只是过渡期的解决方案，因为疏散程序已经启动了。第一批五千名犹太人将在接下来的几周时间就离开保护国。不消说，那些像寄生虫一样参与过黑市交易、非法屠宰等活动的犹太人，将会以一种有秩序的方式工作、服务社区……对于那些出于抵触情绪或是缺乏理解的原因而认为他们必须继续和犹太人保持公开或秘密来往并对他们表示同情的人，我保留对他们也采取上述措施的权利。[174]

次日，即10月6日，海德里希要求保护国政府立即解雇之前所有被免于迫害的“混血犹太人和有犹太人亲戚的公职人员”，或是让他们退休。像在1914年以前就已经是公职人员，在第一次世界大战期间服过役的混血犹太人，如果要获得豁免就必须经过海德里希本人的明确同意。[175]

1942年春，海德里希再次拓展了针对“混血犹太人”的政策，命令所有曾在诺伊拉特的“松垮”政权下取得过帝国国籍的混血犹太人重新接受“正规的”种族检测。另一则命令让保护国的公民不得与犹太人结婚，且只有在得到内务部批准后一级混血犹太人才可以和捷克人结婚。因此，在海德里希的支持下，保护国是所有占领区中率先筛查混血犹太人，并且一旦他们被认为是“不受欢迎的人口负担”，便会撤销他们的德国国籍的地区之一。[176]

在接到海德里希的命令后，布拉格犹太移民中央办公室的头目汉斯·贡特就呈递了一份1941年10月初为在保护国实施"犹太人问题最终解决方案"准备工作的统计调查。根据这份报告，在1939年3月德国占领之初，有十一万八千出头的犹太人（根据《纽伦堡法》的定义）居住在保护国。在这些人当中，有接近两万六千人在1941年10月1日以前已经移民出境。由于在此期间出生率较低，在海德里希抵达布拉格时，只有88 105名犹太人仍然居住在保护国。[177]

1941年年末至1944年秋，德国当局把将近七万四千名犹太人从保护国驱逐至布拉格西北六十公里处的特莱西恩施塔特。特莱西恩施塔特是保护国犹太人前往各个位于东欧的杀戮场所，特别是在1942年以后前往奥斯维辛途中的中转营。在82 309名战争期间被从保护国驱逐出境的犹太人中，德国人和他们的乌克兰、波罗的海及俄罗斯同伙杀死了大约七万七千名男人、女人和孩子。仅有一万四千名保护国的犹太人存活到了第二次世界大战结束。[178]

海德里希决心要以类似的方式解决保护国的"吉卜赛人问题"。在到达布拉格的前几个月，警察围捕了几百个"四处游荡的吉卜赛人"或"流浪汉"，这说明"吉卜赛人"依旧主要被认为是一个罪犯的类别，其中包括了一整系列不合群的人，而不是一个种族类别。在到达以后，海德里希在"吉卜赛人"的定义中植入了种族标准，这就扩大了迫害的范围。1941年10月，海德里希记录道，他想要"清除"所有居住在波希米亚和摩拉维亚的吉卜赛人。[179]次年春季，他命令在他们的身份证上用字母"Z"做上标记，代表"吉卜赛人"。在保护国，总共有六千五百人落入了这个范畴。其中至少有三千人在奥斯维辛—比克瑙的吉卜赛人营遭到谋杀，另有五百三十三人在保护国境内勒提和霍多宁的特别集中营丧生。[180]但是，海德里希这股彻底消灭保护国境内吉卜赛人的强烈劲头是一个例外，在纳粹占领下的欧洲并非常规。直到战争结束之时，生活在德国势力范围内的吉卜赛人是否全部会遭到谋杀这一点一直都不明确。1942年夏，比方说，希姆莱就下达了明确的命令，如果吉卜赛人在总督府辖区有永久住所，那么就没有必要进行“警方干涉”。[181]

海德里希加快落实纳粹的反吉卜赛人和反犹政策，这大多是出于他本人的积极性。他受到了希特勒于1941年9月中旬所做决定的激励，即“要尽可能快地在旧帝国还有保护国全境之内实现零犹太人”。但是，希特勒坚持要求，驱逐的进展要依据军事情形进一步的发展状况而定。[182]尽管如此，海德里希还是希望能够把旧帝国和保护国的犹太人暂时重新安置在以前波兰的领土，尤其是罗兹隔离区，之后在军事状况允许的时候再尽快把他们更永久地安置在更东边的地方。[183]

鉴于隔离区实在太过拥挤，本地的德国当局又发出了强烈的抗议，10月下旬实际上仅有来自保护国、柏林和维也纳的两万名犹太人和五千名吉卜赛人被驱逐到罗兹。在接下来的三个月，另有三万名犹太人被驱逐至明斯克和里加。他们后来的遭遇千差万别。那些被送至罗兹的人被监禁在生存条件骇人的隔离区中，但囚犯并未被立即谋杀。另一方面，在驱往里加的犹太人到达时，隔离区还未建造完成。因此，这五批人被送到了立陶宛的考纳斯，并在抵达臭名昭著的第九堡垒后悉数遇害。[184]

在1941年10月10日的一次会议上，保护国的党卫军领袖代表探讨了犹太人问题解决方案的进一步措施。会议由海德里希主持，并且他的犹太人事务首席顾问艾希曼也在场。此次会议确立，还有大约八万八千名犹太人依旧住在保护国，其中大约半数是在布拉格。在此阶段，海德里希仍然认为他可以将保护国最“累赘的”——那些最没有劳动能力的——五万名犹太人驱逐至里加和明斯克。他还认为，目前在苏联被占区域活动的四支别动队中，有两支队伍的头目阿图尔·内贝和奥托·拉施，能够将一部分被驱逐的犹太人集中到“他们所在行动地区用来关押共产主义囚犯的营地中”。对于不在第一批驱逐名单上的犹太人，海德里希打算为那些可以劳动和那些依赖救助的人建造单独的隔离区。他显然是预期存活率会非常低，认为犹太社区的剩余部分会在最终登上去往东方的列车之前就遭受很高的死亡率。[185]

一周后，即10月17日，海德里希第一次介绍了，将有驻军的城镇特莱西恩施塔特转变成一个容纳遭驱逐犹太人的暂时中转营的想法，并要求“不论在哪种情况下都不应当”让公众知道该计划中“甚至最微小的细节”。[186]这座城镇的军营将被清空，而平民百姓则要被重新安置。海德里希自信地预期道，保护国的犹太人很快就会被驱赶到特莱西恩施塔特。每天，两列或三列火车会驶往这个营地，每一列将载有一千名犹太遭驱逐者。海德里希假定，特莱西恩施塔特将能够“绰绰有余地”容纳五万至六万名犹太人，但在是年年底前仅有七千三百五十人被“重新安置”在了特莱西恩施塔特。除了已经被驱逐到罗兹的犹太人，只有一批人被成功运输——从布尔诺到明斯克。[187]

在第一批犹太被驱逐者于11月24日到达特莱西恩施塔特以前，另一个有关这个隔离区未来的功能的想法，开始在海德里希的脑海中形成。1941年11月18日，戈培尔在柏林与海德里希会面后记录道，这位帝国总督计划将特莱西恩施塔特建成一座容纳德国犹太人的“老年隔离区”，因为驱逐德国犹太人仍然在造成“意想不到的困难”。[188]

1942年1月的万湖会议确立了特莱西恩施塔特的这一功能。年龄超过六十五岁的德国和奥地利犹太人、因战争而残废的犹太人和参加过第一次世界大战并立过功的犹太老兵，将不会被“撤离”到东方，而是会被“转移”到特莱西恩施塔特的老年隔离区。这个办法能解决可预见的来自德国民众的阻挠和反对的问题。除此之外，建立老年隔离区便可以在他们未来的命运这个问题上，骗过特莱西恩施塔特的囚犯。特莱西恩施塔特仍然只是被用作中转营，囚犯会从这里被驱逐到东方，以便在那里谋杀他们或是将他们作为强制劳动力。实际上，从特莱西恩施塔特出发向东去的第一批运输是在1942年1月9日。在近八万七千名被驱逐到东方的特莱西恩施塔特囚犯中，有大约八万四千名在战争结束前就已死亡。[189]

在特莱西恩施塔特的驱逐开始后不久，纳粹针对犹太人的灭绝政策又进一步升级了。到目前为止，对犹太人的系统的、泛滥的大规模屠杀仅限于特定的地理区域，尤其是塞尔维亚和苏联境内。在这些地方，截至1941年年末，有五十万至八十万名年龄、性别各异的犹太人，已经遭到德国人和他们在当地的帮凶的谋杀。[190]

1942年春，在泛欧洲范围内，犹太人大屠杀开始实施。海德里希和希姆莱很可能在1942年1月30日与元首的会面中寻求了希特勒的授权，以实施“第三批”驱逐，将犹太人从帝国赶到卢布林区。这次会议并没有留存下来记录，但此后仅一天，阿道夫·艾希曼在致所有盖世太保分支的快信中便宣布，“最近将各个地区的犹太人往东方的撤离行动”，标志着在帝国和保护国“犹太人问题最终解决方案的开端”。[191]

到了3月初，艾希曼已经又细化了驱逐计划。3月9日，在柏林盖世太保总部召开的一次会议上，他解释道，在接下来的几个月期间，五万五千名犹太人会被从帝国和保护国驱逐到位于卢布林区的若干隔离区。他还宣布，1942年夏季或秋季期间，剩余的那些老年犹太人中的大多数，都会被从帝国驱逐到特莱西恩施塔特。[192]和家人在巴伐利亚阿尔卑斯山度过了一个放松的滑雪假期方才归来的海德里希，对他不在的这段时间所取得的进展感到很愉快。[193]3月11日、12日和13日，他和希姆莱讨论了犹太人问题解决方案的进展。就在驱逐的列车抵达之前，卢布林区的党卫军和警察领袖奥迪洛·格洛波克尼克清空了卢布林隔离区的居民。他在3月16日至4月20日期间就地枪杀了数千名波兰犹太人，并且将另外三万名驱逐到了贝乌热茨，他们在那里被用毒气杀死。[194]

卢布林周围的隔离区——位于伊兹比察、皮亚斯卡、扎莫西奇和特拉夫尼基——的悲惨生存环境意味着，这些德国、奥地利和斯拉夫的被驱逐者中的绝大多数会在到达后几个月内就死去。那些在上个秋天已经被从帝国驱逐至罗兹并在罗兹隔离区的恶劣条件下存活下来的犹太人——总共有一万一千人不到——在5月4日至15日期间又被驱逐到了海乌姆诺，并在毒气车内被杀害。[195]与此同时，主要是为了给新来的人创造空间，海德里希决定开始清理特莱西恩施塔特隔离区。[196]

1942年3月，驱逐行动扩展到了斯洛伐克和法国。根据和斯洛伐克协议中的条款，3月26日至4月7日期间，约四千五百名“适合劳动”的犹太年轻人被驱逐到了卢布林区的马伊达内克，另外有四列火车满载着年轻女子来到奥斯维辛。[197]4月10日，海德里希前往布拉迪斯拉发同斯洛伐克总理沃伊捷赫·图卡会面，图卡曾经宣布他的政府愿意将斯洛伐克的七万余名犹太人**全部**驱逐出境。斯洛伐克的驱逐行动从次日就开始了——这是一次重要的事件，因为斯洛伐克是在德国直接控制的地区以外第一个同意驱逐其犹太公民的国家。截至6月20日，七列从斯洛伐克出发的火车已抵达奥斯维辛，那些被驱逐的人在这里被用作奴工。还有另外三十四批人被送到了卢布林区的隔离区，这些被驱逐的斯洛伐克人取代了已被送去索比堡和贝乌热茨灭绝营的犹太居民。海德里希在造访布拉迪斯拉发时向图卡解释道，从斯洛伐克驱逐犹太人只是一个更广泛的重新安置方案的一部分，这个方案不只会影响斯洛伐克、帝国和保护国，还会影响包括荷兰、比利时和法国在内的西欧地区。[198]

在法国，作为对巴黎抵抗力量进行轰炸袭击的报复，3月30日，有一千名犹太人质被驱逐到了奥斯维辛。海德里希向他的犹太人专家特奥多尔·丹内克施压，让他加快节奏。1942年3月初，当丹内克还在同德国军政部门商议有关向东驱逐犹太人质的事宜时，就注意到了海德里希将“更多犹太人在1942年期间驱逐出境”的决心。[199]

在泛欧洲范围内发生这些驱逐浪潮的同时，总督府的各个灭绝场所也刚好建造完毕了。到了1942年3月中旬，奥斯维辛—比克瑙集中营的长官已经将一个农舍改造成了一个毒气室，并在夏天就已开始使用齐克隆B屠杀没有劳动能力的犹太人。5月，索比堡的灭绝营开放了，而人们又在夏天对第一个灭绝营贝乌热茨进行了施工，以扩充其杀戮能力。与此同时，在华沙区，建设另一个灭绝营——特雷布林卡——的工作又展开了。[200]

同时，在1942年5月，海德里希在苏联的别动队继续大规模屠杀苏联犹太人，这从去年夏天就已经开始了，在乌克兰和白俄罗斯尤其明显。4月，海德里希短暂造访了明斯克，他宣布，那些被从帝国驱逐出境的人要在刚到达的时候就被清理掉。这似乎触发了新一轮大规模枪杀，导致了一万五千多名犹太人遇难。[201]但这仅是冰山一角罢了。1942年春夏期间，海德里希的别动队和特别党卫军“反游击”队伍，在乌克兰和白俄罗斯射杀了至少三十六万名犹太人。[202]

我们很难准确无误地判断，导致了反犹灭绝政策进一步升级、全面的泛欧洲种族屠杀拉开序幕的决策过程是怎样的。在1942年1月20日的万湖会议上，提议了两个在欧洲范围内解决犹太人问题的方案。除了海德里希早先将欧洲犹太人驱逐至苏联被占领土，让他们在那里因强制劳动和遭到“特殊待遇”的混合作用而死的这个想法，他们还讨论了一个新选项：在总督府辖区系统地屠杀那些没有劳动能力的犹太人。总督府辖区有一百七十万人口，是迄今为止处在德国控制下最大的犹太人社区。这一目标将会通过贝乌热茨和奥斯维辛的毒气设施来实现。在1942年春天结束前，这两处设施已经完工并完全投入使用。

1942年3月，党卫军成功地取得了对总督府辖区反犹政策的完全控制权。因此，在波兰被占领土系统屠杀犹太人的这个主意又获得了更多的动力。由于在是年春天受到了一场严重腐败丑闻的负面影响，总督汉斯·弗朗克将治安事宜和总督府辖区的日耳曼化问题，交给了当地的高级党卫军和警察领袖弗里德里希—威廉·克吕格全权负责。这样一来，党卫军相对于民政当局的权力便得到了增强。希姆莱、海德里希和他们在一线的下属——克吕格和格洛波克尼克——将会动用他们的新权力，将来自波兰被占区域各地的犹太人都包括在杀戮流程中。[203]

在屠杀范围于1942年5月初被决定性地扩大之前不久，海德里希和希姆莱在一周时间内于三个不同的地点进行了七次会面：头几次是4月25日、26日和27日在柏林，之后二人又在28日和30日于慕尼黑进行了长谈，再在5月2日于布拉格会面。希姆莱为了最后一次会议还是特别前来。4月23日和5月3日，希姆莱和希特勒二人之间进行了两次更长的会议，为这一系列激烈的讨论奠定了基础。有关这些会议的记录并没有在战争中存留下来，但接下来几周事情发展的经过表明，正是在这些会议过程当中，希特勒、希姆莱和海德里希决定了在泛欧洲范围内实施系统毁灭计划的架构。该计划将从1942年5月起实施。[204]

文化帝国主义

如果说纳粹日耳曼化项目的基础是前所未有的种族清点、偷窃、驱逐和谋杀计划，那么在海德里希的理解中，日耳曼化的含义比种族检测和灭绝要广泛得多。谋杀和重新安置仅仅是创造一个种族“纯净”的乌托邦，一个将在未来一千年中统治新欧洲的日耳曼帝国的前提条件。1941年12月中旬，海德里希指出：“在德国和她的同盟国的打击之下，腐朽的世界正在由它产生的混乱中粉碎、消亡；与此同时，新秩序正从我们前线士兵的身后显现出来，其架构已越来越清晰可见。”[205]

要想将保护国完全融入这个新秩序当中，就必须要将保护国的文化生活彻底日耳曼化，并且根除本土的捷克和犹太文化。这是帝国总督办公室四部的任务，这个部门的宗旨是协调和指导保护国文化生活的方方面面，从戏剧、影院再到广播节目和媒体。[206]因此，由卡尔·冯·格雷戈里博士领导的四部的目标是，教育保护国的捷克人民，创造出恰当的亲德气氛。在理论上，行政部门应当能通过实行审查制度和政治宣传来支配保护国的文化经济。但实际上，部门之间的纷争、性格不合和长期以来缺乏人员，使得这些政策从未得到连贯的执行，而来自捷克群众的文化抵抗也还在继续。在海德里希到达布拉格之前，四部一直认为，文化日耳曼化的重要性比不上让与战争相关的生产顺利进行。[207]海德里希刚一掌权，这个政策就突然改变了。海德里希指责格雷戈里没能在保护国成功落实全面的文化日耳曼化计划，他用自己信任的下属之一，党卫军少校马丁·保罗·沃尔夫替换了格雷戈里。沃尔夫曾经是一名高中教师，他是海德里希在布拉格最喜欢的学者卡尔·瓦伦汀·缪勒的密友。[208]

对于哈布斯堡晚期和战争期间的布拉格，海德里希的文化帝国主义是对其富饶文化世界的一次根本冲击。布拉格的文化圈在文学、音乐和艺术方面都享有很高的国际地位。在德国入侵以前，这座城市受到各色各样的德国人、犹太人和捷克人的影响，因而文化多元。人们将它同像是表现主义者奥斯卡·柯克西卡（他于1934年至1938年期间曾居住在布拉格）和作曲家莱奥什·雅那切克（1854—1928）这样享有盛誉的艺术家，以及像弗朗茨·卡夫卡（1883—1924）和马克斯·布罗德（1884—1968）这样的小说家联系在一起。纳粹认为，所有这些人都是"腐朽"艺术的最好案例。消除布拉格的文化多样性，是海德里希的日耳曼化战略的一个关键部分。用戈培尔的话说，这个战略的目的是使保护国的文化生活融入和适应帝国。为了在战略上达成一致，与此同时又确保海德里希本人拥有对保护国所有文化事宜的最终决定权，在到达布拉格后不久，他便开始和戈培尔商议保护国的文化和宣传政策。[209]两周之内，一份详尽的、有十八页长的协议就被周密地制定了出来。这份协议概述了为保证德国完全控制广播节目、电影院和影视制作公司，并保证捷克电台播放的德语节目数量逐渐增加而提出的新动议。所有这些措施的实施，都将通过征用现存的少数几个捷克人手中的文化设施，并由海德里希的捷克办公室加强对其的集中控制。[210]另外，海德里希还希望通过只用德语来处理文化和政治事务，从而让捷克语的使用被"减至私人场合"，并最终灭绝。[211]

海德里希认为，他在保护国最重要的任务之一是复兴德国文化传统。自"犹太化的"捷克斯洛伐克共和国在第一次世界大战成立以后，这些传统就一直受到"压制"。为了强调波希米亚和摩拉维亚与帝国的历史渊源，他试图发掘过去，以"证明"该地区只有在和德国统一战线、一致对抗东方的野蛮人部落时才享有和平与繁荣。海德里希最喜欢的一个历史参照点是捷克人的主保圣人圣瓦茨拉夫。海德里希称，圣瓦茨拉夫与斯拉夫世界对抗，并认识到“该地区的历史宿命及其与帝国之间永恒的关联”。在布拉格城堡的就职演说上，海德里希主张，纳粹应当“更多地强调圣瓦茨拉夫这个概念”，并且“一定不能将他描述成捷克人的主保圣人”，而是“那个认识到了捷克人民只能在德国影响范围内存在的人”。他敦促自己的下属将这则信息“从恰当的心理学角度”传达出去：“当捷克人赞美圣温泽尔*时，他们是在表明他是正确的。这是可以被我们利用的历史。”[212]在大量通敌报纸的协助下，纳粹政治宣传一直重复着波希米亚和帝国之间有着上百年历史的联系和相互依存性。[213]

1941年11月19日，海德里希和哈查参观波希米亚王室珠宝的目的，也与这则挪用历史的政策大体一致。在到达布拉格后不久，海德里希就要求哈查，以历史上具有象征性的姿态正式承认保护国现在是帝国“不可分割的一部分”。庆典在布拉格城堡圣维特大教堂内的圣瓦茨拉夫礼拜堂举行。哈查将珠宝室的七把钥匙放在一个丝绒垫上，然后交给海德里希。“这些加冕徽章，”哈查宣布道，“象征着波希米亚和摩拉维亚效忠帝国。”海德里希接受了这份礼物，并将七把钥匙中的三把归还给哈查，作为对“波希米亚忠心的担保人信任的象征，并唤起你的责任”。[214]

海德里希相信，在圣维特大教堂的这次充满象征意味的活动，“是上百年来不确定性的终结”。在受到斯拉夫和日耳曼双方面的影响，经历来自两地的人口迁移后，“瓦茨拉夫认识到了历史的必然性，他干脆地让自己与帝国为伍，与东方反目。由他的弟弟波列斯拉夫领导的那些叛徒，没有意识到这个地区的历史宿命以及它和帝国永远的关联，他

* 圣温泽尔是圣瓦茨拉夫在德语中的变体。——译注

们拿起武器来和瓦茨拉夫的政治政策作对。他们推翻了瓦茨拉夫和他的政策，杀死了这位国王，并试图把这个地方建成对抗西方的堡垒”。但是波希米亚的德国宿命，海德里希断言道，是不可改变的。因此，哈查对建立波希米亚和摩拉维亚保护国的认可，是“一个真正体现了瓦茨拉夫传统的决定”。[215]

海德里希对历史的竭力改写，并非没有引起伦敦方面的注意。情报报告评论道，他应用“这个极其狡猾的历史论据的目的在于证明，一直以来，在受到德国影响最强烈的时期，捷克这个国家才是最为繁荣的，并且由于地理位置的原因，保护国只能够作为德国人生存空间这个整体的一部分而存在”。[216]海德里希还声称，他对捷克抵抗运动采取的行动是符合瓦茨拉夫传统的：“今年9月和10月对抗帝国的反叛分子遭到了法律制裁，因为他们没能理解瓦茨拉夫的传统。为了再一次将这个对抗东方的堡垒变成对抗西方的堡垒，他们恢复了原始的东方旧习，在帝国的背后捅了一刀。”他们没有注意到的是，海德里希声称，帝国的领导层和保护国居民中的多数实际上都学到了“历史的教训”。“瓦茨拉夫传统”，他总结道，因而无时无刻不在提醒人们，“波希米亚和摩拉维亚只有和帝国在一起时才会变得更强，如果没有帝国的话，它将永远都是弱小的”。[217]这个“刀刺在背”的神话，是在海德里希的演讲中反复出现的主题。他一次又一次地声称，帝国的这块波希米亚腹地曾“将一把刀子捅进”德国统一性的后背——这个传统是由马尔博德开启的，他在公元9年时拒绝参与阿米尼乌斯反抗罗马人的“自由之战”；这个传统从17世纪的“布拉格抛窗”事件*和“三十年战争”一直

* 1618年，波希米亚新教徒将罗马天主教摄政官扔出窗外。该事件成了下文所述的“三十年战争”的导火索。——译注

持续到今天。某些捷克人参与到非法的抵抗活动中，试图“在帝国与布尔什维克主义进行生死决斗的时期从背后袭击帝国”。[218]只有“当新帝国的旗帜在这栋房子的屋顶上升起的那天，”海德里希在另一处宣称道，“在布拉格抛窗时期发生的那些邪恶的事情才算被永远地战胜了。我们正在步入一个建设的时期，要把处在明斯特和奥斯纳布吕克[即终结了‘三十年战争’的条约]阴影中的那些年月像噩梦一样抛在我们的身后……通过1938年和1939年的事件，中欧陷入的那种可怕境地已经被消除了。”[219]

尽管从政治的角度来说，这些对历史的解读明显是很重要的，但对海德里希而言，它不只是政治宣传。他坚定地相信，波希米亚和摩拉维亚在历史上是帝国的一部分——布拉格的副市长，德国人约瑟夫·普费茨纳也有着同样的信念。普费茨纳曾在布拉格德国大学任中世纪和东欧历史学教授，他在自己被广为阅读的书《千禧布拉格》(1940)中提出的有关波希米亚和摩拉维亚与帝国长久以来的历史“渊源”的论点，深刻地影响了海德里希对历史的认知。[220]

实际上，海德里希对波希米亚的历史产生了新的兴趣。他常常坐在维珍—布莱斯坎的沙发上阅读流行的历史书籍、历史小说和人物传记，直到凌晨时分。[221]除了瓦茨拉夫，他对罗马帝国军队直到1634年的最高指挥官阿尔布雷希特·冯·华伦斯坦(1583—1634)也尤为感兴趣，并一直在阅读有关这方面的历史文献。华伦斯坦拒绝在“三十年战争”期间加入反叛的波希米亚和摩拉维亚贵族的阵营，反而决定为皇帝斐迪南二世效力，这给波希米亚向帝国效忠提供了一个范例。在几个周日，海德里希多次前往华伦斯坦的公国弗里德兰。他还造访了梅尔尼克，在那里参观了圣卢德米拉(瓦茨拉夫的祖母)的坟墓，并对布拉格德国大学的教员在布拉格城堡进行的发掘表现出了极大兴趣。[222]

海德里希认为，在欧洲被占领土压制本土文化，是在东方创造出繁荣发展的德国文化的重要前提条件。这也包括实施“知识阉割”的政策，即除了基本的职业培训以外，不再准许当地民众参加其他任何培训。海德里希说，工作经验和文化日耳曼化必须成为捷克教育系统的目标。1941年秋，他命令取消捷克学校的历史课，并改成德语课。[223]

海德里希的“教育政策”与希姆莱在1940年5月表达的观点非常一致：在占领区，对当地人口的学校教育应当被减少至“简单的、五百以内的算数；书写自己的名字；建立一种服从德国人、做人诚实、勤勉和善良是神圣法则的教条”[224]。1942年2月，海德里希进一步宣布，他打算“猛攻”被他看作“反对派培训团”的捷克教学机构的心脏，并威胁说要大幅减少捷克中学的数量。他尖刻地说道，捷克青年受他们“彻头彻尾的沙文主义老师”的误导已经太久了。[225]

通敌媒体响应了他的观点，认为对于大多数捷克民众来说，教育是一种不必要的奢侈品。1942年5月1日劳动节当天，发行量颇大的报纸《捷克文字》评论道：“事实上，我们现在有七万名中学生，这在经济上是难以承受的。”这份报纸主张，上中学的男孩应当立即辍学，以便成为学徒并在培训结束后去职业学校就读。[226]一份英国情报报告尖锐地指出，这些措施的目的是将捷克青年变成“优等民族体系所需要的奴隶种族”。[227]

对于大学，海德里希推行了相似的政策。他宣布，布拉格捷克大学将不再重新开放。根据1920年的大学法令，布拉格捷克大学是从前查理大学的唯一合法后续。1939年，学生发生动乱，九名学生被射杀，一千二百名学生被捕，之后布拉格捷克大学就“暂时”处于关闭状态。从今往后，73%教员为纳粹党成员的布拉格德国大学，将会是布拉格唯一的大学。“这所帝国最古老的学校”，海德里希坚称，“不仅应保留与其历史传统相称的地位”，还要充当“开创”新式学术界的机构，把新时代的“民族主义意识的必要性注入学术”。[228]

在体制方面，这所大学要同一个新的，后来被叫作莱因哈德·海德里希基金会的独立教育基金紧密协作。该基金会的宗旨是，进行有关“波希米亚和摩拉维亚的民族意识、文化、政治和经济状况，以及东欧和东南欧地区民族”的研究。[229]海德里希基金会总共有八个学会，在被解体的捷克大学的大楼内工作。这些学会的主管同时也是德国查理大学的教授，这样便可以保证大学和基金会之间保持着紧密的联系。[230]

海德里希在1942年5月向鲍曼概述了他对保护国在纳粹德国学术场景所占地位的长远规划。对于这个长期计划来说，他的基金会是一个关键因素。他指出了未来保护国学术研究的两个主要政治任务：首先是对波希米亚和摩拉维亚的历史进行研究；第二是就更普遍的东南欧的再日耳曼化问题积极地展开调研。[231]在本质上，莱因哈德·海德里希基金会，将会为协助该地区的日耳曼化而展开科学研究。为实现计划中民众的去民族化和去政治化，基金会还进行了所谓的“捷克性”的研究，以显示几百年以来德国对该地区产生了积极影响。[232]

海德里希实施文化帝国主义的目的，在于破坏并最终清除捷克的文化，但这无论如何都并非仅限于学术界。他的文化帝国主义也被运用在了建筑领域。1941年12月4日，阿尔贝特·施佩尔来布拉格拜访海德里希，并和他商议未来几批要运送到旧帝国的捷克奴工的事宜。他们此次也讨论了布拉格在建筑方面的未来。海德里希的目标之一是，将布拉格转变成一个蓬勃的德国城市，新纳粹帝国通往巴尔干半岛和东部占领区的出入口。在花两小时参观了这座城市后，海德里希和施佩尔考虑了几个不同的将布拉格重建为一座德国城市的战后建筑规划方案，包括建造新的德国大学建筑群和一座德国歌剧院，以及在城堡周围建造一栋新的德国政府大楼。此外，这座城市还要被一条主要的环路包围起来，与德国的高速公路系统相连。在和建筑相关的事宜上，施佩尔也发现海德里希直率得让人耳目一新：

> 所有那些大区长官简直没法与之相比。他们沉浸在自己的癖好之中，从技术上或建筑上都无法实现的计划，抑或他们青年时期的旧梦，或是他们妻子的幻想。他们顽固地坚持着这些想法……相比之下，海德里希一点也不复杂。他对我提出的建议只有几个异议，且都显示出他解决这个问题的办法是合理的。如果出于技术上的原因，他的反对意见是不切实际的，他也准备好随时接受这一点。[233]

在海德里希试图破坏、最终清除捷克的文化和民族特征的过程中，他显得像一个德国艺术的赞助人。他大力地推进着文化日耳曼化，尤其是在音乐领域。1941年12月5日，在海德里希的支持下，布拉格大张旗鼓地庆祝了莫扎特逝世一百五十周年——斯美塔那广场被重新命名为莫扎特广场，开办了几个精美的莫扎特展览，维也纳国家歌剧院还前来友情表演。[234]海德里希还计划于1943年至1944年间在布拉格建立一个永久性的歌剧院。戈培尔也支持这个计划。尽管海德里希和帝国财政部长在私下里进行了讨论，出于和战争相关的原因，该计划还是要被推迟。[235]

1941年10月，海德里希成为德国爱乐乐团的赞助人，并在布拉格重新开放了布拉格的德国音乐厅——建于19世纪的鲁道夫音乐厅。这座音乐厅在第一次世界大战以后被改成了捷克众议院。10月16日，翻新后的鲁道夫音乐厅盛大开幕。海德里希还邀请了柏林爱乐乐团前来演奏贝多芬的第九交响曲。在开幕仪式上，他重申道，他坚信文化和政治是密不可分、相互交织的，他力图通过鲁道夫音乐厅自身的历史来强调这一点。海德里希回忆道，安东·布鲁克纳曾在这里演奏，但又伤感地提到，1918年以后音乐生活就变得“捷克化”并因此“腐朽”了。在经历了二十年黑暗时期后，鲁道夫音乐厅再一次成了“德国艺术之地”。[236]

鲁道夫音乐厅的开放，给了海德里希一个反思他在保护国的文化政策的机会。在敦促那些从事文化工作的人“要一直本着帝国的精神、像德国艺术家一样”后，他发誓道，作为一个自诩爱好艺术的人，他将给德国艺术家提供一切“他们进行创作所需要的精神和物质条件”。接着，他又提醒听众道，“艺术和政治、种族和品格”之间存在着紧密联系，对于“我们人民的灵魂和心胸”来说，艺术尤为相关。“历史上真正伟大、真正具有深刻内涵的时期，”他评论道，“总是激起了真正艺术和真实能力的蓬勃发展。”反之，“文化和意识形态下滑”的时代，则是犹太人崛起的历史时期。海德里希坚称，正是犹太人“向捷克人民注入了国家独立的疯狂念头，并让他们看不到……那不言自明的他们对帝国的归属”。[237]

为了开创新的文化传统，海德里希还想要设立布拉格“文化周”，以“节日的形式彰显德国的权力”。这将会是历时一周的德国文化成就展览，尤其是在音乐领域的成就。海德里希认为，音乐是“艰难时期”使精神得到放松的源泉。他坚定地相信，这样一种对文化优越性的展示，若是与在保护国摒弃斯拉夫影响的政治宣传相结合，将会“对斯拉夫人产生最大的影响；它表明了我们的实力，彰显了我们的文化，并且让融合[捷克]人口中种族合适的部分变得更加容易”。[238]作为该节日的赞助人，海德里希于1942年5月15日为第一场音乐会开幕：德国爱乐乐团在布拉格演奏了布鲁克纳的第八交响曲。海德里希偶尔会跟该乐团的首席指挥约瑟夫·凯尔贝特在自己的乡村别墅演奏“家庭音乐”。此后不久，他和莉娜参加了由著名的莱比锡圣托马斯合唱团上演的音乐会。让他们高兴的是，在这场音乐会上，合唱团的男孩们穿着希特勒青年团的制服演唱了巴赫的经文歌。[239]

1942年5月26日晚上，就在遭到刺杀的前夜，在华伦斯坦宫还举行了一场对海德里希有着特殊情感意义的活动：由海德里希的父亲布鲁诺创作的小提琴协奏曲演出。为了特别致敬父亲——在1931年至父亲于1938年去世期间，他曾经对父亲报以颇为轻蔑、无情的态度——他请了四个哈雷音乐学院的前雇员来演奏布鲁诺的歌剧，歌颂英雄人物莱因哈德的《阿门》中的片段。这些音乐家明智地略过了这个歌剧中最让人印象深刻的片段之一“莱因哈德之罪”。海德里希显然是受到了触动，并展现出了自己柔软的一面：他邀请了高级地方官员和几个高级公务员偕妻子前往时髦的阿瓦隆酒店同他一起参加一个惊喜晚宴。在那里，他格外友好地问候了来宾们，亲吻了女士们的手，并让自己显得像个“礼仪大师，既风趣，又对每个人很热情，有魅力，还很健谈”。[240]

抵抗力量的崛起

1941年至1942年的冬天，标志着德国在东方闪电战策略的终结，美国加入战争和占领区抵抗活动的整体加剧。此时，海德里希被迫接受他的日耳曼化目标的实现必须延迟至遥远的将来了。1942年5月中旬，他在一篇报告中向希特勒坦白道，由于最近配给的减少、英国对皮尔森的空袭和更多敌方间谍的潜入，保护国的状况已经“僵化”。他还承认，捷克民众对“帝国取得的军事胜利”“持怀疑态度”，但他向元首保证没有理由产生严重的担忧，并补充道，他仅仅是在“等待合适时机来采取迅速行动，以强调帝国仍然能够造成打击的事实，并且我的慈悲也不是软弱的标志”。[241]

5月26日，即在遇刺前一天，海德里希在布拉格的一场新闻发布会上又重申了他的威胁：“我能感到和观察到，这里的外国舆论和失败主义反德谣言又开始兴起了……小型的破坏行动也有所增加。这些行动并没有造成什么伤害，但它的目的是表明反对的态度。你们必须要知道，尽管我很有耐心，但如果让我得知帝国在你们眼中是无力的，并且你们将我大度的让步误认为是软弱的话，那么我将毫不犹豫地实施猛烈的打击。”[242]

海德里希的担忧并非没有根据。确实有越来越多的证据表明抵抗活动正在上扬，这不仅仅是在保护国，在整个纳粹占领下的欧洲都是如此。3月23日，海德里希最亲密的下属之一，别动队A队的指挥官弗朗茨·瓦尔特·施泰勒克在俄罗斯赤卫军城附近被游击队员杀害。在整个欧洲，类似的对德国军事人员的袭击和伏击事件几乎成了日常的一部分——海德里希相信，只有通过加强恐怖手段和大规模枪杀才可以解决这个问题。[243]

在西欧，抵抗活动也显著地加剧了。海德里希认识到，由于一些西欧人口具有种族价值，而且他们的经济对于德国备战而言也很重要，因此在该区域，这个问题要更加复杂。即使是在丹麦这个以前表现出配合的地方，攻击德国统治的非法共产主义传单的发放也达到了前所未有的数量，使得海德里希敦促外交部长冯·里宾特洛甫允许盖世太保逮捕任何有嫌疑策划这些活动的人，并且更普遍地对任何出现的可能骚动“采取坚决行动”。[244]

尽管海德里希担心游击队的活动会影响到国防军对苏联迅速取胜的能力，他还是将抵抗活动的加剧看成一次机会，来宣传对其采取统一手段的好处，以此加强党卫军对西欧的影响力。这一点在法国体现得最为明显。在法国，直至1942年春，德国国防军都还能够成功地抵御党卫军的干涉。即使是在面临越来越多的抵抗活动时，巴黎的军事指挥官奥托·冯·施特尔普纳格尔将军还是强烈主张，对游击队袭击采取的报复行动应当要适度，不能够危及与法国大多数民众的良好关系，因为他们正在为德国的战争投入而劳动。[245]

1941年秋，在一次事件之后，海德里希在巴黎的保安局办公室和德国在法军政当局之间本就已经很紧张的关系又大幅恶化了：10月2日至3日晚间，巴黎的七处犹太教堂遭到轰炸，尽管保安局官方宣称是法国的反犹民粹主义者实施了这些袭击，但很明显谁才是幕后操纵者。国防军“半心半意”地落实着反犹政策，执行着已获授权的秘密行动，海德里希已经开始变得越来越不耐烦。德国宪兵进行的一项调查揭示，海德里希在巴黎的下属策划了这些袭击。冯·施特尔普纳格尔将军要求立即遣散和审判保安局的这些肇事者。海德里希坦率地承担了全部责任。在致军方领袖的一封信中，他声称这些轰炸袭击针对的是“在欧洲惹祸的”犹太人，他们“……必须从欧洲消失”。因此，这些轰炸袭击向全世界的犹太人发出了一个清楚的信号，“犹太人在他们从前的欧洲大本营不再安全了”。[246]

与海德里希和驻法陆军的冲突一并发生的，还有党卫军与卡纳里斯麾下军方阿勃维尔之间新一轮的紧张关系。1941年至1942年的冬天，海德里希要求军方情报部门在境外间谍和反间谍活动方面做出更多的让步。他坚持应当取得对秘密现场警察的控制权，由此试图修订自1935年起约束着卡纳里斯的阿勃维尔和海德里希的秘密警察机关之间职责划分的“十诫”，让它变得对党卫军更有利。海德里希和卡纳里斯在圣诞节假日期间商议了这件事。尽管在工作上二人有着越来越多的分歧，但他们还是在海德里希夫妇位于柏林附近斯托尔普肖夫的狩猎小屋一起度过了这个节日。起初，卡纳里斯似乎已经准备好要满足海德里希的愿望。但是，党卫军和驻法国防军之间关系的恶化却促使他改变了主意。他反驳道，德国国防军的领袖不应当再向党卫军进一步出让权力。1942年2月5日，不满的海德里希写信给卡纳里斯，表示他对卡纳里斯改变想法感到“深深的失望”，他的出尔反尔有可能会让一段曾经“在每一方面都真正公开、诚实”的关系就此终结。[247]

卡纳里斯在三天后回复了，在信中他声称：“我才是该感到遗憾的那个。我从未想到在和你同心协作了那么多年以后，你会愿意如此轻而易举地就终结我们的关系。”与此同时，卡纳里斯强调了他结束他们之间争端的决心：“我们两人都必须要非常清楚地认识到一点，那就是，我们都——分别在各自的职责范围内——为一个共同的目标而努力，为此，我要求你信任我，就像我信任你一样。那样，所有和我们两个部门相关的问题便都将迎刃而解了。”[248]

3月初，海德里希和卡纳里斯达成了书面认识，大体同意了海德里希的要求：其中一条是，秘密宪兵转由海德里希控制——党卫军对掌控西欧的治安事项迈出了重要的一步。与此同时，协议还宣布要在布拉格召开有约三百名高级阿勃维尔官员和安全警察官员参加的联合会议，届时双方将探讨新一次合作的最初经验。[249]5月18日，为参加在宏伟的布拉格城堡举办的情报会议，卡纳里斯在高级官员的陪同下抵达布拉格。为了表现出善意的姿态，也为了象征往后的友好合作，卡纳里斯和妻子住在了海德里希家里。[250]

卡纳里斯和海德里希之间在工作上新产生的矛盾，似乎并没有影响二人在私下里的友谊，因为几周以后卡纳里斯对海德里希的死亡深感难过。1942年6月，他“眼里噙着泪水”参加了在柏林举行的葬礼，并告诉保安局官员瓦尔特·胡彭科滕——1945年4月，在因卡纳里斯被控支持了1944年刺杀希特勒的行动而判处他死刑的军事法庭上，胡彭科滕将会担任检察官——他曾经多么“尊敬和欣赏”海德里希，他是一个“伟大的人”。[251]卡纳里斯在几天以后写给莉娜·海德里希的信中说道：“请相信：我失去了一位挚友。”[252]

1942年3月二人间达成的协议，并非1942年春海德里希取得的唯一成功。3月初，面临着法国新一轮的抵抗活动，希特勒改变了对占领政策的想法，并授权在巴黎设立一个高级党卫军和警察领袖。这对尝试着对西欧被占区域下手的党卫军领导层来说是一个重大突破。[253]5月5日，海德里希同他的新任法国被占区域高级党卫军和警察领袖，他从前的私人副官卡尔·阿尔布雷希特·奥贝格一道从布拉格飞往巴黎。海德里希此次来访，并不只是在形式上做出姿态。他在致鲍曼的一封信中描述道，他希望“依据自己在保护国的经验”，为打击法国的抵抗活动和重组占领体系提供建议。[254]

到1942年春，帝国安全总部也在积极推动将所有德国控制下的，包括在法国被占区域的欧洲犹太人彻底驱逐出境。3月4日，在柏林举行的海德里希的犹太人专家会议上，艾希曼宣布要立即将一千名法国犹太人驱逐到奥斯维辛，并提出假设，称另有五千名被驱逐者将在当年年底以前被向东部输送。与此同时，海德里希宣布来年还要在法国进行广泛得多的驱逐行动。[255]

在这样的背景下，德国在法占领政权的领导人代表预期，海德里希会就打击抵抗运动提出建议，并详细阐述在法犹太人问题的解决方案。5月6日，他确实就这两个主题提供了一些思路。对于法国，在报复针对德方人员的抵抗袭击时要采取与在东欧不同的方式。在马杰斯酒店，他向持怀疑态度的德国军官团体保证道，枪杀人质在西欧是不合适的。[256]

当晚，在更小的圈子内，海德里希汇报了在解决犹太人问题上已经取得的进展。在简单叙述了万湖会议的结果后，他提到，在东方使用毒气车的这个程序——让他感到非常"遗憾"——被证明"在技术上不足以"达到理想的结果。作为替代，海德里希自信地补充道，"更大、更完善，从数量上来说效率更高的解决方案"已经被开发出来。"整个欧洲的犹太人"已经被判处了"死刑"，也包括那些居住在法国的犹太人。将他们向东驱逐的行动，会在接下来的几周内开始。[257]

从更加个人的角度来看，海德里希造访巴黎也意味着，他必须要同他之前在帝国安全总部的副手维尔纳·贝斯特博士见面。自从1940年6月贝斯特辞职后，他们就再也没有交谈过。贝斯特非常清楚，在法国引入一位高级党卫军和警察领袖将会让他失去对法国警察的控制权。在得知海德里希马上就要来访后，他提出要跟以前的上司单独谈一谈，改善一下二人之间的紧张关系。在给海德里希的一封信中，他写道，他曾一直希望自己不只是他"最亲密的职员"，还是一个"真正的朋友"。但海德里希"从未想过拥有这个朋友。你想要的是一个下属"。他坚称，海德里希将他随后的失望情绪和有所保留都解读为妒忌的野心，并无故地怀疑和公开羞辱他。虽然贝斯特曾希望"我们的分别足以消除我们过去的误会和冲突"，但他也承认事实并不是这样。因此，他提出私下里在巴黎会上一面，从而修复这段曾有过七年"积极、建设性合作"的关系。[258]

海德里希的反应很典型。贝斯特暗示，在意见不合这件事上，他们两人同样都有过错。这在他看来简直是无稽之谈。他还通过在柏林的联系人得知，贝斯特最近给希姆莱的私人副手卡尔·沃尔夫写了一封饱含感情的信件，抱怨他被拒绝接触希姆莱，希姆莱对他的印象受到了虚假报告的迷惑。[259]尽管海德里希的名字并没有被提及，但他还是非常清楚贝斯特指的是谁，并且立刻就介入了此事。他还拒绝了贝斯特随后提出的和解请求，指出贝斯特对希姆莱抱怨过他。[260]贝斯特惊慌失措。现在，他开始担心自己在党卫军的事业就要永久地受到伤害，于是便给沃尔夫和海德里希写了一系列道歉信。他表示，写给沃尔夫的那封信的口吻和“苦涩的话语”，是自己从离开帝国安全总部以来长期处于抑郁状态的结果。[261]尽管贝斯特屈辱地尝试了和解，但海德里希还是选择忽视他的请求。尽管在巴黎时他们在工作上的相处并“没有起摩擦”，而且贝斯特也尽力“以每一种可想象的方式为党卫军和海德里希上将服务”，但他们的会面却一直“没有任何私人的成分”。海德里希和贝斯特将再也不会交谈或见面。[262]

就像莱因哈德·海德里希生活中的其他许多东西一样，他这趟巴黎之旅也激发了很多历史学家的想象。历史学家切斯米尔·阿莫特在参考了海德里希5月7日写给弗朗克的私人副官罗伯特·吉斯的信后声称（并且在他的带动下，其他很多海德里希传记作者也得出了同样的结论），希特勒本来打算将海德里希任命为法国北部和比利时民政当局的头目，维希法国的总督。[263]这次任命本来会让党卫军头一次获得对西欧（以前）这支强大力量的主导权，让党卫军在西方拥有可与其在东方渐增的影响力相配的堡垒。然而。这种推论所基于的书信可能从来都不曾存在过。[264]

在欧洲被占领土全境，主要由共产党领导的抵抗活动再次出现。在这样的背景下，1942年5月中旬，海德里希确实向鲍曼和希特勒承诺过他将向元首呈递一份清晰、简洁的卷宗，在其中概述他在保护国重新组织德国占领政策的经历，并为东欧、西欧的其他德占区的政策提出建议。至关重要的是，海德里希深信，西欧和东欧的游击队活动在本质上是相关联的，因此需要以相互协调的方式来应对——显然是在党卫军的帮助下。几天以后，海德里希被召唤到元首的指挥部。人们并不知道，他是否打算就在这个场合向元首展示有关德国占领下欧洲未来的一般性政策文件，因为在他5月27日前往拉斯滕堡时可能携带着的文件已经消失了，可能永远都不会被找到。[265]

尽管他对治安事宜很是痴迷，尽管有强烈的迹象显示他的生命可能受到了威胁，但海德里希却粗心地忽略了他自己在布拉格的安保问题。1942年3月，盖世太保在华沙中央铁路车站进行日常巡逻的时候逮捕了一名音乐家。虽然他的文件齐全，并显示他是一名正前往布拉格的“德国音乐家”，但他携带的超大尺寸、崭新的行李箱还是引起了怀疑。在一个隐秘的口袋中，盖世太保探员发现了一把装备有伸缩瞄准镜和消声器的狙击枪。在经历了几天残酷的审讯后，这个人招供了。他承认他是一名苏联间谍，是莫斯科方面派来刺杀海德里希的。[266]

这并不是仅有的一次警报。1942年4月18日，一份保安局报告像往常一样被呈递给了海德里希和其他占领政权的领袖人物。这份报告上记录了有关“已经被投放在保护国并且实施了破坏行动的伞兵，大型工厂发生罢工，有人试图刺杀代理总督本人等”传言。[267]

即使海德里希不曾听说过在华沙发生的事件，或不曾阅读过这份让人担忧的报告，似乎他的下属中也不太可能没有一个曾经向他提起这则有关潜在暗杀威胁的传言。海德里希一定得到过警告，但他并没有对这样的威胁做出反应，相应地增强警卫措施。尽管他开始穿上防弹背心，但他还是在没有警卫护送的情况下继续乘坐着敞篷汽车在布拉格行驶，这让他的妻子和希姆莱都很不悦。[268]

阿尔贝特·施佩尔在1941年12月来布拉格拜访海德里希时，曾经对海德里希对他本人的安全缺乏兴趣这一点感到惊讶："海德里希在柏林的整栋房子（即使在卫生间也是）都安装了和周围警察局相连的警铃"，而且他的汽车也"配备了可替换的车牌，并在每个座位的前方都配有手枪，还为那些坐在后座的人准备了冲锋枪——正是这同一个海德里希，正在违反他为了保护国家和纳粹党的关键人物而亲自制定的规则"。[269]身为代理帝国总督的海德里希，将自己的个人安保看成了政治事务。他斩钉截铁地拒绝了给自己配备护卫队的提议，因为这会破坏德国的威望，给人造成他害怕捷克人的印象。只要他在心理上做好准备，他就不会遭到袭击——结果证明，这是个致命的误判。1942年5月27日早晨，海德里希动身前去拜访希特勒。他将再也不会驶过利本的那一处急转弯，因为刺客已经在那里等候着他。

第九章

毁灭的余波

1942年6月9日，在第三帝国历史上最隆重之一的葬礼仪式上，莱因哈德·海德里希的遗体被下葬。在之前两天，他的棺材一直被展示在布拉格城堡的庭院中，上万名日耳曼族和捷克公民——有些是自发地，有些则是受到了纳粹当局的"鼓励"——纷纷前来向他的遗体告别。随后，棺材被运到了柏林新总理府的马赛克室。在此，伴随着取自理查德·瓦格纳作品《诸神的黄昏》的"葬礼进行曲"的庄严乐声，第三帝国的全体领袖向海德里希做最后的道别。[1]

为了将海德里希刻画成一个理想的"纳粹主义者"，一个为全体德国人树立了榜样，为纳粹事业英勇献身的烈士，戈培尔的宣传部精心策划了这一场面。有关葬礼和死者的新闻报道都要经过严格的审查，使用规定的术语，旨在强调他的死亡是为大日耳曼帝国的生死斗争做出的终极牺牲。按照这些指示，纳粹的报纸称赞道，海德里希是一个具有"最优秀种族特质"的"北欧人"——是新的、种族意义上的"国家贵族阶级"的一员，却不幸成为"只有通过偷袭的方式才能够得逞的黑暗势力"的受害者。媒体还说，他的死亡"是一次训诫，也是一项义务。我们要以他想要看到的方式来生活、处事，以此来悼念他”。[2]

在6月9日葬礼上的演讲中，希姆莱本人为人们对海德里希的追忆奠定了基调：人们将记得，他是纳粹的殉道者，一个完美无瑕的党卫军成员，是“人们一直模仿却也许再也不能够达成的完美典范”。海德里希有着“健康、简单和自律的生活方式”、“百折不挠的精神”和“高贵”而“正直”的品格，他是一个楷模，将会“激励子孙后代”。他拥有“不可替代的特殊能力，同时还有着极罕见的纯洁心灵，他那颗具有逻辑性、思维清晰的头脑能洞察一切”。自然而然地，一直以来，他都

> 被下等人类所畏惧，被犹太人和其他罪犯所憎恨，受到他们的诋毁……不论他采取何种措施或行动，他总是以国家社会主义者和党卫军成员的方式对待他们。在他心底的最深处和他的血液里，他认同、理解并实现了阿道夫·希特勒的世界观。他凭着对真正种族主义世界观的基本理解来对待他所肩负的所有任务，并认识到，我们血统的纯净以及保障和捍卫这一血统是至高无上的法律。[3]

在希姆莱致悼词后，明显受到感动的希特勒登上了讲台，凭借自己的权威又赞扬了一番模范的纳粹人生：“他是最优秀的国家社会主义者之一、日耳曼帝国最强大的守护者之一，也是帝国所有敌人最大的对手之一。他为了守卫和保护国家而死，是一个殉道者。”接着，希特勒向海德里希追授了“我所能赠予的礼物中的至高奖励——最高等级的日耳曼勋章”。这份荣誉是专门为那些被认为对纳粹党和祖国做出了卓越贡献的人准备的。[4]

希特勒在离开葬礼的途中，轻柔地拍了拍海德里希两个儿子的脸

颊。棺材被从新帝国总理府运到了柏林荣军公墓。这座建于19世纪的公墓，原先是普鲁士军事精英们的安息之地。海德里希的遗体被埋葬在沙恩霍斯特、毛奇和其他德国以前的杰出将领的坟墓旁边。[5]

然而，在6月9日以后，海德里希根本没有被遗忘。正相反，就是在他遇刺之后，由于媒体对他的国葬进行了广泛报道，他的名字才在举国上下和国际范围内变得家喻户晓。在他去世的当天，希特勒将海德里希加入了“为纳粹运动献身的荣誉名单”中，并做出安排，以海德里希的名字来命名党卫军第六步兵师。这支队伍目前正在东部前线和红军作战。在海德里希遇刺一周年时，保护国发行了一枚特别版邮票，上面印有海德里希的死亡面具。为了纪念他，在保护国，有十八座城镇的街道和广场变更了名称。海德里希也会对德国以外的地方产生影响：非德国籍党卫军志愿者们的刊物《日耳曼指南》将海德里希当成了在12世纪末曾成功率领了反教会暴动的传奇挪威王斯韦雷·西居尔松的化身来纪念他。这份刊物甚至发起号召，要将用来缅怀西居尔松的如尼文镌刻在海德里希的墓碑上：“帝王中的豪杰；信念、勇气和荣耀的中流砥柱；榜样和楷模；不可战胜的英雄气概；祖国的守护者；民族遗产的捍卫者；敌人的噩梦；人民的荣光安息于此。”[6]

纳粹崇拜死者的文化在当时已大体形成，这种文化认为为纳粹党和国家捐躯是完满、有意义人生的合理终结。海德里希在纳粹逝去英雄的万神殿里上升为一个殉道者时，这种文化也达到了巅峰。纳粹膜拜逝去战士的目的，是让日耳曼民族共同体团结起来，使其以不可动摇的意志力继续战斗。党卫军尤其将牺牲看作生者持续存在的义务，他们有责任前仆后继、持续斗争。一位英雄永远不会徒然暴亡，他的死会成为更广泛的党卫军群体模仿的范例。海德里希从前在布拉格的副手卡尔·赫尔曼·弗朗克宣称，海德里希在不止一个方面为大家树立了榜样：他向世界展示了一个日耳曼英雄是"如何生活和如何死去"的，其中后者将在第二次世界大战的最后两年中变得愈发重要。[7]

就在海德里希的遗体在柏林被安葬的时候，纳粹领导层也在为失去这位"不可替代的""最激进、最成功的国家公敌的迫害者"——戈培尔在日记中如是形容道——而寻求报复。[8]柏林的气氛只能用杀气腾腾一词来形容。暴怒的希特勒在葬礼后冲捷克总统哈查吼叫道："既然捷克人不想和平共存，那么就没有什么能够阻止我驱逐数百万捷克人。"他不再考虑战争的需要，必须立即找到刺客，要不然捷克人民就会面临前所未有的后果。[9]在卡尔·赫尔曼·弗朗克6月9日与希特勒会面后，他立即致电保护国的安全警察和保安局头目霍斯特·勃姆，向他传达元首的命令，要求立即展开报复行动：完全消灭波希米亚村庄利迪策，包括处死所有的男性居民，并将所有女子都驱逐到集中营。儿童——倘若可以被日耳曼化——将被送到帝国的养父母那里。[10]勃姆对这则命令并不怎么感到惊讶，因为最初建议将利迪策作为潜在报复目标的正是他本人。在海德里希的葬礼那天，他就给身在柏林的希姆莱打了电话，并汇报道，据说刺客曾经得到过该村居民的帮助。希姆莱转而又将此事告知了希特勒，后者决定要将利迪策夷为平地。[11]

利迪策位于布拉格西北的工业区克拉德诺，是一个约有五百个居民的小村庄。1941年晚秋，一名被俘虏的捷克伞兵做证，被空投到保护国的抵抗组织战士的联络人，是两个居住在利迪策的家庭——霍拉克家和斯特日布尼家。这时，利迪策第一次引起了盖世太保的怀疑。尽管这个故事有可能是被编造出来的，盖世太保还是选择了相信它。这一方面是由于这两家有两个儿子——约瑟夫·霍拉克和约瑟夫·斯特日布尼——在1939年逃离了国家，并在英国加入了捷克旅。[12]

1942年6月初，当海德里希仍然在医院生死未卜的时候，盖世太保掌握了一封可疑信件，使得利迪策又一次引起了德国当局的关注。住在利迪策附近一栋小房子里的一个名叫瓦茨拉夫·日哈的已婚男人，曾经给他年轻的情人安娜·玛露丝查科娃传递了一则信息，以不得不"消失"一阵子为由而终止他们之间的关系。虽然他刻意回避了缘由，但给人留下的印象是，他认识利迪策的约瑟夫·霍拉克，并收到了他的讯息。盖世太保急切地想要获得任何可能有助于查出刺杀海德里希的凶手的线索，于是便将日哈和玛露丝查科娃两人一同逮捕。日哈从未见过约瑟夫·霍拉克，也和捷克抵抗力量没有任何关联，这一点很快就变得很清楚了。尽管如此，他与安娜·玛露丝查科娃还是被驱逐到了毛特豪森，并于1942年10月同另外二百六十一名集中营内的捷克囚犯一起被用毒气杀死。[13]

尽管这些指控都被证实是虚假的，勃姆还是继续认为利迪策是有嫌疑的。在海德里希去世当天，克拉德诺的盖世太保成员逮捕了霍拉克家和斯特日布尼家的十五个人。更糟糕的事情还在后面：6月9日，仅在希特勒下达毁灭利迪策的命令后几个小时，德国警察部队就包围了这个村庄。男性居民被驱赶到了霍拉克家的农场，以十人为一组地遭到接连射杀。总共有一百七十二名年龄在十四至八十四岁之间的男性于6月9日在利迪策遭到杀害。在射杀尚在进行时，就已经有几座房屋被点着了。截至上午十时，利迪策的每座房子都已被烧毁，废墟被用炸药爆破或是用推土机铲平。[14]利迪策的女子被驱逐到拉文斯布吕克集中营，她们的孩子则经受了种族筛选。仅有九名利迪策的孩子被认为是可以日耳曼化的，并被赋予了新的德国名字和身份文件，随后被分配给德国养父母。大多数儿童遭到了谋杀。[15]

盖世太保官员又追踪到了十一名当时正在附近工厂值夜班的利迪策男子、一个在当地医院治疗断腿的矿工和另一个已在树林中藏匿三日的村民。在接下来的几天，这些人连同并不居住在利迪策的霍拉克和斯特日布尼的其他家庭成员一起遭到射杀。总共有一百九十九名利迪策的男子被处决。戈培尔满意地在日记中记录道，这场屠杀“无疑将对保护国残存的地下活动起到冷却作用”。[16]

德国宣传部门骄傲地将在利迪策发生杀戮的消息传播开来。这则新闻被刊登在了世界各地报纸的首页。[17]英国陆军部随后评论道，早在奥斯维辛之前，利迪策就成了“德国恐怖政策的象征……德国仇恨情绪所波及的随便哪个国家的哪个利迪策的象征”。第二次世界大战期间，在德国实施残忍报复行动的所有场所——从奥拉杜尔、马尔扎博托、克拉古耶瓦茨、迪斯托莫到卡拉夫里塔和其他村庄——当中，利迪策对西方盟国最具宣传价值，这正是因为德国人在新闻片和宣传稿里兴高采烈地报道了利迪策被摧毁一事。正如作战部的报告所指出的：“每一次想起这件事，人类就更加坚定，试图毁灭利迪策的那个东西本身就应当被杀死，被从地球上驱逐出去，这样才不会再有别的利迪策消失。”[18]

在这个村庄被毁灭以后不久，美国、墨西哥、秘鲁、巴西的几个社区就将自己的村庄和城镇改名为“利迪策”，这一举动让全世界人都知道了海德里希。海因里希·曼在流亡美国加利福尼亚州的时候写作了小说《利迪策》(1943)；导演亨弗莱·詹宁斯拍摄了影片《沉默的村庄》(1943)；贝特霍尔德·布莱希特和弗里茨·朗共同合作了好莱坞大片《刽子手之死》(1943)。西塞尔·戴·刘易斯和埃德娜·圣文森特·米莱为这个村庄创作了挽歌；美国的战争海报呼吁美国人“铭记珍珠港和利迪策”。“纳粹是愚蠢的野兽，”诺贝尔奖得主，著名的德国流亡作家托马斯·曼在美国这样评论道，“他们想要让利迪策的名字被永远遗忘，但他们的暴行却将这名字永远镌刻在了人类的记忆当中。在他们屠杀这个地方的所有居民，将其夷为平地之前，几乎没有人知道利迪策；现在，全世界都知道了。”[19]

1933年，在海德里希的命令下，巴伐利亚政治警察突袭了曼在慕尼黑的家。1942年6月，他在著名的英国广播公司德语广播节目《听着，德国！》中就帝国总督遇刺一事也做出了评论：

> 自从海德里希暴亡——对一个寻血猎犬来说，这是最自然不过的死亡方式了——以来，无处不肆虐着比以往更令人厌恶、更肆无忌惮的恐怖。这简直荒唐。野蛮的手段和尖声的抱怨，一直是纳粹主义的标志，这个组合再一次引起了我们的反感……这个杀手所到之处血流成河。在所有地方，甚至在德国，他都被简单地称为：那个刽子手……现在他被谋杀了。纳粹的反应如何呢？他们开始抽搐了。他们表现得就好像有人做了一件最令人难以想象的坏事一样，好像最高等级的人类遭到了袭击一样……成千上万的人必须要偿命——男人和女人都是。那个据说给刺客提供了庇护的村子被夷为平地，居民悉数遭到屠杀。在给这个圣人送葬的队伍经过时，布拉格的幸存人口还必须要夹道而立。本土按照要求举办了浮夸的国葬，另一个屠夫[希姆莱]在他的坟墓前说，他有着一颗纯净的灵魂和深厚的人性。这一切都是无稽之谈……必须得是有权的人才能说海德里希是一个高尚的人——一个人得拥有绝对的权力才能够规定什么是真理、什么是愚蠢的言论。[20]

就在国际社会声讨利迪策屠杀的时候，有一个人能从中寻得一线希望：他就是流亡的捷克总统爱德华·贝内什。“德国人做的事情很糟糕，”他宽慰捷克本土抵抗力量道，“但从政治的角度来看，他们为我们确保了一件事：在任何情况下，都没有人能够质疑捷克斯洛伐克的民族气节和她的独立权。”[21]抵抗组织的绝大多数成员，将会在接下来的几日至几周之间遭到逮捕和杀害。如贝内什所希望和预期的那样，他对海德里希刺杀行动的支持得到了盟军的奖励。1942年8月5日，安东尼·艾登正式否认了1938年的《慕尼黑协定》，并秘密向贝内什保证，在战争胜利结束以后，种族多样性问题会在复兴的捷克斯洛伐克一劳永逸地得到解决，就此为1945年5月最终把近二百万日耳曼族人逐出苏台德铺平了道路。[22]

在保护国，西方对利迪策大屠杀的反应更加激化了本就已经紧张的气氛。卡尔·赫尔曼·弗朗克表示，“这个纯美式的、以利迪策命名城镇的潮流”，将“丝毫”不会阻止他“继续推进，甚至以更加严厉的措施来对付帝国的敌人”。[23]与此同时，盖世太保并未成功达成其最紧要的目标：抓捕袭击海德里希的刺客。一方面，军事法庭判处的死刑数量越来越多；另一方面，保护国当局承诺给予任何知晓刺客下落者的奖励金额也越来越高。同时，他们还宣布，如果在6月18日之前还没有交出刺客，就要采取严厉措施。这个日子一天天逼近，压力也达到了顶点。声称纳粹将要在保护国处决十分之一非日耳曼族人口的谣言流传开来。出于对自己生命的担忧，或是想要换取金钱，很多捷克人向德国人提供了信息。但是，其中没有任何一条为寻找刺客提供了实质性线索。调查似乎已经陷入了僵局。[24]

接着，在截止日期之前两天，即6月16日，一个在1942年3月末被投放到保护国的名叫卡雷尔·库尔达的伞兵，走进了盖世太保在佩切克宫的总部——这并不是一个很多捷克人会主动造访的地方。为了挽救自己的性命和保护他的家人，库尔达愿意牺牲别人的生命。他并不知道加布奇克和库比什此时身在何处，但他确实背叛了那些自1941年12月他们到达以来为他们提供安全屋的人，包括居住在布拉格齐兹科夫区的莫拉韦茨一家。莫拉韦茨一家已经藏匿袭击海德里希的刺客长达数周之久。[25]

接下来发生了一波逮捕。6月17日，在破晓之前，莫拉韦茨的公寓遭到了突袭。在盖世太保官员到达时，这家的母亲玛丽·莫拉韦茨用一粒氰化物胶囊自尽了。她的丈夫阿洛伊斯·莫拉韦茨对他家人和抵抗组织的关系并不知情，但也和还是少年的儿子弗拉斯基米尔被一同带到了佩切克宫的地窖。在经受了将近二十四小时的残酷审讯以后，弗拉斯基米尔忍不住招供了。德国人向他展示了他母亲的放在鱼缸里的头颅，并威胁说要把他父亲的头放在旁边。弗拉斯基米尔告诉盖世太保，刺客躲在布拉格中部的圣西里尔和美多德东正教堂。他的被迫招供并没有得到奖赏。弗拉斯基米尔·莫拉韦茨和他的父亲阿洛伊斯被驱逐到了毛特豪森集中营并遭到了处决。[26]

6月18日早间，八百名党卫军士兵包围了那个东正教堂。他们接到命令，要活捉刺客，以便实施进一步审讯，获取他们在保护国同伙的信息。当德国人冲进教堂的时候，并未起疑心的库比什和他的两个伞兵同伴阿道夫·奥帕卡和雅罗斯拉夫·斯瓦兹正在值夜班。伞兵们从唱诗班席位开火，并成功地使得来袭者在将近两个小时内都没能靠近。到早晨七点，第一个捷克人死了。剩下的两人，包括库比什在内，都受了重伤并遭到抓捕。库比什被活着抬出教堂，带到党卫军军事医院，但在恢复意识前便在那里去世了。[27]

起初，德国人并不知道还有另外四名伞兵躲藏在教堂的地窖，但在搜查唱诗班席位时，他们发现了明显不属于任意一个死者的衣物。盖世太保更加仔细地搜查了这栋楼，找到了一个通往地窖的活动门。在压力之下，常驻牧师弗拉基米尔·彼得雷克承认，还有另外四名伞兵——包括第二个行刺海德里希的刺客加布奇克——藏身于此。彼得雷克和库尔达试图劝说这些人投降，但遭到了拒绝。在接下来的四个小时中，党卫军拼命地设法寻找进入地窖的途径。他们将催泪弹和水灌进地窖，想要强迫伞兵们出来。当党卫军终于用炸药将狭窄的地窖入口扩大一些，准备袭击地窖的时候，这四名伞兵开枪自尽了——他们知道他们的命运已经被决定，且只有自杀才能避免遭受折磨。[28]

在柏林，大家对于刺杀海德里希的刺客之死感到很是宽慰和欣喜，但报复行动还在继续。9月1日，布拉格东正教社区的精神领袖格拉兹德主教同彼得雷克神父，以及另外两名为刺客提供庇护的东正教神父一起被判处死刑。前者为在圣西里尔和美多德教堂所发生的事件承担了全部责任。他们的死刑于三天后执行。在接下来的几周内，另有二百三十六名支持那些伞兵和为他们提供了安全屋的人被送到了毛特豪森集中营并遭到谋杀。[29]

纳粹的报复行动持续了整个夏天。在当地线人的帮助下，盖世太保的探员围捕了大部分共产主义抵抗力量和本土抵抗中央领导还存活着的成员，包括其整个中央委员会。捷克地下组织几乎被完全清除，并且再也未能从海德里希死后几周内它所遭受的打击中恢复过来。在布拉格，前保护国政府总理阿洛伊斯·埃利亚什被处决。之前，他在海德里希到达布拉格以后就立即遭到了逮捕。希特勒再也用不着他了。在莱扎齐村，盖世太保探员找到了与加布奇克和库比什一同被投入保护国境内的地下无线电小队银A的发送器，使得更多无辜的人不幸遇难。该村的所有成年居民——总共有三十三名——遭到枪决。儿童被交由德国当局处理，村里的建筑也被摧毁。在藏身之处被盖世太保发现以后，银A的队长阿尔弗雷德·巴托什本人也受了致命伤。巴托什曾经屡次就行刺海德里希可能产生的后果向贝内什发出警告。[30]排除那些在利迪策和莱扎齐遇害的人，在那年夏天的报复行动中，总共有3188

名捷克人被捕，1327名被判死刑，其中有477人仅仅是对刺杀行动表示了赞同。多达四千名有流亡亲属的人遭到围捕，并被投入了集中营或普通监狱。[31]

很快，在捷克斯洛伐克，刺杀行动之后的那一波恐怖手段，将被称为“海德里希屠杀”。它给人留下的恐怖记忆对积极抵抗行动的复苏起到了强大的威慑作用。与贝内什本来的意图相背，伦敦的作战部注意到，捷克民众对进一步抵抗行动的“热情正在消退”。直到国防军1945年春无条件投降之时，捷克的军械工业仍然是德国所有战争投入中最强大、最可靠的支柱。通过他的死亡，海德里希不经意间实现了他在布拉格的短期目标之一，即完全、持久地“平定”保护国。[32]

如果说海德里希遇刺触发了一波针对捷克平民的空前报复行动，那么这件事也导致了纳粹在柏林的领导层针对他们眼中的主要敌人——国际犹太人——的政策变得更加激进。尽管在1942年6月初，纳粹系统屠杀欧洲犹太人的种族灭绝行动已经深度展开，但海德里希的去世还是让纳粹的征战变得更加残暴了。海德里希一过世，希姆莱便失去了他最亲密、最重要的伙伴，他比以往更加坚信，欧洲的绝大多数犹太人都必须要在年底以前死掉。在海德里希的葬礼后，希姆莱立即就在柏林对党卫军高级官员进行秘密演讲时宣布：“为他的死亡复仇，接手他的任务，比以往更加不留情面地坚决摧毁我们人民的敌人，是我们的神圣职责。”希姆莱还命令他的下属对他们自己今后的人身安全要更加谨慎——“毕竟，我们想要杀死我们的敌人；不应该让我们的敌人杀死我们”——并清楚表明，要尽快完成大规模灭绝计划：“要在一年之内完成犹太人的迁移。然后，将不再允许他们迁移。现在我们要进行一次大扫除。”[33]

在纳粹分子扭曲的逻辑中，导致海德里希死亡的首要责任应当被归咎于“犹太人”，这一点是显而易见的。自从德国进攻苏联、美国加入战争以来，纳粹德国就一直“与犹太人作战”，刺杀纳粹治安部门的头目一事构成了一种敌对行为，只有摧毁据称为此举负责的犹太敌人才能够完全实现复仇。希姆莱说到做到。在第二次世界大战期间要被纳粹分子和他们的同伙谋杀的六百万犹太人中，有大约四分之三在海德里希去世时还活着。九个月以后，便有了四百五十万名犹太遇难者。[34]希姆莱可能是在1942年5月末和6月初与希特勒的进一步会面当中，就延伸大屠杀的范围一事寻求并得到了后者的许可。7月19日，希姆莱造访了卢布林，他告诉东部高级党卫军和警察领袖弗里德里希—威廉·克吕格，几乎没有例外地，所有居住在总督府辖区的犹太人都应当在年底之前被杀死。三天后，即7月22日，随着犹太人被从华沙的隔离区大规模驱逐到特雷布林卡灭绝营，最终解决方案最残暴的阶段开始了。[35]

为了“纪念”海德里希，总督府的灭绝计划的行动代号被定为“莱因哈德行动”。[36]当莱因哈德行动于1943年秋进入尾声的时候，已经有大约二百万人——其中绝大多数是犹太人——遭到了谋杀。[37]

向全面种族灭绝过渡的并不只有总督府辖区，其余在纳粹控制下的欧洲地区和帝国本身也越来越多地被波及。受海德里希遇刺事件的影响，戈培尔立即抓紧了对柏林犹太人的迫害：

> 我打算按照计划，在柏林对五百名犹太人实施逮捕。并且，我已经告诉犹太社区领袖，犹太人每发动一次袭击或试图发起一次暴动，我们手里的一百或一百五十名犹太人就要被枪决。海德里希遇刺的后果就是，大范围受到牵连的犹太人在萨克森豪森被射杀。有越多这样的垃圾被清除出去，帝国就会越安全。

现在，从帝国被驱逐出去的人愈发多地包括那些曾经得到豁免的人，比如说老年犹太人和立过功的参战老兵及他们的家属。1942年6月至10月期间，有大约四万五千名德国犹太人被驱逐到了特莱西恩施塔特。如海德里希所设想的那样，名义上，这里一直被用作老年隔离区，从而掩饰了其真正的用途——犹太人前往波兰被占区域灭绝场所途中的中转营。[38]

在毁灭保护国的犹太社区一事上，并无须这样谨慎。在海德里希死后的几个月，大约二十九列火车把近三万名保护国的犹太人送到了奥斯维辛和卑尔根—贝尔森的杀戮工厂。1943年6月，最后运输的一批完全犹太人离开了布拉格，其中包括剩余的四千名现已瓦解的布拉格犹太教会成员和他们的家人。在战争结束以前，在曾经规模可观的布拉格犹太社区中，仅有四百二十四名成员在占领时期成功地躲藏、生存下来。[39]

除德国和捷克外，犹太人在更广泛的欧洲范围内也普遍遭遇了类似的命运。1942年夏，帝国安全总部要求德国的同盟——克罗地亚、罗马尼亚、匈牙利和意大利——将他们的犹太人交给纳粹当局。这一举动强调了希姆莱要落实在海德里希葬礼当天发出的威胁，于1942年终结欧洲“犹太人迁移”的决心。另外，同年的6月中旬，经帝国安全总部的犹太人专家协商决定，有一万五千名荷兰犹太人、一万名比利时犹太人和十万名法国犹太人将遭到驱逐。仅在1942年7月至11月期间，就有三十三次运输，每次载着一千名犹太人离开法国，前往奥斯维辛。[40]

东欧的斯拉夫人口也面临着遭遇大规模驱逐的危险。在海德里希遇袭之后，希特勒立即就威胁说要驱逐“上千万捷克人”——“在战争期间，如果有必要的话”。[41]希姆莱在海德里希的葬礼上还发誓，他的死并不会导致保护国日耳曼化进程的终结。[42]其他人也纷纷附和响应。1942年6月6日，维也纳大区长官，希特勒青年团的头目巴尔杜尔·冯·席拉赫公开宣称："今年秋天，我们将宣告，维也纳已没有犹太人。到那个时候，我们就要转而关注捷克人问题的解决方案。杀死了我们的伙伴海德里希的子弹也使我们受到了伤害。因此，作为维也纳的大区长官，我下令，一旦犹太人得到清除，就要立刻将所有捷克人从这座城市驱逐出去。就像我将让这座城市没有犹太人一样，我也会让它没有捷克人。"[43]突然之间，希特勒开始担忧捷克军械工业的士气，他立即禁止了在公开场合继续讨论日后捷克人的处置办法，但为时已晚：在一段短暂的时间内，纳粹核心领导层的成员，已经就德国在赢得战争后捷克人该期待怎样的待遇这一话题，公开地发表了他们的看法。[44]

幸运的是，从来没有任何一个将东欧日耳曼化的反乌托邦幻想得到落实。从大体上看，在保护国和东欧，日耳曼化计划在欧洲犹太人屠杀达到巅峰时就已是强弩之末了。[45]

纳粹领袖并没有将注意力放在日耳曼化这个遥远目标上，而是转而关注其他更急迫的问题，其中，最为重要的议题就是赢得战争。1942年至1943年的那个冬天，德国国防军在苏联和非洲遭遇了一连串的失败，在此之后，相比血腥的种族拆分，在战场上取得胜利成了更加紧要的问题。实现海德里希维持国内稳定、保持工业生产力的短期目标不仅是在保护国，而是在希特勒手下的整个欧洲都变得至关重要。[46]

达成该目标的方式，一直是军方、党卫军和在纳粹统治下的欧洲运作的各个德国民事政府之间争论的焦点。那些在德控领土的每个角落工作的行政官、人口规划师和优生学家，从未有机会制订出一个清晰、能够被一致执行的计划，来解决由他们自己引起的、在管理多出帝国本身人口数倍的人群方面遭遇的问题。1942年年末，军事情形开始变得对德国不利，甚至是希姆莱也被迫做出让步。他不得不为党卫军招募东欧甚至是穆斯林志愿者（他以前会认为这些人"在种族上不合适”），或是放弃他在乌克兰和波兰的野心勃勃的安置计划。就波希米亚和摩拉维亚而言，德国在军事上遭遇的不幸、运力的缺乏和对捷克军火工业的依赖，成了那些希望以激进方式解决“捷克人问题”的人的绊脚石，挽救了当地人民。甚至是海德里希——假使他还活着的话——也不会忽视这些新的现实。[47]

自从1942年6月以来，尽管在海德里希死后捷克人所面临的日耳曼化压力减小了，但在后方，对政治敌人的迫害却并未发生什么变化。如果说有任何不同的话，那就是在海德里希的继任者——先是海因里希·希姆莱，从1943年1月以后是恩斯特·卡尔滕布伦纳——的管理下，纳粹恐怖机关帝国安全总部收紧了对德国社会的控制。他们害怕1918年“刀刺在背”的情况再次发生，也担心后方由于越来越多地受到盟军轰炸的影响而崩溃。也许卡尔滕布伦纳缺乏海德里希的组织能力和残暴手段，但安全警察机关仍然是一个强大的机构。尽管如此，在1944年7月20日暗杀希特勒的尝试失败之后，即使德国内部反抗力量遭到了残忍迫害，这也不能够掩盖帝国安全总部没能及时揭露这场阴谋的事实。在第三帝国沦陷之前，该组织只有半年多一点的时间了。[48]

对海德里希的家人来说，第三帝国的终结是一个果断的休止符。自从1942年6月起，他们的运气就一日不如一日。在海德里希于布拉格遇刺时，他的遗孀莉娜只有三十一岁，还挺着大肚子。他的过世是如此让她难过，以至于她甚至都不能忍受到柏林参加葬礼。1942年7月23日早间，他们的第四个孩子，第二个女儿玛尔特出生了。为了纪念她死去丈夫对纳粹主义的贡献，希特勒将维珍—布莱斯坎的乡村别墅当作礼物赠予海德里希的遗孀，永远归海德里希一家人所有。1942年秋，莉娜卖掉了在柏林的住宅，并处理掉了他们在瑙恩的狩猎小屋。[49]

为了使她更容易适应在波希米亚乡下的长期生活，希姆莱安排了大约三十个犹太奴工在她的别墅工作。由于莉娜的反犹思想早已根深蒂固，她很鄙夷那些奴工，这一点并不让人感到惊讶。根据在海德里希的别墅工作过的犹太幸存者战后提供的证词，莉娜经常从阳台上通过一个望远镜来监视那些工人，她下令用鞭子抽打工作速度过于缓慢的人，而且在囚犯遭到虐待时“一点也没有”流露出“任何感情”。有一次，她让“党卫军成员埃尔默殴打我们的伙伴阿道夫·诺伊曼……直至他的后背出血，仅仅是因为他不能推着满载东西的小车奔跑”。莉娜还会对没有对她表现出足够尊重的犹太奴工吐唾沫，或是殴打他们。1944年1月，这些犹太奴工被驱逐到了灭绝营，十五名来自拉文斯布吕克女子集中营的耶和华见证人女性成员替代了他们。[50]

海德里希的长子克劳斯于1943年死于车祸，他被安葬在乡村别墅的花园里。[51]他们还要经历更多的打击：1944年12月，海德里希的弟弟海因茨·齐格飞自杀了，原因不详。他生前在东部前线为军方宣传杂志《铁拳》工作。导致他自杀的部分原因，可能是他知晓了哥哥的罪行，而且他害怕盖世太保或将发现他参与了帮助犹太人逃离第三帝国一事。1943年至1944年间，在至少两个经过证实的事件中，海因茨·齐格飞为自己认识的犹太人提供了假冒的离境签证，从而防止他们遭到驱逐。[52]但是，他自杀的主要原因实际上远没有看起来的那样英雄主义：海德里希唯一活下来的儿子海德尔在战后坚称，海因茨·齐格飞是因为当时正因盗窃和腐败面临军事法庭的审判，所以才决定自杀的。[53]

莉娜和她的孩子们一直在维珍—布莱斯坎生活。1945年4月，他们跟数十万日耳曼族难民遭遇了相同的命运，要逃离正在推进的红军，以及他们所万分惧怕的、来自长久以来受压迫的非日耳曼族邻居的报复。由于时间紧迫，莉娜不得不丢弃几乎所有的私人物品，但她确实保全了她丈夫那沾有血迹的党卫军制服，这件衣服被她的儿子保存至今。

在德国结束对保护国的统治仅数日以前，海德里希一家人逃亡到了巴伐利亚乡下。[54]莱因哈德·海德里希的母亲伊丽莎白，在她儿子去世后就和海德里希一家人住在了一起。她也在1945年春天离开了布莱斯坎，并逃亡到了她的家乡德累斯顿。在那里，她赶上了成千上万遭受了盟军2月13日至15日轰炸袭击的难民。那场袭击将这座城市变成了燃烧着的废墟。她从熊熊烈火中幸存下来，但在失去了一切家人的援助后，曾经富有、骄傲的伊丽莎白·海德里希跟其他很多无助的老年难民遭受了相似的结局：在第三帝国将要灭亡之际因饥饿而死。[55]

虽然她周围的世界正在崩塌，但莉娜却比其他人要幸运一些。在德国无条件投降时，海德里希一家还是巴伐利亚的难民。此后不久，莉娜搬回了她在波罗的海海岸费马恩岛的家乡，在那里，她的父母为她提供了栖身之所。1947年，贝内什政府试图将她从德国的英国占领区引渡出来，在布拉格接受审判。这个要求遭到了英国军政当局的拒绝。由于处在冷战早期，与即将被吸收到斯大林东欧帝国内的前捷克同盟提出的要求相比，和正在形成的西德保持良好关系对打击国际共产主义更为重要。[56]

德国当局也假装不知道海德里希的事情。莉娜从未因为在维珍—布莱斯坎虐待她的奴工而受到审判。相反，在所谓的去纳粹化进程的背景下，她得到了正式平反，并被准许重新拥有她的金融资产和于1945年被英军暂时没收的费马恩的房屋。在那里，莉娜经营着一家名为“翁布里亚公园”的小旅馆和餐厅。前党卫军官员常常来此重聚，交换那些“美好旧时光”的记忆。在1956年和1959年，莉娜还赢得了一系列与联邦德国的官司，后者曾剥夺了她获得养老金的权利。在庭审以后，尽管有充足证据证明她的亡夫在犹太人大屠杀中扮演了何种角色，但联邦德国还是不得不向她支付因公殉职的德国将军的遗孀所享受的养老金，金额大约等同退休总理所得的养老金数额。[57]莉娜得到了德国纳税人的慷慨补助，却从未对丈夫的作为表达过任何遗憾或是悔意，并且公开宣称她"几乎每晚"都会梦到他。[58]左翼媒体强烈谴责了法庭的裁决。仿佛是为了嘲弄国家检察官和这些媒体，她还将她20世纪70年代出版的回忆录命名为了《我和战犯的生活》。怀着对这个并未承认其家庭为伟大德国事业做出了牺牲的社会的满心厌恶，她在1985年8月去世。

在整个晚年时期，莉娜都否认自己的丈夫要为对纳粹德国政治敌人的残忍迫害，他在犹太人大屠杀中所起到的重要作用，以及他对血腥拆分欧洲种族的坚定态度负责。她宣称，莱因哈德·海德里希是历史情形的受害者，是充满暴力和战争的生活境况的受害者，在这样的情况下，像他这样的人不得不为了国家的利益而做出艰难决定。莉娜强调，海德里希是特殊历史情形的产物，是不受他本人控制的政治和文化架构的产物，这个说法也许是对的。但主张他是受害者，这便是在侮辱海德里希、希姆莱和希特勒出于坚定意识形态信仰而刻意做出的决定直接且往往是以可想象的最残酷方式伤害到的数百万人。她的说辞也过度淡化了在第三帝国这个多头官僚丛林中个人的能动性和责任。数百万德国人常常强烈地支持纳粹的零犹太人、德统欧洲这个反乌托邦幻想，从而支撑起了希特勒的独裁统治，但很少有人——如果说有任何人的话——比莱因哈德·海德里希更直接、更亲身地参与了将这个幻想残忍地付诸实施。正是海德里希——在与希特勒、希姆莱和戈林的紧密协作下——设计了纳粹德国在1938年至1942年间实施的针对犹太人的迫害政策。在完成这项凶残的任务后，他们又开始实施甚至更加广泛的计划：将占领区日耳曼化。

尽管就迫害、屠杀纳粹德国的敌人而言，海德里希在帝国及其占领区获取了几乎不受限制的权力，但这个过程却丝毫不顺利。他在战争和革命的阴影中度过了青年时期，他家的社会地位有所下滑，而且他的第一份工作是在有着坚定民族主义信念的魏玛海军中，这些因素都可能让他容易受到右翼政治的影响，但直到在1931年他的军事生涯在突然之间出乎意料地结束之后，他才转而相信纳粹主义。如果说他没有经历由从海军被开除而引起的存在性危机，并在同时越来越多地受到未婚妻和她那坚定的纳粹主义家人的影响，海德里希也许从来就不会成为党卫军的一名参谋。

促使海德里希决定在党卫军谋得一个职位的主导因素，是他急切地渴望开始第二份事业，并渴望讨好未婚妻和她的家人。即便如此，他也迅速地接受了最极端形式的纳粹主义。为了在鼓励激进主义的新工作环境当中取得成功，他全盘接纳了党卫军那种冷酷却高效、果断的风格。他决心要修复先前人生中的那些严重"瑕疵"——比如说对纳粹主义迟来的信仰，以及不断流传着的关于他祖先是犹太人的谣言，导致他在1932年遭遇了令人羞耻的纳粹党内调查——这种心态也有助于解释他为何迅速就转变成了一个模范党卫军成员。

截至20世纪30年代中期，海德里希已经成功地将自己重塑为纳粹意识形态最激进的鼓吹者之一，他还积极支持通过严格且愈发广泛的迫害政策来实现纳粹思想。他从来不是一个有思想的人——不像希特勒或是希姆莱，海德里希不是一个反乌托邦梦想家，而是一个极具天赋的恐怖手段组织者。他既具有洞察人类弱点的罕见本领，又有能力将十分出色的技术和行政职员安排在他身边，从而弥补了他自身在警务和情报工作方面缺乏的经验。他奖赏显示出主动性的人，惩罚那些显得信仰不够坚定的人，从而创造出了这样一个恐怖机构：在意识形态动机和信仰方面，该机构激进的职员和工作风格与其他纳粹党和国家机构有着本质不同。

海德里希的思想或者说世界观，越来越不受资产阶级欧洲社会的道德标准的约束。唯一应当左右其行为的道德标准——他是这样说服自己的——是雅利安人民的福祉和未来大日耳曼帝国的利益。在制定和执行政策的时候，非雅利安人的命运根本就不是要考虑的因素之一。他坚定地相信，要实现希特勒的乌托邦社会，就必须要无情、暴力地驱逐那些被认为对德国社会有危险的成分，这项任务最好是由毫不妥协地执行希特勒意志的党卫军来完成。只有将一切外来的、不健康的和有敌意的东西从德国社会中清理掉，新的"民族共同体"和"更好的世界"才能够浮现——这个世界是由种族纯净的德国人统治的。

海德里希愿意使用暴力来实现这个梦想，这一方面是由个人境况所导致的。自从第一次世界大战以来，他就一直生活在一个被暴力笼罩和渗透的世界中：他在青少年时期经历了战争和革命，接着又进入了军队，进而加入了党卫军，而后者的主要目的就是暴力镇压政治敌人。然而，海德里希所设想的肃清机制，在1933年至1942年期间明显变得更加极端了，这在一方面是为了应对1939年战争爆发和升级后的新政治情形，另一方面则是因为他在党卫军的级别飞速上升，并且被第二次世界大战爆发后出现的历史性机遇冲昏了头脑。在1939年战争爆发之前，甚至是海德里希都没有想象过要让犹太人大规模灭绝，但在接下来的两年半时间内，他对此事的观点发生了极大变化。战争的残酷、对失败的驱逐计划感到懊恼、东部占领区当地德国行政官员施加的压力和由意识形态驱使的一劳永逸地解决犹太人问题的决心，上述因素综合起来导致了海德里希认为系统的大屠杀既是可行的，也是可取的。

当然，我们只能推测，倘若海德里希在1942年5月的刺杀行动中存活下来，他的职业生涯将会怎样发展。毋庸置疑的是，在第三帝国最后的短暂时光中，来自欧洲被占领土抵抗力量的压力不断增加，这使得纳粹运动中像海德里希那样鼓吹对抵抗组织做出坚决和极端回应的人变得更加强大了。类似的，毋庸置疑，他会全心全意地让支持东部占领区的种族灭绝政策再度升级，并以暴力镇压1944年7月的德国反抗运动。但是，正如他的崛起一样，他的沉落也会是由他所不能掌控的事态和事件决定的。假使他在1942年5月的刺杀行动中幸存下来，海德里希的人生要么会在1945年以自杀的方式终结，要么便会在纽伦堡作为战犯受到审判，并毫无疑问会被判犯有大规模屠杀罪和反人类罪。

这样的判决会体现出这样一个事实：海德里希远不止是纳粹独裁统治中的一个以事业为导向的幕后罪犯。在发展与宣传政治和种族敌人集合体这一概念上，他起到了决定性的作用。这个杜撰出来的集合体只能被一个不断扩张、不受任何法律约束的恐怖机关打败。作为自1942年以来纳粹恐怖政策和“最终解决方案”的执行者，他深度参与了所有重要的决策过程，从而导致了欧洲犹太人的灭亡和数十万波兰人、乌克兰人、俄罗斯人、捷克人和被认为在政治上或种族上构成威胁的德国人遭到谋杀。海德里希在制定这些政策的过程中所起的核心作用，以及他执行这些政策时的“成功”程度，让他成为第三帝国和促成其残暴迫害政策的关键人物之一。仅是这一点，就值得我们花费力气来理解那些塑造了其人生的事件和力量，从他的高修养和稳定的资产阶级家庭出身，直到他的生命在欧洲历史上最黑暗的时刻之一暴力终结。

注　释

引　言

1. 最广为人知的有关刺杀海德里希的流行描述，见Callum MacDonald, *The Killing of SS Obergruppenführer Reinhard Heydrich: 27 May 1942* (London, 1992)；Hellmut Haasis, *Tod in Prag. Das Attentat auf Reinhard Heydrich* (Reinbek, 2002)；Miroslav Ivanov, *Der Henker von Prag. Das Attentat auf Heydrich* (Berlin, 1993)；Jiří Fiedler, *Atentát 1942* (Brno, 2001)；Michal Burian, Aleš Knížek, Jiří Rajlich and Eduard Stehlík, *Assassination: Operation Anthropoid 1941—1942* (Prague, 2002)。截至1991年关于这次刺杀的大量捷克文学作品的有用概述，见Zdeněk Jelínek, 'K problematice atentátu na Reinharda Heydricha', *Historie a vojenství* 40 (1991), 65—101。
2. 有关希姆莱，见Peter Longerich, *Heinrich Himmler. Biographie* (Munich, 2008)；Richard Breitman, *The Architect of Genocide: Himmler and the Final Solution* (New York, 1991)；Peter R. Black, *Ernst Kaltenbrunner: Ideological Soldier of the Third Reich* (Princeton, NJ, 1984)；关于贝斯特，见Ulrich Herbert, *Best. Biographische Studien über Radikalismus, Weltanschauung und Vernunft, 1903—1989* (Bonn, 1996)；关于艾希曼，见David Cesarani, *Becoming Eichmann: Rethinking the Life, Crimes and Trial of a Desk Murderer* (Cambridge, MA, 2006)。
3. Shlomo Aronson, 'Heydrich und die Anfänge des SD und der Gestapo, 1931—1935', PhD thesis, FU Berlin, 1967；后出版，见*Reinhard Heydrich und die Frühgeschichte von Gestapo und SD* (Stuttgart, 1971)。亦见以下作者更短一些的论文：Charles Sydnor, 'Reinhard Heydrich. Der "ideale Nationalsozialist"', 收于Ronald Smelser and Enrico Syring (eds), *Die SS. Elite unter dem Totenkopf. 30 Lebensläufe* (Paderborn, 2000), 208—219；作者同前，'Executive Instinct: Reinhard Heydrich and the Planning for the Final Solution', 收于Michael Berenbaum and Abraham Peck (eds), *The Holocaust and History: The Known, the Unknown, the Disputed and the Re-examined*

(Bloomington, IN, 1998), 159—186。

4. Charles Whiting, *Heydrich: Henchman of Death* (Barnsley, 1999); Charles Wighton, *Heydrich: Hitler's Most Evil Henchman* (London, 1962); Günther Deschner, *Heydrich: The Pursuit of Total Power* (London, 1981); Edouard Calic, *Reinhard Heydrich: The Chilling Story of the Man Who Masterminded the Nazi Death Camps* (New York, 1985); Mario Dederichs, *Heydrich: The Face of Evil* (London, 2006); Joachim Fest, 'The Successor', 见 *The Face of the Third Reich: Portraits of the Nazi Leadership* (New York, 1970), 98—114。
5. Carl Jacob Burckhardt, *Meine Danziger Mission, 1937—1939* (Munich, 1960), 57.
6. 贝斯特博士于1959年10月1日发表的有关海德里希的陈述：IfZ, ZS 207/2。
7. 沃尔夫的战后证词：IfZ, ZS 317, ff. 34f; Walter Schellenberg, *The Labyrinth: The Memoirs of Hitler's Secret Service Chief* (London, 1956), 36。相似的描述，见 Walter Hagen (别名 Wilhelm Höttl), *Die geheime Front. Organisation, Personen und Aktionen des deutschen Geheimdienstes* (Linz and Vienna, 1950), 27；关于霍特尔和他的描述，见 Thorsten Querg, 'Wilhelm Höttl–Vom Informanten zum Sturmbannführer im Sicherheitsdienst der SS', 收于 Barbara Danckwortt, Thorsten Querg and Claudia Schöningh (eds), *Historische Rassismusforschung. Ideologie–Täter–Opfer* (Hamburg and Berlin, 1995), 208—230。
8. Hagen, *Geheime Front*, 21.
9. Felix Kersten, *Totenkopf und Treue–Heinrich Himmler ohne Uniform* (Hamburg, 1952), 128. 亦见 Hans Bernd Gisevius, *Bis zum bitteren Ende. Bericht eines Augenzeugen aus den Machtzentren des Dritten Reiches* (Hamburg, 1954), 118。
10. Hugh Trevor-Roper, 'Introduction', Felix Kersten, *The Kersten Memoirs*, 1940—1945, ed. Hugh Trevor-Roper (London, 1957); Fest, 'Successor', 139ff; Karl Dietrich Bracher, *The German Dictatorship: The Origins, Structure, and Consequences of National Socialism* (New York, 1970), 60. 海德里希有犹太家庭背景的传言还会定期重复出现。见 Dederichs, *Heydrich*, 69; Michael Puntenius, 'Das Gesicht des Terrors. Reinhard Heydrich (1904—1942)', 收于 *Gelehrte, Weltanschauer, auch Poeten. Literarische Porträts berühmter Hallenser* (Halle, 2006), 199—201，此处在第200页；以及 Paula Diehl, *Macht–Mythos–Utopie. Die Körperbilder der SS-Männer* (Berlin, 2005), 163, n.51。海德里希是犹太人后代的传言已经被有力地反驳，见 Aronson, *Frühgeschichte*, 18f, 24, 63f；以及 Karin Flachowsky, 'Neue Quellen zur Abstammung Reinhard Heydrichs', *VfZ* 48 (2000), 319—327。
11. Fest, 'Successor', 139. 关于海德里希想要做希特勒的继任者这个提法，亦见 Horst Naudé, *Erlebnisse und Erkenntnisse als politischer Beamter im Protektorat Böhmen und Mähren* (Berlin, 1975), 145; Gisevius, *Bis zum bitteren Ende*, 264。
12. Hannah Arendt, *Eichmann in Jerusalem: A Report on the Banality of Evil* (London, 1963).
13. 与这一说法类似的最有影响力的解读，来自 Raul Hilberg, *The Destruction of the*

European Jews (London, 1961)。

14. Cesarani, *Eichmann*, 4；最为人们熟知的例子，见 Zygmunt Baumann, *Modernity and the Holocaust* (Ithaca, NY, 1989)。
15. Deschner, *Heydrich*. 有关海德里希缺乏意识形态信仰的说法，源自贝斯特战后于1959年10月发表的关于海德里希的言论：IfZ, ZS 207/2。
16. Jens Banach, *Heydrichs Elite. Das Führerkorps der Sicherheitspolizei und des SD, 1936—1945* (Paderborn, 1996)；George C. Browder, *Hitler's Enforcers: The Gestapo and the SS Security Service in the Nazi Revolution* (New York, 1996)；Friedrich Wilhelm, *Die Polizei im NS-Staat. Die Geschichte ihrer Organisation im Überblick* (2nd edn, Paderborn, 1999)；Herbert, *Best*；Klaus-Michael Mallmann and Gerhard Paul (eds), *Karrieren der Gewalt. Nationalsozialistische Täterbiographien* (Darmstadt, 2004)；Michael Wildt, *Generation des Unbedingten, Das Führungskorps des Reichssicherheitshauptamtes* (Hamburg, 2002)；Cesarani, *Eichmann*；Götz Aly and Susanne Heim, *Vordenker der Vernichtung. Auschwitz und die deutschen Pläne für eine europäische Ordnung* (Frankfurt am Main, 1993)；Harald Welzer, *Täter. Wie aus ganz normalen Menschen Massenmörder werden* (Frankfurt am Main, 2005)．
17. Edouard Calic, *Reinhard Heydrich. Schlüsselfigur des Dritten Reiches* (Düsseldorf, 1982)．
18. Peter Hüttenberger, 'Nationalsozialistische Polykratie', *Geschichte und Gesellschaft* 2 (1976), 417—442；Hans Mommsen, 'The Realization of the Unthinkable: The "Final Solution of the Jewish Question" in the Third Reich'，收于 Gerhard Hirschfeld (ed.), *The Policies of Genocide: Jews and Soviet Prisoners of War in Nazi Germany* (London, 1986)；Martin Broszat, 'Hitler und die "Endlösung". Aus Anlass der Thesen von David Irving', *VfZ* 25 (1997). 739—775；Ian Kershaw, '"Working towards the Führer": Reflections on the Nature of the Hitler Dictatorship', *Contemporary European History* 2 (1993), 103—118。
19. 清楚和严谨论证的合集，见 Christopher R. Browning, *The Origins of the Final Solution: The Evolution of Nazi Jewish Policy, September 1939—March 1942* (Lincoln, NB, 2004)；Peter Longerich, *Politik der Vernichtung. Eine Gesamtdarstellung der nationalsozialistischen Judenverfolgung* (Munich and Zurich, 1998)；Saul Friedländer, *Nazi Germany and the Jews*, vol. 1: *The Years of Persecution, 1933—1939*, vol. 2: *The Years of Extermination, 1939—1945* (New York, 1997, 2007)；Donald Bloxham, *The Final Solution: A Genocide* (Oxford, 2009)。
20. Cesarani, *Eichmann*, 5.
21. Aly and Heim, *Vordenker*；Karl Heinz Roth, 'Konrad Meyers erster "Generalplan Ost" (April/Mai 1940)', *Mitteilungen der Dokumentationsstelle zur NS-Sozialpolitik* 1 (1985), 45—52；Isabel Heinemann, *'Rasse, Siedlung, deutsches Blut'. Das Rasse- und Siedlungshauptamt der SS und die rassenpolitische Neuordnung Europas* (Göttingen, 2003)．
22. Longerich, *Himmler*, 766.

第一章 卒于布拉格

1. Deschner, *Heydrich*, 240.
2. MacDonald, *Killing*; Haasis, *Tod*; Ivanov, *Henker*; Burian et al., *Assassination*; Fiedler, *Atentát 1942*; Chad Bryant, *Prague in Black: Nazi Rule and Czech Nationalism* (Cambridge, MA, 2007), 167ff.
3. 有关策划谋杀这一问题的详尽材料，参见SOE的 'Detailed Report on Operation Anthropoid'（1942年5月30日），收于National Archives, Kew, HS 4/39；以及德国刑事警察在1942年的详细调查报告，收于BAB, R 58/336。
4. National Archives, Kew, HS 4/79.
5. Frantisek Moravec, *Master of Spies: The Memoirs of General Frantisek Moravec* (Garden City, NY, 1975), 196. 关于贝内什，见Zbyněk Zeman, *The Life of Edvard Beneš 1884—1948: Czechoslovakia in Peace and War* (Oxford, 1997)。
6. 关于贝内什的战后野心，见Richard J. Crampton, 'Edvard Beneš'，收于Steven Casey and Jonathan Wright (eds), *Mental Maps in the Era of the Two World Wars* (Basingstoke, 2008), 135—156。
7. IfZ, OKW T—77/1050, 6526169—70, NA.
8. MacDonald, *Killings*, 97, 118ff, 142f; Detlef Brandes, *Die Tschechen unter deutschem Protektorat*, 2 vols (Munich, 1969, 1975), vol. 1, 251ff. 亦见Václav Kural, *Vlastenci Proti okupaci. Ústřední vedení odboje domácího 1940—1943* (Prague, 1997); Jan Němećek, 'Německá okupační politika v protektorátu a ćeský protiněmecký odpor'，收于*Historické, právní a mezinárodní souvislosti Dekretů prezidenta republiky* (Prague, 2003), 21—40。
9. Hugh Dalton, *The Second World War Diary of Hugh Dalton 1940—1945,* ed. Ben Pimlott (London, 1986), 329.
10. Stephen Twigge, Edward Hampshire and Graham Macklin, *British Intelligence: Secrets, Spies and Sources* (Kew, 2008), 167—210.
11. National Archives, Kew, HS 4/79. 关于在捷克斯洛伐克的SOE，见Michael R.D. Foot, *SOE: An Outline History of the Special Operations Executive, 1940—1946* (London, 1984), 199—202；Twigge et al., *British Intelligence*, 167—210。
12. National Archives, Kew, HS 4/79; Lieutenant Colonel Peter Wilkinson, Staff Officer, Czech-Polish Section, SOE HQ, London，引自Roderick Bailey, *Forgotten Voices of the Secret War: An Inside History of Special Operations during the Second World War* (London, 2008), 111。
13. Hansjürgen Köhler, *Inside the Gestapo: Hitler's Shadow over Europe* (London, 1941), 摘自海德里希的SOE档案, National Archives, Kew, WO 208/4472。
14. National Archives, Kew, HS 4/39.
15. Peter Wilkinson (MX) to Colin Gubbins (M)，以及 Peter Wilkinson (MX) to AD/

P, 25 July 1942，收于National Archives, Kew, HS 4/39；National Archives, Kew, HS 4/79。

16. Whiting, *Henchman*, 268.
17. 他们的“临终愿望”重印于Burian et al., *Assassination*, 44。
18. 德国刑事警察后来详细重现了伞兵的到来，见他们关于刺杀的最终报告，收于BAB, R 58/336。
19. Bryant, *Prague in Black*, 167f.
20. ‘Totenbuch des SS-Standortarztes Mauthausen’, 24 October 1942，收于KZ-Gedenkstätte Mauthausen, AMM Y/46。
21. MacDonald, *Killing*, 142f；Ladislav Vaněk, *Atentát na Heydricha* (Prague, 1962).
22. 巴托什致捷克流亡政府1942年2月3日的报告，收于National Archives, Kew, HS 4/39。Bryant, *Prague*, 168。关于银A、银B和其他任务，见Zdeněk Jelínek, *Operace Silver A* (Prague, 1992)；Jan Břećka, *Silver B neodpovídá. Historie čs. Paraskupiny z Velké Británie v letech 2. Světové války* (Brno, 2004)；Marie Matušů, *Muži pro speciální operace* (Prague, 2004)。
23. Brandes, *Tschechen,* vol.1, 247ff；MacDonald, *Killing*, 146f, 199；Bryant, *Prague*, 168.
24. MacDonald, *Killing*, 155.
25. Vojtech Mastny, *The Czechs under Nazi Rule: The Failure of National Resistance, 1939—1942* (New York, 1971), 156；Brandes, *Tschechen*, vol. 1, 252.
26. ÚVOD致捷克流亡政府，1942年5月11日发送，收于National Archives, Kew, HS 4/39。这一信息被盖世太保截获，但很明显并未被足够严肃地对待，从而未给海德里希提供额外的安全措施。
27. 贝内什致ÚVOD, 1942年5月15日，引自Mastny, *Czechs*, 209。
28. SOE领导层和英国陆军部的卷宗，1942年3月4日，收于National Archives, Kew, HS 4/79。
29. Ivanov, *Henker*, 229f.
30. 海德里希死后，德国刑事警察仔细调查了这一案件，并详细重现了1942年5月27日发生的事件。见Stanislav F. Berton, ‘Das Attentat auf Reinhard Heydrich vom 27. Mai 1942. Ein Bericht des Kriminalrats Heinz Pannwitz’, *VfZ* 33 (1985), 668—706。
31. 出处同上，690f。
32. MacDonald, *Killing*, 166—167, 171—173；Burian et al., *Assassination*, 65. 亦见Hans-Ulrich Stoldt, ‘Operation Anthropoid’，收于Stephan Burgdorff (ed.), *Der Zweite Weltkrieg. Wendepunkte der deutschen Geschichte* (Munich, 2005), 171—175；Peter Witte et al. (eds), *Der Dienstkalender Heinrich Himmlers 1941/1942* (Hamburg, 1999), 27 May 1942, p. 438。在接下来的几天中，格布哈特每日通过电话向希姆莱汇报海德里希的状况：Witte et al. (eds), *Dienstkalender*, 438ff。
33. 保安局的报告‘Meldungen aus dem Reich’ no. 287, 28 May 1942, ff. 4ff，以及报

告no. 288 of 1 June 1942, 3ff，收于BAB, R58/172。亦见Mastny, *Czechs*, 215；Brandes, *Tschechen,* vol.1, 256。

34. *Völkischer Beobachter*, 27 May 1942.
35. Joseph Goebbels, *Die Tagebücher von Joseph Goebbels*, ed. Elke Fröhlich (Munich, 1995), part II, vol. 4, 386.
36. IfZ, Ed 450；希姆莱致弗朗克的电报，1942年5月27日，收于Miroslav Kárný, Jaroslava Milotová and Margita Kárná (eds), *Deutsche Politik im 'Protektorat Böhmen und Mähren' unter Reinhard Heydrich 1941—1942* (Berlin, 1997), doc. 104, p. 280。亦见Brandes, *Tschechen,* vol.1, 254f。
37. 见弗朗克于1945年5月28日与希特勒会面的协议草案，收于Kárný et al. (eds), *Deutsche Politik*, doc. 106, pp. 282—290，此处见第283—285页。
38. *Verordnungsblatt des Reichsprotektors in Böhmen und Mähren* 19 (28 May 1945), 123f；Brandes, *Tschechen*, vol. 1, 254f. 戈培尔的日记提及了奖赏。见*Tagebücher*, part II, vol. 4, 386。
39. 见1942年5月29日的官方公告，收于National Archives, Prague, Úřad říšského protektora (帝国总督办公室), supplement 1, carton 53。
40. 见格施克博士于1942年6月24日关于警察行动的最终报告，收于Archive of the Ministry of the Interior, Prague, 301-5-4。亦见Berton, 'Attentat', 683。
41. 见线人的长名单和支付给他们用于交换信息的钱数，收于Archive of the Ministry of the Interior, Prague, 315-194-30。
42. 贝内什致巴托什，引自Brandes, *Tschechen,* vol.1, 254。亦见贝内什于1942年5月29日的公开宣言，收于National Archives, Kew, HS 4/79。
43. Witte et al. (eds), *Dienstkalender*, 440ff. (格布哈特教授的报告和1942年5月31日的日记) 亦见Lina Heydrich, *Leben mit einem Kriegsverbrecher* (Pfaffenhofen, 1976), 6。
44. Goebbels, *Tagebücher*, part II, vol. 4, 432.
45. 1942年5月27日的军情报告，收于National Archives, Kew, WO 208/4472。
46. 见魏里希教授起草的验尸报告 (1942年6月17日)，收于Archive of the Institute for Judicial Medicine, Prague。亦见Witte et al. (eds), *Dienstkalender*, 3 June 1942, p. 448；Thomas Mann, 'Nachruf auf einen Henker' (June 1942)，收于Thomas Mann, *Essays*, vol. 5: *Deutschland und die Deutschen 1938—1945*, ed. Hermann Kurzke and Stephan Stachorski (Frankfurt am Main, 1997), 185f, 373f。

第二章 年轻的莱因哈德

1. 当地的报纸《哈雷舍尔中央公报》于1904年3月10日公开宣布了他的诞生。
2. Baptismal register, 1904, St Franziskus und Elisabeth Kirche, Halle, p.356, entry no. 154. 洗礼证书的副本，收于Stadtarchiv Halle (StaH), Handschriftenabteilung J 36。亦见Aronson, *Frühgeschichte*, 320。

3. 自20世纪90年代晚期以来，人们对威廉二世治下德国的认识发生了剧烈的改变。着重其黑暗面的描述，见Volker Ullrich, *Die nervöse Grossmacht. Aufstieg und Untergang des Kaiserreiches, 1871—1918* (3rd edn, 2007)。强调德意志帝国现代性的描述，见Sven Oliver Müller and Cornelius Torp (eds), *Imperial Germany Revisited: Continuing Debates and New Perspectives* (Oxford and New York, 2010)；Dominik Geppert and Robert Gerwarth (eds), *Wilhelmine Germany and Edwardian Britain: Essays on Cultural Affinity* (Oxford, 2008)。
4. 'Gutachten über die rassische Herkunft des Oberleutnant z. See a.D. Reinhardt Heydrich', 22 June 1932, 收于BAB, BDC, SSO Reinhard Heydrich. 亦见Flachowsky, 'Abstammung', 325。
5. Bruno Heydrich, 'Bericht zum zehnjährigen Bestehen von Bruno Heydrichs Konservatorium für Musik und Theater, I. Hallesches Konservatorium', 1909, 收于StaH, Akten der Schulverwaltung, 118, vol. II；Flachowsky, 'Abstammung', 325。
6. Heydrich, 'Bericht', 收于StaH, Akten der Schulverwaltung, 118, vol. II。
7. Heydrich, *Kriegsverbrecher*, 6.
8. Heydrich, *Kriegsverbrecher*, 7f, 17. 关于柯西玛·瓦格纳，见Oliver Hilmes, *Herrin des Hügels. Das Leben der Cosima Wagner* (Munich, 2007)。
9. Aronson, *Frühgeschichte*, 30.
10. Bruno Walter, *Thema und Variationen. Erinnerungen und Gedanken* (Stockholm, 1947), 117.
11. 引自科隆的奥托·雷策尔博士和不来梅的布尔托普教授，见'Presstimmen über meine Thätigkeit als Sänger, Componist, Dirigent', 收 于StaH, Akten der Schulverwaltung, 118, vol. I。
12. Hans Pfitzner, *Reden, Schriften, Briefe. Unveröffentlichtes und bisher Verstreutes* (Berlin, 1955), 240. 关于普菲茨纳在第三帝国的角色，见Sabine Busch, *Hans Pfitzner und der Nationalsozialismus* (Stuttgart, 2001)。关于他和布鲁诺·海德里希的关系，见John W. Klein, 'Hans Pfitzner and the Two Heydrichs', *Music Review* 26 (1965), 308—317。
13. 例如见卡尔·沃尔夫的评论，22 September 1895，收于StaH, Akten der Schulverwaltung, 118, vol. I。
14. Heydrich, *Kriegsverbrecher*, 15—19；亦见莱因哈德的一个校友写给出版商W. 路德维希的匿名信，作为对出版莉娜·海德里希回忆录的回应，收于IfZ, Ed 450。
15. SS-Ahnentafel Heinz Siegfried Heydrichs, 收于BAB, (BDC), RS (Rasse- und-Siedlungshauptamt)；亦见Aronson, *Frühgeschichte*, 15f。
16. 全部引自小册子*Grosser populärer Erfolg von 'Frieden', Oper (Elegie) in 3 Akten (4 Bildern)* (Halle, 1907)，收于StaH, Akten der Schulverwaltung, 118, vol. I。
17. '13., 14. und 15. Jahresbericht von Bruno Heydrichs Konservatorium für Musik und Theater, Halle 1915', 收于StaH, Akten der Schulverwaltung, 118, vol. I。亦

见 Aronson, *Frühgeschichte*, 21；Hugo Riemann, *Riemanns Musik-Lexikon* (8th. edn, Berlin and Leipzig, 1916), vol. 1。

18. 关于人口趋势的概况，见 Hans-Ulrich Wehler, *Deutsche Gesellschaftsgeschichte*, vol. 3: *Von der deutschen Doppelrevolution bis zum Beginn des Ersten Weltkriegres, 1849—1914* (2nd edn, Munich, 2007), 724ff；Jürgen Reulecke, *Geschichte der Urbanisierung in Deutschland* (Frankfurt am Main, 1985), 68ff。关于哈雷更具体的，见 Werner Freitag, Katrin Minner and Andreas Ranft (eds), *Geschichte der Stadt Halle*, vol. 2: *Halle im 19. und 20. Jahrhundert* (Halle an der Saale, 2006), 18f, 33f；Mathias Tullner, *Halle 1806 bis 2006. Industriezentrum, Regierungssitz, Bezirksstadt. Eine Einführung in die Stadtgeschichte* (Halle an der Saale, 2007), 40ff。
19. 关于大体趋势，见 Metthew Jefferies, *Imperial Culture in Germany, 1871—1918* (Basingstoke and New York, 2003)；Carl Dahlhaus, *Nineteenth-Century Music* (Berkeley, CA, 1989)；Walter Frisch, *German Modernism: Music and the Arts* (Berkeley, CA., 2005)；Celia Applegate, 'Culture and the Arts'，收于 James Retallack, *Imperial Germany, 1871—1918* (Oxford, 2008), 106—127。关于哈雷更具体的，见 Andrea Hauser, *Halle wird Grosstadt. Stadtplanung, Grossstadtleben und Raumerfahrungen in Halle an der Saale 1870 bis 1914* (Halle an der Saale, 2006), 21；Tullner, *Halle*, 51。
20. Konrad Sasse, 'Aus Halles Musikleben von der Mitte des 19. Jahrhunderts bis 1945'，收于 Rat der Stadt Halle (ed.), *Halle als Musikstadt* (Halle an der Saale, 1954), 40—52，此处见第 44 页。
21. Aronson, *Frühgeschichte*, 16.
22. Freitag et al. (eds), *Halle*, 46；Aronson, *Frühgeschichte*, 20 and 259, n. 44. 关于三骑士共济会，见 Gustav Friedrich Hertzberg, *Geschichte der Freimaurerloge zu den drei Degen im Orient von Halle* (Halle, 1893，重印于 1907)。'11. und 12. Jahresbericht des Konservatoriums von Bruno Heydrichs', 1.，收于 StaH, Akten der Schulverwaltung, 118, vol. I。
23. Freitag et al. (eds), *Halle*, 46；Aronson, *Frühgeschichte*, 16 and 20, n. 45. 'Bericht zum 10jährigen Bestehen von Bruno Heydrichs Konservatorium für Musik und Theater (1909)', 9, vol. II，以及 '11. und 12. Jahresbericht des Konservatoriums von Bruno Heydrichs (1911)', 3f，收于 StaH, Akten der Schulverwaltung, 118, vol. I。
24. Aronson, *Frühgeschichte*, 15f, 25. 关于勒克纳，见 Norbert von Frankenstein, *'Seeteufel' Felix Graf Luckner. Wahrheit und Legende* (Hamburg, 1997)。
25. Ute Frevert, *Women in German History: From Bourgeois Emancipation to Sexual Liberation* (Oxford and Washington, DC, 1990)，以及 Angelika Schaser, 'Gendered Germany'，收于 Retallack (ed.), *Imperial Germany*, 128—150；Christian Berg, 'Familie, Kindheit, Jugend'，收于 *Handbuch der deutschen Bildungsgeschichte*, vol. IV, 91—139，此处在第 99 页及以下。
26. Hauser, *Halle*, 22f；'Bericht zum 10jährigen Bestehen von Bruno Heydrichs

Konservatorium für Musik und Theater, 1. Hallesches Konservatorium (1909)’，收于StaH, Akten der Schulverwaltung, 118, vol. I。

27. Heydrich, *Kriegsverbrecher*, 113；Aronson, *Frühgeschichte*, 32.
28. Christopher Clark, ‘Religion and Confessional Conflict’，收于Retallack (ed.), *Imperial Germany*, 83—105；Olaf Blaschke and Frank-Michael Kuhlemann (eds), *Religion im Kaiserreich. Milieus–Mentalitäten–Kristen* (Gütersloh, 1996)。
29. Chris Clark, ‘Religion and Confessional Conflict’，收 于Retallack (ed.), *Imperial Germany*, 83—105。
30. Heydrich, *Kriegsverbrecher*, 56.
31. Heinrich Silbergleit (ed.), *Preussens Städte. Denkschrift zum 100jährigen Jubiläum der Städteordnung vom 19. November 1808* (Berlin, 1908), 61.
32. Dederichs, *Heydrich*, 33；Aronson, *Frühgeschichte*, 16, 20；Herbert Edler von Daniels, ‘Reinhard Heydrich als nationalsozialistischer Leibeserzieher’，*Leibesübungen und körperliche Erziehung* 61 (1942), 114—117；Heydrich, *Kriegsverbrecher*, 24；Berno Bahro, ‘Reinhard Heydrich und Hermann Fegelein. Sportler–Soldaten–Helden’，*Stadion. Internationale Zeitschrift für Geschichte des Sports* 31 (2007), 111—130.
33. 莉娜后来坚称，这些经历捕捉到了年轻的莱因哈德的想象力，以至于他后来决定成为一名海军军官。Heydrich, *Kriegsverbrecher*, 22f。
34. ‘Bericht zum 10jährigen Bestehen von Bruno Heydrichs Konservatorium für Musik und Theater (1909)’，收于StaH, Akten der Schulverwaltung, 118, vol. I, f. 18。
35. ‘11. und 12. Jahresbericht des Konservatoriums von Bruno Heydrichs (1911)’，3—4，收于StaH, Akten der Schulverwaltung, 118, vol. I。
36. 莱因哈德的一个校友写给出版商W. 路德维希的匿名信，作为对出版莉娜·海德里希回忆录的回应，该信件收于IfZ, Ed 450。亦见Lina Heydrich to Peter Schneiders (Amsterdam), 12 January 1962，收于NIOD, doc. I, 691A。关于房子的位置，见Steffen Mikolajczyk, ‘Eine aufstrebende Industriestadt huldigt der Monarchie. Der Kaiserbesuch 1903’，收于Werner Freitag and Katrin Minner (eds), *Vergnügen und Inszenierung. Stationen städtischer Festkultur in Halle* (Halle an der Saale, 2004), 206—213；Hauser, *Halle*, 105ff。
37. ‘Bericht zum 10jährigen Bestehen von Bruno Heydrichs Konservatorium für Musik und Theater, 1. Hallesches Konservatorium (Staatl. Genehmigte Anstalt)’ (Halle, 1909), 17，收于StaH, Akten der Schulverwaltung, 118, vol. I, f. 13。
38. Andrew Donson, *Youth in the Fatherless Land: War Pedagogy, Nationalism and Authority in Germany, 1914—1918* (Cambridge, MA, 2010), 22f.
39. Angelika Schaser, ‘Gendered Germany’，收于Retallack, *Imperial Germany*, 128—150，此处在第133页以下。
40. Deschner, *Heydrich*, 26；玛丽亚·海德里希的战后证词，她说她的弟弟只读冒险类书籍，包括间谍和犯罪小说。见Aronson, *Frühgeschichte*, 19。

41. 关于1914年8月德国民众的看法，见Jeffrey Verhey, *The Spirit of 1914: Militarism, Myth and Mobilization in Germany* (Cambridge, 2000)；Steffen Bruendel, *Volksgemeinschaft oder Volksstaat. Die 'Ideen von 1914' und die Neuordnung Deutschland sim Ersten Weltkrieg* (Berlin, 2003)。
42. 关于"战争青年一代"，见Donson, *Youth*；Herbert, *Best*, 尤其是第42页及以下；Wildt, *Generation*。关于战时的儿童游戏最好且最早的描述之一，见Sebastian Haffner, *Geschichte eines Deutschen. Die Erinnerungen 1914—1933* (4th edn, Stuttgart, 2000), 22。该书作者哈夫纳是首个做出如下重要观察的人：和战争青年一代相比，战时那一代男性所产生的激进纳粹分子要更少。
43. '13., 14. und 15. Jahresbericht des Konservatorium von Bruno Heydrichs' (Halle, 1915), 4ff, 收于StaH, Akten der Schulverwaltung, 118, vol. II。关于把编织作为一种广泛的女性爱国主义表达，见Donson, *Youth*, 85。
44. Donson, *Youth*, 125.
45. Deschner, *Heydrich*, 23f（依据埃里希·舒尔茨的战后证词）。
46. Alexander Rehding, *Hugo Riemann and the Birth of Modern Musical Thought* (Cambridge, 2003) .
47. Aronson, *Frühgeschichte*, 18.
48. 出处同上，15。
49. 海德里希的弟媳格特鲁德·海德里希的战后证词，引自出处同上，19和15, n. 21；亦见Deschner, *Heydrich*, 22, 74。
50. Dederichs, *Heydrich*, 45. 关于1910年哈雷的犹太人口，见Heinrich Silbergleit, *Die Bevölkerungs- und Berufsverhältnisse der Juden im Deutschen Reich* (Berlin, 1930), 24。
51. 关于这一主题文学作品的经典概述，见Peter G. Pulzer, *Die Entstehung des politischen Antisemitismus in Deutschland und Österreich 1867—1914* (2nd edn, Göttingen, 2004)；Stefan Scheil, *Die Entwicklung des politischen Antisemitismus in Deutschland zwischen 1881 und 1912* (Berlin, 1999)；Massimo Ferrari Zumbini, *Die Wurzeln des Bösen. Gründerjahre des Antisemitismus. Von der Bismarckzeit zu Hitler* (Frankfurt am Main, 2003)；Olaf Blaschke, *Katholizismus und Antisemitismus im Deutschen Kaiserreich* (Göttingen, 1997)。
52. 关于战时的政治宣传，见David Welch, *Germany, Propaganda and Total War, 1914—1918* (New Brunswick, NJ, 2000)。关于它对青少年的影响，见Donson, *Youth*, 176ff。
53. Heinrich August Winkler, 'Die Revolution von 1918/1919 und das Problem der Kontinuität in der deutschen Geschichte', *Historische Zeitschrift* 250 (1990), 303—319. Fritz Klein, 'Between Compiègne and Versailles: The Germans on the Way from a Misunderstood Defeat to an Unwanted Peace', 收于Manfred F. Boemeke, Gerald D. Feldman and Elisabeth Glaser (eds), *The Treaty of Versailles: A Reassessment after 75 Years* (New York, 1998), 203—220。关于复员士兵所扮演的

角色，见Scott Stevenson, *The Final Battle: Soldiers of the Western Front and the German Revolution of 1918* (Cambridge, 2009)。

54. Georg Maercker, *Vom Kaiserheer zur Reichswehr. Geschichte des freiwilligen Landesjägerkorps. Ein Beitrag zur Geschichte der deutschen Revolution* (Leipzig, 1921) .
55. Robert Gerwarth, 'The Central European Counter-Revolution: Paramilitary Violence in Germany, Austria and Hungary after the Great War', *Past and Present* 200 (2008), 175—209.
56. 见梅尔克尔的回忆录，*Vom Kaiserheer zur Reichswehr*。
57. Hans-Walter Schmuhl, 'Halle in der Weimarer Republik und im Nationalsozialismus', 收于 Freitag et al. (eds), *Halle*, vol. 2, 237—302，此处见第237—248页；亦见哈雷市长赖夫于1919年4月11日的报告，收于StaH, Centralbüro Kap. I, Abt. B, no.12, vol. I。
58. 一张1919年3月6日签发的身份证显示，海德里希服务于兰德斯耶格尔志愿军团第三师和哈雷市民兵组织。见BAB, R 58, annexe 21；BAB, BDC, SSO Reinhard Heydrich。亦见Aronson, *Frühgeschichte*, 23ff，以及Heydrich, *Kriegsverbrecher*, 23。
59. Gerwarth, 'Counter-Revolution'；Hagen Schulze, *Freikorps und Republik* (Boppard, 1968)；Dirk Schumann, *Politische Gewalt in der Weimarer Republik. Kampf um die Strasse und Furcht vor dem Bürgerkrieg* (Essen, 2001) .
60. Robert Waite, *Vanguard of Nazism: The Free Corps Movement in Postwar Germany, 1918—1923* (Cambridge, MA, 1952) .
61. Longerich, *Himmler*, 34.
62. Deschner, *Heydrich*, 22. 关于战争青年一代对德国战败的普遍反应，见Donson, *Youth*, 239。
63. *Hallesche Nachrichten*, 30 March 1920，尤其是附录'Die Schreckenstage in Halle vom 13. bis 26. März 1920'；关于背景，见Heinrich August Winkler, *Von der Revolution zur Stabilisierung. Arbeiter und Arbeiterbewegung in der Weimarer Republik 1918 bis 1924* (Berlin and Bonn, 1984), 515—520。
64. Aronson, *Frühgeschichte*, 23 and 259, n. 57.
65. 海德里希在其党卫军官员档案中做出了这则声明：BAB, BDC, SSO Reinhard Heydrich。关于这个联盟，见Stefan Breuer, *Die Völkischen in Deutschland. Kaiserreich und Weimarer Republik* (Darmstadt, 2008), 150—160。
66. BAB, BDC, SSO Reinhard Heydrich.
67. BAB, R 58, annexe 21. 关于"Deutsche Orden"，见Uwe Puschner, *Die Völkische Bewegung im wilhelminischen Kaiserreich. Sprache, Rasse, Religion* (Darmstadt, 2001), 237。
68. Helmut Kerstingjohänner, *Die deutsche Inflation, 1919—1923. Politik und Ökonomie* (Frankfurt am Main, 2004)；Gerald D. Feldman, *The Great Disorder: Politics, Economics and Society in the German Inflation 1914—1924* (Oxford, 1993)；Evans, *The Coming of the Third Reich*, 103ff. Martin H. Geyer, *Verkehrte Welt. Revolution, Inflation*

und Moderne, München 1914—1924 (Göttingen, 1998); Aronson, *Frühgeschichte*, 12.

69. 来自莱因哈德・海德里希的一个校友写给出版商W. 路德维希的匿名信，作为对出版莉娜・海德里希回忆录的回应（收于IfZ, Ed 450）。
70. 布鲁诺・海德里希1922年7月6日写给哈雷市地方法官的信，收于StaH, Akten der Schulverwaltung, 118, vol. II。关于布鲁诺所指的技术进步和文化改变，见Elisabeth Harvey, 'Culture and Society in Weimar Germany: The Impact of Modernism and Mass Culture'，收于Mary Fulbrook (ed.), *Twentieth-Century Germany: Politics, Culture, and Society 1918—1990* (London, 2001), 279—297; Lynn Abrams, 'From Control to Commercialization: The Triumph of Mass Entertainment in Germany 1900—1925', *German History* 8 (1990), 178—193; Corey Ross, *Media and the Making of Modern Germany: Mass Communications, Society and Politics from the Empire to the Third Reich* (Oxford, 2008)。
71. Aronson, *Frühgeschichte*, 23ff; Deschner, *Heydrich*, 26f.
72. Heydrich, *Kriegsverbrecher*, 22f; Aronson, *Frühgeschichte*, 25; Deschner, *Heydrich*, 27.
73. Aronson, *Frühgeschichte*, 25; Deschner, *Heydrich*, 27; Dederichs, *Heydrich*, 39f.
74. Deschner, *Heydrich*, 27 and 333, n. 3.
75. Heinz Lemmermann, *Kriegserziehung im Kaiserreich. Studien zur politischen Funktion von Schule und Schulmusik 1890—1918*, 2 vols (Lilienthal bei Bremen, 1984), vol.2, 671; Donson, *Youth*, 54f.
76. Richard Bessel, 'The "Front Generation" and the Politics of Weimar Germany', 收于Mark Roseman (ed.), *Generations in Conflict: Youth Revolt and Generation Formation in Germany, 1770—1968* (Cambridge, 2003), 121—136。
77. 关于1918年的"耻辱"和斯卡帕湾，见Andreas Krause, *Scapa Flow. Die Selbstversenkung der wilhelminischen Flotte* (Berlin, 1999)。关于魏玛海军，见Keith W. Bird, *Weimar, the German Naval Officer Corps and the Rise of National Socialism* (Amsterdam, 1977); Michael Salewski, *Die Deutschen und die See. Studien zur deutschen Marinegeschichte des 19. Und 20. Jahrhunderts*, 2 vols (Stuttgart, 1998 and 2002), vol. 2, 102—114。关于德国军官的形象，见Ursula Breymayer and Bernd Ulrich (eds), *Willensmenschen. Über deutsche Offiziere* (Frankfurt am Main, 1999)。
78. Aronson, *Frühgeschichte*, 25; Deschner, *Heydrich*, 27.
79. 'Deutsche Dienststelle für die Benachrichtigung der nächsten Angehörigen von Gefallenen der ehemaligen deutschen Wehrmacht (WASt)', 8 July 2009. 亦见Aronson, *Frühgeschichte*, 25, 27 and 259, n.65; Deschner, *Heydrich*, 27; Dederichs, *Heydrich*, 40。关于米尔维克海军学院，见Jörg Hillmann and Reinhard Scheiblich, *Das rote Schloss am Meer. Die Marineschule Mürwik seit ihrer Gründung* (Hamburg, 2002)。
80. 战后汉斯・雷姆和汉斯・海因里希・勒布拉姆的证词，引自Aronson, *Frühgeschichte*, 26f; 亦见Deschner, *Heydrich*, 28。雷姆将自己对海德里希的反感，说成是他们学员团队里普遍情绪的一部分，而莉娜・海德里希却暗示说，雷姆是在海德里希的“船员22”当中唯一“公开敌对”的学员。Heydrich, *Kriegsverbrecher*, 23。
81. 贝克，引自 Aronson, *Frühgeschichte*, 27f；亦见 Deschner, *Heydrich*, 28。
82. Deschner, *Heydrich*, 29.
83. BAB, R 58, annexe 21；莉娜·海德里希致彼得·施奈德斯（阿姆斯特丹），1962年1月12日，NIOD, doc. I, 691A；Deschner, *Heydrich*, 30；Heydrich, *Kriegsverbrecher*, 22。
84. Heydrich, *Kriegsverbrecher*, 23.
85. Deschner, *Heydrich*, 28f；Heydrich, *Kriegsverbrecher*, 23f.
86. 这是雷姆的战后证词，根据 Aronson, *Frühgeschichte*, 26ff and 260, n. 71。有关海德里希被卡纳里斯“洗脑”的说法，见 Dederichs, *Heydrich*, 42；Calic, *Heydrich*, 32—40，尤其是第38页。
87. 莉娜·海德里希，引自 Aronson, *Frühgeschichte*, 34。
88. Aronson, *Frühgeschichte*, 28f.
89. Deschner, *Heydrich*, 30；亦见 Michael Müller, *Canaris. Hitlers Abwehrchef. Biographie* (Berlin, 2006), 123；Heinz Höhne, *Canaris. Patriot im Zwielicht* (Munich, 1976), 91；André Brissaud, *Canaris. Fürst des deutschen Geheimdienstes oder Meister des Doppelspiels?* (Frankfurt am Main, 1976), 26f；Heydrich, *Kriegsverbrecher*, 24。
90. 雷曼—乔特科维茨，引自 Aronson, *Frühgeschichte*, 32。
91. 勒布拉姆的战后证词，引自出处同上，31；亦见 Deschner, *Heydrich*, 32f。勒布拉姆在战后关于海德里希没有礼貌的说法无法让人完全信服，且被其他说法反驳了。比如，他童年的朋友贡瑟·格列克的战后描述，引自 Calic, *Schlüsselfigur*, 48，以及他的船员同伴贝克的说法，引自 Aronson, *Frühgeschichte*, 32 and 260, n. 80。
92. ‘Deutsche Dienststelle für die Benachrichtigung der nächsten Angehörigen von Gefallenen der ehemaligen deutschen Wehrmacht (WASt)’, 8 July 2009. 亦见 Aronson, *Frühgeschichte*, 31。
93. 贝克，引自 Aronson, *Frühgeschichte*, 32。
94. 舒尔茨，引自 Deschner, *Heydrich*, 35。
95. Aronson, *Frühgeschichte*, 33；更多“生动的”描述，见 Calic, *Heydrich*, 38。
96. Aronson, *Frühgeschichte*, 32 and 260, n. 80. 勒布拉姆和莉娜·海德里希在他们各自的战后回忆录中都肯定了这个评价。勒布拉姆的证词，见 Aronson, *Frühgeschichte*, 33，以及 Heydrich, *Kriegsverbrecher*, 24。
97. 贝克，引自 Aronson, *Frühgeschichte*, 32 and 260, n. 80。亦见 Deschner, *Heydrich*, 34。
98. Christine Eisenberg, ‘Massensport in der Weimarer Republik, Ein statistischer Überblick’, *Archiv für Sozialgeschichte* 33 (1993), 137—177，此处在第147页。
99. Calic, *Heydrich*, 35；Dederichs, *Heydrich*, 44.
100. 古斯塔夫·克莱坎普的信，收于 *Der Spiegel*, 9/1950 (2 March 1950), 42。
101. 贝克，引自 Aronson, *Frühgeschichte*, 32 and 260, n.80。
102. 勒布拉姆，引自出处同上，49。

103. 贝克，引自出处同上，32 and 260, n.80。
104. 出处同上，53。
105. 出处同上，34；Heydrich, *Kriegsverbrecher*, 12ff。
106. Heydrich, *Kriegsverbrecher*, 7f；Dederichs, *Heydrich*, 30f.
107. Heydrich, *Kriegsverbrecher*, 9；Dederichs, *Heydrich*, 49.
108. Heydrich, *Kriegsverbrecher*, 10f；Deschner, *Heydrich*, 37；Dederichs, *Heydrich*, 50.
109. 莱因哈德·海德里希致莉娜·冯·奥斯滕，1930年12月18日，收于IfZ, Ed 450。
110. Aronson, *Frühgeschichte*, 34, Deschner, *Heydrich*, 37. 关于德国贵族的社会地位衰落和政治激进化，见Stephan Malinowski, *Vom König zum Führer. Deutscher Adel und Nationalsozialismus* (Frankfurt am Main, 2003)。
111. 莉娜·海德里希，引自Aronson, *Frühgeschichte*, 54。
112. 莉娜·海德里希，引自Aronson, *Frühgeschichte*, 35。
113. Aronson, *Frühgeschichte*, 34；Deschner, *Heydrich*, 37f；Heydrich, *Kriegsverbrecher*, 42f.
114. Evans, *Coming of the Third Reich*, 76.
115. Richard J. Evans, 'The Emergence of Nazi Ideology'，收于Jane Caplan (ed.), *Nazi Germany* (Oxford, 2008), 26—47。
116. Jürgen Falter, Thomas Lindenberger and Siegfried Schumann, *Wahlen und Abstimmungen in der Weimarer Republik. Materialien zu Wahlverhalten 1919—1933* (Munich, 1986), 41.
117. Heydrich, *Kriegsverbrecher*, 12f, 19；Dederichs, *Heydrich*, 50.
118. 莱因哈德·海德里希致莉娜·冯·奥斯滕父母，1931年1月3日，收于IfZ, Ed 450。
119. Heydrich, *Kriegsverbrecher*, 20；Aronson, *Frühgeschichte*, 34；Dederichs, *Heydrich*, 50f；Deschner, *Heydrich*, 38；Calic, *Heydrich*, 45.
120. Deschner, *Heydrich*, 39；Dederichs, *Heydrich*, 51；Aronson, *Frühgeschichte*, 35；Deschner, *Heydrich*, 39；Gustav Kleikamp, *Der Spiegel*, 9/1950 (2 March 1950), 42；Heydrich, *Kriegsverbrecher*, 21.
121. 贝克，引自Aronson, *Frühgeschichte*, 35。这个事件版本得到了荣誉法庭成员古斯塔夫·克莱坎普副海军上将的支持，见*Der Spiegel*, 2 March 1950, 42f。
122. 克莱坎普，*Der Spiegel*, 2 March 1950。
123. 克莱坎普，*Der Spiegel*, 2 March 1950。亦见Aronson, *Frühgeschichte*, 35；Deschner, *Heydrich*, 40；Dederichs, *Heydrich*, 51。
124. 海德里希的遣散通知，收于*Marineverordnungsblatt*, 1 May 1931；Heydrich, *Kriegsverbrecher*, 25。
125. Heydrich, *Kriegsverbrecher*, 21 and 26f；Aronson, *Frühgeschichte*, 35；Deschner, *Heydrich*, 40.
126. 有关失业人数，见Falter et al., *Wahlen*, 38。关于大萧条的起因和影响，见Milton

Friedman and Anna Jacobson Schwartz, *The Great Contraction, 1929—1933* (Princeton, NJ, 2008)；Patricia Clavin, *The Great Depression in Europe, 1929—1939* (Basingstoke, 2000)。

127. Deschner, *Heydrich*, 40；Heydrich, *Kriegsverbrecher*, 20f；Aronson, *Frühgeschichte*, 35.
128. Heydrich, *Kriegsverbrecher*, 21；Aronson, *Frühgeschichte*, 36.
129. 'Abschrift des Berichts aus dem September 1931 über die Besichtigung des Heydrichschen Musikseminars', StaH, Akten der Schulverwaltung, 118, vol. II；亦见Aronson, *Frühgeschichte*, 36；Heydrich, *Kriegsverbrecher*, 21f。
130. Heydrich, *Kriegsverbrecher*, 25.
131. 出处同上，一份副本重印于第32页。
132. Deschner, *Heydrich*, 41；Dederichs, *Heydrich*, 54；Heydrich, *Kriegsverbrecher*, 25.
133. Heydrich, *Kriegsverbrecher*, 26；Aronson, *Frühgeschichte*, 36.
134. Deschner, *Heydrich*, 41；Heydrich, *Kriegsverbrecher*, 22；Aronson, *Frühgeschichte*, 37.
135. Aronson, *Frühgeschichte*, 33.
136. 卡尔·冯·埃伯施泰因在战后审判上的证词，1965年10月15日，收于Eberstein Papers, Bayerisches Hauptstaatsarchiv, Munich。
137. Aronson, *Frühgeschichte*, 37；Dederichs, *Heydrich*, 54；Heydrich, *Kriegsverbrecher*, 25；Deschner, *Heydrich*, 42.
138. Aronson, *Frühgeschichte*, 37.
139. BAB, BDC, SSO Reinhard Heydrich；埃伯施泰因的推荐信，收于National Archives, Kew, WO 219/5283, 5。
140. 瓦尔泽查的推荐信，收于National Archives, Kew, WO 219/5283, 5—6。
141. George C. Browder, *Foundations of the Nazi Police State: The Formation of Sipo and SD* (Lexington, KY, 1990), 21.
142. Heydrich, *Kriegsverbrecher*, 26；Aronson, *Frühgeschichte*, 37；Deschner, *Heydrich*, 43ff.

第三章　成为海德里希

1. Heydrich, *Kriegsverbrecher*, 26.
2. 例如见Breitman, *Architect*, 87；Heinrich Fraenkel and Roger Manvell, *Himmler. Kleinbürger und Massenmörder* (Frankfurt am Main, 1965), 80；威廉·霍特尔的供词，收于*IMT*, vol. 11, 259；卡尔滕布伦纳1946年4月12日的证词，收于*IMT*, vol. 11, 337f; Fest, 'Successor', 143, 146f, and 151f; Andreas Schulz and Gundula Grebner, *Generationswechsel und historischer Wandel* (Munich, 2003)；Schellenberg, *Labyrinth*, 228, 256f；Deschner, *Heydrich*, 10, 282。
3. Kersten, *Totenkopf*, 130. 亦见保安局境外谍报处高级官员威廉·瓦内克的战后证词，收于IfZ, ZS 1579。这一解读的普及源自Fest, 'Successor', 139ff。
4. Longerich, *Himmler*；Breitman, *Architect*. 关于他的早年，亦见Bradley F. Smith,

Heinrich Himmler: A Nazi in the Making, 1900—1921 (Stanford, CA, 1974)。

5. Diehl, *Körperbilder*; Sven Reichardt, 'Gewalt, Körper, Politik. Paradoxien in der Kulturgeschichte der Zwischenkriegszeit', 收于 Wolfgang Hardtwig (ed.), *Politische Kulturgeschichte der Zwischenkriegszeit 1918—1939* (Göttingen, 2005), 205—239。
6. Deschner, *Heydrich*, 45f; Dederichs, *Heydrich*, 55; Shlomo Aronson and Richard Breitman, 'Eine unbekannte Himmler-Rede vom Januar 1943', *VfZ* 38 (1990), 337—348,此处在第343页。
7. Wildt, *Generation*, 241.
8. Heydrich, *Kriegsverbrecher*, 27; Aronson and Breitman, 'Rede', 343f. 这些文献暗示报酬甚至更低,即每月一百二十帝国马克。关于这些以及其他1931年可比较的薪水,见Dietmar Petzina, Werner Abelschauser and Anselm Faust (eds), *Materialien zur Statistik des Deutschen Reiches 1914—1945* (Munich, 1978), 100ff。
9. 见埃里希·舒尔茨的战后证词,引自Deschner, *Heydrich*, 46。
10. 希姆莱的葬礼致辞,印于Walter Wannenmacher (ed.), *Reinhard Heydrich. Ein Leben der Tat* (Prague, 1944), 81ff。
11. BAB, BDC, SSO Reinhard Heydrich; Heinz Höhne, *Der Orden unter dem Totenkopf. Die Geschichte der SS* (Munich, 1984), 23ff.
12. Höhne, *Orden*, 56.
13. 统计检查员致希姆莱,1943年3月1日,引自Bernd Wegner, *Hitlers politische Soldaten. Die Waffen-SS 1933—1945. Leitbild, Struktur und Funktion einer national-sozialistischen Elite* (Paderborn, 1997), 80。亦见Adrian Weale, *The SS: A New History* (London, 2010), 19ff; 关于党卫军中的独裁者,见Malinowski, *Führer*; 关于冲锋队,见Peter Longerich, *Die braunen Bataillone. Geschichte der SA* (Munich, 1989), 111。海德里希的党卫军编号是10120,见BAB, BDC, SSO Reinhard Heydrich。
14. Sven Reichardt, *Faschistische Kampfbünde. Gewalt und Gemeinschaft im italienischen Squadrismus und in der deutschen SA* (Cologne, 2002), 166ff.
15. BAB, BDC, SSO Streckenbach; Michael Wildt, 'Der Hamburger Gestapochef Bruno Streckenbach. Eine nationalsozialistische Karriere', 收于Frank Bajohr and Joachim Szodrzynski (eds), *Hamburg in der NA-Zeit: Ergebnisse neuerer Forschungen* (Hamburg, 1995), 93—123。
16. 关于海德里希在1931年不关心政治的立场,见Heydrich, *Kriegsverbrecher*, 27, 63; Aronson and Breitman, 'Rede', 344; 关于这一时期的汉堡,见Anthony McElligott, *Contested City: Municipal Politics and the Rise of Nazism in Altona, 1917—1937* (Ann Arbor, MI, 1998), 163ff; Ursula Büttner, 'Der Aufstieg der NSDAP', 收于Forschungsstelle für Zeitgeschichte in Hamburg (ed.), *Hamburg im Dritten Reich* (Göttingen, 2005), 27—68。
17. Calic, *Heydrich*, 58f. 这样的故事肯定是不能全信的。很奇怪的一点是,1942年以后纳粹的政治宣传从未提及海德里希在汉堡的经历。在那期间,他卷入了一场与一个意识形态对手的暴力冲突，甚至在一次进攻当中受伤了。这件事本来可以让海德里希的“实干家”名声更加响亮。

18. 关于斯特雷肯巴赫，见Wildt, ‘Streckenbach’。
19. Aronson, *Frühgeschichte*, 55ff；Browder, *Enforcers*, 105ff；Lawrence D. Stokes, ‘The Sicherheitsdienst (SD) of the Reichsführer SS and German Public Opinions, September 1939—June 1941’，未出版的博士论文，Johns Hopkins University, 1972, 28。
20. BAB, BDC, SSO Hildebrandt；Aronson, *Frühgeschichte*, 56；Deschner, *Heydrich*, 51.
21. 莱因哈德·海德里希致玛蒂尔德·冯·奥斯滕，1931年8月11日，收于IfZ, Ed 450。
22. 莱因哈德·海德里希致玛蒂尔德·冯·奥斯滕，1931年8月22日，收于IfZ, Ed 450。
23. Aronson, *Frühgeschichte*, doc.7, pp. 317f. 见沃尔夫的战后证词，收于IfZ, ZS 317, ff. 34f。
24. 希姆莱的命令，见Aronson, *Frühgeschichte*, 55 and (as doc. 8) 318。
25. Wildt, *Generation*, 242；Browder, *Enforcers*, 107ff.
26. Browder, *Foundations*, 23.
27. Heydrich, *Kriegsverbrecher*, 28f.
28. Heydrich, *Kriegsverbrecher*, 28f.
29. Heydrich, *Kriegsverbrecher*, 29；见1931年12月11日和18日的升职文件（由希姆莱签署），收于IfZ, Ed 450。有关具有可比性的薪资，见Petzina et al. (eds), *Materialien*, 100ff。
30. Himmler, ‘Verlobungs- und Heiratsbefehl’, 31 December 1931, BAB NS 2/174；亦见Gudrun Schwarz, *Eine Frau an seiner Seite. Ehefrauen in der SS-Sippengemeinschaft* (Hamburg, 1997), 24ff；Isabel Heinemann, ‘“Another Type of Perpetrator”: The SS Racial Experts and Forced Population Movement in the Occupied Regions’, *Holocaust and Genocide Studies* 15 (2001), 387—411。
31. Schwarz, *Eine Frau an seiner Seite.*
32. Richard Walther Darré, *Neuadel aus Blut und Boden* (Munich, 1930), 127—200；Josef Ackermann, *Heinrich Himmler als Ideologe* (Göttingen, 1970), 103f；Alexandra Gerstner, *Neuer Adel. Aristokratische Elitekonzeptionen zwischen Jahrhundertwende und Nationalsozialismus* (Darmstadt, 2008)；Eckart Conze, ‘Adel unter dem Totenkopf. Die Idee eines Neuadels in den Gesellschaftsvorstellungen der SS’，收于Eckart Conze and Monika Winfort (eds), *Adel und Moderne. Deutschland im europäischen Vergleich im 19. Und 20. Jahrhundert* (Cologne, 2004), 151—176。
33. Ulrich Herbert, ‘Traditionen des Rassismus’，作者同前，*Arbeit, Volkstum, Weltanschauung. Über Fremde und Deutsche im 20. Jahrhundert* (Frankfurt am Main, 1995), 11—29，尤其是第22—26页；Ludolf Herbst, *Das nationalsozialistische Deutschland, 1933—1945. Die Entfesselung der Gewalt. Rassismus und Krieg* (Frankfurt am Main, 1996), 37—58，尤其是第54页及以下；Stefan Kühl, *Die Internationale der Rassisten. Aufstieg und Niedergang der internationalen Bewegung für Eugenetik und Rassenhygiene im 20. Jahrhundert* (Frankfurt am

Main and New York, 1997), 122f；Peter Weingart, Jürgen Kroll and Kurt Bayertz, *Rasse, Blut und Gene. Geschichte der Eugenik und Rassenhygiene in Deutschland* (Frankfurt am Main 1988), 367ff。

34. Richard Weikart, *From Darwin to Hitler: Evolutionary Ethics, Eugenics, and Racism in Germany* (Basingstoke, 2004)；Mike Hawkins, *Social Darwinism in European and American Thought, 1860—1945* (Cambridge, 1997)；Heydrich, *Kriegsverbrecher*.
35. Heydrich, *Kriegsverbrecher*, 29, 34. 洛赫豪森足球俱乐部的会员卡，1932年6月1日，收于BAB, R 58, annexe 21。
36. 莱因哈德·海德里希致莉娜的父母，1932年1月6日，收于IfZ, Ed 450。
37. 莉娜·海德里希评论玛格丽特·希姆莱，收于*Der Spiegel*, 9 February 1950, 24—28，此处在第24页。亦见Heydrich, *Kriegsverbrecher*, 30。
38. Aronson, *Frühgeschichte*, 57；Dederichs, *Heydrich*, 66.
39. Aronson, *Frühgeschichte*, 57f.
40. 出处同上，43ff, 57；亦见Heydrich, *Kriegsverbrecher*, 33。
41. Aronson, *Frühgeschichte*, 60；Yad Vashem Archive, 97—210 F I.
42. Heydrich, *Kriegsverbrecher*, 34. 有关血腥的选举运动，见Reichardt, *Kampfbünde*, 579ff。
43. 乔丹致施特拉塞尔，1932年6月6日，收于BAB, PK E0071。
44. Aronson, *Frühgeschichte*, 63 and 260, n. 72.
45. 格尔克致纳粹党帝国组织负责人，1932年6月22日，收于BAB, PK E71。格尔克信件的一份副本也被送到了希姆莱那里。见Aronson, *Frühgeschichte*, 63；这封信的副本重印于doc. 4, pp. 312f。
46. 恩斯特·霍夫曼1971年3月9日的战后证词，收于IfZ, Ed 450。亦见Flachowsky, 'Abstammung', 317ff；沃尔夫冈·海因多夫1935年11月30日写给海德里希的信，向他汇报有关布鲁诺·海德里希所谓犹太血统的私人调查的进展情况，收于BAB, R 58, annexe 22。
47. Deschner, *Heydrich*, 62.
48. 见保罗·勒夫勒的战后证词。勒夫勒是1932年为数不多的几个领工资的保安局全职雇员之一。证词引自Aronson, *Heydrich*, 61；关于海德里希想要效仿英国特勤局的野心，见Heydrich, *Kriegsverbrecher*, 33。
49. Wildt, *Generation*, 243；关于保安局雇员人数，见George Browder, 'The Numerical Strength of the Sicherheitsdienst des RFSS', *Historical Social Research* 28 (1983), 30—41。
50. Aronson, *Frühgeschichte*, 62；Heydrich, *Kriegsverbrecher*, 35f.
51. 有关这些事件的细节描述，见Ian Kershaw, *Hitler 1889—1936: Hubris* (London, 1998), 413ff。
52. Henry Ashby Turner, *Hitler's Thirty Days to Power: January 1933* (London, 1997)；Heydrich, *Kriegsverbrecher*, 38.
53. 关于恐怖活动在第三帝国早期所发挥的作用，见Klaus Drobisch und Günther

Wieland, *System der NS-Konzentrationslager 1933—1939* (Berlin, 1993), 11ff; Browder, *Foundations*, 50ff; Richard Bessel, 'The Nazi Capture of Power', *Journal of Contemporary History* 39 (2004), 169—188。

54. 有关1933—1934年间早期集中营的不同类型，见Johannes Tuchel, *Konzentrationslager. Organisationsgeschichte und Funktion der 'Inspektion der Konzentrationslager' 1934—1938* (Boppard, 1991), 38ff; Nikolaus Wachsmann, 'They Dynamics of Destruction: The Development of the Concentration Camps, 1933—1945', 收于Jane Caplan and Nikolaus Wachsmann (eds), *Concentration Camps in Nazi Germany: The New Histories* (London, 2009), 17—43。

55. Evans, 'Coercion and Consent'; 亦见Richard Bessel, *Political Violence and the Rise of Nazism: The Storm Troopers in Eastern Germany 1925—1934* (New Haven, CT, 1984), 97ff; Eric G. Reiche, *The Development of the SA in Nürnberg, 1922—1934* (Cambridge, 1986), 173ff; Longerich, *SA*, 165ff。

56. Bessel, 'Capture of Power', 169ff; Evans, 'Coercion and Consent'.

57. Browder, *Foundations*, 50f; Tuchel, *Konzentrationslager*, 47ff; Aronson, *Frühgeschichte*, 75ff.

58. 海德里希致达吕格，1933年3月5日，收于IfZ, Ed 450。亦见Johannes Tuchel and Reinold Schattenfroh, *Zentrales des Terrors. Prinz-Albrecht-Str. 8. Das Hauptquartier der Gestapo* (Berlin, 1987), 63f; Wildt, *Generation*, 244; Aronson, *Frühgeschichte*, 107。

59. Deschner, *Heydrich*, 84f; Dederichs, *Heydrich*, 73f; Heydrich, *Kriegsverbrecher*, 38f; Aronson, *Frühgeschichte*, 107.

60. 有关在巴伐利亚夺权，见Jochen Klenner, *Verhältnis von Partei und Staat 1933—1945, dargestellt am Beispiel Bayerns* (Munich, 1974), 44ff; Robert Gellately, *The Gestapo and German Society: Enforcing Racial Policy 1933—1945* (Oxford, 1990), 53f; Ortwin Domröse, *Der NS-Staat in Bayern von der Machtergreitfung bis zum Röhm-Putsch* (Munich, 1974), 80ff; Tuchel, *Konzentrationslager*, 121ff; Aronson, *Frühgeschichte*, 98ff。海德里希的任命是和他的又一次升职同时发生的，这一次他被升职为党卫军校官，见Yad Vashem Archive, 97—210 F I。

61. 莉娜·海德里希致她的父母，1933年3月13日，收于IfZ, Ed 450。

62. Martin Broszat and Hartmut Mehringer (eds), *Bayern in der NS-Zeit*, vol. 5: *Die Parteien KPD, SPD, BVP in Verfolgung und Widerstand* (Munich, 1983); Aronson, *Frühgeschichte*, 117ff.

63. Doris Seidel, 'Die jüdische Gemeinde Münchens 1933—1945', 收于Angelika Baumann and Andreas Heussler (eds), *München arisiert. Entrechtung und Enteignung der Juden in der NS-Zeit* (Munich, 2004), 31—53，此处在第34页；Douglas Bokovoy, 'Verfolgung und Vernichtung', 收于Douglas Bokovoy and Stefan Meining (eds), *Versagte Heimat. Jüdisches Leben in Münchens Isarvorstadt* (Munich, 1994), 223—260，此处在第223页；Baruch Z. Ophir and Falk Wiesemann, *Die jüdischen Gemeinden in Bayern 1918—1945* (Munich 1979), 43f。 Reinhard Weber, *Das Schicksal der jüdischen*

Rechtsanwälte in Bayern nach 1933 (Munich, 2006), 50.

64. 关于缪勒，见Joachim Bornschein, *Gestapochef Heinrich Müller. Technokrat des Terrors* (Leipzig, 2004)；亦见Andreas Seeger, *'Gestapo-Müller'. Die Karriere eines Schreibtischtäters* (Berlin, 1996)。
65. Reinhard Heydrich, *Wandlungen unseres Kampfes* (Munich and Berlin, 1936), 19.
66. 有关党卫军、政治警察和集中营的三角系统，见Browder, *Foundations*, 66ff；有关早期的集中营，见Jane Caplan, 'Political Detention and the Origin of the Concentration Camps in Nazi Germany, 1933—1935/1936'，收于Neil Gregor (ed.), *Nazism, War and Genocide: New Perspectives on the History of the Third Reich* (Exeter, 2008), 22—41；Drobisch and Wieland, *System*, 27ff。
67. Longerich, *Himmler*, 160f. 有关达豪，见Babara Distel and Ruth Jakusch, *Konzentrationslager Dachau, 1933—1945* (Brussels, 1978)；Anne Bernou-Fieseler and Fabien Théofilakis (eds), *Das Konzentrationslager Dachau. Erlebnis, Erinnerung, Geschichte. Deutsch-Französisches Kolloquium zum 60. Jahrestag der Befreiung des Konzentrationslagers Dachau* (Munich, 2006)；Hans-Günter Richardi, *Schule der Gewalt. Die Anfänge des Konzentrationslagers Dachau 1933—1934. Ein dokumentarischer Bericht* (Munich, 1983)。
68. Tuchel, *Konzentrationslager*, 125f；Richardi, *Schule*, 55ff, 88ff；Christopher Dillon, 'We'll Meet Again in Dachau: The Early Dachau SS and the Narrative of Civil War'，*Journal of Contemporary History* 45 (2010), 535—554.
69. 海德里希于1933年8月5日和1934年1月1日写给时任巴伐利亚内政部长阿道夫·瓦格纳的两封信都重印于Aronson, *Frühgeschichte*, 325, docs 17 and 17a。有关数字，见Stanislav Zámećník, 'Dachau-Stammlager'，收于Wolfgang Benz and Barbara Distel (eds), *Der Ort des Terrors* (Munich, 2005—2009), vol. 2, 233—274，此处在第234页。
70. Zámećník, 'Dachau-Stammlager'，235.
71. 见贝斯特有关海德里希的战后陈述，收于IfZ, ZS 207/2。
72. BAB, BDC, SSO Eicke.
73. 有关"达豪模式"，见Tuchel, *Konzentrationslager*, 141ff；Richardi, *Schule*, 119ff。
74. 海德里希致盖世太保各分支办公室，1934年10月29日，收于BAB, R 58/264, f. 69。亦见Browder, *Foundations*, 157。
75. 关于早期集中营中的生活，见Caplan and Wachsmann (eds), *Concentration Camps*。
76. Paul Egon Hübinger, 'Thomas Mann und Reinhard Heydrich in den Akten des Reichsstatthalters von Epp'，*VfZ* 28 (1980), 111—143.
77. 出处同上，136ff。
78. Hartmut Mehringer, 'Die KPD in Bayern 1919—1945. Vorgeschichte, Verfolgung und Widerstand'，收于Broszat and Hartmut Mehringer (eds), *Bayern in der NS-Zeit*, vol. 5: *Die Parteien KPD, SPD, BVP in Verfolgung und Widerstand*, 1—286，此处在第73页及以下；亦见Tuchel, *Konzentrationslager*, 53ff。

79. 关于汉堡，见 Browder, *Foundations*, 100ff；Wildt, 'Streckenbach', 93ff；Ludwig Eiber, 'Unter Führung des NSDAP-Gauleiters. Die Hamburger Staatspolizei (1933—1937)', 收于 Gerhard Paul and Klaus-Michael Mallmann (eds), *Die Gestapo. Mythos und Realität* (Darmstadt, 1995), 101—117。有关吕贝克、梅克伦堡和符腾堡，见 Browder, *Foundations*, 104ff。有关巴登，见 Michael Stolle, *Die Geheime Staatspolizei in Baden. Personal, Organisation, Wirkung und Nachwirken einer regionalen Verfolgungsbehörde im Dritten Reich* (Konstanz, 2001), 85ff。有关不来梅，见 Inge Marssolek and René Ott, *Bremen im 'Dritten Reich'. Anpassung-Widerstand-Verfolgung* (Bremen, 1986), 121ff, 176ff。有关安哈尔特、黑森、图林根、萨克森和利珀，见 Browder, *Foundations*, 109ff。有关不伦瑞克，见 Gerhard Wysocki, *Die Gehemeine Staatspolizei im Land Braunschweig. Polizeirecht und Polizeipraxis im Nationalsozialismus* (Frankfurt am Main and New York, 1997), 58f。
80. Wildt, *Generation*, 247；Browder, *Foundations*, 100f；Alwin Ramme, *Der Sicherheitsdienst der SS. Zu seiner Funktion im faschistischen Machtapparat und im Besatzungsregime des sogenannten Generalgouvernements* (East Berlin, 1970), 33ff；Aronson, *Frühgeschichte*, 156ff.
81. Herbert, *Best*, 133ff.
82. 维尔纳·贝斯特博士有关海德里希的战后陈述，1959年10月1日于哥本哈根，收于 IfZ, ZS 207/2, p. 3。有关类似的描述，见 Schellenberg, *Labyrinth*, 36；以及阿纳托尔·冯·德·米尔维的战后证词（1949年6月26日），收于 IfZ, ZS 106。
83. 维尔纳·贝斯特博士有关海德里希的战后陈述，1959年10月1日于哥本哈根，收于 IfZ, ZS 207/2, p. 13。
84. Herbert, *Best*, 91ff.
85. Stefan Breuer, *Ordnungen der Ungleichheit. Die deutsche Rechte im Widerstreit ihrer Ideen, 1871—1945* (Darmstadt, 2001).
86. Helmut Lethen, *Cool Conduct: The Culture of Distance in Weimar Germany* (Berkeley, CA, 2002)；亦见 Moritz Bassler and Ewout van der Knaap (eds), *Die (k)alte Sachlichkeit. Herkunft und Wirkungen eines Konzepts* (Kürzburg, 2004)。
87. Longerich, *Himmler*, 265ff.
88. 见保安局境外谍报处高级官员瓦尔特·瓦内克的战后证词，收于 IfZ, ZS 1579。
89. 在这些形容当中最深刻的是维尔纳·贝斯特的战后陈述，收于 IfZ (Munich), ZS 207/2。阿图尔·内贝在战后写道，只要海德里希在场就会让他"身体颤抖"，见 Arthur Nebe, 'Das Spiel ist aus. Glanz und Elend der deutschen Kriminalpolizei', 收于 *Der Spiegel*, 22 December 1949, p. 27。在一个类似的战后陈述中，保安局境内谍报处的头目弗朗茨·阿尔弗雷德·希克斯坚称："每个人都害怕海德里希。"希克斯的战后证词，引自 *Frankfurter Allgemeine Zeitung*, 25 October 1963, p. 7。亦见保安局境外谍报处高级官员瓦内克的战后证词，收于 IfZ, ZS 1579。
90. 见海德里希的私人副官汉斯—亨德里克·诺伊曼的战后证词，收于 IfZ, ZS

1260；亦见Heydrich, *Wandlungen*, 19f。1937年以后，海德里希作为党卫军体育检查员亲自监督其手下人的常规体育活动。见海德里希于1937年5月9日和1940年12月16日下达的命令，收于IfZ, Ed 450；亦见Daniels, 'Leibeserzieher', *Leibesübungen und körperliche Erziehung* 61 (1942), 114—117；Ulrich Popplow, 'Reinhard Heydrich oder die Aufnordung durch den Sport', *Olympisches Feuer. Zeitschrift der deutschen Olympischen Gesellschaft* 8 (1963), 14—20。

91. 见海德里希1940年5月18日、1940年7月26日和1942年1月6日下达的命令，见'Dienstliche Körperschulung im Reichssicherheitshauptamt'，收于IfZ, MA 445。自1941年起，帝国安全总部的雇员可以在击剑、手球、足球、拳击、田径和游泳这几项中做选择。海德里希自己所参与的击剑课，在周四晚上六点到九点之间于帝国安全总部自己的健身房进行。见海德里希1941年4月23日的命令，收于IfZ, MA 445。
92. 莉娜·海德里希致彼得·施奈德斯，1962年6月12日，NIOD, doc. I, 691A；Dieter Rebentisch and Karl Teppe (eds), *Verwaltung contra Menschenführung im Staate Hitlers. Studien zum politisch-administrativen System* (Göttingen, 1986)。
93. George C. Browder, 'Die Anfänge des SD. Dokumente aus der Organisationsgeschichte des Sicherheitsdienstes des Reichführers SS', *VfZ* 27 (1979), 299—324；Banach, *Elite*, 95f.
94. 关于战争青年一代及其在党卫军中的领导作用，见Wildt, *Generation*；Ulrich Herbert, 'Ideological Legitimization and Political Practice of the Leadership of the National Socialist Secret Police'，收于Hans Mommsen (ed.), *The Third Reich between Vision and Reality: New Perspectives on German History, 1918—1945* (Oxford, 2001), 99—108；Herbert, *Best*, 187。
95. 维尔纳·贝斯特的战后证词，收于IfZ, ZS 207/2, pp. 3—5。
96. BAB, BDC, SSO Hans-Achim Ploetz. 普洛兹于1944年夏末在东部前线阵亡。
97. Banach, *Elite*, 19.
98. Tuchel and Schattenfroh, *Zentrale*, 63f；'Gestapa und Reichssicherheitshauptamt, Die Berliner Zentralinstitutionen der Gestapo'，收于Paul and Mallmann (eds), *Gestapo. Mythos und Realität*, 84—100，此处在第86页；Wildt, *Generation*, 217；Browder, *Foundations*, 89f；Wilhelm, *Polizei*, 42；Gellately, *Gestapo*, 46；Christoph Graf, *Politische Polizei zwischen Demokratie und Diktatur. Die Entwicklung der preussischen Politischen Polizei vom Staatsschutzorgan der Weimarer Republik zum Geheimen Staatspolizeiamt des Dritten Reiches* (Berlin, 1983), 139ff。
99. Tuchel, *Konzentrationslager*, 46；Graf, *Politische Polizei*, 179ff；Browder, *Foundations*, 87.
100. Wildt, *Generation*, 219f；Tuchel, 'Gestapa', 88f；Longerich, *Himmler*, 178.
101. 海德里希致戈林，1934年7月9日，Geheimes Preussisches Staatsarchiv, I HA Rep.90 P 8H2；亦见Banach, *Elite*, 283；Tuchel, 'Gestapa', 90；Wildt, *Generation*,

222；Rudolf Diels, *Lucifer ante Portas. Es spricht der erste Chef der Gestapo* (Stuttgart, 1950), 415f。

102. Tuchel and Schattenfroh, *Zentrale*, 80；Hans Buchheim, 'Die SS–Das Herrschaftsinstrument'，收于 Hans Buchheim, Martin Broszat, Hans-Adolf Jacobsen and Helmut Krausnick, *Anatomie des SS-Staates* (3rd edn, Munich, 1994), vol. 1, 113—136；Tuchel, 'Gestapa', 90；Wildt, *Generation*, 222；Browder, *Foundations*, 115；Longerich, *Himmler*, 184。

103. Elisabeth Kohlhaas, 'Die Mitarbeiter der regionalen Staatspolizeistellen. Quantitative und qualitative Befunde zur Personalausstattung der Gestapo'，收于 Paul and Mallmann (eds), *Gestapo. Mythos und Realität*, 219—235；Browder, *Foundations*, 56。

104. Walter Otto Weyrauch, *Gestapo V-Leute. Tatsachen und Theorie des Geheimdienstes. Untersuchungen zur Geheimen Staatspolizei während der nationalsozialistischen Herschaft* (Frankfurt am Main, 1989). 有关街区协管员，见 Detlef Schmiechen-Ackermann, 'Der "Blockwart". Die unteren Parteifunktionen im nationalsozialistischen Terror- und Überwachungsapparat', *VfZ* 48 (2000), 575—602；Gisela Diewald-Kerkmann, *Politische Denunziation im NS-Regime oder die kleine Macht der 'Volksgenossen'* (Bonn, 1995)。

105. 霍华德·史密斯引自 Roger Moorhouse, *Berlin at War: Life and Death in Hitler's Capital, 1939—1945* (London, 2010), 227。

106. Gellately, *Gestapo*；Eric A. Johnson, *Nazi Terror: The Gestapo, Jews, and Ordinary Germans* (New York, 1999), 392ff；Reinhard Mann, *Protest und Kontrolle im Dritten Reich. Nationalsozialistische Herrschaft im Alltag einer rheinischen Grossstadt* (Frankfurt am Main, 1987)；Stolle, *Geheime Staatspolizei*, 252ff；Wildt, *Generation*, 214—262；Richard J. Evans, 'Coercion and Consent in Nazi Germany', *Proceedings of the British Academy* 151 (2007), 53—81，此处在第 74 页。

107. Moorhouse, *Berlin*, 224.

108. 罗伯特·盖拉特利对盖世太保这个机构无处不在、普遍侵扰的形象提出了质疑，见 'Allwissend und allgegenwärtig? Entstehung, Funktion und Wandel des Gestapo-Mythos'，收于 Paul and Mallmann (eds), *Gestapo. Mythos und Realität*, 47—70；亦见作者同前，*Hingeschaut und weggesehen. Hitler und sein Volk* (Munich, 2002), 67ff；Carsten Dams and Michael Stolle, *Die Gestapo. Herrschaft und Terror im Dritten Reich* (Munich, 2008)。有关海德里希这个"恐怖鼓吹者"，见 Mallmann, Kalus-Michael and Paul, Gerhard, *Herrschaft und Alltag, Ein Industrierevier im Dritten Reich* (Bonn, 1991), 164；以及海德里希在 1941 年德国警察日这个场合下发表的演说，引自 *Volkischer Beobachter*, 17 February 1941；作者同前，'Die deutsche Sicherheitspolizei. Zum Tag der Deutschen Polizei', *Volkischer Beobachter*, 28 January 1939。

109. Longerich, *SA*, 184, 206f.
110. Heinz Höhne, *Mordsache Röhm. Hitlers Durchbruch zur Alleinherrschaft, 1933—1934* (Reinbek bei Hamburg, 1984), 224ff; Longerich, *SA*, 204ff; Herbert, *Best*, 141f. 在清洗之后,安全警察继续搜集"证据",以证明在"长刀之夜"遇害的主要冲锋队成员是同性恋。见1934年7月29日汉堡警方致海德里希,收于IfZ, Fa 108。
111. Edmund Forschbach, *Edgar J. Jung. Ein Konservativer Revolutionär, 30. Juni 1934* (Pfullingen, 1984), 154ff.
112. Kershaw, *Hitler: Hubris*, 505—517.
113. 见卡尔·沃尔夫(1951年9月7—8日)和维尔纳·贝斯特(1951年10月1日)审判时的证词,以及塞普·迪特里希一案(1956年7月和1957年5月于慕尼黑),引自Browder, *Foundations*, 289, n. 4。关于不同的见解,见Höhne, *Orden*, 97—112; Bessel, *Political Violence*, 132f。
114. 维尔纳·贝斯特博士的战后证词(1951年6月18日),收于IfZ, ZS 207;亦见Wolfgang Sauer, *Die Mobilmachung der Gewalt* (Cologne, 1974), 955。有关背景,见Höhne, *Mordsache Röhm*, 228f。
115. Aronson, *Frühgeschichte*, 193; Herbert, *Best*, 143f.
116. Evans, 'Coercion', 64; Höhne, *Mordsache Röhm*, 247ff; Richard J. Evans, *The Third Reich in Power* (London, 2005), 31ff.
117. Yad Vashem Archive, 97—210 F I; Herbert, *Best*, 156.
118. 海德里希婉拒介入家庭事务一事记录在他20世纪30年代早期的通信中,见BAB, R 58/9319(此前的'Anhang 22')。亦见Heydrich, *Kriegsverbrecher*, 21f。有关音乐行业的总体趋势,见Tim Blanning, *The Triumph of Music: Composers, Musicians, and their Audiences, 1700 to the Present* (London, 2008), 202。
119. 见往来信件的副本,收于BAB, R 58/9319(此前的annexe 22)。分别于1933年11月21日和23日各支付五十帝国马克的付款收据,在海德里希的私人文件当中存留下来,见BAB, R 58/9318。有关沃尔夫冈·海因多夫在保安局任职,见Aronson, *Frühgeschichte*, 62。
120. BAB, R 58/9319(此前的annexe 22)。
121. 有关玛丽亚的纳粹党员身份,见布鲁诺·海德里希于1933年7月7日致哈雷法官,收于StaH, Akten der Schulverwaltung, 118, vol. II。有关这封信,见BAB, R 58/9319。
122. BAB, BDC, SSO Mehlhorn;有关赫伯特·梅尔霍恩和萨克森的保安局,亦见Carsten Schreiber, *Elite im Verborgenen. Ideologie und regionale Herrschaftspraxis des Sicherheitsdienstes der SS und seines Netzwerks am Beispiel Sachsen* (Munich, 2008), 417f。
123. 梅尔霍恩致海德里希,1933年12月18日,收于BAB, R 58/9319。
124. 莱因哈德·海德里希致母亲伊丽莎白,1934年1月29日,收于BAB, R 58/9318; Heydrich, *Kriegsverbrecher*, 38, 44。

125. 莱因哈德·海德里希致母亲伊丽莎白，1934年1月29日，收于BAB, R 58/9318。
126. StaH, FA 2571.
127. Heydrich, *Kriegsverbrecher*, 43ff, 63.

第四章 打击帝国之敌

1. Browder, *Foundations*, 180ff.
2. Walter Nicolai, *Geheime Mächte. Internationale Spionage und ihre Bekämpfung im Weltkrieg und Heute* (Leipzig, 1923) .
3. Browder, *Foundations*, 180ff.
4. Reinhard Heydrich, 'Vergiftung des Verhältnisses zwischen Waffenträger der Nation und Träger der Weltanschauung in Staat und Partei', January 1935, 收于IfZ, MA 438, ff. 2374ff.
5. Müller, *Canaris*, 162ff.
6. Heydrich, *Kriegsverbrecher*, 63.
7. 有关阿勃维尔—盖世太保/保安局相互协作的文件集，收于BAB, R 58/242；Browder, *Foundations*, 180ff。
8. Browder, *Foundations*, 148ff；Horst Duhnke, *Die KPD von 1933 bis 1945* (Cologne, 1972), 194；Stolle, *Geheime Staatspolizei*, 222f；Johnson, *Terror*, 19ff；Norbert Frei, 'Zwischen Terror und Integration. Zur Funktion der politischen Polizei im Nationalsozialismus', 收于Christoph Dipper, Rainer Hudermann and Jens Petersen (eds), *Faschismus und Faschismen im Vergleich. Wolfgang Schieder zum 60. Geburtstag* (Cologne, 1998), 217—228。
9. Browder, *Foundations*, 163ff.
10. Longerich, *Himmler*, 209f；Buchheim et al., *SS*, 52；Tuchel, 'Gestapa', 84.
11. Gellately, *Gestapo*, 59；Browder, *Foundations*, 231ff.
12. Heydrich, *Wandlungen*, 5；Longerich, *Himmler*, 211ff.
13. Heydrich, *Wandlungen*, 14ff；Longerich, *Himmler*, 205.
14. *Wandlungen*, 18, 20；海德里希在其职业生涯中一直坚持这一信念。在1941年10月，即距离他遇刺还有半年的时候，海德里希仍然将党卫军形容为纳粹党及其最高领袖的意识形态“突击部队”。见海德里希1941年10月2日在切宁宫的演讲，收于National Archives, Prague, 114-6-4, carton 22。
15. Heydrich, *Wandlungen*, 3.
16. 出处同上，6, 18f。
17. Heydrich，引自Burckhardt, *Danziger Mission*, 56。
18. Longerich, *Himmler*, 217.
19. Heydrich, *Wandlungen*, 18ff.
20. Heydrich, 'Die Bekämpfung der Staatsfeinde', *Deutsches Recht* (1936), 121—123.

亦见Banach, *Elite*, 283。

21. 海德里希致陶贝特，1940年3月4日，收于BAB, BDC, SSO Walter Fentz；亦见 Banach, *Elite*, 283。
22. Heydrich, 'Aufgaben und Aufbau der Sicherheitspolizei im Dritten Reich'，收于 Hans Pfundtner (ed.), *Dr. Wilhelm Frick und sein Ministerium* (Munich, 1937), 153。
23. Wannenmacher (ed.), *Leben der Tat*, 81ff.
24. Heydrich, 'Aufgaben', 149；亦见Wildt, *Generation*, 254。
25. Heydrich, 'Bekämpfung der Staatsfeinde', 121ff；有关"内部国防军"的概念，见Werner Best, 'Der Reichführer SS und Chef der Deutschen Polizei', *Deutsches Recht* 6 (1936), 257f；Longerich, *Himmler*, 205f, 824；Wegner, *Politische Soldaten*, 110ff。亦见Andreas Schwegel, *Der Polizeibegriff im NS-Staat. Polizeirecht, juristische Publizistik und Judikative 1931—1944* (Tübingen, 2005), 208。
26. 海德里希致汉克，1936年11月26日，收于IfZ, Fa 199/37。亦见Reinhard Heydrich, 'Der Anteil der Sicherheitspolizei und des SD an den Ordnungsmassnahmen im mitteleuropäischen Raum', *Böhmen und Mähren* 25 (1941), 176—178，此处在第177页。
27. 海德里希1937年7月1日的命令，收于BAB, R 58/239, ff. 198—202。亦见Wildt, *Generation*, 254f；Longerich, *Himmler*, 221；Buchheim et al., *SS*, 201ff；Höhne, *Orden*, 136f。
28. 海德里希1936年12月15日的命令，USHMMA, 11.001 M01, reel 1, folder 25。
29. 有关1936年以后的保安局，见Browder, *Enforcers*, 210ff，以及'Numerical Strength', 30—41；Wildt, *Generation*, 378ff。
30. Evans, *Third Reich in Power*, 536f.
31. Longerich, *Politik*, 26ff；Avraham Barkai, *Vom Boykott zur 'Entjudung'. Der wirtschaftliche Existenzkampf der Juden im Dritten Reich, 1933—1943* (Frankfurt, 1988), 23ff；Friedländer, *Persecution*, 36ff.
32. Michael Wildt, 'Before the "Final Solution": The Judenpolitik of the SD, 1935—1938', *Leo Back Institute Year Book* (1998), 245f；亦见迪特尔·威斯利舍尼在1946年11月18日的战后证词，收于Fa 64 IfZ, Fa 64，以及大量有关共产党和社会主义组织的保安局文件，收于OA Moscow, 500/1/88—134。
33. Graf, *Politische Polizei*, 238.
34. Heydrich, *Kriegsverbrecher*, 97.
35. Jeffrey Herf, *The Jewish Enemy: Nazi Propaganda during World War II and the Holocaust* (Cambridge, MA, 2006) .
36. 关于该主题的文献很广泛。较好的概述，见Walter Laquerur, *The Changing Face of Antisemitism: From Ancient Times to the Present Day* (Oxford, 2006)。
37. 维尔纳·贝斯特博士有关海德里希的战后陈述，1959年10月1日于哥本哈根，收于IfZ, ZS 207/2, p.12。

38. 有关希姆莱和犹太人，见Longerich, *Himmler*, 224ff。
39. Heydrich, *Wandlungen*, 13.
40. Heydrich, *Wandlungen*, 13.
41. Holger Berschel, *Bürokratie und Terror. Das Judenreferat der Gestapo Düsseldorf 1935—1945* (Essen, 2001), 171.
42. 见海德里希1月28日和3月6日下达的命令，收于BAB, R 58/269。有关1935年3月9日下达的进一步指示，见National Archives, Prague, 114, supplement I, carton 89。亦见Berschel, *Bürokratie*, 275ff。
43. Uwe Dietrich Adam, *Judenpolitik im Dritten Reich* (Düsseldorf, 1972), 155；亦见Joseph Walk (ed.), *Das Sonderrecht für die Juden im NS-Staat, Eine Sammlung der gesetzlichen Massnahmen und Richtlinien. Inhalt und Bedeutung* (2nd edn, Heidelberg, 1996), vol. 1, 516ff。
44. 戈林1937年7月4日的命令，收于BAB, R 43II/357。海德里希将会充分使用他的新权限。比如，见他于1941年11月27日和12月3日下达的命令（'Verfügungsbeschränkungen über das bewegliche Vermögen für Juden' and 'Massnahmen zur Verhinderung von Veräusserung jüdischen Vermögens'），收于IfZ, Eich 739, MA 445, pp. 7845—7853。
45. Longerich, *Himmler*, 589.
46. 1934年5月24日递交给海德里希的保安局内部备忘录，见Michael Wildt (ed.), *Die Judenpolitik des SD 1935 bis 1938*。亦见盖世太保1934年11月2日的报告'Gegenwärtiger Stand der Judenfrage'，收于OA Moscow, 501/1/18, ff. 49—56；重印于Otto Dov Kulka and Eberhard Jäckel (eds), *Die Juden in den geheimen NS-Stimmungsberichten 1933—1945* (Düsseldorf, 2004), doc. 48, pp. 90ff。
47. Michael Wildt, 'Before the "Final Solution": The Judenpolitik of the SD, 1935—1938', *Leo Back Institute Year Book* (1998), 241—269.
48. 海德里希1934年3月20日下达的命令，重印于Hans Mommsen, 'Der nationalsozialistische Polizeistaat und die Judenverfolgung vor 1938', *VfZ* 10 (1962), 68—87，此处在第77页以下。有关国家犹太老兵协会，见Ulrich Dunker, *Der Reichsbund jüdischer Frontsoldaten 1919—1938* (Düsseldorf, 1977), 113ff。
49. 海德里希致所有州警察办公室，1935年1月17日，收于IfZ, MA 172。四周后，即1935年2月10日，海德里希命令禁止所有主张犹太人应当留在德国的犹太人集会。见海德里希致所有州警察办公室，1935年2月10日，收于IfZ, MA 172。
50. Heydrich, *Wandlungen*, 10ff.
51. 海德里希致拉默斯，1935年7月16日，引自Werner Jochmann, *Gesellschaftskrise und Judenfeindschaft in Deutschland 1870—1945* (Hamburg, 1988), 236—254，此处在第245页以下。
52. 1935年8月17日的保安局报告，收于OA Moscow, 500/3/316, ff. 1—3；重印于

Wildt (ed.), *Judenpolitik*, 69—70。

53. 盖世太保有关1935年8月20日会议的报告，收于OA Moscow, 500/1/379, ff. 75—85；引自Michael Wildt, 'Before the "Final Solution" ', 249。有关沙赫特的作用，见Albert Fischer, *Hjalmar Schacht und Deutschlands 'Judenfrage'. Der 'Wirtschaftsdiktator' und die Vertreibung der Juden aus der deutschen Wirtschaft* (Cologne, 1995), 208。
54. Heydrich on 9 September 1935，收于OA Moscow, 500/1/379, ff. 115—20；重印于Wildt (ed.), *Judenpolitik*, 70—73.
55. 海德里希于1935年9月9日写给帝国经济部高层会议与会者的信，收于OA Moscow, 500/1/379, ff. 115—120；重印于Wildt (ed.), *Judenpolitik*, 70—73。
56. Bernhard Lösener, 'Als Rassereferent im Reichsministerium des Innern', *VfZ* 9 (1961), 261—313；Adam, *Judenpolitik*, 125. 有关对吕泽纳观点的批判性评估，见Reinhard Rürup, 'Das Ende der Emanzipation. Die antijüdische Politik in Deutschland von der "Machtergreifung" bis zum Zweiten Weltkrieg'，收于Arnold Paucker, Sylvia Gilchrist and Barbara Suchy (eds), *Die Juden im nationalsozialistischen Deutschland, 1933—1943* (Tübingen, 1986), 97—114；以及Jochmann, 'Judenpolitik', 247。
57. Hilberg, *Destruction*, vol. 1, 72, 434—447. 有关《纽伦堡法》，见Cornelia Essner, *Die 'Nürnberger Gesetze' order die Verwaltung des Rassewahns, 1933—1945* (Paderborn, 2002)；Otto Dov Kulka, 'Die Nürnberger Rassegesetze und die deutsche Bevölkerung im Lichte geheimer NS Lage- und Stimmungsberichte', *VfZ* 32 (1984), 582—624；Lothar Gruchmann, ' "Blutschutzgesetz" und Justiz. Zur Entstehung und Auswirkung des Nürnberger Gesetzes vom 15. September 1935', *VfZ* 31 (1983), 418—442。
58. 见本书第七章。
59. Wildt (ed.), *Judenpolitik*, 38. 有关他们的反犹主义意识形态信仰，见Yaacov Lozowick, *Hitlers Bürokraten. Eichmann, seine willigen Vollstrecker und die Banalität des Bösen* (Zurich, 2000)。
60. Herbert A. Strauss, 'Jewish Emigration from Germany: Nazi Policies and Jewish Responses (II)', *Leo Baeck Institute Year Book* 26 (1981), 343—347；Francis R. Nicosia, 'The End of Emancipation and the Illusion of Preferential Treatment: German Zionism, 1933—1938', *Leo Baeck Institute Year Book* 36 (1991), 243—265；作者同前，'Ein nützlicher Feind. Zionismus im nationalsozialistischen Deutschland 1933—1939', *VfZ*, 37 (1989), 367—400；Yehuda Bauer, *Jews for Sale? Nazi-Jewish Negotiations 1933—1945* (New Haven and London, 1994)。
61. Wisliceny, 'Was wird aus Palastina?', 15 July 1937，重印于Serge Klarsfeld (ed.), *Centre de Documentation Juive Contemporaine, Recueil de Documents du Service des Affaires Juives, le II-112, du Sicherheitsdienst SD (1937—1949)* (New York, 1980), 76—84。亦见Nicosia, *Nützlicher Feind*, 388f。

62. 哈根致海德里希有关波尔克斯来访的报告，1937年6月17日，收于BAB, R 58/954, ff. 42—46。亦见Adam, *Judenpolitik*, 200。
63. Cesarani, *Eichmann*, 18—60；有关卡尔滕布伦纳，见Black, *Kaltenbrunner*。
64. Memo Six, 4 September 1937，收于BAB, R 58/623。
65. 艾希曼1937年11月4日的报告，收于BAB, R 58/954, ff. 11—64。
66. Bauer, *Jews for Sale?*, 27；Nocosia, *Nützlicher Feind*, 392f.
67. Nocosia, *Nützlicher Feind*, 392.
68. Friedländer, *Persecution*, 282；Longerich, *Politik*, 121ff.
69. 有关希姆莱对教会的敌意，见Longerich, *Himmler*, 227ff；Ackerman, *Himmler*, 88ff。
70. Heydrich, *Wandlungen*, 7ff. 有关海德里希对非制度化宗教和灵性的态度，见Heydrich, *Kriegsverbrecher*, 96。
71. Clark, 'Religion', 97.
72. Heydrich, *Kriegsverbrecher*, 85. 有关文中引用的数据，见Longerich, *Himmler*, 229。有关纳粹对基督教更为一般的态度，见Richard Steigmann-Gall, *The Holy Reich: Nazi Conceptions of Christianity, 1919—1945* (Cambridge, 2003)。
73. Wolfgang Dierker, *Himmlers Glaubenskrieger. Der Sicherheitsdient der SS und seine Religionpolitik 1933—1941* (Paderborn, 2002), 192ff；Doris Bergen, *Twisted Cross: The German Christian Movement in the Third Reich* (Chapel Hill, NC, 1996)；Manfred Gailus, *Protestantismus und Nationalsozialismus. Studien zur Durchdringung des protestantischen Sozialmilieus in Berlin* (Cologne, 2001)；Kurt Meier, *Kreuz und Hakenkreuz. Die evangelische Kirche im Dritten Reich* (Munich, 1992) .有关新教徒抵抗的例子，比如宣信会，见Victoria Barnett, *For the Soul of the People: Protestant Protest against Hitler* (New York, 1992)。
74. John S. Conway, *The Nazi Persecution of the Churches, 1933—1945* (London, 1968) .
75. 海德里希1934年3月18日的命令。这则命令重申了此前1933年7月的指令，收于IfZ, Fa 183/1；Aronson, *Frühgeschichte*, 118—120。
76. Dierker, *Glaubenskrieger*, 96ff.
77. Petra Madeleine Rapp, *Die Devisenprozesse gegen katholische Ordensangehörige und Geistliche im Dritten Reich* (Bonn, 1981). 有关保安局的介入，见Dierker, *Glaubenskrieger*, 178ff。
78. Hans Günter Hockerts, *Die Sittlichkeitsprozesse gegen katholische Ordensangehörige und Priester 1936/1937. Eine Studie zur nationalsozialistischen Herrschaftstechnik und zum Kirchenkampf* (Mainz, 1971), 4ff, 12ff, 63ff；Dierker, *Glaubenskrieger*, 178ff, 185ff.
79. Dierker, *Glaubenskrieger*, 335ff；Friedrich Zipfel, *Kirchenkampf in Deutschland 1933—1945. Religionsverfolgung und Selbstbehauptung der Kirchen in der nationalsozialistischen Zeit* (Berlin, 1965), 458ff. 有关希特勒的观点，见Goebbels, *Tagebücher*, part I, vol. 3/2, 376。
80. 海德里希致希特勒，1937年5月27日，收于National Archives, Kew, GFM 33/4830；

海德里希致拉默斯，1938年7月15日，收于National Archives, Kew, GFM 33/4830；希特勒在他的元首总部的独白，1941年12月13日，收于Adolf Hitler, *Adolf Hitlers Monologe im Führerhauptquartier 1941—1944. Die Aufzeichnungen Heinrich Heims,* ed. Werner Jochmann (Munich, 1982), 32；Ian Kershaw, *Hitler 1936—1945: Nemesis* (London, 2000), 424。

81. 关于对耶和华见证人的迫害，见Detlef Garbe, *Zwischen Widerstand und Martyrium. Die Zeugen Jehovas im 'Dritten Reich'* (Munich, 1993)；Richard Steigmann-Gall, 'Religion and the Churches'，收于Jane Caplan (ed.), *Nazi Germany* (Oxford, 2008), 146—167，此处在第146页及以下；Hans Hesse (ed.), *Persecution and Resistance of Jehovah's Witnesses and the Third Reich: Sectarian Politics under Persecution* (Toronto, 2004)。
82. Garbe, *Zeugen*, 234ff, 247ff.
83. Heydrich, *Wandlungen*, 12.
84. 见OA Moscow, 500/4/261, 500/1/154。
85. Helmut Neuberger, *Freimaurerei und Nationalsozialismus. Die Verfolgung der deutschen Freimaurerei durch völkische Bewegung und Nationalsozialismus 1918—1945*, 2 vols (Hamburg, 1980), vol. 2, 16ff, 101f, 119f.
86. 海德里希1937年7月1日的命令 (Gemeinsame Anordnung für den Sicherheitsdienst des Reichsführer-SS und die Geheime Staatspolizei)，收于BAB, R 58/239, ff. 198—202；重印于Wildt, *Judenpolitik*, 118—120。亦见Wildt, *Generation*, 254f；Longerich, *Himmler*, 221；Buchheim et al., *SS,* 62。
87. 有关中央犹太博物馆，见Jan Björn Potthast, *Das jüdische Zentralmuseum der SS in Prag. Gegnerforschung und Völkermord im Nationalsozialismus* (Frankfurt am Main, 2002)。
88. Neuberger, *Freimaurerei*, vol. 2, 45f. and 108；Burckhardt, *Danziger Mission*, 55.
89. Burckhardt, *Danziger Mission*, 57f.
90. Heydrich, 'Aufgaben', 149ff；'Bekämpfung der Staatsfeinde', 121ff.
91. Browder, *Foundations*, 152；Detlef J.K. Peukert, *Inside Nazi Germany: Conformity, Opposition, and Racism in Everyday Life* (New Haven and London, 1987), 264f；Burkhard Jellonek, *Homosexuelle unter dem Hakenkreuz. Die Verfolgung von Homosexuellen im Dritten Reich* (Paderborn, 1990), 95ff.
92. OA Moscow, 500/1/261. 在原文中，"至少"被着重强调了。亦见Wolfgang Ayass, '"Ein Gebot der nationalen Arbeitsdisziplin". Die "Aktion Arbeitsscheu Reich" 1938', *Beiträge zur nationalsozialistischen Gesundheits- und Sozialpolitik* 6 (1988), 43—74；作者同前，*'Asoziale' im Nationalsozialismus* (Stuttgart, 1995)。
93. Patrick Wagner, *Volksgemeinschaft ohne Verbrecher. Konzeptionen und Praxis der Kriminalpolizei in der Zeit der Weimarer Republik und des Nationalsozialismus* (Hamburg, 1996), 292ff.
94. Nikolaus Wachsmann, *Hitler's Prisons: Legal Terror in Nazi Germany* (New Haven and London, 2004), 165—183；Evans, *Third Reich in Power*, 85ff.

95. Karin Orth, *Das System der nationalsozialistischen Konzentrationslager. Eine politische Organisationsgeschichte* (Hamburg, 1999), 32, 38f；Ulrich Herbert, Karin Orth and Christoph Dieckmann, ‘Die nationalsozialistischen Konzentrationslager. Geschichte, Erinnerung, Forschung’，收于Ulrich Herbert, Karin Orth and Christoph Dieckmann (eds), *Die nationalsozialistischen Konzentrationslager. Entwicklung und Struktur*, 2 vols (Frankfurt, 2002), vol. 1, 117—142。
96. Orth, *System*, 35ff；Tuchel, *Konzentrationslager*, 326ff. 有关萨克森豪森，见Hermann Kaienburg, ‘Sachsenhausen-Stammlager’，收于Benz and Distel (eds), *Ort des Terrors*, vol. 3, 17—72；Günter Morsch (ed.), *Mord und Massenmord im Konzentrationslager Sachsenhausen 1936—1945* (Berlin, 2005)。有关布痕瓦尔德，见Harry Stein, ‘Buchwald-Stammlager’，收于Benz and Distel (eds), *Ort des Terrors*, vol. 3, 301—356。有关弗洛森堡，见Jörg Skriebeleit, ‘Flossenbürg-Stammlager’，收于Benz and Distel (eds), *Ort des Terrors*, vol. 4, 17—66。有关毛特豪森，见Florian Freund and Bertrand Perz, ‘Mauthausen-Stammlager’，收于Benz and Distel (eds), *Ort des Terrors*, vol. 3, 293—346。有关诺因加默，见Hermann Kaienburg, *Das Konzentrationslager Neuengamme 1938—1945* (Berlin, 1997)。有关拉文斯布吕克，见Bernhard Strebel, *Das KZ Ravensbrück. Geschichte eines Lagerkomplexes* (Paderborn, 2003)。
97. 普吕茨曼致海德里希（提及了在达豪的晚餐），1938年11月30日，收于USHMMA, RG 11.001 M.24, reel 94, folder 1525。
98. 有关古斯塔夫·拉尔，见BAB, BDC, SSO Gustav Rall；亦见Johannes Tuchel, ‘Reinhard Heydrich und die “Stiftung Nordhav”. Die Aktivitäten der SS-Führung auf Fehmarn’, *Zeitschrift der Gesellschaft für Schleswig-Holsteinische Geschichte* 117 (1992), 199—224，此处在第201页注释8。
99. Heydrich, *Kriegsverbrecher*, 50, 88f. 有关瑙恩/斯托尔普肖夫的营地，见Wolfgang Weigelt, ‘Nauen/Stolpshof’，收于Benz and Distel (eds), *Ort des Terrors*, vol. 3, 231f。
100. Heydrich, *Kriegsverbrecher*, 59f；施佩尔的叙述，引自Callum MacDonald, *Heydrich. Anatomie eines Attentats* (Munich, 1990), 148f。
101. Heydrich, *Kriegsverbrecher*, 60.
102. 海德里希在1935年、1936年和1937年申报的税务，收于IfZ, Ed 450。有关被用来做比较的薪酬，见Browder, *Foundations*, 129。
103. Heydrich, *Kriegsverbrecher*, 60f；海德里希在1938年申报的税务，收于IfZ, Ed 450。
104. Heydrich, *Kriegsverbrecher*, 57f；海德里希的私人副官汉斯—亨德里克·诺伊曼的战后证词，收于IfZ, ZS 1260；Joachim Lilla, *Der Preussische Staatstrat 1921—1933. Ein biographisches Handbuch* (Düsseldorf, 2005), no. 2.39；作者同前，*Statisten in Uniform. Die Mitglieder des Reichstags 1933—1945. Ein Biographisches Handbuch* (Düsseldorf, 2004), 237。有关其余的薪酬，见BAB, NS 19/3454。
105. Heydrich, *Kriegsverbrecher*, 54.

106. Arthur Nebe, 'Das Spiel ist aus', *Spiegel*, 9 February 1950, 24f. 58.
107. Lina Heydrich, *Kriegsverbrecher*, 82, 84.
108. 莉娜·海德里希致彼得·施奈德斯, NIOD, doc. I, 691A; Heydrich, *Kriegsverbrecher*, 63。
109. Jochen von Lang, *Der Adjutant Karl Wolff. Der Mann zwischen Hitler und Himmler* (Munich, 1985), 65ff. 亦见Schwarz, *Ehefrauen*。
110. 采访莉娜·海德里希, *Jasmin* 4/1969, pp. 70ff; Schellenberg, *Labyrinth*, 41f。
111. Schellenberg, *Labyrinth*, 17; Kersten, *Totenkopf*, 120.
112. *Der Spiegel* 6/1950, 9 February 1950, 25.
113. 莉娜·海德里希致彼得·施奈德斯, 1962年1月30日, 收于IfZ, ZS 3092; Schellenberg, *Labyrinth*, 14; Reinhard Doerries, *Hitler's Last Chief of Foreign Intelligence: Allied Interrogations of Walter Schellenberg* (London, 2003), 73。
114. Heydrich, *Kriegsverbrecher*, 77.
115. 海德里希1942年3月17日的演讲, 收于National Archives, Prague, 114, carton 8。
116. Matthew Stibbe, *Women in the Third Reich* (London, 2003), 88f. 有关魏玛共和国的"新女性", 例如见Gesa Kessemeier, *Sportlich, sachlich, männlich. Das Bild der 'Neuen Frau' in den Zwanziger Jahren* (Dortmund, 2000)。
117. 见各种书信交流、保安局报告和雇主的投诉, 收于BAB, R 58/9319。
118. 出处同上。
119. 玛丽亚·海因多夫(本姓海德里希)致莱因哈德·海德里希, 1939年6月30日, 收于National Archives, Kew, WO 219/5283。
120. 库尔特·庞姆致玛丽亚·海因多夫, 1939年7月19日, 收于National Archives, Kew, WO 219/5283。有关庞姆, 见BAB, BDC, SSO Kurt Pomme。有关后续的通信, 见BAB, R58/9319。

第五章 为战争演习

1. 这篇演讲稿记录在霍斯巴赫备忘录中, 收于*IMT*, vol. 25, doc. 386-PS, pp. 402ff。亦见Kershaw, *Hitler: Nemesis*, 63ff; Longerich, *Himmler*, 411ff。
2. Kirstin A. Schäfer, *Werner von Blomberg. Hitlers erster Field marshall* (Paderborn, 2006), 180ff; Klaus-Jürgen Müller, *Das Heer und Hitler. Aimee und nationalsozialistischos Regime. 1933—1940* (Stuttgart, 1969), 255ff; Karl-Heinz Jansen and Fritz Tobias, *Der Sturz der Generäle. Hitler und die Blomberg-Fritsch-Krise 1938* (Munich, 1997). *Third Reich in Power*, 22—81 (关于布隆贝格), 83—195 (关于弗立契); Longerich, *Himmler*, 412ff。
3. Janssen and Tobias, *Sturz*, 92. 亦见希姆莱的副官卡尔·沃尔夫的战后证词, 收于IfZ, ZS 317。
4. Kershaw, *Hitler: Nemesis*, 63ff.

5. Janssen and Tobias, *Sturz*, 159ff.
6. 出处同上，166, 181f。
7. Herbert, *Best*, 185；Wolfgang Foerster, *Generaloberst Ludwig Beck. Sein Kampf gegen den Krieg. Aus den nachgelassenen Papieren des Generalstabschefs* (Munich, 1953), 92；Müller, *Heer*, doc. 34, pp. 639ff；Schellenberg, *Labyrinth*, 40f.
8. Conrad Patzig (10 November 1953)，引自 Müller, *Canaris*, 171。
9. Müller, *Canaris*, 162ff.
10. Janssen and Tobias, *Sturz*, 191.
11. Evans, *Third Reich in Power*, 664；Kershaw, *Hitler: Nemesis*, 63ff；G. E. R Gedye, *Fallen Bastions: The Central European Tragedy* (London, 1939), 144—216.
12. Evans, *Third Reich in Power*, 649. Kershaw, *Hitler: Nemesis*, 70ff；Gedye, *Fallen Bastions*, 217ff；Erwin A. Schmidl, *März 38. Der deutsche Einmarsch in Österreich* (Vienna, 1987), 31ff.
13. Hans-Joachim Neufeld, Jürgen Huck and Georg Tessin, *Zur Geschichte der Ordnungspolizei, 1936—1945* (Koblenz, 1957), 9ff.
14. Evans, *Third Reich in Power*, 650f. Barbara Jelavich, *Modern Austria: Empire and Republic, 1815—1986* (Cambridge, 1987), 218ff；Gedye, *Fallen Bastions*, 236ff.
15. Evans, *Third Reich in Power*, 652；Kershaw, *Hitler: Nemesis*, 76f；Schmidl, *März 38*, 111ff.
16. *Neue Freie Presse*, 15 March 1938. 亦见 Gerhard Botz, *Nationalsozialismus in Wien. Machtübernahme, Herrschaftssicherung, Radikalisierung* (rev. edn, Vienna, 2008), 72。
17. 见希姆莱1938年3月11日的“奥地利特别命令”，收于BAB, R 19/401。
18. *Neue Freie Presse*, evening edition, 15 March 1938；*Neue Freie Presse*, morning edition, 16 March 1938. 一天前，海德里希曾就奥地利安全警察新的组织结构发布系列命令，也主要是基于德国的例子。见他1938年3月15日的命令，收于DÖW，E 20.530。有关卡尔滕布伦纳，见Black, *Kaltenbrunner*。
19. Franz Weisz, ‘Personell vor allem ein “ständestaatlicher” Polizeikörper. Die Gestapo in Österreich’，收于Paul and Mallmann (eds), *Gestapo im Zweiten Weltkrieg*, 439—462. Evans, *Third Reich in Power*, 656。
20. 海德里希随后拒绝将这些文件交给司法部。见胡贝尔博士（帝国司法部长）和海德里希于1938年6月21日至7月26日互通的信件，收于DÖW, 01905。
21. Botz, *Wien*, 55ff；Schmidl, *März 38*, 232—237；Freund and Perz, ‘Mauthausen-Stammlager’, 254ff.
22. 见1938年7月至12月期间维也纳盖世太保警察局的每日报告，收于IfZ, MA 145/1。文献中所引用的被捕人数在一万至七万之间。海德里希本人向恩斯特·冯·魏茨泽克提到过一万人这个数字。见魏茨泽克为1938年7月5日的对话所做的笔记，*Akten zur deutschen auswärtigen Politik 1918—1945* (Baden-Baden, 1950—1995), series D, vol. 1, doc. 405, pp. 509—510。有关海德里希下达的未经他明确同意不得释放任何人的命令，见他1938年3月16日给维也纳盖世太保警察局的命令，收于DÖW，9413。

23. 海德里希致比克尔，1938年3月16日，收于DÖW, Bürckel 2020。
24. 见1938年9月27日和30日海德里希和维也纳盖世太保警察局之间有关逮捕共产党领袖的交流信件，收于DÖW，01575；海德里希有关忠于哈布斯堡保皇党人的卷宗，收于DÖW，22124；以及1938年3月16日海德里希致所有盖世太保警察局的信，收于DÖW, 21058/20。
25. Botz, *Wien*, 55ff；Schmidl, *März 38*, 232ff；Freund and Perz, 'Mauthausen-Stammlager', 254ff.
26. 海德里希致恩斯特·冯·魏茨泽克，1938年7月5日，收于*Akten zur deutschen auswärtigen Politik*, series D, vol. 1, doc. 405, pp. 509—510。
27. 海德里希致维也纳盖世太保警察局，收于BAB, R 581/256, f. 90。亦见Erwin A. Schmidl, *Der 'Anschluss' Österreichs. Der deutsche Einmarsch im März 1938* (Vienna, 1994), 236。有关维也纳盖世太保警察局，见Thomas Mang, *Gestapo-Leitstelle Wien–Mein Name ist Huber* (Münster, 2004)。有关凯特勒事件，见Lutz Hachmeister, *Der Gegnerforscher. Die Karriere des SS-Führers Franz Alfred Six* (Munich, 1998), 10ff。
28. 戈培尔1938年3月26日的日记，收于Goebbels, *Tagebücher*, part I, vol. 5, 231。
29. Evans, *Third Reich in Power*, 657ff. Hans Safrian and Hans Witek (eds), *Und keiner war dabei. Dokumente des alltäglichen Antisemitismus in Wien 1938* (Vienna, 1988)；Echkart Früh, 'Terror und Selbstmord in Wien nach der Annexion Österreichs'，收于Felix Kreissler (ed.), *Fünfzig Jahre danach, Der Anschluss von innen und aussen gesehen* (Vienna and Zurich, 1989), 216—223；Herbert Rosenkranz, 'Entrechtung, Verfolgung und Selbsthilfe der Juden in Österreichs'，收于Gerald Stourzh and Birgitta Zaar (eds), *Österreich, Deutschland und die Mächte. Internationale und Österreichische Aspekte des 'Anschlusses' vom März 1938* (Vienna, 1990), 367—417，此处在第376—377页。
30. Carl Zuckmayer, *Als wär's ein Stück von mir* (2nd edn, Hamburg, 1977), 88.
31. BAB, R 58/991, ff. 106—121.
32. *Völkischer Beobachter*, 17 March 1938.
33. 海德里希致比克尔，1938年3月17日，收于Dokumentationsarchiv des Österreichischen Widerstandes, 15.909，重印于Dokumentationsarchiv des Österreichischen Widerstandes (ed.), *'Anschluss' 1938. Eine Dokumentation* (Vienna, 1988), 440。
34. 1938年4月5日向"党卫军奥地利高级区"发布的命令，收于BAB, NS 31/236。亦见Schmidl, *'Anschluss' Österreichs*, 236。
35. 海德里希1938年4月14日发布的命令，收于IfZ, MA 444/2。
36. 海德里希1938年3月17日发布的命令，收于IfZ, MA 445, ff. 8207—8208, 8218—8221。
37. 1938年3月22日维尔纳·贝斯特博士的快递信件，收于IfZ, MA 438。
38. Otmar Jung, *Plebiszit und Diktatur, Die Volksabstimmungen der Nationalsozialisten.*

Die Fälle 'Austritt aus dem Völkerbund' (1933), 'Staatsoberhaupt' (1934) und 'Anschluss Österreich' (1938) (Tübingen, 1995)；Evans, *Third Reich in Power*, 655.

39. Evans, *Third Reich in Power*, 657f；Friedländer, *Persecution*, 241ff.
40. Evans, *Third Reich in Power*, 659. Peter F. Hoerz, *Jüdische Kultur im Burgenland. Historische Fragmente–volkskundliche Analysen* (Vienna, 2006) .
41. Botz, *Wien*, 143；Evans, *Third Reich in Power*, 659.
42. 关于维也纳中央办公室的详细材料，收于USHMMA, RG 11.001 M, reel 8, 625；亦见Botz, *Wien*, 332；Jonny Moser, 'Die Zentralstelle für jüdische Auswanderung in Wien'，收于Kurt Schmid and Robert Streibel (eds), *Der Pogrom 1938. Judenverfolgung in Österreich und Deutschland* (Vienna, 1990)；以及Hans Safrian, *Die Eichmann-Männer* (Vienna, 1993), 36ff；Friedländer, *Persecution*, 241ff。
43. 1938年11月12日海德里希在戈林召集的一次会议上的发言，收于*IMT*, vol. 28, doc. 1816-PS, pp. 499ff。
44. Evans, *Third Reich in Power*, 661f. Doron Rabinovici, *Instanzen der Ohnmacht, Wien 1938—1945. Der Weg zum Judenrat* (Frankfurt, 2000)；Hans Safrian, 'Expediting Expropriation and Expulsion: The Impact of the "Vienna Model" on Anti-Jewish Polices in Nazi Germany, 1938'，*Holocaust and Genocide Studies* 14 (2000), 390—414；Gabriele Anderl and Dirk Rupnow, *Die Zentralstelle für jüdische Auswanderung als Beraubungsinstitution* (Vienna, 2004)；Friedländer, *Persecution*, 243ff.
45. Evans, *Third Reich in Power*, 661.
46. Adam, *Judenpolitik*, 201. 海德里希密切关注着埃维昂会议的进展，并定期将有关会议讨论的报告发送给希姆莱、戈林和里宾特洛甫。这些报告的副本收于USHMMA, RG 11.001 M, reel 9, 649。
47. 'Aufenthaltsverbot für Juden mit polnischer Staatsangehörigkeit'，26 October 1938，收于BAB, R 58, 276；重印于Walk (ed.), *Sonderrecht*, II/569, p. 247；亦见Sybil H. Milton, 'The Expulsion of Polish Jews from Germany, October 1938 to July 1939: A Documentation'，*Leo Baeck Institute Yearbook* 29 (1984), 169—174。
48. Alan E. Steinweis, *Kristallnacht 1938* (Cambridge, MA, 2009), 17.
49. Bradley F. Smith, Agnes. F. Peterson and Joachim Fest (eds), *Heinrich Himmler: Geheimreden, 1933 bis 1945 und andere Ansprachen* (Frankfurt am Main, 1974), 25ff. (8 November 1938)；Longerich, *Himmler*, 424.
50. 戈培尔的演讲稿副本没有留存，但我们可以根据他的日记和当时在集会现场的几个人的证词还原其内容。最为重要的叙述是：'Bericht des Obersten Parteirichters der NSDAP, Reichsleiter den antisemitischen Kundgebungen vom 9. November 1938'，出自：Michaelis and Schaepler (eds.) *Ursachen und Folgen*, vol. 12, 582；Christian T. Barth, *Goebbels und die Juden* (Paderborn, 2003), 132ff；Hermann Graml, *Reichskristallnacht. Antisemitismus und Judenverfolgung im Dritten Reich* (Munich, 1998), 17ff；Martin Gilbert, *Kristallnacht: Prelude to Disaster* (London, 2006)；Angela

Hermann, ‘Hitler und sein Stosstrupp in der “Reichskristallnacht” ’, *VfZ* 56 (2008), 603ff; Peter Longerich, *Joseph Goebbels. Biographie* (Munich, 2010), 393。

51. Rudolf Jordan, *Erlebt und erlitten. Weg eines Gauleiters von München bis Moskau* (Leoni, 1971), 181f; 亦见Barth, *Goebbels*, 135。
52. Dieter Obst, *'Reichskristallnacht', Ursachen und Verlauf des antisemitischen Pogroms vom November 1938* (Frankfurt, 1991); Hans-Jürgen Döscher, *Reichskristallnacht. Die Novemberpogrome* (Munich, 2000); Longerich, *Himmler*, S. 424.
53. 缪勒致所有警察局，1938年11月9日，收于BAB, R 58/276, f. 124; 亦见Döscher, *Reichskristallnacht* 98。见维尔纳·贝斯特的战后陈述（1959年10月1日），收于IfZ, ZS 207/2, f. 4。
54. 1938年11月10日凌晨一点二十分海德里希从慕尼黑发来的电报，重印于*IMT*, vol. 31, doc. 3051-PS, pp. 516—518。
55. 1938年11月10日海德里希发来的电报（具体时间不详），收于BAB, R 58/276, f. 129，重印于*IMT*, vol. 31, doc. 3051-PS, pp. 518f。
56. 关于大规模逮捕，见Heiko Pollmeier, ‘Inhaftierung und Lagererfahrung deutscher Juden im November 1938’, *Jahrbuch für Antisemitismusforschung* 8 (1999), 107—130; Harry Stein, ‘Das Sonderlager im Konzentrationslager Buchenwald Nach den Pogromen 1938’, 收于Monica Kingreen (ed.), *Nach der Kristallnacht. Jüdisches Leben und antijüdische Politik in Frankfurt am Main 1938—1945* (Frankfurt am Main, 1999), 19—54。
57. Botz, *Wien*, 397—411. 有关苏台德的反犹暴力活动，见Jörg Osterloh, *Nationalsozialistische Judenverfolung im Reichsgau Böhmen und Sudetenland, 1938—1945* (Munich, 2006), 185ff; 亦见Evans, *Third Reich in Power*, 661。
58. Peter Longerich, *'Davon haben wir nicht gewusst!' Die Deutschen und die Judenverfolgung 1933—1945* (Munich, 2006), 129ff.
59. 保安局紧密监控着国际上有关德国反犹政策的新闻报道。见新闻摘要集，收于USHMMA, RG 11.001 M, reel 9, folder 645。
60. Herbert Hagen, ‘Bericht über die Zentralstelle für jüdische Auswanderung in Wien’, November 1938, 印于Wildt (ed.), *Judenpolitik*, 193f。
61. 海德里希致戈林，1938年11月11日，收于IfZ, Eich 1503。
62. 1938年11月12日的会议纪要，收于*IMT*, vol. 28, doc. 1816-PS, pp. 499ff; 有关移民出境的数据，见Jonny Moser, ‘Österreich’，收于Benz (ed.), *Dimension des Völkermonds*, 67—93，此处在第68页；Jocob Toury, ‘Ein Auftakt zur “Endlösung”. Judenaustreibungen Über nichtslawisehe Reichsgrenzen 1933—1939’；收于Ursula Büttner, Werner Johe and Angelika Voss (eds.), *Das Unrechtsregime. Internationale Forschung Über den Nationalszoialismus* (Hamburg, 1986), vol. 2, 164—169。
63. 1938年11月12日的会议纪要，收于*IMT*, vol. 27, doc. 1816-PS, pp. 499ff; 亦见Longerich, *Politik*, 208f。

64. 戈林在1938年12月6日与地方党首的另一次会议上确认了这一点。见戈林1938年12月6日的演讲，引自Götz Aly and Susanne Heim, 'Staatliche Ordnung und "organische Lösung". Die Rede Hermann Görings "Über die Judenfrage" vom 6. Dezember 1938', *Jahrbuch für Antisemitismusforschung* 2 (1992), 378—404，此处在第384页。有关希特勒在11月大屠杀之后下达的指令，见Adam, *Judenpolitik*, 216ff。
65. 海德里希致警察局，1939年1月31日，收于IfZ, Fa 183/1。
66. 海德里希致里宾特洛甫，1939年1月30日，收于IfZ, Eich 1368。亦见Gabriele Anderl, 'Die "Zentralstellen für jüdische Auswanderung" in Wien, Berlin und Prag. Ein Vergleich', *Tel Aviver Jahrbuch für Deutsche Geschichte* 23 (1994), 275—299。
67. 戈林致弗里克，1939年1月24日，收于BAB, R 58/276, ff. 195f；以及1939年2月11日海德里希通知各部帝国中央办公室的筹备已经完成的通函，收于IfZ, MA 445, ff. 7828—7829。
68. Wolf Gruner, 'Poverty and Persecution: The Reichsvereinigung, the Jewish Population, and anti-Jewish Policy in the Nazi State, 1939—1945', *Yad Vashem Studies* 27 (1999), 23—60；Esriel Hildesheimer, *Jüdische Selbstverwaltung unter dem NS-Regime. Der Existenzkampf der Reichsvertretung und Reichsvereinigung der Juden in Deutschland* (Tübingen, 1994), 79ff.
69. Ulrich Herbert, 'Von der "Reichkristallnacht" zum "Holocaust": Der 9. November und das Ende des "Radauantisemitismus"'，收于作者同前，*Arbeit, Volkstum, Weltanschauung. Über Fremde und Deutsche im 20. Jahrundert* (Frankfurt am Main, 1995), 59—77。
70. David Bankier, *The Germans and the Final Solution: Public Opinion under Nazism* (Oxford, 1992), 85ff.
71. 戈林1938年12月6日的演讲，重印于Aly and Heim, 'Staatliche Ordnung', 395。
72. Helmuth Groscurth, *Tagebücher eines Abwehroffiziers 1938—1940*, ed. Helmut Krausnick and Harold C. (Deutsch Stuttgart, 1970), 162.
73. Adam, *Judenpolitik*, 213ff.
74. 1938年11月12日的会议纪要，收于*IMT*, vol. 27, doc. 1816-PS, pp. 499ff；亦见Adam, *Judenpolitik*, 210ff。
75. 1938年11月12日的会议纪要，收于*IMT*, vol. 27, doc. 1816-PS, pp. 499ff；有关做标记的详尽提议，包括五份标记的草稿，收于USHMMA, RG 11.001 M, reel 9, folder 659。Karl A. Schleunes (ed.), *Legislating the Holocaust: The Bernhard Losener Memoirs and Supporting Documents*, trans. Carol Scherer (Boulder, CO, 2001), 88ff. 在1938年12月6日与大区长官的会议上，戈林传达了希特勒否决海德里希提议的决定。
76. Strauss, 'Jewish Emigration', 212ff；Arndt and Boberach, 'Deutsches Reich', 34.
77. 有关捷克斯洛伐克和苏台德日耳曼人的问题，见Jürgen Tampke, *Czech-German*

Relations and the Politics of Central Europe: From Bohemia to the EU (London, 2003), 25ff; Mark Cornwall, '"A Leap into Ice-Cold Water": The Manoeuvres of the Henlein Movement in Czechoslovakia, 1933—1938', 收 于Mark Cornwall and R. J. W. Evans (eds), *Czechoslovakia in a Nationalist and Fascist Europe, 1918—1948* (Oxford, 2007), 123—142; Jörg Kracik, *Die Politik des deutschen Aktivismus in der Tschechoslowakei 1920—1938* (Frankfurt am Main, 1999); Jörg K. Hoensch and Dušan Kováč (eds), *Das Scheitern der Verständigung. Tschechen, Deutsche und Slowaken in der Ersten Republik* (Essen, 1994); Kershaw, *Hitler: Nemesis*, 90f。

78. 有关保护国保安局特种部队和盖世太保队伍的组织，见'Einsatz des SD im Falle CSR', June 1938，收于*IMT*, vol. 39, doc.509-USSR, pp. 537ff。有关逮捕名单，见Tuchel and Schattenfroh, *Zentrale*, 127ff; Oldrich Sládek, 'Standrecht und Standgericht. Die Gestapo in Böhmen und Mähren'，收于Mallmann and Paul (eds), *Gestapo im Zweiten Weltkrieg*, 317—339。
79. Heydrich, 'Der Anteil der Sicherheitspolizei und des SD and den Ordnungsma nahmen im mitteleuropäischen Raum', *Böhmen und Mähren* 2 (1941), 176；以及'Einsatz des SD im Falle CSR'。舍伦贝格添加了一则注释，称海德里希亲自批准了别动队的构成。有关斯塔列克，见Jürgen Schuhladen-Krämer, 'Die Exekutoren des Terrors'，收于Michael Kissener and Joachim Scholtyseck (eds), *Die Führer der Provinz, NS-Biographien aus Baden und Württemberg* (Konstanz, 1997), 405—443。
80. Gerhard L. Weinberg, *Hitler's Foreign Policy 1933—1939: The Road to World War II* (New York, 2005), 599—777; Igor Lukeš and Eric Goldstein (eds), *The Munich Crisis, 1938: Prelude to World War II* (London, 1999).
81. 海德里希致贝斯特，1938年9月22日，引自Sládek, 'Standrecht', 319。
82. Volker Zimmermann, *Die Sudetendeutschen im NS-Staat. Politik und Stimmung der Bevölkerung im Reichsgau Sudetenland (1938—1945)* (Essen, 1999), 71ff.
83. 'Richtlinien für die Tätigkeit der Einsatzkommandos der Geheimen Staatspolizei in den sudetendeutschen Gebieten', BAB, R 58/291；有关秩序警察，见Neufeld et al., *Ordnungspolizei*, 11。
84. Sládek, 'Standrecht', 317ff. 有关苏台德日耳曼自由军团，见Werner Röhr, 'Das Sudetendeutsche Freikorps–Diversionsinstrument der Hitler-Regierung bei der Zerschlagung der Tschechoslowakei', *Militärgeschichtliche Mitteilunge* 52 (1993), 35—66。海德里希致警察局，1938年12月24日，收于IfZ, Fa 183/1。
85. Jan Gebhart, 'Migrace českého obyvatelstva v letech 1938—1939', *Český Časopis Historický* 3 (1998), 561—573; Peter Heumos, *Die Emigration aus der Tschechoslowakei nach Westeuropa und dem Nahen Osten* (Munich, 1989), 21.
86. Evans, *Third Reich in Power*, 678f. Tampke, *Relations*, 57; Zimmermann, *Sudetenland*, 79ff.
87. Kershaw, *Hitler: Nemesis*, 164f, 169; Evans, *Third Reich in Power*, 681.

88. Miroslav Kárný, ‘Die Logik von München, Das Protektorat Böhmen und Mähren’，收于 Dietrich Eichholtz and Kurt Pätzold (eds), *Der Weg in den Krieg* (Berlin, 1989), 279—308；Kershaw, *Hitler: Nemesis*, 157ff；Evans, *Third Reich in Power*, 681。
89. Theodor Procházka, *The Second Republic: The Disintegration of Post-Munich Czechoslovakia, October 1938—March 1939* (Boulder, CO, 1981), 69. 有关贝内什，见 Zeman, *Beneš*。有关哈查，见 Tomáš Pasák, *Emil Hácha (1938—1945)* (Prague, 1997)。有关斯洛伐克，见 Tatjana Tönsmeyer, *Das Dritte Reich und die Slowakei 1939—1945. Politischer Alltag zwischen Kooperation und Eigensinn* (Paderborn, 2003)。
90. *Akten zur deutschen auswärtigen Politik*, series D, vol. 4, doc.228；Donald Cameron Watt, *How War Came: The Immediate Origins of the Second World War, 1938—1939* (London, 1989), 141ff；Weinberg, *Foreign Policy*, 465ff.
91. Mastny, *Czechs*, 45ff；Bryant, *Prague*, 32ff.
92. George Kennan，引自 Bryant, *Prague*, 1。
93. ‘Verordnung über den Aufbau der Verwaltung und der Deutschen Sicherheitspolizei im Protektorat’，*Reichsgesetzblatt* 1939, I, 1682f；这份文件的帝国安全总部草稿，收于 IfZ, MA 433, ff. 728354f；Sládek, ‘Standrecht’，323ff；Helmut Krausnick, ‘Die Einsatzgruppen vom Anschluss Österreichs bis zum Feldzug gegen die Sowjetunion. Entwicklung und Verhältnis zur Wehrmacht’，收于 Helmut Krausnick and Hans-Heinrich Wilhelm, *Die Truppe des Weltanschauungskrieges. Die Einsatzgruppen der Sicherheitspolizei und des SD, 1938—1942* (Stuttgart, 1981), 13—278，此处在第 25 页以下；Brandes, *Tschechen*, vol. 1, 37f。
94. 海德里希与其高级职员和别动队指挥官于柏林的会议，1939 年 9 月 27 日，收于 IfZ, Eich 983。亦见关于 1939 年 8 月以来苏联内外共产党活动的 1940 年 8 月 20 日帝国安全总部内部报告，收于 BAB, R 58/18。
95. ‘Vermerk aus dem Sicherheitshauptamt’, 22 April 1939，收于 BAB DH (Dahlwitz-Hoppegarten), ZR 521 A9, ff.36/7—9. 亦见 Dorothee Weitbrecht, ‘Ermächtigung zur Vernichtung. Die Einsatzgruppen in Polen im Herbst 1939’，收于 Klaus-Michael Mallmann and Bogdan Musial (eds), *Genesis des Genozids. Polen 1939—1941* (Darmstadt 2004), 57—70，此处在第 57 页；Wildt, *Generation*, 421f；Klaus-Michael Mallmann, Jochen Böhler and Jürgen Matthäus, *Einsatzgruppen in Polen. Darstellung und Dokumentation* (Darmstadt 2008), 15。
96. Wildt, *Generation*, 422. 数字根据 Wodzimierz Borodziej, *Terror und Politik Die deutsche Polizei und die polnische Widerstandsbewegung im Generalgoverement 1939—1944* (Mainz, 1999), 29；以及 Dorothee Weitbrecht, *Der Exekutionsauftag der Einsatzgruppen in Polen* (Filderstadt, 2001), 9。
97. 在希特勒的演讲和写作中反复出现的有关德国中世纪对东方的渴望这个主题，见 Neil Gregor, ‘Hitler’，收于 Casey and Wright (eds), *Mental Maps*, 177—202。

98. 详细的影像资料，收于BAB Filmarchiv (Berlin), DW 615/26/1942。
99. Mallmann et al., *Einsatzgruppen*, 16.
100. 见赫尔穆特·克诺亨的会议记录，收于BAB DH, ZR 512 A9, ff. 36/10—12。亦见Krausnick and Wilhelm, *Truppe*, 33 and 41, n. 52。
101. 舍伦贝格致约斯特，1939年7月22日，收于USHMMA, RG 11.001 M.01, reel 1, folder 20。
102. Michael Wildt, ‘Das Reichssicherheitshauptamt. Radikalisierung und Selbstradikalisierung einer Institution’, *Mittelweg* 36 (1998), 33—40，此处在第22页；Evans, *Third Reich at War*, 17。
103. 见凯特尔1946年3月29日的战后证词，收于*IMT*, vol. 10, 376ff (doc. Keitel-12)，此处在第378页；亦见Christian Hartmann and Sergej Slutsch, ‘Franz Halder und die Kriegsvorbereitungen im Frühjahr 1939. Eine Ansprache des Generalstabschefs des Heeres’, *VfZ* 45 (1997), 467—495，此处在第493页。
104. Eduard Wagner, *Der Generalquartiermeister. Briefe und Tagebuchaufzeichnungen es Generalquartiermeisters des Heeres General der Artillerie Eduard Wagner*, ed. Elisabeth Wagner (Munich and Vienna, 1963), 103.
105. ‘Richtlinien für den auswärtigen Einsatz der Sicherheitspolizei und des SD, 31 July 1939’, BAB, R 58/241, f. 159；亦见Mallmann et al., *Einsatzgruppen*, 16；Wildt, *Generation*, 426。
106. ‘Richtlinien’, BAB, R 58/241.
107. 有关这个话题，亦见Wildt, *Generation*, 427。
108. ‘Richtlinien’, BAB, R 58/241, ff. 169—171.
109. 1939年8月22日希特勒的演讲，收于*Akten zur deutschen auswärtigen Politik 1918—1945*, series D, vol. 7, 172；亦见Kershaw, *Hitler: Nemesis*, 208f。
110. Hans-Adolf Jacobsen (ed.), *Generaloberst Halder: Kriegstagebuch*, vol. 1: *Vom Polenfeldzug bis zum Ende der Westoffensive* (Stuttgart, 1962), 44；Wildt, *Generation*, 427.
111. 海德里希致达吕格，1940年7月2日，收于BAB, R 19/395；见赫尔穆特·克劳斯尼克的评论，‘Hitler und die Morde in Polen. Ein Beitrag zum Konflikt zwischen Heer und SS um die Verwaltung der Besetzten Gebiete’, *VfZ* 11 (1963), 196—209，此处在第207页。
112. 洛塔尔·贝特尔的证词（1965年7月20日）和恩斯特·戈克的证词（1966年11月2日），收于 Bundesarchiv Ludwigsburg, B 162/Vorl. Dok. Slg. Einsatzgruppen in Polen II；贝特尔的证词，重印于Mallmann et al., *Einsatzgruppen*, 121f。亦见Wetbrecht, ‘Ermächtigung’, 59ff。
113. 1939年8月22日希特勒的演讲，收于*Akten zur deutschen auswärtigen Politik 1918—1945*, series D, vol. 7, 172；伊曼纽尔·舍费尔1952年6月13日的战后证词，收于IfZ, ZS 573；Longerich, *Himmler*, 490ff。

114. 埃尔温·拉豪森1950年6月6日的战后证词，收于IfZ, ZS 658。亦见Alfred Spiess and Heiner Lichtenstein, *Unternehmen Tannenberg, Der Anlass zum Zweiten Weltkrieg* (2nd rev. edn, Frankfurt am Main and Berlin, 1989), 26ff, 引文出自第30页。亦见Jürgen Runzheimer, 'Die Grenzzwischenfälle am Abend vor dem Angriff auf Polen', 收于Wolfgang Benz and Hermann Graml (eds), *Sommer 1939. Die Grossmächte und der Europäische Krieg* (Stuttgart, 1979), 107—147；Höhne, *Orden*, 240ff；阿尔弗雷德·瑙约克斯1945年11月19日的战后证词，收于*IMT*, Vol. 31, doc. 2751-PS, pp. 90ff。希特勒1939年9月1日的国会演讲，引自Adolf Hitler, *Reden und Proklamationen*, ed. Max Domarus, 2 vols (Würzburg, 1962—1963), vol. 2, 1312ff, 引文出自第1315页。
115. 莱因哈德·海德里希致莉娜·海德里希，1939年9月1日，收于IfZ, Ed 450；亦见Heydrich, *Kriegsverbrecher*, 119。
116. Browning, *Origins*, 12ff.

第六章　大屠杀实验

1. 霍斯特·罗德提供了对军事行动的详细描述，'Hitler's First Blitzkrieg and its Consequences for North-Eastern Europe'，收于Militärgeschichtliches Forschungsamt (ed.), *Germany and the Second World War*, 10 vols (Oxford, 1990—), vol. 2, 67—150。
2. 每日的"坦能堡报告"（总共有四十五份）记录了党卫军特种部队在波兰的行动，由现场的安全警察指挥官提交给海德里希。但是，之后这些报告经过了改动，而且大屠杀是用密语来描述的，因此，报告作为历史证据的用处受到了影响。报告收于BAB, R 58/1082。亦见Mallmann et al., *Einsatzgruppen*, 116ff；Wildt, *Generation*, 481；Czeslaw Madajczyk, *Die Okkupationspolitik Nazideutschlands in Polen 1939—1945* (Cologne, 1988), 14ff, 186ff。
3. 'Protokoll der Amtschefbesprechung', 7 September 1939，收于BAB, R 58/825；以及'Protokoll der Amtschefbesprechung', 14 October 1939，收于BAB, R 58/825。
4. 较低的数字引自Christian Jansen and Arno Weckbecker, *Der 'Volksdeutsche Selbstschutz' in Polen 1939/1940* (Munich, 1992), 28；较高的数字引自Browning, *Origins*, 31。
5. Wagner, *Generalquartiermeister*, 123；Jacobsen, *Halder: Kriegstagebuch*, vol. 1, 57, 62. 亦见Mallmann et al., *Einsatzgruppen*, 18。
6. Włodzimierz Jastrezębski, *Der Bromberger Blutsonntag. Legende und Wirklichkeit* (Poznán, 1990)；Wetbrecht, 'Ermächtigung', 61；Mallmann et al., *Einsatzgruppen*, 18.
7. 见Alexander B. Rossino, 'Nazi Anti-Jewish Policy during the Polish Campaign: The Case of the Einsatzgruppe von Woyrsch', *German Studies Review* 24 (2001), 35—53；Alexander B. Rossino, *Hitler Strikes Poland: Blitzkrieg, Ideology and Atrocity* (Lawrence, KS, 2003), 77, 159；Wetbrecht, 'Ermächtigung', 60；Mallmann et al.,

Einsatzgruppen, 19；Wildt, *Generation*, 433ff, 448；1939年9月11日的坦能堡报告，收于BAB, R 58/1082, ff. 51f；Edward B. Westermann, *Hitler's Police Battalions: Enforcing Racial War in the East* (Laurence, KS, 2005), 127ff；Longerich, *Himmler*, 445。

8. 海德里希致安全警察和保安局的所有部门头目，1939年9月1日，Yad Vashem Archive, 97-210-FI；Wildt, *Generation*, 452；Mallmann et al., *Einsatzgruppen*, 54, 59。海德里希在9月14日对帝国安全总部所做的有关其本人在波兰的经历的报告很含糊。这次会议的记录收于BAB, R 58/825。
9. 见斯特雷肯巴赫1966年11月25日的战后证词，收于BA Ludwigsburg, 201 AR-Z 76/59, vol. 2, p. 42 。亦见雅库布·加塞奇（一个以前住在迪努夫的人）的战后证词，收于 BA Ludwigsburg, B 162/Vorl. AR-Z 302/67, vol. 3., ff. 498f, 部分重印于 Mallmann et al., *Einsatzgruppen*, doc. 27, pp. 133f；亦见Rossino, *Poland*, 88ff；Jacobsen, *Halder: Kriegstagebuch*, vol. 1, 67 (10 September 1939)。
10. 海德里希致达吕格，1940年7月2日，收于BAB, R 19/395。亦见Mallmann et al., *Einsatzgruppen*, 59。
11. Wildt, *Generation*, 444ff；Wetbrecht, 'Ermächtigung' , 61；Rossino, *Poland*, 69ff.
12. Browning, *Origins*, 29；Hans Umbreit, *Deutsche Militärverwaltungen 1938/1939. Die militärische Besetzung der Tschechoslowakei und Polens* (Stuttgart, 1977), 166. 根据沃兹米耶·波罗茨耶所著，有三万人在但泽—西普鲁士、一万人在瓦尔特兰、一千五百人在东上西里西亚、一千人在齐青劳区遇害。见Borodziej, *Terror*, 29。这些遇害者中分别有多少是被特种部队和自卫队杀死的，尚没有具体数字。见Mallmann et al., *Einsatzgruppen*, 87f。亦见Volker Riess, *Die Anfänge der Vernichtung ' lebensunwerten Lebens' in den Reichsgauen Danzig-Westpreussen und Wartheland 1939/1940* (Frankfurt am Main, 1995), 173ff。
13. 有关自卫队，见Christian Jansen and Arno Weckbecker, 'Eine Miliz im "Weltanschuungskrieg". Der "Volksdeutsche Selbstschutz" in Polen 1939/*1940*' , 收于Wolfgang Michalka (ed.), *Der Zweite Weltkrieg. Analysen, Grundzüge, Forschungsbilanz* (Weyarn, 1997), 482—500。有关普通德国国防军士兵对暴行的参与，见Joachim Böhler, *Auftakt zum Vernichtungskrieg. Die Wehrmacht in Polen 1939* (Frankfurt am Main, 2006)；Rossino, *Poland*, 90f, 99。有关阿尔文斯莱本，见BAB, BDC, SSO Alvensleben；亦见Dieter Schenk, *Hitlers Mann in Danzig. Albert Forster und die NS-Verbrechen in Danzig-Westpreussen* (Bonn, 2000), 157, n.12。
14. 海德里希致达吕格，1940年7月2日，收于BAB, R 19/395；1939年10月10日缪勒致艾克，通知他海德里希正在调查弗沃茨瓦韦克的抢劫事件，收于USHMMA, RG 48.004 M, reel 3, folder 300041。亦见Rossino, *Poland*, 102；Mallmann et al., *Einsatzgruppen*, 59。
15. 海德里希跟希姆莱一样都有这个特点。1943年10月4日，在臭名昭著的波森演讲中，后者明确威胁，从犹太人的财产中获取私利的人将受到死刑的惩罚——

鉴于这个纳粹国家组织了大规模的偷窃活动，这样扭曲的逻辑近乎是荒唐的。希姆莱的演讲，收于*IMT*, vol. 29, doc. 1919-PS, pp. 110—173，此处在第146页。

16. 格罗斯库尔特1939年9月8日的日记，收于Groscurth, *Tagebücher*, 201。几天之后，海德里希在与爱德华・瓦格纳的对话中重复表达了这样的感受。见Jacobsen, *Halder: Kriegstagebuch*, vol. 1, 79 (19 September 1939)。
17. Groscurth, *Tagebücher,* 201f.
18. ‘Vermerk Oberstleutnant Lahousen vom 14.9.1939. Besprechung im Führerzug in Illnau am 12.9.1939’，收于IfZ, Nbg. Dok, PS-3047。
19. *Akten zur deutschen auswärtigen Politik*, series D, vol. 7, doc. 193. 有关希特勒对日耳曼民族彻底失败的反应，见Kershaw, *Hitler: Hubris*, 242。
20. 国防军最高统帅部致第四高级司令部，1939年9月11日，引自Krausnick and Wilhelm, *Truppe des Weltanschauungskrieges*, 33, 57；Böhler, *Auftakt*, 205ff。亦见Groscurth, *Tagebücher,* 360。
21. 布劳希奇致陆军指挥官，1939年9月18日，Bundsarchiv Militärarchiv (Freiburg), RH 1/58；Groscurth, *Tagebücher,* 206。
22. Wagner, *Generalquartiermeister*, 134；Jacobsen, *Halder: Kriegstagebuch*, vol. 1, 79 (19 September 1939) .
23. BAB, R 58/825.
24. Jacobsen, *Halder: Kriegstagebuch*, vol. 1, 82 (20 September 1939)；布劳希奇1939年9月21日下达的命令‘Tätigkeit und Aufgaben der Polizei-EG im Operationsgebiet’，收于BA-MA, RH 20—14/178。
25. Groscurth, *Tagebücher,* 361—362；BA Ludwigsburg, ‘Einsatzgruppen in Polen’, vol.1, 129ff；亦见Browning, *Origins*, 19。
26. Groscurth, *Tagebücher,* 209, 362；Wagner, *Generalquartiermeister*, 135.
27. 帝国安全总部部门头目与特种部队指挥官9月会议的记录，收于IfZ, Eich 983；亦见Wildt, *Generation*, 460；Rossino, *Poland*, 118。海德里希下达的这则命令，似乎是希姆莱和布劳希奇在当天早些时候会议的直接成果。见Mallmann et al., *Einsatzgruppen*, 64。
28. 布劳希奇致国防军最高统帅部，1939年11月27日，引自Kershaw, *Hitler*, vol. 2, 342。瓦尔特・佩策尔将军、威廉・乌列克斯和费多尔・冯・博克中将也进行过类似的投诉，见Evans, *Third Reich at War*, 25f。亦见Krausnick, ‘Einsatzgruppen’, 80ff。
29. Browning, *Origins*, 17；Catherine Epstein, *Model Nazi: Arthur Greiser and the Occupation of Western Poland* (Oxford, 2010), 124ff；Umbreit, *Militärverwaltungen*, 154f；Rossino, *Poland*, 116f；Gerhard Engel, *At the Heart of the Reich: The Secret Diary of Hitler's Army Adjutant* (London, 2005), 79 (entries for 15 October and 18 November 1939). 有关陆军的管辖范围，见海德里希在9月21日的帝国安全总部会议上做出的评论，收于BAB, R 58/825。Martin Broszat, *Nationalsozialistische Polenpolitik (1939—1945)* (Stuttgart, 1961), 34f.

30. ‘Protokoll der Amtschefbesprechung’, 7 September 1939，收于BAB, R 58/825。希姆莱在有关“对待东方的外国人”的备忘录中表达了类似的感想。他于1940年春向希特勒提交了这份备忘录，并得到了他的赞同。见*VfZ* 5 (1957), 195ff。
31. ‘Protokoll der Amtschefbesprechung’, 21 September 1939，收于BAB, R 58/825；以及29 September 1939，收于IfZ, Eich 983。一周后，希特勒在与罗森贝格交谈时提起了这个东墙的主意。见Hans-Günther Seraphim (ed.), *Das politische Tagebuch Alfred Rosenbergs 1934/1935 und 1939/1940* (Munich, 1956), 98。
32. ‘Protokoll der Amtschefbesprechung’, 29 September, 3 October, 10 October and 14 October 1939，均收于BAB, R 58/825。“拆分”这个词是由布洛瑟姆创造的，见Bloxham, *Final Solution*, 59ff。
33. ‘Protokoll der Amtschefbesprechung’, 21 September 1939， 收 于BAB, R 58/825；‘Rundbrief Heydrich an Chef der Zivilverwaltung in Polen und Einsatzgruppen’, 30 September 1939，收于IfZ, MA 682, ff. 797f。
34. *Verhandlungen des Reichstages*, vol. 460, 51ff.
35. ‘Erlass des Führers und Reichskanzlers zur Festigung des deutschen Volkstums’，收于*IMT*, vol. 26, doc. 686-PS, pp. 225f；亦见Phillip Terrell Rutherford, *Prelude to the Final Solution: The Nazi Program for Deporting Ethnic Poles 1939—1941* (Lawrence, KS, 2007), 55。海德里希9月21日就已经向自己的部门头目和别动队指挥官宣布了希姆莱即将被任命为RKFDV。见‘Protokoll der Amtschefbesprechung’, 21 September 1939，收于BAB, R 58/825。
36. 海德里希在1939年10月13日和1939年12月22日发布的命令，收于USHMMA, RG 15.007 M, 8/101/13；亦见Heinemann, ‘*Rasse*’, 195ff, 232ff；以及Aly and Heim, *Vordenker*, 152。
37. Bloxham, *Final Solution*, 58ff. 其中有关于这些主题很好的一般性讨论。
38. ‘Protokoll der Amtschefbesprechung’, 14 October 1939，收于BAB, R 58/825。
39. Jansen, ‘*Selbstschutz*’, 154ff, 212ff；Browning, *Origins*, 32ff.
40. Friedländer, *Extermination*, 40.
41. *Verhandlungen des Reichstages*, vol. 460, 51ff.
42. Bogdan Musial, *Deutsche Zivilverwaltung und Judenverfolgung im Generalgouvernement. Eine Fallstudie zum Distrikt Lublin 1939—1944* (Wiesbaden, 1999), 183ff；Rossino, *Poland*, 88ff.
43. Longerich, *Politik*, 224, 251f；Browning, *Origins*, 32ff.
44. ‘Protokoll der Amtschefbesprechung’, 7 September 1939，收于BAB, R 58/825；以及1939年9月8日向帝国的警察局下达的命令，收于IfZ, Eich 1633。
45. ‘Protokoll der Amtschefbesprechung’, 14 September 1939，收于BAB, R 58/825。
46. ‘Protokoll der Sitzung des Ministerrats für die Reichsverteidigung’, 19 September 1939，收于*IMT*, vol. 31, 230—232。亦见Wildt, *Generation*, 457。
47. Broszat, *Polenpolitik*, 20.

48. ‘Protokoll der Amtschefbesprechung’, 21 September 1939，收于BAB, R 58/825。
49. 海德里希1939年9月21日的快递信，收于BAB, R 58/276；亦见Broszat, *Polenpolitik*, 21f；Dan Michman, ‘Why Did Heydrich Write the “Schnellbrief”? A Remark on the reason and on its Significance’, *Yad Vashem Studies*, 32 (2004), 433—447；Browning, *Origins*, 111f。
50. 海德里希1939年9月21日的快递信，收于BAB, R 58/276；亦见Michmann, ‘Schnellbrief’；Hans Mommsen, *Auschwitz: 17 Juli 1942* (Munich, 2002), 97。
51. 1939年9月29日帝国安全总部部门头目与特种部队指挥官会议的记录，收于IfZ, Eich 983。亦见Longerich, *Himmler*, 456。
52. 1939年9月21日海德里希致全体别动队指挥官的快递信，收于BAB, R 58/276。海德里希在9月22日告诉布劳希奇，克拉科夫周围地区已经被选为未来建立“犹太人国家”的地址。见Groscurth, *Tagebücher*, 361。
53. 海德里希致布劳希奇，收于Groscurth, *Tagebücher*, 361f。
54. Rutherford, *Prelude*, 258.
55. ‘Protokoll der Amtschefbesprechung’, 29 September 1939，收于BAB, R 58/825。
56. Rosenberg, *Tagebuch*, 98.
57. Mallmann et al., *Einsatzgruppen*, 63f.
58. Wildt, *Generation*, 464f.
59. Browning, *Origins*, 27；Mallmann et al., *Einsatzgruppen*, 64.
60. Schnellbrief, 30 September 1939，收于BAB, R 58/276。
61. ‘Protokoll der Einsatzgruppenleitertagung’, 3 October 1939，收于BAB, R 58/825。亦见Mallmann et al., *Einsatzgruppen*, 64。
62. 缪勒致艾希曼，1939年10月6日，Akten der Gestapo Mährisch-Ostrau, Yad Vashem Archives, 0—53/93/283。亦见Seev Goshen, ‘Eichmann und die Nisko-Aktion im Oktober 1939. Eine Fallstudie zur NS-Judenpolitik in der letzten Etappe vor der Endlösung’, *VfZ* 29 (1981), 74—96；Longerich, *Politik*, 256ff；Wildt, *Generation*, 468ff；Cesarani, *Eichmann*, 78。
63. 有关艾希曼和瓦格纳的谈话，见Longerich, *Himmler*, 456—457；有关艾希曼和比克尔的犹太人专家贝克尔1939年10月7日的谈话，见Longerich, *Politik*, 257。
64. 有关“尼斯科计划”，见Miroslav Kárný, ‘Nisko in der Geschichte der Endlösung’, *Judaica Bohemiae* 23 (1987), 69—84；Goshen, ‘Nisko-Aktion’ 74ff；Jonny Moser, ‘Nisko: The First Experiment in Deportation’, *Simon Wiesenthal Center Annual* 2 (1985), 1—30；Ludmila Nesládková (ed.), *The Case Nisko in the History of the Final Solution of the Jewish Problem* (Ostrava, 1995)。
65. Goshen, ‘Nisko-Aktion’ 89ff；Safrian, *Eichmann-Männer*, 77ff；亦见Lukáš Přibye, ‘Das Schicksal des dritten Transports aus dem Protektorat nach Nisko’, *Theresienstädter Studien und Dokumente* 7 (2000), 297—342。
66. Browning, *Origins*, 40f.

67. Longerich, *Himmler*, 457.
68. 'Fernschreiben SD-Hauptamt an Sipo und SD Donau, Mährisch-Ostrau vom 19.10.1939', Yad Vashem Archive, 053/87. 亦见1939年11月9日希姆莱写给比克尔的信，引自Gerhard Botz, *Wohnungspolitik und Judendeportation in Wien 1938—1945* (Vienna, 1975), 196。亦见Longerich, *Politik*, 259。
69. Wildt, *Generation*, 471, n. 176.
70. Browning, *Origins*, 42.
71. 海德里希致克拉科夫和波森的高级党卫军和警察领袖，以及两区（斯特雷肯巴赫和丹佐格）的安全警察指挥官，1939年11月28日，收于DÖW, 21732/62。
72. 最终的"长期计划"副本似乎并没有在战争中留存下来，但有一份经过更新的草稿，收于BAB, R 69/1146。
73. 海德里希致克拉科夫、布雷斯劳、波森、但泽和柯尼斯堡的安全警察，1939年12月21日，收于BAB, R 58/276。
74. '2. Nahplan', 21 December 1939, USHMMA, RG 15.015 M, 2/97/1—7. 亦见Götz Aly, *'Final Solution': Nazi Population Policy and the Murder of the European Jews* (London and New York, 1999), 73ff；Longerich, *Politik*, 266。
75. 1940年1月8日与总督府代表在柏林举行会议的记录，收于IfZ, MA 225；BAB, R 58/1032, 1940年1月30日的帝国安全总部会议记录。亦见Browning, *Origins*, 59—60。
76. Longerich, *Himmler*, 461；Aly, *'Final Solution'*, 157；Sybille Steinbacher, *'Musterstadt' Auschwitz. Germanisierungspolitik und Judenmord in Ostoberschlesien* (Munich, 2000), 133f.
77. 有关落实短期计划的问题，见波森迁出移民中央办公室的头目阿尔贝特·拉普1940年1月26日的报告，收于DÖW, 21732/62。
78. Adam, *Judenpolitik*, 254；Longerich, *Politik*, S. 267.
79. 1940年4月24日帝国安全总部发布的命令，引自Hans Günther Adler, *Der Verwaltete Mensch. Studien zur Deportation der Juden aus Deutschland* (Tübingen, 1974), 27。
80. 例如见Reinhard Heydrich, 'Kripo und Gestapo'，收于*Düsseldorfer Nachrichten,* 29 January 1939；Timothy W. Mason, 'Die Erbschaft der Novemberrevolution für den Nationalsozialismus'，收于Timothy W. Mason, *Sozialpolitik im Dritten Reich. Arbeiterklasse und Volksgemeinschaft* (Opladen, 1977), 15—41，此处在第21页。
81. 海德里希致所有安全警察总部，1939年9月3日（'Grundsätze der inneren Staatssicherung während des Krieges'），收于IfZ, MA 444/2。
82. 出处同上。
83. 见希姆莱1939年9月27日关于创建帝国安全总部的正式命令，收于BAB, R 58/240, ff. 1f。有关帝国安全总部的大体情况，见Wildt, *Generation*, 283ff；以及Wildt, 'Reichssicherheitshauptamt', 33ff。
84. Wildt, *Generation*, 259ff；Banach, *Elite*, 287ff.
85. Wildt, *Generation*, 263f.

86. ‘Vermerk Schellenberg’, 5 July 1938, 收于BAB, R 58/827, ff. 13—17。亦见Dierker, *Glaubenskrieger*, 318；Banach, *Elite*, 288；Wildt, *Generation*, 264。
87. 舍伦贝格1939年2月24日的备忘录‘Reorganisation des Sicherheitsdienstes des Reichsführers SS im Hinblick auf eine organisatorische und personelle Angleichung mit der Sicherheitspolizei’, 收于 BAB, R 58/826, f. 30；舍伦贝格1939年2月22日的备忘录‘Laufbahnrichtlinien und Dienstanweisung für die Inspekteure der Sicherheitspolizei’, 收于BAB, R 58/826, ff. 31—40；普洛兹的备忘录‘Die Laufbahnen im Sicherheitsdienst’, 收于BAB, R 58/827, ff. 27—40；亦见Dierker, *Glaubenskrieger*, 318f；Wildt, *Generation*, 267。
88. 贝斯特1939年3月1日的备忘录‘Grundzüge der Ausbildung und der Laufbahn der Führer (leitenden Beamten) der Deutschen Sicherheitspolizei’, 收于BAB, R 58/827, ff. 53ff；亦见Banach, *Elite*, 291；Wildt, *Generation*, 269f；Dierker, *Glaubenskrieger*, 320。
89. Wildt, *Generation*, 270.
90. 海德里希致达吕格，1941年10月30日，收于IfZ, MA 325/8591。亦见Wilhelm, *polizei*, 170。
91. Michael Wildt, ‘Radikalisierung und Selbstradikalisierung 1939. Die Geburt des Reichssicherheitshauptamtes aus dem Geist des völkischen Massemordes’, 收于Paul and Mallmann (eds), *Gestapo im Zweiten Weltkrieg*, 11—41，此处在第15页。
92. 见BAB, R 58/826:‘Vermerk Schellenberg vom 4. April 1939’；BAB, R 58/137:‘Besprechung bei Heydrich am 15. April 1939 betr. Neugestaltung von Sipo und SD’；BAB, R 58/137:‘Vermerk Schellenberg vom 25. April 1939 betr. Kritik an Bests Position’；BAB, R 58/826:‘Runderlass Heydrichs vom 5. Juli 1939’。亦见Wildt, *Generation*, 265；Dierker, *Glaubenskrieger*, 318。
93. Werner Best, ‘Apologie des Juristen’, *Deutsches Recht* 9 (1939), 196—199；作者同前，‘Der “politischste” Beruf’, *Deutsche Allgemeine Zeitung*, 12 April 2939；Herbert, *Best*, 231ff。其中有关于此话题的更详细的资料。出于对机关公众形象的考虑，海德里希阻止了舍伦贝格做出咄咄逼人的回应。见BAB, R 58/827, ff. 111f, 其收录了舍伦贝格对贝斯特的文章发表的评论；Banach, *Elite*, 292。
94. 维尔纳·贝斯特博士有关海德里希的战后陈述，1959年10月1日于哥本哈根，收于IfZ, ZS 207/2；亦见Wildt, *Generation*, 93；Wilhelm, *polizei*, 121；Herbert, *Best*, 228ff。
95. 海德里希1939年7月5日发布的命令，收于BAB, R 58/826；希姆莱1939年9月27日的命令，收于BAB, R 58/240, p. 1。亦见Reinhard Rürup, *Topographie des Terrors. Gestapo, SS und Reichssicherheitshauptamt auf dem 'Prinz-Albrecht-Gelände'. Eine Dokumentation* (Berlin, 1987), 71；Gerhard Paul, ‘“Kämpfende Verwaltung”. Das Amt IV des Reichssicherheitshauptamtes als Führungsinstanz der Gestapo’, 收于Gerhard Paul and Mallmann (eds), *Gestapo im Zweiten Weltkrieg*, 42—81，此处在第

47页。

96. Hachmeister, *Gegnerforscher*; Dierker, *Glaubenskrieger*, 331ff; Wildt, *Generation*, 364ff; Banach, *Elite*, 366f.
97. Wilhelm, *Polizei*, 119f; Wildt, *Generation*, 378ff; Heinz Boberach (ed.), *Meldungen aus dem Reich 1938—1945. Die geheimen Lageberichte des Sicherheitsdienstes der SS*, 18 vols (Herrsching, 1984—1985).
98. Wildt, *Generation*, 335ff, 352ff; Paul, 'Kämpfende Verwaltung', 42ff.
99. Patrick Wagner, *Hitlers Kriminalisten. Die deutsche Kriminalpolizei und der Nationalsozialismus* (Munich, 2002), 76; Wildt, *Generation*, 301ff.
100. Thorsten J. Querg, *Spionage und terror. Das Amt VI des Reichssicherheitshauptamtes 1939—1945*. Phil. Diss., Freie Universität Berlin, Berlin, 1997, 165, 184ff; Wildt, *Generation*, 391ff; Schellenberg, *Labyrinth*, 41.
101. 海德里希在1939年9月30日下达的命令'Entlastung der Geheimen Staatspolizei', 收于BAB, R 58/239; 亦见Wagner, *Volksgemeinschaft*, 330ff。
102. Tuchel, 'Gestapa', 97.
103. Michael Wildt, 'The Spirit of the Reich Security Main Office (RSHA)', *Totalitarian Movements and Political Religions* 6 (2005), 333—349. 海德里希于1941年9月在布拉格的一次演讲中使用了"战斗部门"一词,见Kárný et al. (eds), *Deutsche Politik*, 108。
104. Wildt, *Generation*, 209ff, 230ff; Paul, 'Kämpfende Verwaltung', 46. 引自1941年海德里希在德国警察日的演讲,印于*Völkischer Beobachter*, 17 February 1941。
105. 有关埃尔瑟试图行刺一事,见Anton Hoch and Lothar Gruchmann, *Geor Elser. Der Attentäter aus dem Volke. Der Anschlag auf Hitler im Münchner Bürgerbräu 1939* (Frankfurt, 1980); Roger Moorhouse, *Killing Hitler: The Third Reich and the Plots against the Führer* (London, 2006), 36ff; RSHA directive, 9 November 1939, 收于USHMMA, RG 11.001 M, reel 13/21; Longerich, *Himmler*, S. 488f。
106. 见埃尔瑟试图行刺事发时任巴伐利亚刑事警察头目阿尔布雷希特·勃姆博士的战后陈述,收于IfZ, ZS 1939。
107. Schellenberg, *Labyrinth*, 82ff; Höhne, *Orden*, 263ff; Querg, *Spionage*, 224ff; Wildt, *Generation*, 399f; 亦见瓦尔特·胡彭科滕(RSHA/IV的区域主管)的战后证词,收于IfZ, ZS 249, ff. 16f。
108. Orth, *System*, 97ff.
109. Orth, *System*, 37ff, 86ff, 109ff.
110. 海德里希1941年1月2日下达的命令,收于IfZ, PS-1063; 有关毛特豪森,见Orth, *System*, 86f。
111. 海德里希致弗里克,1939年10月4日,收于IfZ, MA 145/1; 有关语境,见Nikolaus Wachsmann, *Hitler's Prison: Legal Terror in Nazi Germany* (New Haven and London, 2004), 194ff, 394f。

112. 希姆莱致海德里希，1942年1月16日，收于BAB, NS 19/219。有关对“离经叛道的年轻人”的迫害，亦见Alfons Kenmann, ‘Störfaktor and der “Heimatfront”. Jugendiche Nonkonformität und die Gestapo’，收于Mallmann and Paul (eds), *Gestapo im Zweiten Weltkrieg*, 179—200。

113. 海德里希致所有安全警察总部，1939年9月3日（‘Grundsätze der inneren Staatssicherung während des Krieges’），收于IfZ, MA 444/2。“特殊对待”一词首次被用于书面表达，是在海德里希1939年9月20日下达的命令中，收于BAB, R 58/243。亦见Gerd Wysocki, ‘Lizenz zum Töten. Die “Sonderbehandlungs”-Praxis der Stapo-Stelle Braunschweig’，收于Mallmann and Paul (eds), *Gestapo im Zweiten Weltkrieg*, 237—254。

114. 海德里希致拉默斯，1940年1月22日，收于National Archives, Kew, GFM 33/4830；海德里希致所有警察局，1940年2月5日和1940年3月12日，DÖW 20752/93b。

115. Ulrich Herbert, *Hitler's Foreign Workers: Enforced Foreign Labor in Germany under the Third Reich* (Cambridge and New York, 1997), 87ff.

116. 海德里希1939年9月12日下达的命令，收于Walk (ed.), *Sonderrecht*, IV/2。有关海德里希1939年9月21日下达的命令，见Adam, *Judenpolitik*, 260；Barkai, *Boykott*, 183ff；Walk (ed.), *Sonderrecht*, 303ff；Wildt, *Generation*, 132ff, 153ff。

117. 有关T4行动，见Götz Aly (ed.), *Aktion T4 1939—1945. Die 'Euthanasie'-Zentrale in der Tiergartenstrasse* 4 (2nd edn, Berlin, 1989)；Ulf Schmidt, ‘Reassessing the Beginning of the “Euthanasia” Programme’, *German History* 17 (1999), 543—550。Aly, *'Final Solution'*, 70ff；Eugen Kogon, Hermann Langbein and Adalbert Rückert, *Nationalsozialistische Massentötungen durch Giftgas* (Frankfurt, 1983), 62ff；Heike Bernhardt, ‘“Euthanasie” und Kriegsbeginn. Die frühen Morde an Patienten aus Pommern’, *Zeitschrift für Geschichtswissenschaft* 9 (1996), 773—788；Henry Friedländer, *The Origins of Nazi Genocide. From Euthanasia to the Final Solution* (Chapel Hill, NC, 1995)；Michael Burleigh, *Death and Deliverance: 'Euthanasia in Germany, c.1900—1945* (Cambridge, 1994)；Hans-Walter Schmuhl, *Rassenhygiene, Nationalsozialismus, Euthanasie. Von der Verhütung zur Vernichtung 'lebensunwerten Lebens' 1890—1945* (Göttingen, 1987), 190ff。

118. 海德里希1939年3月1日下达的命令，*Mitteilungsblatt des Reichskriminalamtes* 2/4 (April 1939), 58—61；亦见Guenter Lewy, *The Nazi Persecution of the Gypsies* (Oxford, 2001)，尤其是在第54页。

119. 见海德里希1939年10月17日和1940年4月27日下达的命令，收于IfZ, Fa 506/3；亦见Michael Zimmermann, *Rassenutopie und Genozid. Die nationalsozialistische 'Lösung der Zigeunerfrage'* (Hamburg, 1996)；Sybil H. Milton, ‘“Gypsies” as Social Outsiders in Nazi Germany’，收于Robert Gellately and Nathan Stoltzfus (eds), *Social Outsiders in Nazi Germany* (Princeton, NJ, 2001), 212—231。

第七章 与世界交战

1. Hans-Martin Ottmer, *'Weserübung'. Der deutsche Angriff auf Dänemark und Norwegen im April 1940* (Munich, 1994); Richard J. Evans, *The Third Reich at War* (London, 2008), 117ff. 亦见Hans-Dietrich Loock, *Quisling, Rosenberg und Terboven. Zur Vorgeschichte und Geschichte der nationalsozialistischen Revolution in Norwegen* (Stuttgart, 1970), 277ff; Robert Bohn, *Reichskommissariat Norwegen. 'Nationalsozialistische Neuordnung' und Kriegswirtschaft* (Munich, 2000), 31ff。
2. 陆军统帅对希特勒决定在西欧实施军事占领政权感到释然: BA-MA, RW 4/v. 581 ('Vortragsnotiz OKW', 20 January), 亦见Bernhard R. Kroener, Rolf-Dieter Müller and Hans Umbreit, *Das Deutsche Reich und der Zweite Weltkrieg*, vol. 5/1: *Kriegsverwaltung, Wirtschaft, und personelle Resourcen* (Stuttgart, 1988), 57, n.178。
3. 海德里希致达吕格,1940年7月2日,收于BAB, R 19/395。
4. 'Aktenvermerk über Besprechung bei Amtschef I', 2 April 1940, 收于BAB DH, ZR 277, ff. 8—9。不到一周前,在3月26日和28日,海德里希已经批准建立两支突击队,分别派往荷兰和比利时。他还命令,不准将保安局或是安全警察的文件转交给德国国防军。见IfZ (Munich), FA-228/2, ff. 205f。
5. Stefan Semerdjiev, 'Reinhard Heydrich. Der deutsche Polizeichef als Jagdflieger', *Deutsche Militärzeitschrift* 41 (2004), 36—38; Deschner, *Heydrich*, 141f.
6. Heydrich, *Kriegsverbrecher*, 72; 亦见海德里希1941年2月17日在《人民观察家报》发表的文章。
7. 1937年5月27日,希姆莱曾明确禁止海德里希参与飞行: IfZ, Ed 450。有关海德里希在斯塔万格的时光,见Frank-Werner Rott, Karl Holland and Berthold Jung的报告,收于Jochen Prien, *Geschichte des Jagdgeschwaders* 77, vol. 1: *1934—1941* (Eutin, 1992), 209。
8. 海德里希致希姆莱,1940年5月2日;这张明信片重印于Max Williams, *Reinhard Heydrich: The Biography,* 2 vols (Church Stretton, 2001, 2003), vol. 2, 30;希姆莱致海德里希,1940年5月15日,收于Helmut Heiber (ed.), *Reichsführer! ... Briefe an und von Himmler* (Stuttgart, 1968), doc. 66, p.80; Prien, *Jagdgeschwaders* 77, vol. 1, 209。
9. Robert Bohn, 'Die Errichtung des Reichskommissariats Norwegen', 收于Robert Bohn (ed.), *Neutralität und totalitäre Aggression. Nordeuropa und die Grossmächte im Zweiten Weltkrieg* (Stuttgart, 1991), 129—147; Loock, *Quisling*, 277ff; Longerich, *Himmler*, 508。
10. 见维尔纳·贝斯特关于1940年4月20日帝国安全总部部门头目会议的记录,收于BA Dahlwitz-Hoppegarten, ZR 277。
11. 有关挪威安全警察的角色,见Robert Bohn, '"Ein solches Spiel Kennt Keine Regeln". Gestapo und Bevölkerung in Norwegen und Dänemark', 收于Paul and

Mallmann (eds), *Gestapo im Zweiten Weltkrieg*, 463ff；海德里希1940年4月14日下达的命令，引自Bohn, *Reichskommissariat*, 77。

12. Konrad Kwiet, *Reichskommissariat Niederlande. Versuch und Scheitern nationalsozialistischer Neuordnung* (Stuttgart, 1968), 83ff；Guus Meershoek, ‘Machtenfaltung und Scheitern. Sicherheitspolizei und SD in den Niederlanden’，收于Paul and Mallmann (eds), *Gestapo im Zweiten Weltkrieg*, 383—402，此处在第387页及以下。
13. 海德里希致达吕格，1940年7月2日，收于BAB, R 19/395。
14. Werner Warmbrunn, *The German Occupation of Belgium, 1904—1944* (New York, 1993), 110ff；Wolfram Weber, *Die innere Sicherheit im besetzten Belgien und Nordfrankreich 1940—1944. Ein Beitrag zur Geschichte der Besatzungsverwaltungen* (Düsseldorf, 1978)；Jay H. Geller, ‘The Role of the Military Administration in German-Occupied Belgium 1940—1944’，*Journal of Military History* 63 (1999), 99—125. 有关比利时的安全警察，见Wildt, *Generation*, 522ff。有关里德、法肯豪森以及他们与党卫军的关系，亦见埃尔温·布伦纳的战后证词：‘Entwicklung des Verhältnisses zwischen Wehrmacht und SS in Belgien’，收于IfZ, ZS 1718, ff. 1—16。
15. Bernd Kasten, *‘Gute Franzosen’. Die französische Polizei und die deutsche Besatzungsmacht im besetzten Frankreich 1940—1944* (Sigmaringen, 1993), 22f. 有关安全警察和保安局在占领的第一阶段起到的作用，见Ahlrich Meyer, *Die deutsche Besatzung in Frankreich 1940—1944. Widerstandsbekämpfung und Judenverfolgung* (Darmstadt, 2000), 133ff；Wildt, *Generation*, 514ff；海德里希致达吕格，1940年7月2日，收于BAB, R 19/395；海德里希致帝国安全总部部门头目，1940年8月24日，收于BAB, R 58/241。Claudia Steur, *Theodor Dannnecker. Ein Funktionär der 'Endlösung'* (Essen, 1997), 48.
16. Herbert, *Best*, 251ff.
17. Walther Schellenberg, *Invasion 1940: The Nazi Invasion Plan for Britain* (London, 2000)；亦见海德里希1939年5月5日的备忘录，收于IfZ, MA 451。
18. 出处同上。亦见Mazower, *Empire*, 112f。
19. Mazower, *Empire*, 113.
20. 有关马达加斯加计划的发展，见Magnus Brechtken, *'Madagascar für die Juden'. Antisemitische Idee und politische Praxis 1885—1945* (Munich, 1997)；Browning, *Origins*, 81ff；Hans Jansen, *Der Madagaskar-Plan. Die beabsichtigte Deportation der europäischen Juden nach Madagascar* (Munich, 1997)，尤其是第320页及以下；Leni Yahill, ‘Madagascar, Phantom of a Solution for the Jewish Question’，收于Bela Vago and George L. Mosse (eds), *Jews and Non-Jews in Eastern Europe, 1918—1945* (New York, 1974), 315—334。
21. ‘Memorandum des SD-Amtes IV/2 an Heydrich vom 24.5.1934’，收于OA Moscow, 501–1–18, ff. 18—20；重印于Michael Wildt (ed.), *Die Judenpolitik des SD 1935 bis 1938. Eine Dokumentation* (Munich, 1995), 66—69。

22. 备忘录，收于BAB, R 58/956, ff. 2—19；亦见Wildt, *Generation*, 501。
23. 哈根致艾希曼，1938年3月5日，收于BAB, R 58/956, f. 47。亦见Jansen, *Madagaskar-Plan*, 228；Brechtken, *'Madagascar für die Juden'*, 142ff。该计划的制订在1938年11月的"水晶之夜"大屠杀之后又开始进行。见*IMT*, vol. 28, doc. 1816-PS, pp. 499ff；亦见Browning, *Origins*, 82。
24. 这份文件发布在*VfZ* 5 (1957), 194—198。亦见Longerich, *Politik*, 273f。1940年6月中旬，希特勒在慕尼黑举行的一次会议上告知墨索里尼，他想要把马达加斯加用作犹太人的保留地。有关希特勒对墨索里尼的评论，见Browning, *Origins*, 83。希特勒还对海军最高司令官雷德尔将军提起过该计划，见Gerhard Wagner, *Lagevorträge Oberbefehlshabers der Kriegsmarine vor Hitler, 1939—1945* (Munich, 1972), 106ff。
25. PAAA, Inland II A/B 347/3. 亦见Brechtken, *'Madagascar für die Juden'*, 226f。
26. PAAA, Inland II A/B 347/3.
27. 海德里希致里宾特洛甫，1940年6月24日，收于IfZ, Eich 464；亦见Jansen, *Madagaskar-Plan*, 327。
28. Cesarani, *Eichmann*, 87；Brechtken, *'Madagascar für die Juden'*, 234f；Jansen, *Madagaskar-Plan*, 332；Claudia Steur, 'Eichmanns Emissäre. Die "Judenberater" in Hitlers Europa'，收于Paul and Mallmann (eds), *Gestapo im Zweiten Weltkrieg*, 403—436。'Protokoll der Abteilungsleitersitzung vom 12.7.1940'，印于Werner Präg and Wolfgang Jacobmeyer (eds), *Das Diensttagebuch des deutschen Generalgouverneurs in Polen 1939—1945* (Stuttgart, 1975), 261。
29. Brechtken, *'Madagascar für die Juden'*, 239；Jansen, *Madagaskar-Plan*, 335.
30. 拉德马赫的7月2日计划，收于PAAA, Inland II IIg 177。亦见Jansen, *Madagaskar-Plan*, 327ff。
31. 有关由艾希曼和他的助理特奥多尔·丹内克和埃里希·拉贾科维奇汇总的帝国安全总部的计划，见PAAA, Inland II IIg 177, ff. 197—221。亦见1940年8月15日丹内克致艾希曼的信，收于GStA, Rep 335/11/523, NG-2586；Christopher R. Browning, *The Final Solution and the German Foreign Office: A Study of Referat DIII of Abteilung Deutschland 1940—1943* (New York and London, 1978), 40f。
32. PAAA, Inland II IIg 177, ff. 197—221.
33. Longerich, *Himmler*, 526.
34. 海德里希1940年10月30日的通函，收于USHMMA, RG 15.015 M, reel 3/168/8—14。
35. Browning, *Origins*, 88.
36. 出处同上，90ff。
37. 海德里希致路德，1940年10月29日，收于PAAA, Inland II IIg 189。亦见Jacob Toury, 'Die Entstehungsgeschichte des Austreibungsbefehls gegen die Juden der Saarpfalz und Badens'，*Jahrbuch des Instituts für Deutsche Geschichte* 15 (1986), 431—

464；Browning, *Origins*, 89ff。

38. 海德里希致路德，1940年10月29日，收于PAAA, Inland II IIg 189。
39. 有关巴巴罗萨行动的准备工作，见希特勒于1940年11月12日和1940年12月18日下达的命令（分别是第18号和第21号），重印于Walther Hubatsch (ed.), *Hitler Weisungen für die Kriegsführung 1939—1945. Dokumente des Oberkommandos der Wehrmacht* (2nd rev. edn, Koblenz, 1983), 67ff, 84ff。有关希特勒向海德里希下达的命令，见Longerich, *Politik*, 287f。1941年1月21日，特奥多尔·丹内克在写给艾希曼的便条中明确提到了海德里希"从元首那里接到命令"，要求他"为最终解决方案计划提交一份提案"。丹内克致艾希曼，1941年1月21日，重印于Serge Klarsfeld, *Vichy-Auschwitz. Die Zusammenarbeit der deutschen und französischen Behörden bei der 'Endlösung der Judenfrage' in Frankreich* (Nördlingen, 1989), 361ff。戈林预约簿上1941年1月24日的记录，收于IfZ, Ed 180/5。同日，海德里希和希姆莱会面，想必是讨论了相同的话题。Witte et al. (eds), *Dienstkalender*, 24 January 1941, p. 112.
40. BAB, NS 19/3979. 亦见Wildt, *Generation*, 535；Longerich, *Himmler*, 528。
41. 丹内克1941年1月21日的备忘录，引自Klarsfeld, *Vichy-Auschwitz*, 361f。
42. 例如见海德里希致路德，1941年2月5日，收于PAAA, Inland II AB 80—41 Sdh. III, vol. 1。亦见Browning, *Origins*, 101ff。
43. 海德里希1941年3月26日的备忘录，收于OA Moscow, 500/3/795；亦见Aly, *'Final Solution'*, 172。
44. 海德里希1942年1月25日致党卫军人事部头目、党卫军上将施密特，并附上了戈林1941年7月31日的信件，收于*IMT*, vol. 26, doc. 710-PS。亦见Browning, *Origins*, 315。
45. 这跟爱德华·哈森最近提出的以下观点是矛盾的：在1941年1月，海德里希就已经策划了一场对欧洲犹太人的全面屠杀。见Edouard Husson, 'Die Entscheidung zur Vernichtung aller europäischen Juden. Versuch einer Neuinterpretation'，收于Klaus Hildebrand, Udo Wengst and Andreas Wirsching (eds), *Geschichtswissenschaft und Zeiterkenntnis. Von der Aufklärung bis zur Gegenwart. Festschrift für Horst Möller* (Munich, 2008), 277—289，尤其是第284页及以下。更全面的论述，见Edouard Husson, *Heydrich et la solution finale* (Paris, 2008)。
46. Halder, *Kriegstagebuch*, vol. 2, 335f；vol. 1, 341f. 亦见Evans, *Third Reich at War*, 170ff。Peter Jahn and Reinhard Rürup (eds), *Erobern und Vernichten. Der Krieg gegen die Sowjetunion 1941—1945* (Berlin, 1991)；Christian Hartmann, *Wehrmacht im Ostkrieg. Front und militärisches Hinterland 1941/42* (Munich, 2009).
47. 'Richtlinien auf Sondergebieten zur Weisung Nr. 21 (Fall Barbarossa)'，重印于Hans-Adolf Jacobsen, 'Kommissarbefehl und Massenexekution sowjetischer Kriegsgefangener'，收于Buchheim et al., *SS*, doc. 1, pp. 449—544。
48. Christian Gerlach, *Kalkulierte Morde. Die deutsche Wirtschafts- und Vernichtungspolitik in*

Weissrussland 1941 bis 1944 (Hamburg, 1999), 71, 81；Breitman, *Architect*, 148. 度假结束以后，海德里希于3月7日回到工作岗位，见Witte et al. (eds), *Dienstkalender*, 7 March 1941。海德里希和希姆莱在3月10日和15日再次见面，想必是讨论了党卫军在正在进行的协商中的立场：Witte et al. (eds), *Dienstkalender*, 10 and 15 March。

49. Krausnick and Wilhelm, *Truppe*, 117；Andrej Angrick, *Besatzungspolitik und Massenmord. Die Einsatzgruppe D in der südlichen Sowjetunion 1941—1943* (Hamburg, 2003), 45, n. 48.
50. 海德里希有关和戈林1941年3月26日会议的笔记，引自Aly, *'Final Solution'*, 270。
51. 有关德国在巴尔干半岛的军事行动，见Klaus Olshausen, *Zwischenspiel auf dem Balkan. Die deutsche Politik gegenüber Jugoslawien und Greichenland von März bis Juli 1941* (Stuttgart, 1973)；Walter Manoschek, *'Serbien ist jundenfrei'. Militärische Besatzungspolitik und Judenvernichtung in Serbien 1941/1942* (Munich, 1993)；Steven Pavlowitch, *Hitler's New Disorder: The Second World War in Yugoslavia* (London, 2008)；Karl-Heinz Golla, *Der Fall Griechenlands 1941* (Hamburg, 2007)；Mark Mazower, *Inside Hitler's Greece: The Experience of Occupation, 1941—1944* (New Haven, 1993), 1ff；Anestis Nessou, *Griechenland 1941—1944* (Osnabrück, 2009)。希姆莱、海德里希和达吕格在1941年3月27日举行了紧急会议：Witte et al. (eds), *Dienstkalender*, 27 March 1941。4月8日，海德里希接到了希姆莱批准他参与飞行的许可：*Dienstkalender*, 8 April 1941。
52. Longerich, *Himmler*, 536. 亦见Roland G. Förster (ed.), *'Unternehmen Barbarossa'. Zum historischen Ort der deutsch-sowjetischen Beziehungen von 1933 bis Herbst 1941* (Munich, 1993), 507f；Manoschek, *'Serbien ist judenfrei'*, 41f。
53. 与此次协议相关的详细描述，见Witte et al. (eds), *Dienstkalender*, 16 April 1941；Longerich, *Himmler*, 536；Angrick, *Besatzungspolitik*, 41ff。
54. Krausnick and Wilhelm, *Truppe*, 281ff；Peter Klein (ed.), *Die Einsatzgruppen in der besetzten Sowjetunion, 1941/1942: Die Tätigkeits- und Lageberichte des Chefs der Sicherheitspolizei und des SD* (Berlin, 1997) .
55. Hans-Heinrich Wilhelm, *Die Einsatzgruppe A der Sicherheitspolizei und des SD 1941/1942* (Frankfurt am Main, 1996), 281ff；Wildt, *Generation*, 538ff.
56. Witte et al. (eds), *Dienstkalender*, 19, 26, 29 May and 9 June 1941.
57. 出处同上，11—15 June 1941；有关维威尔斯堡，见Karl Hüser, *Wewelsburg 1933 bis 1945-Kult- und Terrorstätte der SS. Eine Dokumentation* (2nd edn, Paderborn, 1987)；以及近期的Jan Erik Schulte (ed.), *Die SS, Himmler und die Wewelsburg* (Paderborn, 2009)。
58. Longerich, *Himmler*, 540；Angrick, *Besatzungspolitik*, 108, n.240.
59. 1941年5月2日会议的备忘录，收于*IMT*, vol. 31, doc. 2718-PS, pp. 84—85；1941年5月23日的东方经济政策方针，收于*IMT*, vol. 36, doc. 126-EC, pp. 135—157, 此处在第145页；亦见Alex J. Kay, 'Germany's Staatssekretäre, Mass Starvation,

and the Meeting of 2 May 1941', *Journal of Contemporary History* 41 (2006), 685—700；作者同前, *Exploitation, Resettlement, Mass Murder: Political and Economic Planning for German Occupation Policy in the Soviet Union, 1940—1941* (New York and Oxford, 2006)；Gerlach, *Kalkulierte Morde*, 46f。

60. Heydrich, *Kriegsverbrecher*, 86ff. 亦见 Lizzie Collingham, *The Taste of War: World War Two and the Battle for Food* (London, 2011), 33。
61. 巴克的言论，引自 Alexander Dallin, *German Rule in Russia, 1941—1945: A Study of Occupation Policies* (rev. edn, Boulder, CO, 1981), 39f。迄今还没有巴克的严肃传记，有关其传略，见 Joachim Lehmann, 'Herbert Backe–Technokrat und Agrarideologe', 收于 Ronald Smelser (ed.), *Die braune Elite* (Darmstadt, 1993), vol. 2, 1—12；Gesine Gerhard, 'Food and Genocide: Nazi Agrarian Politics in the Occupied Territories of the Soviet Union', *Contemporary European History* 18 (2009), 45—65；Joachim Lehmann, 'Verantwortung für Überleben, Hunger und Tod. Zur Stellung von Staatssekretär Herbert Backe im Entscheidungsgefüge von Ernährungs- und Landwirtschaft, Agrar- und Agressionpolitik in Deutschland während des Zweiten Weltkrieges sowie deren Voraussetzungen', 收于 Ernst Münch (ed.), *Festschrift für Gerhard Heitz zum 75. Geburtstag* (Rostock, 2000), 509—526。
62. 突击队7A的领袖瓦尔特·布鲁姆博士的战后证词，收于 IfZ, ZS 2389；以及艾哈德·克罗格的战后证词，收于 Angrick, *Besatzungspolitik*, 109。
63. 奥伦道夫1946年1月31日在战后审判上的证词，收于 *IMT*, vol. 4, doc. 2348-PS, pp. 344ff，此处在第350页。
64. Wildt, *Generation*, 557.
65. Ralf Ogorreck, *Die Einsatzgruppen und die 'Genesis der Endlösung'* (Berlin, 1996), 83, 98.
66. 海德里希致所有别动队指挥官，1941年6月29日，收于 BAB, R 70 SU/32；以及海德里希致高级党卫军和警察领袖，1941年7月2日，收于 BAB, R 70 SU/31，重印于 Peter Longerich (ed.), *Die Ermordung der europäischen Juden. Eine umfassende Dokumentation des Holocaust 1941—1945* (Munich, 1989), 116ff。
67. 海德里希致高级党卫军和警察领袖，1941年7月2日，收于 BAB, R 70 SU/31，重印于 Longerich, *Ermordung*, 116ff。亦见 Yitzhak Arad, Yisrael Gutman and Abraham Margaliot (eds), *Documents on the Holocaust: Selected Sources on the Destruction of the Jews of Germany and Austria, Poland, and the Sovier Union* (Yad Vashem, 1981), doc. 171, pp. 377f。
68. Longerich, *Himmler*, 541.
69. 当海德里希7月中旬发布筛查苏维埃战俘营，以识别出"所有犹太人"的方针时，他再一次给接受命令的下属留下了空间，让他们自行决定对识别出的犹太人战俘如何处置。海德里希1941年7月17日的"第8号命令"，重印于 Klein, *Einsatzgruppen*, 331ff。
70. Christian Hartmann, *Wehrmacht im Ostkrieg. Front und militärisches Hinterland*

1941—1942 (Munich, 2009); Dieter Pohl, *Die Herrschaft der Wehrmacht. Deutsche Militärbesetzung und einheimische Bevölkerung in der Sowjetunion 1941—1944* (Munich, 2008); Christian Streit. *Keine Kameraden. Die Wehrmacht und die sowjetischen Kriegsgefangenen 1941—1945* (Stuttgart, 1978), 128; Timothy Snyder, *Bloodlands: Europe Between Hitler and Stalin* (London, 2010), 182.

71. 见1941年6月23日至1942年4月24日期间别动队的每日事件报告，收于BAB, R 58/214—221。亦见Ronald Headland, *Messages of Murder: A Study of the Reports of the Einsatzgruppen of the Security Police and the Security Service* (Rutherford, NJ, 1992)。
72. Witte et al. (eds), *Dienstkalender*, 30 June 1941. 海德里希1941年7月1日的"第3号命令"，收于BAB, R 70 SU/32；1941年7月13日的事件报告，收于BAB, R 58/214—221。
73. 蒂尔西特1941年7月1日警察局的报告，OA Moscow, 500/1/758；1941年7月11日的《第19号苏联事件报告》和1941年7月18日的《第26号苏联事件报告》，皆收于BAB, R 58/214。
74. Witte et al. (eds), *Dienstkalender*, 11 July 1941; Diary Bach-Zelewski, entry for 12 July 1941，收于BAB, R 20/45b, f. 3; Gerlach, *Kalkulierte Morde*, 544f; Longerich, *Himmler*, 544。
75. Popplow, 'Aufnordung', 15.
76. Browning, *Origins*, 256ff.
77. Headland, *Messages*, 211ff; Longerich, *Himmler*, 544.
78. 见Klein, *Einsatzgruppen*, 113。
79. 海德里希致别动队指挥官，1941年6月29日，收于BAB, R 70 SU/32；Browning, *Origins*, 258ff。
80. Andrzej Zbikowski, 'Local Anti-Jewish Pogroms in the Occupied Territories of Eastern Poland, June-July 1941'，收于Lucjan Dobroszycki and Jeffrey S. Gurock (eds), *The Holocaust in the Soviet Union: Studies and Sources on the Destruction of the Jews in the Nazi-Occupied Territories of the USSR, 1941—1945* (Armonk, NY, 1993), 173—179; Aharon Weiss, 'The Holocaust and the Ukrainian Victims'，收于Michael Berenbaum (ed.), *A Mosaic of Victims: Non-Jews Persecuted and Murdered by the Nazis* (New York, 1990), 109—115; Bogdan Musial, *'Konterrevolutionäre Elemente sind zu erschiessen'. Die Brutalisierung des deutsch-sowjetischen Krieges im Sommer 1941* (Berlin and Moscow, 2000), 172。
81. 海德里希致别动队，1941年6月29日，收于BAB, R 70 SU/32; Klein, *Einsatzgruppen*, S. 320。
82. 海德里希1942年4月2日向全体高级党卫军和警察领袖，以及安全警察和保安局的指挥官，发送了苏联内务人民委员会的全面档案。这份档案以这些通过逼供而取得的信息为基础。见National Archives, Kew, WO 208/1858, 324795。

83. Vejas Gabriel Liulevicius, *The German Myth of the East: 1800 to the Present* (Oxford, 2009)；Vejas Gabriel Liulevicius, ‘Der Osten als apokalyptischer Raum. Deutsche Fronterfahrungen im und nach dem Ersten Weltkrieg’, 收于 Gregor Thum (ed.), *Traumland Osten. Deutsche Bilder vom östlichen Europa im 20. Jahrhundert* (Göttingen, 2006), 47—65；David Blackbourn, *The Conquest of Nature: Water and the Making of Modern German Landscapes* (London, 2005), 251ff。
84. 有关这篇“伊甸园”的演讲，见马丁·鲍曼的笔记，收于 *IMT*, vol. 38, doc. L-221, pp. 86—94。亦见 Browning, *Origins*, 309f。
85. ‘Erlass des Führers über die Verwaltung in den neu besetzten Ostgebieten’, 17 July 1941，收于 *IMT*, vol. 38, doc. L-221, pp. 86ff；Longerich, *Himmler*, 544ff；Witte et al. (eds), *Dienstkalender*, 24 June 1941。有关罗森贝格，见 Ernst Piper, *Alfred Rosenberg. Hitlers Chefideologe* (Munich, 2005)。引自海德里希致贝格尔，1941年11月4日，收于 Buchheim et al., *SS*, 100。
86. 海德里希致达吕格，1941年10月30日，引自 Buchheim et al., *SS*, 100。
87. 见海德里希和拉默斯1941年7月18日至10月23日期间的通信，收于 IfZ, Fa 199/41, ff. 165—175。
88. 有关海德里希对库贝房屋的搜查令，见库贝和希姆莱1936年3月交流的信件，收于 BAB, BDC, Wilhelm Kube。
89. Mark Mazower, *Hitler's Empire: Nazi Rule in Occupied Europe* (London, 2008), 144ff. 有关海德里希对为德国备战而动员斯拉夫人口这个想法存有的疑虑，见 Christoph Dieckmann, Babette Quinkert and Tatjana Tönsmeyer (eds), *Kooperation und Verbrechen. Formen der 'Kollaboration' im östlichen Europa 1939—1945* (Göttingen, 2003), 171。
90. Longerich, *Himmler*, 545ff.
91. 海德里希致希姆莱，1941年10月20日，收于 IfZ, MA 328, f. 30。
92. Longerich, *Himmler*, 545ff.
93. 海德里希在1941年2月17日的《人民观察家报》中的言论。亦见 Heydrich, ‘Der Anteil der Sicherheitspolizei und Sicherheitspolizei und des SD in Böhmen und Mähren’, *Böhmen und Mähren* 2 (1941), 176。
94. Browning, *Origins*, 310ff. 有关奥伦道夫8月到访柏林，见 Ogorrek, *Einsatzgruppen*, 208f。
95. Prien, *Jagdgeschwaders* 77, vol. 2, 704f.
96. 希姆莱6月9日在葬礼上的致辞，引自 Reichssicherheitshauptamt (ed.), *Reinhard Heydrich, 7. März 1904—4. Juni 1942. Meine Ehre heist Treue* (Berlin, 1942), 14—22，此处在第19页。
97. Georg Schirmböck 的报告，收于 Prien, *Jagdgeschwaders* 77, vol. 2, 704。
98. Georg Schirmböck and Joachim Deicke 的报告，出处同上，704ff；Semerdjiev, ‘Jagdflieger’, 36f；Deschner, *Heydrich*, 141f。
99. *IMT*, vol. 26, doc. 710-PS, pp. 266—267.

100. Browning, *Origins*, 315.
101. Browning, *Origins*, 315f.
102. 有关突击九队，见Gerlach, *Kalkulierte Morde*, 545f；有关在8月初采取了相同方式的突击三队，见1941年12月1日的“猎人报告”，收于OA Moscow, 500/1/25，重印于Vincas Bartusevičius, Joachim Tauber and Wolfram Wette (eds), *Holocaust in Litauen. Krieg, Judenmorde und Kollaboration im Jahre 1941* (Cologne, 2003), 303ff。
103. 希姆莱在臭名昭著的1943年波森演讲中公开阐述了这一点。亦见Omer Bartov, ‘Defining Enemies, Making Victims: Germans, Jews, and the Holocaust’，收于Amir Weiner (ed.), *Landscaping the Human Garden: Twentieth-Century Population Management in a comparative Framework* (Standford, CA, 2003), 135—147。
104. 希姆莱在葬礼上的演讲，引自Wannenmacher (ed.), *Leben der Tat*, 81ff。
105. Heydrich, *Kriegsverbrecher*, 48.
106. 至1941年10月中旬，别动队A队号称已经杀死了十二万五千名犹太人，其中仅在立陶宛就有八万人。见斯塔列克1941年10月15日的行动报告，收于*IMT*, vol. 37, doc. L-180, pp. 670—617；亦见Krausnick, Helmut, *Einsatzgruppen: Die Truppen des Weltanschauungskrieges 1938—1942* (Frankfurt, 1989), 606；Konrad Kwiet, ‘Rehearsing for Murder: The Beginning of the Final Solution in Lithuania in June 1941’, *Holocaust and Genocide Studies* 12 (1998), 3—26。
107. 数据引自Browning, *Origins*, 244。有关与当地人合作一事，见Katrin Reichelt, ‘Kollaboration und Holocaust in Lettland, 1941—1945’，收于Wolf Kaiser (ed.), *Täter im Vernichtungskrieg. Der Überfall auf die Sowjetunion und der Völkermord and den Juden* (Munich, 2002)。有关发生得尤为早的立陶宛种族灭绝政策的升级，见Christoph Dieckmann, ‘The War and the Killing of the Lithuanian Jews’，收于Ulrich Herbert (ed.), *National Socialist Extermination Policies: Contemporary German Perspectives and Controversies* (New York and Oxford, 2000), 240—275。
108. Longerich, *Himmler*, 565. Browning, *Origins*, 410—414.
109. Longerich, *Himmler*, 74f. Browning, *Origins*, 354f.
110. 出处同上，355。
111. Gerlach, *Kalkulierte Morde*, 648；Alfred Gottwald and Diana Schulle, *Die 'Judendeportationen' aus dem Deutschen Reich von 1941—1945. Eine kommentierte Chronologie* (Wiesbaden, 2005), 52ff；有关塞尔维亚，见Manoschek, *'Serbien istjundenfrei'*, 169ff。
112. Moorhouse, *Berlin at War*, 172ff.
113. 海德里希致安全警察指挥官，1941年9月3日，引自Wolfgang Benz, Konrad Kwiet and Jürgen Matthäus (eds), *Einsatz im 'Reichskommissariat Ostland'. Dokumente zum Völkermord im Baltikum und in Weissrussland, 1941—1944* (Berlin, 1998), 67ff。
114. Browning, *Origins*, 263.
115. Lösener, ‘Rassereferent’, 303；Kershaw, *Hitler: Nemesis*, 473.

116. Adam, *Judenpolitik*, 254f；Adler, *Verwaltete Mensch*, 47f；戈培尔1941年8月19日的日记，收于*Tagebücher*, part II, vol. 2/1, 256f；Longerich, *'Davon haben wir nichts gewusst'*, 159ff。
117. Friedländer, *Extermination*, 305；Hilberg, *Destruction*, 130；Longerich, *Politik*, 214；Adam, *Judenpolitik*, 334. 瓦尔特·蒂斯勒1941年4月21日的笔记，收于IfZ, MA 423；亦见Adler, *Verwaltete Mensch*, 48；以及Willi A. Boelcke, *Kriegspropaganda 1939—1945. Geheime Ministerkonferenzen im Reichspropagandaministerium* (Stuttgart, 1955), 695。
118. Longerich, *'Davon haben wir nichts gewusst'*, 161f.
119. Goebbels, *Tagebücher*, part II, vol. 1 (entry for 12 August 1941), 218.
120. Lösener, 'Rassereferent', 303f.
121. Goebbels, *Tagebücher*, part II, vol. 1 (entry for 19 August 1941), 265f；有关戈培尔和希特勒在1941年8月18日的谈话，亦见Friedländer, *Extermination*, 267；Longerich, *Politik*, 427。
122. Adler, *Verwaltete Mensch*, 49.
123. *Reichsgesetzblatt* 1941, part I, 547；Lösener, 'Rassereferent', 307. 亦见IfZ, Eich 1064；以及MA 445, ff. 7854—7860。
124. *Reichsgesetzblatt* 1941, part I, 547.
125. 海德里希1941年9月15日的信件，收于BAB, R 58/276；以及海德里希1941年9月30日和10月16日发布的命令，出处同上。
126. 引自Konrad Kwiet, 'Die Kennzeichnung mit dem Judenstern im Herbst 1941', 收于Wolfgang Benz (ed.), *Die Juden in Deutschland 1933—1945. Leben unter nationalsozialistischer Herrschaft* (Munich, 1988), 614—621，此处在第615页及以下。
127. 有关希特勒改变主意一事，见1941年9月24日海德里希致里宾特洛甫的信，他解释了给犹太人做标记的新政策方针，收于IfZ, Eich 949。
128. 有关新注册流程，见'Evidenz der Juden. Registrierung. Transporte'，重印于Helena Krejčová, Jana Svobodová and Anna Hyndráková (eds), *Židé v Protektorátu. Hlašení Židovské náboženské obce v roce 1942. Dokumenty* (Prague, 1997), doc. 10, pp.167—168；Livia Rothkirchen, *The Jews of Bohemia and Moravia: Facing the Holocaust* (Lincoln, NB, 2005), 126。反犹手段在整个保护国都得到了广泛宣传，例如见*Der Neue Tag*, 6 October 1941；*Neueste Nachrichten*, 8 October 1941。
129. 1941年10月10日在帝国总督办公室召开的高级职员会议，收于National Archives, Prague, 114-2-56，重印于Kárný et al. (eds), *Deutsche Politik*, doc. 29, pp. 137—141。
130. 1941年10月11日海德里希在布拉格召开的记者会，引自Eva Schmidt-Hartmann, 'Tschechoslowakei'，收于Wolfgang Benz (ed.), *Dimension des Völkermords. Die Zahl der jüdischen Opfer des Nationalsozialismus* (Munich, 1991), 353—380，此处在第361页注释28；海德里希1941年10月19日写给希姆莱的有关"将旧帝国的犹

太人转移到罗兹隔离区”的信件，收于BAB, NS 19/2655。

131. 1941年10月4日的会议记录，收于BAB, NS 19/1734；海德里希1941年10月19日写给总军需官的信件，引自Klarsfeld, *Vichy*, 369f。

132. 路德的备忘录，1941年10月13日和17日，引自Browning, *Origins*, 368—369。

133. Witte et al. (eds), *Dienstkalender*, 18 October 1941, p. 238.

134. 乌贝尔霍尔致希姆莱，1941年10月4日和9日；海德里希致希姆莱，1941年10月8日，均收于BAB NS 19/2655。

135. 海德里希致希姆莱，1941年10月19日，收于BAB NS 19/2655。亦见Browning, *Origins*, 332。

136. 海德里希致希姆莱，1941年10月8日，收于BAB NS 19/2655。在1941年10月10日与布拉格高级党卫军雇员的一次会议上，海德里希又一次引用了这个数据，见Kárný et al. (eds), *Deutsche Politik*, doc. 29, pp. 137ff。

137. 拉默斯致罗森贝格，1941年9月6日，收于BAB, R 43II/648a。亦见Longerich, *Himmler*, 557。

138. 有关海德里希和罗森贝格的副手阿尔弗雷德·迈耶会面的帝国安全总部备忘录，1941年10月4日，收于BAB, NS 19/1734；亦见Gerlach, *Kalkulierte Morde*, 580f。

139. Manoschek, *'Serbien ist judenfrei'*, 105ff；Browning, *Foreign Office*, 56ff.

140. Browning, *Origins*, 346ff.

141. Longerich, *Himmler*, 565f.

142. 这次会议的书面记录并不存在，但多数学者认为，贝乌热茨灭绝营的建造可以追溯到格洛波克尼克的提议。见Dieter Pohl, 'Die grossen Zwangsarbeiterlager der SS- und Polizeiführer für Juden im Generalgouvernement 1942—1945'，收于Herbert et al. (eds), *Die nationalsozialistischen Konzentrationslager*, vol. 1, 415—438；Musial, *Zivilverwaltung*, 265；Browning, *Origins*, 359ff；Michael Tregenza, 'Belzec Death Camps', *Wiener Library Bulletin* 30 (1997), 8—25。有关海德里希在瑙恩，见Witte et al. (eds), *Dienstkalender*, 253。

143. Browning, *Origins*, 333f.

144. Epstein, *Model Nazi*, 188f.

145. Ian Kershaw, 'Improvised Genocide? The Emergence of the "Final Solution" in the Warthegau', *Transactions of the Royal Historical Society*, 6th series (1992), 51—98.

146. Witte et al. (eds), *Dienstkalender*, 14, 25 and 29 October；亦见Longerich, *Himmler*, 556。

147. Browning, *Origins*, 373.

148. Longerich, *Politik*, 440, 448, 456.

149. 出处同上。

150. Dieter Pohl, *Nationalsozialistische Judenverfolgung in Ostgalizien 1941—1944. Organisation und Durchführung eines staatlichen Massenverbrechens* (Munich, 1996), 405.

有关当地人在实施暴行过程中扮演的角色，见Martin Dean, *Collaboration in the Holocaust: Crimes of the Local Police in Belorussia and Ukraine, 1941—1944* (New York, 2000)；Bernhard Chiari, *Alltag hinter der Front. Besatzung, Kollaboration und Widerstand in Weissrussland 1941—1944* (Düsseldorf, 1998), 96ff。

151. 希特勒1941年12月11日在国会的演讲，收于Hitler, *Reden und Proklamationen*, vol. 2, 1794ff。有关海德里希和希姆莱一同参加这次国会会议，见Witte et al. (eds), *Dienstkalender*, 11 December 1941, p. 288。
152. 见戈培尔1941年12月13日的日记，收于*Tagebücher*, vol. II, vol. 2, 487ff。
153. Longerich, *Himmler*, 570.
154. 尤其是克里斯蒂安·格拉赫的观点认为，希特勒12月12日的言论预示着对美国宣战后的一个主要决策：屠杀所有欧洲犹太人。Christian Gerlach, 'Die Wannsee-Konferenz, das Schicksal der deutschen Juden und Hitlers politische Grundsatzentscheidung, alle Juden Europas zu ermorden', *WerkstattGeschichte* 6 (1997), 7—44.
155. Witte et al. (eds), *Dienstkalender*, 18 December 1941.
156. Longerich, *Himmler*, 570f.
157. 海德里希致路德，1941年11月29日，收于PAAA, (Inland IIg 177) R 100857, f. 188。亦见Mark Roseman, *The Villa, the Lake, the Meeting: Wannsee and the Final Solution* (London and New York, 2002), 56；Johannes Tuchel, *Am Grossen Wannsee 56—58: Von der Villa Minoux zum Haus der Wannsee-Konferenz* (Berlin, 1992)。
158. 海德里希致路德，1941年11月29日，收于PAAA, (Inland IIg 177) R 100857, f. 188。亦见Wildt, *Generation*, 630。
159. Roseman, *Wannsee*, 57f. 有关与会者，见Wolf Kaiser, 'Die Wannsee-Konferenz. SS-Führer und Ministerialbeamte im Einvernehmen über die Ermordung der europäischen Juden'，收于Heiner Lichtenstein and Otto R. Romberg (eds), *Täter–Opfer–Folgen. Der Holocaust in Geschichte und Gegenwart* (2nd edn, Bonn, 1997), 24—37。
160. 以下引文依据的是该次会议记录的仅存副本，收于PAAA, (Inland IIg 177) R 100857, f. 166—180，此处在档案168号。亦见转载：'Besprechungsprotokoll der Wannsee-Konferenz vom 20. Januar 1942'，收于Kurt Patzold and Erika Schwartz (eds), *Tageordnung. Judenmord. Die Wannsee Konferenz am 20. Januar 1942. Eine Dokumentation zur Organisation der 'Endlösung'* (Berlin, 2992), 102—113。
161. 海德里希致罗森贝格，1941年1月10日，Yad Vashem Archives, M9/584。
162. 有关这次冲突，见Longerich, *Himmler*, 453。
163. Roseman, *Villa*, 85.
164. Friedländer, *Extermination*, 367；Wildt, *Generation*, 636, n. 89. 艾希曼1941年12月1日的备忘录，引自Pätzold and Schwarz (eds), *Tagesordnung*, 90ff；Yehoshua Büchler, 'A Preparatory Document for the Wannsee Conference', *Holocaust and*

Genocide Studies 9 (1995), 121—129。
165. PAAA, (Inland IIg 177) R 100857, f. 170. 亦见Wildt, *Generation*, 628。
166. 根据艾希曼在1941年11月初开始搜集的信息所进行的估算。见Cesarani, *Eichmann*, 112。
167. PAAA, (Inland IIg 177) R 100857, ff. 172—173; Friedländer, *Extermination*, 371.
168. 第一个观点最有力的支持者是格拉赫，见Gerlach, 'Wannsee-Konferenz', 33ff。相反，彼得·朗格里希和索尔·弗里德兰德则指出，"修路"并不只是屠杀的代号: Friedländer, *Extermination*, 370; Longerich, *Politik*, 470f。见1961年7月24日艾希曼的证词，收于Longerich, *Ermordung*, 92。亦见Cesarani, *Eichmann*, 237ff; Roseman, *Villa*, 72。
169. PAAA, (Inland IIg 177) R 100857, f. 179f; Johan A. S. Grenville, 'Die "Endlösung" und die "Judenmischlinge" im Dritten Reich', 收于Ursula Bütner, Werner Johe and Angelika Voss (eds), *Das Unrechtsregime. Internationale Forschung über den Nationalsozialismus* (Hamburg, 1986), vol. 2, 91—121。
170. PAAA, (Inland IIg 177) R 100857, f. 174.
171. Longerich, *Himmler*, 575.
172. PAAA, (Inland IIg 177) R 100857, ff. 179f; Longerich, *Himmler*, 575.
173. Longerich, *Himmler*, 576.
174. 有关纳粹对混血犹太人的政策，见Essner, *'Nürnberger Gesetze'*, 410ff; Jeremy Noakes, 'The Development of Nazi Policy towards the German "Mischlinge" 1933—1945', *Leo Baeck Institute Yearbook* 34 (1989), 291—354。有关汉堡混血犹太人命运的详细研究如下: Bate Meyer, *'Jüdische Mischlinge'. Rassenpolitik und Verfolgungserfahrung 1933—1945* (Hamburg, 1999); Claudia Koonz, *The Nazi Conscience* (Cambridge, MA, 2003), 163—189。有关在万湖会议上对混血犹太人的讨论，见Pätzold and Schwarz (eds), *Tagesordnung*, 109—111。
175. Noakes, 'Development', 69.
176. Roseman, *Villa*, 82. 海德里希在万湖会议上提出的议案本身并不新颖。1941年8月21日，艾希曼曾召开了一次会议，让纳粹党总理府、种族与安置办公室和帝国安全总部协调各自的需求。在此次会议上提出的要求，与海德里希在万湖会议上提出的大致是相同的。见Noakes, 'Development', 339; Lösener, 'Rassereferent', 297。
177. PAAA, (Inland IIg 177) R 100857, f. 179; Hilberg, *Destruction*, vol. 2, 418.
178. PAAA, (Inland IIg 177) R 100857, f. 179.
179. Meyer, *Mischlinge*, 25.
180. Noakes, 'Development', 337; Meyer, *Mischlinge*, 30f.
181. 有关1942年的这两次商讨混血犹太人和异族通婚处置办法的跟进会议，见Hilberg, *Destruction*, vol. 2, 436ff。亦见1942年3月5日的帝国安全总部会议记录，收于IfZ, Eich 119。

182. Cesarani, *Eichmann*, 114.
183. 海德里希致路德，1942年2月26日，收于PAAA, (Inland IIg 177) R 100857, f.156；亦见Hilberg, *Destruction*, 491。
184. Noakes, ‘Development’, 341；Pätzold and Schwarz (eds), *Tagesordnung*, 158.
185. 有关这些会议的纪要，见Robert Kempner, *Eichmann und Komplizen* (Zurich, Stuttgart, Vienna, 1961), 165—180 (March)和255—267 (October)；Roseman, *Villa*, 101；Meyer, *Mischlinge*, 12。
186. Wolf Gruner, ‘The Factory Action and the Events at the Rosenstrasse in Berlin: Facts and Fictions about 27 February 1943–Sixty Years Later’, *Central European History* 36 (2003), 178—208.
187. Adler, *Verwaltete Mensch*, 202ff, 280f.
188. Wofgang Benz, ‘Die Dimension des Völkermordes’, 收于Wofgang Benz. (ed.), *Dimension des Völkermordes*, 1—23，此处在第17页；Streit. *Keine Kameraden*, 142ff。
189. Witte et al. (eds), *Dienstkalender*, 21 January 1942, p. 331.

第八章　帝国总督

1. 有关纳粹占领波希米亚和摩拉维亚的最新研究，见Bryant, *Prague in Black*。
2. 内务部长威廉·斯图卡特是最先提出像在英属印度那样设立一个“督抚”的人，他设计了保护国民政部门的结构。见Miroslav Kárný and Jaroslava Milotavá (eds), *Anatomie okupační politiky hitlerovského Německa v 'Protektorátu Čechy a Morava'. Dokumenty z období říšského protektora Konstantina von Neuratha* (Prague, 1987), doc. 2, p. 7。
3. Alice Teichová, ‘The Protectorate of Bohemia and Moravia (1939—1945) : The Economic Dimension’, 收于Mikulas Teich (ed.), *Bohemia in History* (Cambridge, 1998), 267—305。Brandes, *Tschechen*, 166；Eva Drdáčková, *Správní uspořádání protektorátu do Heydrichovy správní reformy (1939—1942)* (Plzeň, 2004)。
4. Eduard Kubů and Drahomír Jančík, *'Arizace' a arizátoři. Drobný a střední židovský majetek v úvěrech Kreditanstalt der Deutschen (1939—1945)* (Prague, 2005)；Evans, *Third Reich in Power*, 686f；Drahomir Jančik, Eduard Kubů and Jan Kuklík (eds), *Arizace a restituce židovského majetku v českých zemích (1939—2000)* (Prague, 2003) .
5. Teichová, ‘The Protectorate’, 274f；Evans, *Third Reich*, vol. 2, 665ff. 海德里希致鲍曼的第17份报告 (1941年12月30日)，收于Kárný et al. (eds), *Deutsche Politik*, 201ff。
6. John L. Heinermann, *Hitler's First Foreign Minister: Constantin Freiherr von Neurath, Diplomat and Statesman* (Berkeley, CA, 1979)，尤其是第3、9—16、86—166页；Mastny, *Czechs*, 60；Richard Overy, *Interrogations: The Nazi Elite in Allied Hands, 1945* (New York, 2001), 82。

7. John G. Lexa, ‘Anti-Jewish Laws and Regulations in the Protectorate of Bohemia and Moravia’, 收于Avigdor Dagan (ed.), *The Jews of Czechoslovakia*, 4 vols (Philadelphia, 1968—84), vol. 3, 77—103。亦见如下政策文件和内部文件汇编：‘Befehlshaber der Sicherheitspolizei und des SD. Zentralamt für die Regelung der Judenfrage in Böhmen und Mähren’, 收于Yad Vashem Archives, 051/204。
8. Brandes, *Tschechen*, vol. 1, 83ff.
9. 有关捷克的抵抗，见Jaroslav Čvaćara, *Někomu život, někomu smrt. Československý odboj a nacistická okupační moc 1939—1941* (Prague, 2002)；Radomír Luža, *V Hitlerově objetí. Kapitoly z českého odboje* (Prague, 2006)。有关苏台德的德国共产主义者，见Mark Cornwall, ‘Stirring Resistance from Moscow: The German Communists of Czechoslovakia and Wireless Propaganda in the Sudetenland, 1941—1945’, *German History* 24 (2006), 212—242。
10. Brandes, *Tschechen*, vol. 1, 171ff.
11. 诺伊拉特1941年9月15日致鲍曼和希特勒的报告，收于Kárný et al. (eds), *Deutsche Politik*, doc. 1, pp. 77ff。
12. Brandes, *Tschechen*, vol. 1, 196；Sládek, ‘Standrecht’, 330f.
13. 有关希特勒9月16日下达的命令 (31a)，见Hubatsch (ed.), *Hitlers Weisungen*, 149；凯特尔同日下达的命令，收于BA-MA, RH 26, 104/14。有关塞尔维亚，见Manoschek, *‘Serbien ist jundenfrei’*, 43ff。有关西欧，见Guus Meershoeck et. al. (eds), *Repression und Kriegsverbrechen. Die Bekämpfung von Widerstands- und Partisanenbewegungen gegen die deutsche Besatzung in West- und Südosteuropa* (Berlin and Göttingen, 1997)；Weber, *Sicherheit*, 59ff。
14. 海德里希致警察局，1941年8月27日，收于BAB, R 58/1027, f. 205；Bohn, *Reichskommissariat*, 81f, 92ff。
15. Guus Meershoeck, ‘Machtentfaltung und Scheitern. Sicherheitspolizei und SD in den Niederlanden’, 收于Paul and Mallmann (eds), *Gestapo im Zweiten Weltkrieg*, 383—402。
16. John A. Armstrong, *Ukrainian Nationalism, 1935—1949* (2nd edn, New York, 1963), 69f.
17. 海德里希致拉默斯，1941年9月18日，BAB, R 43 II/396。海德里希和希姆莱飞抵里加，然后次日又驾车前往米陶和雷瓦尔（又称塔林），并从那里出发，去多帕特和普莱斯考。9月21日，他们到达了拉斯滕堡附近，位于马祖里森林的元首指挥部，并和希特勒共进晚餐，讨论保护国的情况和将海德里希任命为代理帝国总督一事。Witte et al. (eds), *Dienstkalender*, 18—21 September 1941, pp. 214f。有关和希特勒的这次会面，亦见Koeppen, report no. 35 of 22 September, BAB, R 6/34a, f.24。
18. 例如见1941年9月19日布拉格警察局的报告，收于Kárný et al. (eds), *Deutsche Politik*, doc. 6, p. 86；Detlef Brandes, ‘Nationalsozialistische Tschechenpolitik’,

收于 Detlef Brandes and Václav Kural (eds), *Der Weg in die Katastrophe. Deutsch-tschechoslowakische Beziehungen 1938—1947* (Essen, 2004), 39—50，此处在第46页。
19. Kershaw, *Hitler*, vol 2, 641；*Dienstkalender*, 217ff.
20. 有关希特勒对此事改变主意的原因，见 Friedländer, *Extermination*, 291f。亦见 Browning, *Origins*, 326；Kershaw, *Hitler: Nemesis*, 477。
21. 见吕泽纳1941年8月18日向弗里克提交的备忘录，收于 Lösener, 'Rassereferent', 303。希姆莱和海德里希在9月2日也探讨了这个问题，见 Witte et al. (eds), *Dienstkalender*, 203。
22. 希姆莱致格莱泽尔，1941年9月18日，收于 BAB, NS 19/2655, f. 3；重印于 Peter Witte, 'Two Decisions Concerning the "Final Solution oft he Jewish Question": Deportations to Lodz and the Mass Murder in Chelmno', *Holocaust and Genocide Studies* 9 (1995), 318—345。信件的一份副本被发送给了海德里希。
23. 戈培尔1941年9月24日的日记，收于 *Tagebücher*, part II, vol. 1, 480ff。
24. 尽管有犹太人游击队的存在，但在被占领土的整体游击队力量中，犹太人还是只占了不足5%。见 Leonid Smilovitsky, 'Righteous Gentiles, the Partisans and Jewish Survival in Belorussia, 1941—1944', *Holocaust and Genocide Studies* 11 (1997), 301—329。
25. 有关海德里希对这次任命的情绪反应，见 Schellenberg, *Labyrinth*, 225；Heydrich, *Kriegsverbrecher*, 56。有关他在1941年后与希姆莱的关系，见 Longerich, *Himmler*, 589。
26. Heydrich, *Kriegsverbrecher*, 98f；Witte et al. (eds), *Dienstkalender*, 24 September 1941, p. 217.
27. 有关弗朗克，见 BAB, BDC, SSO Karl Hermann Frank；Miloslav Moulis and Dušan Tomášek, *K. H. Frank. Vzestup a pád karloovarského knihkupce* (Prague, 2003), 12ff；Ralf Gebel, *'Heim ins Reich'. Konrad Henlein und der Reichsgau Sudetenland (1938—1945)* (Munich, 1999), 43ff。
28. Heydrich, *Kriegsverbrecher*, 102. 海德里希致鲍曼，1941年9月27日，收于 Kárný et al. (eds), *Deutsche Politik*, doc. 11, p. 93。亦见如下对布拉格气氛的描述：Naudé, *Politischer Beamter*, 116；Wilhelm Dennler, *Die böhmische Passion* (Freiburg, 1953), 55。
29. Heydrich, *Kriegsverbrecher*, 104.
30. 海德里希1941年10月2日在切宁宫的演讲，收于 National Archives, Prague, 114-6-4, carton 22。Naudé, *Politischer Beamter*, 124；海德里希在1942年2月4日的演讲中表达了类似的观点，收于 National Archives, Prague, 114-22, f. 56。
31. 见1941年9月27—28日海德里希的紧急状态声明。用作新闻报道的版本，收于 National Archives, Prague, 114, carton 1140。亦见1941年10月1日第二次（更具体的）紧急状态声明，出处同上。引文出自海德里希1941年10月10日向保护国记者发表的演说，收于 National Archives, Prague, 114-2-47, carton 8。

32. Kural, *Vlastenci proti okupaci*, 156ff. 有关受到简易法庭审判的人数，见Brandes, *Tschechen*, vol. 1, 212。有关9月30日的判决，见1941年9月20日格雷戈里向海德里希提交的报告，收于National Archives, Prague, 114, carton 1140。亦见Martin Hořák and Tomáš Jelínek, *Nacistická perzekuce obyvatel českých zemí* (Prague, 2006)。
33. 海德里希致鲍曼，1941年10月1日，收于Kárný et al. (eds), *Deutsche Politik*, doc.20, p. 105；1941年10月17日在帝国总督办公室召开的高级职员会议记录，收于National Archives, Prague, 114–2–26。
34. Sládek, 'Standrecht', 326.
35. Brandes, 'Nationalsozialistische Tschechenpolitik', 45；Hans Maršálek, *Die Geschichte des Konzentrationslagers Mauthausen* (Vienna, 1980), 122. 有关被送去奥斯维辛的囚犯人数，见Miroslav Kárný, 'Introduction', 收于Miroslav Kárný et al. (eds), *Deutsche Politik*, 41。
36. 见海德里希1941年10月12日在《新的一天》中发布的命令。亦见Mark Dimond, 'The Sokol and Czech Nationalism, 1918—1948', 收于Mark Cornwall and R. J. W. Evans (eds), *Czechoslovakia in a Nationalist and Fascist Europe, 1918—1948* (Oxford, 2007), 185—206。驻帝国总督办公室的外交部代表格斯特贝格尔1941年10月2日的报告，收于PAAA, R 101109, vol. 2。
37. 海德里希致鲍曼，1942年5月16日，收于Kárný et al. (eds), *Deutsche Politik*, docs.96, 97, pp. 259f, 262f。亦见Jaroslav Kokoška and Stanislav Kokoška, *Spor o agenta A-54* (Prague, 1994)。
38. 布拉格国家警察局有关逮捕抵抗组织成员的报告，1942年11月10日，收于Kárný et al. (eds), *Deutsche Politik*, doc. 47, pp. 177—181。有关民主抵抗力量的命运，见Brandes, *Tschechen*, vol. 1, 217ff。
39. 海德里希致哈查，1941年10月9日，收于National Archives, Prague, 109–4–16。
40. 希特勒的言论，引自Kárný et al. (eds), *Deutsche Politik*, 11。
41. 见审判记录，收于BAB, R 22/4070；以及Helmut Heiber, 'Zur Justiz im Dritten Reich. Der Fall Eliáš', *VfZ* 3 (1955), 275—396。埃利亚什的话引自海德里希1941年10月1日写给鲍曼的信，收于Kárný et al. (eds), *Deutsche Politik*, doc. 20, p. 103。9月28日，他曾经通过电话向希姆莱汇报过这则消息，见Witte et al. (eds), *Dienstkalender*, 221。有关发表的宣言，见1941年10月2日的《新的一天》，1941年10月2日的《捷克文字》，1941年10月2日的《田园》，1941年10月2日的《国策》。更笼统的有关保护国的通敌活动，见Detlef Brandes, 'Kolaborace v Protektorátu Čechy a Morava', *Dějiny a socučasnost* 16 (1994), 25—29；Jiří Frajdl, *Protektorátní kolaborantské a fašistické organizace, 1939—1945* (Prague, 2003)。
42. 海德里希致鲍曼，1941年12月30日，收于Kárný et al. (eds), *Deutsche Politik*, doc.65, p. 202；以及海德里希致鲍曼，1942年1月3日，出处同上，doc. 66, p. 208。亦见Gustav von Schmoller, 'Heydrich im Protektorat Böhmen und Mähren', *VfZ* 27 (1979), 626—645。Brandes, *Tschechen*, vol. 1, 213ff；Mastny, *Czechs*, 187ff。

43. Mastny, *The Czechs*, 200.
44. 哈查在1941年12月4日说的话，引自Mastny, *Czechs*, 197ff。亦见Kural, *Vlastenci proti okupaci*, 156f。
45. 海德里希1942年2月4日在布拉格城堡的演讲，收于National Archives, Prague, 114–6–2, carton 22, p. 10。
46. Brandes, *Tschechen*, vol. 1, 225—227.
47. 海德里希1942年2月4日在布拉格城堡的演讲，收于National Archives, Prague, 114–6–2, carton 22, p. 10。类似的情绪在海德里希发给拉默斯的电报中也有所表达，1941年10月9日，收于BAB, R 43II/1326。
48. 有关目击证人的报告，见Lisl Urban, *Ein ganz gewöhnliches Leben* (Leipzig, 2006), 113。有关海德里希的策略，见海德里希致鲍曼，1941年10月1日，收于Kárný et al. (eds), *Deutsche Politik*, doc. 20, p. 105；以及1941年10月17日在帝国总督办公室召开的高级职员会议记录，收于National Archives, Prague, 114–2–26。有关行刑的持续进行，见党卫军少校、布拉格简易法庭庭长伊尔莫致弗朗克，1941年11月6日，收于Kárný et al. (eds), *Deutsche Politik*, doc. 46, pp. 176—177。在10月14日一次于柏林举行的长达五个小时的会议中，希姆莱和海德里希可能讨论了这个策略，见Witte et al. (eds), *Dienstkalender*, 234f。
49. 情报报告，引自Bryant, *Prague in Black*, 144。亦见Brandes, *Tschechen*, vol. 1, 212。
50. Werner Best, 'Grundfragen einer deutschen Grossraum-Verwaltung', 收于*Festgabe für Heinrich Himmler* (Darmstadt, 1941), 33—60；亦见Herbert, *Best*, 275ff；Mazower, *Hitler's Empire*, 235ff。
51. Heydrich, *Kriegsverbrecher*, 100；Naudé, *Politischer Beamter*, 122.
52. 莉娜·海德里希致彼得·施奈德斯，1962年1月12日，NIOD, doc. I, 691A。
53. 见1941年12月3日和1941年12月16日的《人民观察家报》。亦见Paula Diehl (ed.), *Körper im Nationalsozialismus, Bilder und Praxen* (Munich, 2006)。
54. Heydrich, *Kriegsverbrecher*, 10, 100ff.
55. 有关潘内斯克·布列札尼，见http:// www.panenskebrezany.cz/view.php?cisloclanku=2007110002。Heydrich, *Kriegsverbrecher*, 108, 112。
56. 有关这些感兴趣的领域，见海德里希致哈查，1941年12月24日，收于National Archives, Prague, 114–6–2, carton 22；海德里希致哈查，1942年5月4日，收于National Archives, Prague, 114–5–15, carton 19；海德里希1941年4月22日的笔记，收于National Archives, Prague, 114–5–15, carton 19；海德里希致戈林，1941年12月27日，收于National Archives, Prague, 114–6–2。
57. Heydrich, *Kriegsverbrecher*, 106.
58. 莉娜·海德里希致彼得·施奈德斯（阿姆斯特丹），1962年1月12日，NIOD, doc. I, 691A。
59. Heydrich, *Kriegsverbrecher*, 86ff. 亦见海德里希致巴克，1941年12月6日，收于National Archives, Prague, 114–5–15, carton 19。2009年3月对海德尔·海德里

希的采访。

60. Adam Tooze, *Wages of Destruction: The Making and Breaking of the Nazi Economy* (London, 1006), 477ff. Kay, 'Staatssekretäre', 685—700.
61. Richard J. Overy, 'Business in the "Grossraumwirtschaft": Eastern Europe, 1938—1945', 收于Harold James (ed.), *Enterprise in the Period of Fascism in Europe* (Burlington, VT, 2002), 151—177；Václav Kural, 'Von Masaryks "Neuem Europa" zu den Grossraumplänen Hitler-Deutschlands', 收于Richard Plaschka (ed.), *Mitteleuropa-Konzeptionen in der ersten Hälfte des 20. Jahrhunderts* (Vienna, 1995), 351—357；Hortst Kahrs, 'Von der "Grossraumwirtschaft" zur "Neuen Ordnung". Zur strategischen Orientierung der deutschen Eliten 1932—1943', 收于Götz Aly (ed.), *Modelle für ein deutsches Europa. Ökonomie und Herrschaft im Grosswirtschaftsraum* (Berlin, 1992), 9—28。
62. Werner Daitz, Walther Funk and Hermann Göring, 收于Jeremy Noakes and Geoffrey Pridham (eds), *Nazism, 1919—1945. A Documentary Reader,* 4 vols (Exeter, 1995—8), vol. 3, 884—900；亦见Paolo Fonzi, 'Nazionalsocialismo e nuovo ordine europeo: la discussione sulla "Grossraumwirtschaft"', *Studi Storici* 45 (2004), 313—365。
63. Mastny, *Czechs,* 80ff；1941年12月9日海德里希和帝国新闻主管迪特里希博士的通信，收于National Archives, Prague, 114-5-15, carton 19。
64. 海德里希1941年12月17日在布拉格举行的东南欧学会经济论坛上的开幕演讲，National Archives, Prague, 114-5-15, carton 8。他曾在前一天与希姆莱在电话中讨论了这场活动，见Witte et al. (eds), *Dienstkalender,* 291。
65. 戈林致海德里希，1941年12月27日，收于National Archives, Prague, 114-6-2。
66. 海德里希1941年10月2日在切宁宫的演讲，收于National Archives, Prague, 114-6-4, carton 22。
67. 有关将食物配给的增加当成海德里希个人功劳的新闻报道，见1941年10月25日的《捷克文字》，1941年10月25日的《国策》，1941年10月25日的《田园》。
68. 海德里希1941年10月24日致工会代表的演讲，收于National Archives, Prague, 114-6-8。亦见党卫军少校沃尔夫对此次事件的记录，收于National Archives, Prague, 109-4-175。保安局认为，这些政治宣传集会是一次彻底的失败——由于宣传气氛过浓，他们本想说服的那些工人抵制了这些活动。见1941年10月20日保安局的报告，收于Kárný et al. (eds), *Deutsche Politik,* doc. 35, pp. 158—159。
69. 1941年10月25日和26日、9月30日及10月4日的《新的一天》。亦见1941年10月3日的《捷克文字》；Walter Wannenmacher, 'Reinhard Heydrich', *Böhmen und Mähren* (1942), 188—189。
70. Jaroslav Krejćí, 'The Bohemian-Moravian War Economy', 收于Michael Charles Kaser and Edward Albert Radice (eds), *The Economic History of Eastern Europe, 1919—1975* (Oxford, 1986), 491, table 19；亦见海德里希1941年12月5日在布

拉格致捷克农业工人代表的演讲，收于National Archives, Prague, 114–6–8。

71. 1941年11月1日在帝国总督办公室召开的高级职员会议，收于National Archives, Prague, 114–2–26。海德里希1941年10月2日在切宁宫的演讲，收于National Archives, Prague, 114–6–4, carton 22。1942年2月4日，海德里希在布拉格城堡演讲时表达过类似的观点，见National Archives, Prague, 114–22, ff. 30—33。亦见战后对瓦尔特·雅可比的审讯，Archive of the Ministry of the Interior (AMV), Prague, 325–166–3。
72. Vaclav Průcha, *Hospodářské a sociální dějiny Československa 1918—1992, 1. Díl období 1918—1945* (Brno, 2004), 427—431；Dana Musilová, 'Problémy sociálně ekonomického vývoje v letech 1939—1945 v protektorátu Čechy a Morava', *Historický obzor* 3 (1992), 149—152.
73. 1942年2月12日的《新的一天》。当展览转移到柏林时，一颗燃烧弹在1942年5月18日爆炸。作为回应，海德里希逮捕了挑起这次事件的"共产主义混血犹太人"赫伯特·鲍姆，以及另外154名犹太男子，并将他们送往萨克森豪森。他们在那里连同其他96名犹太囚犯一起遭到射杀。见Wolfgang Scheffler, 'Der Brandanschlag im Berliner Lustgarten im Main 1942 und seine Folgen. Eine quellenkritische Betrachtung', *Berlin in Geschichte und Gegenwart. Jahrbuch des Landesarchivs Berlin* 3 (1984), 91—118； 以 及Witte et al. (eds), *Dienstkalender*, 26 May 1942, p. 437。
74. 1941年10月26日的《新的一天》。
75. Burian et al., *Assassination*, 53. 很难评估这种形式政治宣传的成功程度，但很可能它大体上对捷克大众并没有产生多少影响。Tim Fauth, *Deutsche Kulturpolitik im Protektorat Böhmen und Mähren, 1939—1941* (Göttingen, 2004), 89f.
76. Evans, *Third Reich in Power*, 686f.
77. Mazower, *Hitler's Empire*；Evans, *Third Reich at War*, 346ff；Streit, *Keine Kameraden*, 128.
78. Herbert, *Foreign Workers*, 143ff；Jaroslava Milotová, '"Cizorodí" dělníci a jejich pracovní nasazení v nacistickém Německu v letech 1939—1945'，收于Jana Havlíková (ed.), *Museli pracovat pro Říši. Nucené pracovní nasazení českého obyvatelstva v letech 2. světové váky. Doprovodná publikace k výstavě* (Prague, 2004), 26。
79. 施佩尔的话，引自Deschner, *Heydrich*, 287f。
80. Havlíková (ed.), *Museli pracovat pro Říši*, 28；Herbert, *Foreign Workers*, 163ff.
81. 海德里希1942年5月26日的演讲，收于National Archives, Prague, 114, carton 8。有关5月的命令，见*IMT*, vol. 26, 485；Miroslav Kárný, 'Der "Reichsausgleich" in der deutschen Protektoratspolitik'，收 于Ulrich Herbert (ed.), *Europa und der 'Reichseinsatz'. Ausländische Zivilarbeiter, Kriegsgefangene und KZ-Häftlinge in Deutschland 1938—1945* (Essen, 1991), 26—50，此处在第38页。
82. 1942年5月21日的情报报告，收于National Archives, Kew, HS 4/79。

83. 海德里希致哈查，1941年11月6日，收于National Archives, Prague, 114–5–15, carton 19。
84. Brandes, *Tschechen*, vol. 1, 224—225. 亦见海德里希致鲍曼，1942年5月18日，收于Kárný et al. (eds), *Deutsche Politik*, doc. 98, pp. 262—263。海德里希致哈查，1941年11月6日，收于National Archives, Prague, 114–5–15, carton 19。
85. Heydrich, *Kriegsverbrecher*, 92f, 99. 海德里希致哈查，1941年12月24日，收于National Archives, Prague, 114–6–2。
86. 1941年11月1日的高级职员会议（与会者有海德里希、弗朗克、伯格斯多夫、勃姆、富克斯和毛勒），收于National Archives, Prague, 114–2–26。Jaroslava Milotová, 'Výsledky Heydrichovi správní reformy z pohledu okupaćního aparátu', *Paginae historiae* 2 (1994), 161—174；Jaroslava Milotová, 'Personální aspekty tzv. Heydrichovi správní reformy', *Paginae historiae* 1 (1993), 196—218。有关1941年11月9日与拉默斯在慕尼黑的会面，见海德里希1941年11月11日的笔记，收于National Archives, Prague, 114–5–15, carton 19；海德里希致鲍曼，1941年12月30日，收于Kárný et al. (eds), *Deutsche Politik*, doc. 65, p. 206。
87. 海德里希1942年2月4日在布拉格城堡的演讲，收于National Archives, Prague, 114–6–2, p. 19。有关贝特施的捷克同事对他被任命一事的批判性回应，见保安局1942年1月20日向海德里希呈递的报告，收于National Archives, Prague, 114–5–15, carton 19。
88. 例如见英国情报报告，收于National Archives, Kew, HS 4/79/324795。
89. 见莫拉韦茨1942年2月6日与弗朗克会面的会议记录，后者将海德里希有关保护国政治宣传的详细指令交给了莫拉韦茨，收于Kárný et al. (eds), *Deutsche Politik*, doc. 78, pp. 234—235。
90. 1942年1月19日海德里希致新保护国政府的演讲，收于National Archives, Prague, 114–6–8。
91. 海德里希致鲍曼，1941年11月6日，收于National Archives, Prague, 114–3–17。
92. 1941年11月1日在帝国总督办公室召开的高级职员会议记录，收于National Archives, Prague, 114–2–26。
93. 海德里希致鲍曼，1941年11月6日，收于National Archives, Prague, 114–3–17。
94. 1941年11月1日在帝国总督办公室召开的高级职员会议记录，收于National Archives, Prague, 114–2–26。
95. 海德里希1942年1月19日致新保护国政府的演讲，收于National Archives, Prague, 114–6–8；1942年1月20日的《新的一天》。
96. 数据来源于Mazower, *Hitler's Empire*, 238；海德里希致鲍曼，1942年5月18日，收于Kárný et al. (eds), *Deutsche Politik*, doc. 98, p. 266。
97. Bryant, *Prague in Black*, 31ff.
98. 海德里希致高级职员，1941年11月1日，收于National Archives, Prague, 114–2–26。截至1942年6月，只有布拉格、巴德维斯、皮尔森、克尼格雷兹、布隆和伊格劳等的高级区管理办公室存留下来。

99. 海德里希致鲍曼，1942年5月18日，收于Kárný et al. (eds), *Deutsche Politik*, doc.98, p. 266。事实上，被“空出来去服兵役了”的公务员数量要低得多，可能有大约三万人。见Miroslav Kárný, ‘Introduction’, 收于Miroslav Kárný et al. (eds), *Deutsche Politik*, 53。
100. Mastny, *Czechs,* 201；Brandes, ‘Nationalsozialistische Tschechenpolitik’, 46.
101. 海德里希1942年2月4日的演讲，收于National Archives, Prague, 114–22, p. 39。
102. 戈培尔1942年1月21日的日记，收于*Tagebücher*, part II, vol. 3, 162。
103. 希特勒在1942年1月25日说的话，Hitler, *Monologe*, 227f。
104. Adolf Hitler, *Hitler's Table Talk 1941—1944* (London, 1953), 490ff，引自p. 494。
105. Brandes, ‘Nationalsozialistische Tschechenpolitik’, 51. 有关海德里希对工人的措施，见Dana Severová, ‘Sociální politika nacistú v takzvaném Protektorátu v letech 1939—1945’, *Déjiny socialistického Ceskoslovenska* 7 (1985), 184—190；Mastny, *Czechs,* 194f；Brandes, *Tschechen*, vol. 1, 230f。
106. 见Miroslav Kárný, ‘Die materiellen Grundlagen der Sozialdemagogie in der Protektoratspolitik Heydrichs’, *Historica* 19 (1989), 123—159。
107. Naudé, *Politischer Beamter*, 123.
108. Pohl, *Ostgalizien*；Gerlach, *Kalkulierte Morde*；Wendy Lower, *Nazi Empire-Building and the Holocaust in Ukraine* (Chapel Hill, NC, 2005) .
109. Brandes, *Tschechen*, vol. 1, 32ff；Mastny, *Czechs,* 94f.
110. 鲍曼致海德里希，收于National Archives, Prague, 114–2–26。
111. 海德里希的话引自他1941年10月2日在切宁宫的演讲，收于Kárný et al. (eds), *Deutsche Politik*, doc. 22, p. 120。Bryant, *Prague in Black*, 31。
112. 维尔纳·克彭有关海德里希与希特勒1941年10月2日谈话的报告，收于Kárný et al. (eds), *Deutsche Politik*, doc. 21, p. 107。
113. Kárný, ‘Introduction’, 出处同上，13—14。有关保安局的报告，见Boberach (ed.), *Meldungen aus dem Reich*。其中有关海德里希在布拉格的时光的讲述，见vols. 8 to 10, pp. 2809—3787。从保护国发送的每日和每月保安局报告于1941年10月中止。
114. 戈培尔1942年2月15日的日记，收于*Tagebücher*, part II, vol. 3, 316。
115. 海德里希1942年2月4日在布拉格城堡的演讲，收于National Archives, Prague, 114–6–2, carton 22, f. 4。
116. Heinemann, ‘Perpetrator’, 387ff.
117. Browning, *Origins*, 240ff；Gerlach, *Kalkulierte Morde*, 26ff；Karel C. Berkhoff, *Harvest of Despair: Life and Death in Ukraine under Nazi Rule* (Cambridge, MA, 2004), 35ff；Dean, *Collaboration*, 110ff；Streit. *Keine Kameraden*, 128.
118. Heinemann, ‘Perpetrator’, 387ff.
119. 国防军在波希米亚和摩拉维亚保护国总督府的全权代表弗里德里希将军撰

写的有关1940年10月9日会议的备忘录，印于Václav Král (ed.), *Die Deutschen in der Tschechoslowakei 1933—1947. Dokumentensammlung* (Prague, 1964), doc. 322a, pp. 427f。

120. 1940年10月14日有关希特勒对捷克自主权和保护国日耳曼化政策决定的外交部备忘录，出处同上，428。
121. Heinemann, '*Rasse*', 155ff.
122. Bryant, *Prague in Black*, 159. 亦见Isabel Heinemann, '"Deutsches Blut". Die Rasseexperten der SS und die Volksdeutschen', 收于Jerzy Kochanowski and Maike Sach (eds), *Die 'Volksdeutschen' in Polen, Frankreich, Ungarn und der Tschechoslowakei. Mythos und Realität* (Osnabrück, 2005), 163—182。
123. 海德里希1941年10月17日在帝国总督办公室举行的高级职员会议中的发言，收于National Archives, Prague, 114-2-26。
124. Deschner, *Heydrich*, 217ff；Dederichs, *Heydrich*, 155ff.
125. Naudé, *Politischer Beamter*, 124；亦见Dennler, *Böhmische Passion*, 62f。
126. 海德里希1941年10月2日在切宁宫的演讲，收于National Archives, Prague, 114-6-4, carton 22。
127. 出处同上。
128. 有关这个争议，见如下更详细的描述：Robert Gerwarth and Stephan Malinowski, 'Hannah Arendt's Ghosts: Reflections on the Disputable Path from Windhoek to Auschwitz', *Central European History* 42 (2009), 279—300。
129. 希特勒1941年9月17日的言论，引自Hitler, *Monologe*, 62f；亦见193, 361。
130. Birthe Kundrus, 'Kontinuitäten, Parallelen, Rezepionen. Überlegungen zur Kolonialisierung des Nationalsozialismus', *WerkstattGeschichte* 43 (2006), 45—62，此处在第57页以下。
131. Reinhard Höhn and Helmut Seydel, 'Der Kampf um die Wiedergewinnung des deutschen Ostens. Erfahrungen der Preussischen Ostsiedlung 1866—1914', 收于*Festgabe für Heinrich Himmler* (Darmstadt, 1941), 61—174，尤其是第99页及以下。有关德意志帝国对波兰的"殖民政策"，见Philipp Ther, 'Deutsche Geschichte als imperial Geschichte. Polen, slawophone Minderheiten und das Kaiserreich als kontinentales Empire', 收于Sebastian Conrad and Jürgen Osterhammel (eds), *Das Kaiserreich transnational. Deutschland in der Welt, 1871—1914* (Göttingen, 2004), 129—148；Thomas Serrier, *Entre Allemagne et Pologne: Nations et identités frontalières, 1848—1914* (Paris, 2002)；Vejas Gabriel Liulevicius, *Ther German Myth of the East: 1800 to the Present* (Oxford, 2009)。
132. 海德里希1941年10月2日在切宁宫的演讲，收于National Archives, Prague, 114-6-4, carton 22。
133. 戈培尔读过这次演讲的一份草稿，并以书面形式做了点评。见他1941年9月28日写给海德里希的信，收于National Archives, Prague, 114-6-4, carton 1140。

134. Witte et al. (eds), *Dienstkalender*, 20 March 1941；Helmut Heiber, 'Der Generalplan Ost', *VfZ* 6 (1958), 281—325.

135. 有关"东方总计划"的起源和种族与安置办公室的计划，见Heinemann, '*Rasse*', 362ff；Rutherford, *Prelude*；Czeslaw Madajczyk (ed.), *Vom Generalplan Ost zum Generalsiedlungsplan* (Munich, 1994)；Rolf-Dieter Müller, *Hitler's Ostkrieg und die deutsche Siedlungspolitik. Die Zusammenarbeit von Wehrmacht, Wirtschaft und SS* (Frankfurt, 1991)；Mechtild Rössler and Sabine Schleiermacher (eds), *Der 'Generalplan Ost'. Hauptlinien der nationalsozialistischen Planungs-und Vernichtungspolitik* (Berlin, 1993)。

136. 有关背景，见Alena Mišková, 'Rassenforschung und Oststudien an der Deutschen (Karls-) Universität in Prag'，收于Detlef Brandes, Edita Ivanićková and Jiří Pešek (eds), *Erzwungene Trennung. Vertreibungen und Aussiedlungen in und aus der Tschechoslowakei 1938—1947 im Vergleich mit Polen, Ungam und Jugoslawien* (Essen, 1999)。有关卡尔·瓦伦汀·缪勒，见Eduard Kubů, '"Die Bedeutung des deutschen Blutes im Tschechentum". Der "wissenschaftspädagogische" Beitrag des Soziologen Karl Valentin Müller zur Lösung des Problems der Germanisierung Mitteleuropas', *Bohemia. Zeitschrift für Geschichte und Kultur der böhmischen Länder* 45 (2004), 93—114。

137. 缪勒的聘书，1941年11月6日，引自Kubů, 'Bedeutung', 98。

138. 马丁·保罗·沃尔夫致弗朗茨·阿尔弗雷德·希克斯，附有缪勒以下备忘录的副本：'Die tsche-chisch-deutsche Frage'，收于Státní oblastní archiv Praha (Prague State Archive), NSDAP Prag, file collection 'K. V. Müller'。亦见Kubů, 'Bedeutung', 96ff。

139. Kubů, 'Bedeutung', 96ff.

140. Hans Joachim Beyer, *Aufbau und Entwicklung des ostdeutschen Volkstraums* (Berlin, 1935)；Karl Heinz Roth, 'Heydrichs Professor. Historiographie des "Volkstums" und der Massenvernichtungen. Der Fall Hans Joachim Beyer'，收于Peter Schöttler (ed.), *Geschichtsschreibung als Legitimationswissenschaft* (Frankfurt, 1997), 262—342，尤其是第307页。

141. Alexander Pinwinkler, '"Assimilation" und "Dissimilation" in der Bevölkerungsgeschichte ca. 1918—1960'，收于Rainer Mackensen (ed.), *Bevölkerungsforschung und Politik in Deutschland im 20. Jahrhundert* (Wiesbaden, 2006), 23—48，此处在第36页。

142. Hans Joachim Beyer, 'Auslese und Assimilation', *Deutsche Monatshefte* 7 (1940), 418；作者同前，'Amerikanisches oder bolschewistisches "Volkstum"', *Deutsche Volksforschung in Böhmen und Mähren* 2 (1943), 204ff；亦见Roth, 'Heydrichs Professor', 262ff。

143. Hans Joachim Beyer, *Das Schicksal der Polen. Rasse–Volkscharakter–Stammesart* (Leipzig, 1942), 158ff.

144. 1945年，拜耳从布拉格逃到德国，开始了第二次且大不一样的职业生涯。他一开始在石勒苏益格—荷尔斯泰因的新教教堂当发言人，然后从1950年起又在弗伦斯堡大学当历史学教授。Pinnwinkler, '"Assimilation"', 30；Andreas Wiedemann, *Die Reinhard-Heydrich-Stiftung in Prag 1942—1945* (Dresden, 2000)；Alena Mišková, 'Die Deutsche Universität Prag im Vergleich mit anderen deutschen Universitäten der Kriegzeit', 收于 Hans Lemberg (ed.), *Universitäten in nationaler Konkurrenz. Zur Geschichte der Prager Universitäten im 19. und 20. Jahrhundert* (Munich, 2003), 177—194，此处在第186页。
145. 海德里希1941年10月2日在切宁宫的演讲，收于National Archives, Prague, 114-6-4, carton 22。有关为海德里希的观点提供依据的1940年3月党卫军种族调查，见BAB, NS 2/88, 30—38。
146. 海德里希1941年10月2日在切宁宫的演讲，收于National Archives, Prague, 114-6-4, carton 22。有关背景，见Boris Čelovský (ed.), *Germanisierung und Genozid. Hitlers Endlösung der tschechischen Frage. Deutsche Dokumente 1933—1945* (Brno and Dresden, 2005)。
147. Götz Aly and Karl Heinz Roth, *Die restlose Erfassung. Volkszählen, Identifizieren, Aussondern im Nationalsozialismus* (Frankfurt am Main, 2000)；Bartov, 'Defining Enemies', 135ff；Eric D. Weitz, *A Century of Genocide: Utopias of Race and Nation* (Princeton, NJ, 2003), 113ff.
148. Heinemann, 'Perpetrator', 392.
149. 有关参与欧洲被占领土种族重建的各部门的一般讨论，见Isabel Heinemann, '"Ethnic Resettlement" and Inter-Agency Cooperation in the Occupied Eastern Territories', 收于 Gerald D. Feldman and Wolfgang Seibel (eds), *Networks of Nazi Persecution: Bureaucracy, Business, and the Organization of the Holocaust* (Oxford and New York, 2004), 213—235。
150. 并没有这次对话的记录，但希特勒那天午餐时间的席间闲谈中包括了一段有关摧毁捷克人民的独白。海德里希也在场，他们关于保护国的对话一定是发生在那顿饭前后。见Hitler, *Monologe*, 106ff。
151. 海德里希1942年2月4日在布拉格城堡的演讲，收于National Archives, Prague, 114-22。
152. Bryant, *Prague in Black*, 158. John Connelly, 'Nazis and Slavs: From Racial Theory to Racist Practice', *Central European History* 32 (1999), 1—33，此处在第16—19页；Lothar Kettenacker, *Nationalsozialistische Volkstumspolitik im Elsass* (Stuttgart, 1973), 232；Doris Bergen, 'The Nazi Concept of "Volksdeutsche" and the Exacerbation of Anti-Semitism in Eastern Europe, 1939—1945', *Journal of Contemporary History* 29 (1994), 569—582，此处在第572页。
153. Bryant, *Prague in Black*, 158—159.
154. 维尔纳·克彭有关海德里希和希特勒1941年10月1—2日会面的报告，收于

Kárný et al. (eds), *Deutsche Politik*, doc. 21, p. 107。

155. 海德里希致鲍曼，1941 年12月 30日，出处同上，doc. 65, p. 206。亦见Bryant, *Prague in Black*, 158。
156. 海德里希致鲍曼，1942 年 5 月 18 日，收于 Kárný et al. (eds), *Deutsche Politik*, doc.98, p. 272。
157. Bryant, *Prague in Black*.
158. 有关地产局和土地收缴，见Miloš Hořejš, ‘Spolupráce Böhmich-Mährische Landgesellschaft, Bodenamt für Böhmen und Mähren a Volksdeutsche Mittelstelle na germanizaci ćeské půdy na Mělnicku a Mladoboleslavsku (1939—1945)’, *Terezínské listy* 34 (2006), 89—124。
159. 海德里希1941 年10月 17 日在帝国总督办公室举行的高级职员会议中的发言，收于 National Archives, Prague, 114–2–26。海德里希1942年2月 4 日在布拉格城堡的演讲，收于 National Archives, Prague, 114–22, p. 23。
160. Wendy Lower, ‘A New Ordering of Space and Race: Nazi Colonial Dreams in Zhytomyr, Ukraine 1941—1944’, *German Studies Review* 25 (2002), 227—254；Uwe Mai, *Rasse und Raum, Agrarpolitik, Sozial-und Raumplanung im NS-Staat* (Paderborn, 2002).
161. 有关布拉格地产局成员的保安局档案，收于 National Archives, Prague, 114–5–15, carton 19。
162. Brandes, ‘Nationalsozialistische Tschechenpolitik’, 53—54.
163. 有关被逐出家园的捷克人的数量，见Brandes, *Tschechen*, vol. 1, 170；Heinemann, ‘*Rasse*’, 166—167。
164. Mazower, *Hitler's Empire*, 186.
165. 海德里希1941 年10月 2 日在切宁宫的演讲，收于 National Archives, Prague, 114–6–4, carton 22。
166. 有关海德里希的种族专家，见Roth, ‘Generalplan Ost’, 36；Heinemann, ‘*Rasse*’, 131；Mišková, ‘Rassenforschung’, 39ff。
167. Brandes, ‘Nationalsozialistische Tschechenpolitik’, 52；Heydrich, *Kriegsverbrecher*, 101.
168. Heinemann, ‘*Rasse*’, 169ff；Bryant, *Prague in Black*, 161.
169. 海德里希1942年2月 4 日在布拉格城堡的演讲，收于National Archives, Prague, 114–22, p. 24。有关海德里希青年政策的具体讨论，见Tara Zahra, *Kidnapped Souls: National Indifference and the Battle for Children in the Bohemian Lands, 1900—1948* (Ithaca, NY, and London, 2008), 232ff。
170. 海德里希1942年2月 4 日在布拉格城堡的演讲，收于National Archives, Prague, 114–22, p. 24。
171. 出处同上。
172. 霍普纳致埃利希和艾希曼，1941 年9月 3 日，引自 Michael Alberti, *Die Verfolgung*

und Vernichtung der Juden im Reichsgau Wartheland (Wiesbaden, 2006), 374。

173. 见海德里希1941年9月29日下达的命令，收于Kárný et al. (eds), *Deutsche Politik*, doc. 15, pp. 97—98。亦见1941年10月6日的《新的一天》。
174. 海德里希1941年10月10日在新闻发布会的发言，收于National Archives, Prague, 114-2-47, carton 8。
175. 海德里希致哈查，1941年10月6日，收于National Archives, Prague, 114, supplement I, carton 43。
176. Heinemann, '*Rasse*', 174；Rothkirchen, *Jews*, 51f；Nathan Stoltzfus, 'The Limits of Policy: Social Protection of Intermarried German Jews in Nazi Germany', 收于Robert Gellately and Nathan Stoltzfus (eds), *Social Outsiders in Nazi Germany* (Princeton, NJ, 2001), 117—144. 亦见海德里希致各区长官有关混血犹太人入籍问题的通函，1942年3月28日，收于USHMMA, RG 48.005 M, reel 2；种族与安置办公室的头目1944年1月25日关于该办公室在波希米亚和摩拉维亚活动的报告，收于BAB, NS 2/153。
177. 'Bericht der Zentralstelle für jüdische Auswanderung', 2 October 1941, 收于Kárný et al. (eds), *Deutsche Politik*, doc. 23, pp. 122—127.
178. Miroslav Kárný, 'Zur Statistik der jüdischen Bevölkerung im sogenannten Protektorat', *Judaica Bohemiae* 23 (1987), 9—19.
179. Zimmermann, *Rassenutopie*, 219ff.
180. 有关死亡人数，见Ctibor Nećas, *Holocaust ćeskýh Romů* (Prague, 1999), 175。
181. Witte et al. (eds), *Dienstkalender*, 405, n. 60.
182. 维尔纳·克彭有关希特勒1941年10月6日席间谈话的报告，收于Kárný et al. (eds), *Deutsche Politik*, doc. 25, p. 130。
183. Bryant, *Prague in Black*, 149；Kershaw, *Hitler: Nemesis*, 479.
184. 海德里希致希姆莱，1941年10月19日，收于IfZ, Eich 1544。有关罗兹隔离区，见Sascha Feuchert, Erwin Leibfried and Jörg Riecke (eds), *Die Chronik des Ghettos Lodz/ Litzmannstadt* (Göttingen, 2006)；以及Andrea Löw, *Juden im Getto Litzmannstadt. Lebensbedingungen, Selbstwahrnehmung, Verhalten* (Göttingen, 2006)；Longerich, *Politik*, 434ff。
185. 1941年10月10日在帝国总督办公室召开的高级职员会议，收于Kárný et al. (eds), *Deutsche Politik*, doc. 29, pp. 137—141。
186. 1941年10月17日在帝国总督办公室召开的高级职员会议记录，收于National Archives, Prague, 114-2-26。有关特莱西恩施塔特，见Hans Günther Adler, *Theresienstadt 1941—1945. Das Antlitz einer Zwangsgemeinschaft* (Göttingen, 2005)；Vojtěch Blodig, 'Dějiny ghetta Terezín (1941—1945)', 收于Miloš Pojar (ed.), *Stín šoa nad Evropou* (Prague, 2001), 57—66；Tomáš Fedorović, 'Zánik města Terezín a jeho přeměna v ghetto', *Terezínské listy* 32 (2004), 15—43。
187. 有关到达特莱西恩施塔特的人数，见Hilberg, *Destruction*, vol. 2, 455。

188. 戈培尔1941年11月18日的日记，收于*Tagebücher*, part II, vol. 2, 309。
189. Miroslav Kárný, *'Konečné řešení'. Genocida českých židů v německé protektorátní politice* (Prague, 1991), 155ff.
190. Browning, *Origins*, 244.
191. 艾希曼1942年1月31日的快信，重印于Longerich, *Ermordung*, 165f。
192. 1942年3月9日的会议记录，重印于Longerich, *Ermordung*, 167ff。
193. 记录海德里希在巴伐利亚阿尔卑斯山的私人录影显示，他当时既放松又愉快，见BA Filmarchiv (Berlin), DW 615/26/1942。亦见Witte et al. (eds), *Dienstkalender*, 7 March 1942, p. 371。
194. Dieter Pohl, *Von der 'Judenpolitik' zum Judenmord. Der Distrikt Lublin des Generalgouvernements 1939—1944* (Frankfurt am Main, 1993), 13ff；David Silberklang, 'Die Juden und die ersten Deportationen aus dem Distrikt Lublin', 收于Bogdan Musial (ed.), *'Aktion Reinhardt'. Der Völkermord an den Juden im Generalgouvernement 1941—1944* (Osnabrück, 2004), 141—164。
195. Witte, 'Two Decisions', 335f.
196. Kárný, *'Konečné řešení'*, 153f. 有关索比堡的更一般的资料，见Jules Schelvis, *Vernichtungslager Sobibór. Dokumente-Texte-Materialien* (Berlin, 1998)。
197. Witte et al. (eds), *Dienstkalender*, 20 October 1941；Yehoshua Büchler, 'The Deportation of Slovakian Jews to the Lublin District of Poland in 1942', *Holocaust and Genocide Studies* 6 (1991), 151—166.
198. 图卡有关海德里希4月10日来访的备忘录，收于National Archives, Prague, 114-7-300；亦见Büchler, 'Deportation', 153ff。
199. 丹内克1941年3月10日的笔记，引自Klarsfeld, *Vichy*, 374f。在6月5日至7月17日期间，有五千名法国犹太人被驱逐到了奥斯维辛。
200. Yitzhak Arad, *Belzec, Sobibor, Treblinka: The Operation Reinhard Death Camps* (Bloomington, IN, 1987), 37ff；Jürgen Matthäus, '"Operation Barbarossa" and the Onset of the Holocaust', 收于Browning, *Origins*, 253—255，此处在第304页。
201. 1963年，前明斯克盖世太保首领格奥尔格·霍伊瑟在受审时重现了这次来访。见Irene Sagel-Grande, H. H. Fuchs and C. F. Rüter (eds), *Justiz und NS-Verbrechen. Sammlung deutscher Strafurteile wegen nationalsozialistischer Tötungsverbrechen 1945—1966*, vol. 19: *Die vom 10.01.1963 bis zum 12.04.1964 ergangenen Strafurteile* (Amsterdam, 1978), vol. 19 (Amsterdam, 1987), doc. no. 552, p. 192。有关新一轮大屠杀，见Gerlach, *Kalkulierte Morde*, 694ff。
202. 有关乌克兰，见Dieter Pohl, 'Schauplatz Ukraine. Der Massenmord an den Juden im Militärverwaltungsgebiet und im Reichskommissariat 1941—1943', 收于Norbert Frei, Sybille Steinbacher and Bernd C. Wagner (eds), *Ausbeutung, Vernichtung, Öffentlichkeit. Neue Studien zur nationalsozialistischen Lagerpolitik* (Munich, 2000), 135—173，此处在第159页以下。

203. Longerich, *Himmler*, 583.
204. Witte et al. (eds), *Dienstkalender*, 410ff；Longerich, *Himmler*, 582f.
205. 海德里希1941年12月19日的发言稿，收于National Archives, Prague, 114–22。
206. 有关海德里希抵达布拉格之前保护国的德国文化政策，见Fauth, *Kulturpolitik*；Jiří Doležal, *Česká kultura za protektorátu* (Prague, 1996)；František Červinka, *Česká kultura a okupace* (Prague, 2002)。
207. Fauth, *Kulturpolitik*, 88.
208. 海德里希致戈培尔，1942年2月，收于National Archives, Prague, 109–4–711。
209. 海德里希1941年9月29日写给戈培尔的信，以及1941年10月1日戈培尔的回复，皆收于National Archives, Prague, 114, carton 1140。亦见戈培尔1941年11月17日的日记，收于*Tagebücher*, part II, vol. 2, 309。
210. 见'Protokoll über die Abmachungen mit dem Reichspropagandaministerium über die beabsichtigten Massnahmen auf dem Sektor Kulturpropaganda' of 14 October 1941，收于National Archives, Prague, 114, carton 1140。
211. 海德里希1942年2月4日在布拉格城堡的演讲，收于National Archives, Prague, 114–22, ff. 23, 50。希姆莱热情地赞同了这些"绝佳的"主意，见希姆莱致海德里希，1941年10月23日，收于National Archives, Prague, 114, carton 1140。
212. 海德里希1941年10月2日在切宁宫的演讲，收于National Archives, Prague, 114–6–4, carton 22。有关瓦茨拉夫的传说对海德里希政治宣传的重要性，亦见战后对瓦尔特·雅可比的审讯，Archive of the Ministry of the Interior (AMV), Prague, 325–166–3。
213. 例如见1941年11月21日的《新的一天》，'Tschechische Betrachtungen zur Wenzelstradition'。
214. 哈查和海德里希的言论，引自1941年11月19日的《新的一天》。
215. Reinhard Heydrich, 'Die Wenzelstration', *Der Neue Tag*, 20 November 1941.
216. National Archives, Kew, HS 4/79/324795.
217. Heydrich, 'Die Wenzelstration'.
218. 海德里希1941年10月2日在切宁宫的演讲，收于National Archives, Prague, 114–6–4, carton 22。
219. 海德里希关于波希米亚历史的笔记（更新版），收于National Archives, Prague, 114–5–15, carton 8。这些解读大多并非起源于海德里希，他大量借鉴了卡尔·赫尔曼·弗朗克在1940年撰写的备忘录，以及苏台德德国法学教授赫尔曼·拉施霍费尔发表在纳粹期刊《波希米亚和摩拉维亚》上的文章。见Karl Hermann Frank, *Böhmen und Mähren im Reich. Vortrag gehalten am 24. Juni 1941 im Ostinstitut in Krakau* (Prague 1941)。亦见希姆莱致海德里希（其中着重强调了瓦茨拉夫的传说），1941年10月23日，收于National Archives, Prague, 114, carton 1140。
220. Hans Lemberg, 'Prag im Zerrspiegel. Die Propagierung des "deutschen Prag" in

der Protektoratszeit'，收于 *Magister noster. Sborník statí věnovaných in memoriam Prof. Dr. Janu Havránkovi* (Prague, 2005), 383—394. Vojtěch Šustek, 'Josef Pfitzner a germanizace města Prahy'，收于 *Osm set let pražské samosprávy. Sborník příspěvků z 18. vědecké konference Archivu hlavního města Prahy* (Prague, 2002), 167—181。

221. 海德里希1942年2月4日在布拉格城堡的演讲，收于National Archives, Prague, 114–22, f. 56。有关他对波希米亚和摩拉维亚发自内心的喜爱，亦见Heydrich, *Kriegsverbrecher*, 105。
222. 有关海德里希对华伦斯坦的兴趣，见Deschner, *Heydrich*, 218。有关这些考古发掘，见海德里希致哈查，1942年5月4日，收于National Archives, Prague, 114–5–15, carton 19。
223. 海德里希致鲍曼，1942年5月8日，收于National Archives, Prague, 114–3–17；海德里希致鲍曼，1941年11月16日，出处同上。
224. 见希姆莱1940年5月的'Denkschrift über die Behandlung der Fremdvölkischen'，重印于 *VfZ* 5 (1957), 195ff。
225. 海德里希1942年2月4日的演讲，收于National Archives, Prague, 114–22, f. 29；海德里希致鲍曼，1942年1月22日，收于National Archives, Prague, 114–3–17。
226. 1942年5月1日的《捷克文字》。
227. National Archives, Kew, HS 4/79/ 324795.
228. 海德里希1942年2月4日在布拉格城堡的演讲，收于National Archives, Prague, 114–22, f. 28。有关参与学术氛围日耳曼化的布拉格的德国学者，见Ota Konrád, 'Die deutschen Hochschullehrer in Prag vor und nach 1938/39. Versuch einer Bestandsaufnahme'，收于Jerzy Kochanowski and Maike Sach (eds), *Die 'Volksdeutschen' in Polen, Frankreich, Ungarn und der Tschechoslowakei. Mythos und Realität* (Osnabrück, 2006), 147—162；Mišková, 'Rassenforschung'；引自Karl Hermann Frank，收于Wannenmacher (ed.), *Leben der Tat*, 39。
229. Wiedemann, *Reinhard-Heydrich-Stiftung*, 44；Alan E. Steinweis, 'German Cultural Imperialism in Czechoslovakia and Poland, 1938—1945'，*International History Review* 13 (1991), 466—480.
230. Wiedemann, *Reinhard-Heydrich-Stiftung*, 89.
231. 海德里希致鲍曼，1942年5月18日，收于Kárný et al. (eds), *Deutsche Politik*, doc.98, pp. 264ff；Wiedemann, *Reinhard-Heydrich-Stiftung*, 44。
232. 莱因哈德·海德里希基金会于1943年5月27日即海德里希逝世一周年纪念日当天正式启动。见Wiedemann, *Reinhard-Heydrich-Stiftung*。
233. 海德里希致鲍曼，1941年12月30日，收于Kárný et al. (eds), *Deutsche Politik*, doc. 65, pp. 203—204。亦见Heydrich, *Kriegsverbrecher*, 105。由海德里希修改过的1941年12月4日布拉格城堡晚餐（着装要求：男士穿西装、女士穿短式晚礼裙）座位表，收于Burian et al., *Assassination*, 40。施佩尔战后对海德里希的

描述，引自 Deschner, *Heydrich*, 286f。

234. 1941年11月的《波希米亚和摩拉维亚》, 400ff；1941年10月29日的《新的一天》。亦见 Vlasta Reittererová, 'Das Mozartjahr 1941 in Prag. Ein Beitrag zur Geschichte des Musiklebens im Protektorat Böhmen und Mähren'，收于 *Přednášky z 47. Běhu Letní školy slovanských studií* (Prague, 2004), 184—206。

235. File 'Heydrich und das Deutsche Theater (nur Rohmaterial!)'，收于 National Archives, Prague, 114–2–26. 亦见 Karl Hermann Frank，收于 Wannenmacher (ed.), *Leben der Tat*, 40。

236. 海德里希1941年10月16日在鲁道夫音乐厅开幕时的演讲，收于 National Archives, Prague, 114–2–47, carton 8。

237. 出处同上。

238. Heydrich, 'Frusswort' for Musical Week，收于 IfZ, Ed 450；贝恩特致戈培尔，1941年1月14日，收于 BAB, R 55, 20750。

239. Heydrich, *Kriegsverbrecher*, 114.

240. 出处同上；Naudé, *Politischer Beamter*, 127f；Klein, 'Pfitzner and the Two Heydrichs', 308—317。

241. 海德里希致鲍曼，1942年5月16日，收于 Kárný et al. (eds), *Deutsche Politik*, doc.96, p. 258。亦见1941年1月至5月保安局的每日报告，这些报告强调了海德里希所提到的抵抗运动的加剧。

242. 1942年5月26日海德里希的演讲，收于 National Archives, Prague, 114, carton 8。

243. 有关东欧，见海德里希1942年3月16日发送给罗森贝格的草稿 'Verordnung über Kollektivmassnahmen in den besetzen Ostgebieten'，收于 BA-MA, SF-01/28985, ff. 127—129。

244. 海德里希致里宾特洛甫（海德里希在被刺杀之前在这封信上签了名，但在之后才邮寄出去），1942年6月3日，引自 Fritz Petrick, *Die Okkupationspolitik des deutschen Faschismus in Dänemark und Norwegen, 1940—1945* (Berlin, 1942), doc. 61, p. 139。

245. Witte et al. (eds), *Dienstkalender*, 28 January 1942, p. 331.

246. 海德里希致总军需官瓦格纳，1941年11月6日，收于 IfZ, MA 280；重印于 Klarsfeld, *Vichy*, 369。亦见 Burrin, *Hitler and the Jews*, 123f。信件的内容显然是征得了希姆莱的同意，他在信被寄出的当天和海德里希通过话。见 Witte et al. (eds), *Dienstkalender*, 21 December 1941, p. 255。

247. 海德里希致卡纳里斯，1942年2月5日，收于 IfZ, MA 1498。信件的一份副本被寄给了希姆莱，他在2月7日和10日同海德里希讨论了此事。见 Witte et al. (eds), *Dienstkalender*, 7 and 10 February 1942, pp. 340, 343。

248. 卡纳里斯致海德里希，1942年2月8日，收于 IfZ, MA 1498。

249. 'Grundsätze für die Zusammenarbeit der Sicherheitspolizei und des SD und den Abwehrstellen der Wehrmacht'，收于 BAB, NS 19/3514。

250. 有关此次会议，见BA Hoppegarten, MIA, 35；Archive of the Czech Interior Ministry, 114–3–14/36–7；有关卡纳里斯到海德里希家里做客，见莉娜·海德里希致彼得·施奈德斯（阿姆斯特丹），1962年1月12日，NIOD, doc. I, 691A。
251. 胡彭科滕的战后证词，收于IfZ, ZS 249, 40。
252. 卡纳里斯写给莉娜·海德里希的信，引自Höhne, *Canaris*, 450。
253. 见希特勒1942年3月9日的命令，收于BAB, R 70/13，以及1942年2月期间党卫军与国防军进行的协商，收于IfZ, MA 342 ff. 8339—8345。
254. 海德里希（从巴黎）致鲍曼，1942年5月7日，收于Kárný et al. (eds), *Deutsche Politik*, doc. 93, p. 254。
255. 丹内克致克诺亨，1942年5月10日，引自klarsfeld (ed.), *Endlösung*, doc. 28。
256. 驻法德国军政首席法官汉斯·伯蒂歇尔1949年10月29日的战后证词，引自Bernhard Brunner, *Der Frankreich-Komplex. Die nationalsozialistischen Verbrechen in Frankreich und die Justiz der Bundersrepublik Deutschland* (Göttingen, 2004), 59。
257. Walter Bargatzky, *Hotel Majestic. Ein Deutscher im besetzten Frankreich* (Freiburg im Breisgau, 1987), 103f.
258. 贝斯特致海德里希，1942年4月15日，收于BAB, BDC, Best；亦见贝斯特有关海德里希的战后陈述（1959年10月1日），收于IfZ (Munich), ZS 207/2, ff.6—7；以及Herbert, *Best*, 316—319。
259. 贝斯特致沃尔夫，1941年11月15日，收于BAB, BDC, Best；亦见Herbert, *Best*, 316。
260. 海德里希致沃尔夫，1942年4月14日，收于BAB, BDC, Best。5月4日，海德里希将贝斯特寄给他的信件转给了希姆莱，并在旁边补充道："对贝斯特的信，我没有任何想补充的内容。"海德里希致希姆莱，1942年5月4日，收于BAB, BDC, Best。
261. 贝斯特致海德里希，1942年5月7日，收于BAB, BDC, Best。前一日，他曾给沃尔夫写信澄清他的立场：出处同上。
262. 贝斯特致沃尔夫，1942年5月13日，收于BAB, BDC, Best。
263. Čestmír Amort, *Heydrichiáda* (Prague, 1965), 37；MacDonald, *Killings*, 166；Brandes, *Tschechen*, vol. 1, 263；Deschner, *Heydrich*, 236；Dederichs, *Heydrich*, 139.
264. Miroslav Kárný, 'Heydrichova cesta do Paříže (5.5.1942)', *Historie a vojenství* 41 (1992), 95—108. 吉斯的书信中只有1942年5月4日勃姆发给弗朗克的一条简讯，说海德里希目前正在巴黎，并且曾命令过让他们假装他是在柏林。勃姆致弗朗克，1942年5月4日，收于National Archives, Prague, 109–4–729。
265. 希姆莱也曾鼓励召开这次会议。他在5月11日通知海德里希，他已经建议希特勒应当同海德里希会面，以商讨克服整个欧洲之内抵抗浪潮的办法。希姆莱致海德里希，1942年5月11日，收于IfZ, MA 328。Kárný et al. (eds), *Deutsche Politik*, 74.

266. 华沙的安全警察和保安局指挥官路德维希·哈恩博士的战后证词，引自 Deschner, *Heydrich*, 236f。
267. 保安局报告58/42，收于National Archives, Prague, 114–308–3。
268. 卡尔·沃尔夫在战后回忆道，希姆莱曾在5月要求海德里希更加留心，鉴于最近他的生命受到了威胁。见沃尔夫战后的证词，收于IfZ, ZS 317, ff. 34f。据在海德里希5月27日手术期间在场的唯一一位捷克外科医生阿洛伊斯·文森茨·霍内克说，海德里希在行动当天穿了一件防弹背心。见Dederichs, *Heydrich*, 144。
269. 施佩尔说的话，引自MacDonald, *Killing*, 148f。

第九章 毁灭的余波

1. Haasis, *Tod*, 116；Alex Huber, '"Du, Reinhard Heydrich, bist ein wahrhaft gutter SS-Mann gewesen": Totenkult und Heldenmythos nach dem Tod von SS-Gruppenführer Reinhard Heydrich', MA thesis, Univeristy of Konstanz, 2009. 亦见海德里希在布拉格和柏林的葬礼的具体流程和指示，收于BAB, BDC, SSO Reinhard Heydrich，以及IfZ, Ed 450。亦见Heydrich, *Kriegsverbrecher*, 6f, 131；以及Witte et al. (eds), *Dienstkalender*, 4, 7 June 1942, pp. 450, 455。
2. 见由《法兰克福报》的柏林联络员弗里茨·桑格总结的宣传部发布的严格指令，收于Kárný et al. (eds), *Deutsche Politik*, doc. 107, pp. 291f；亦见Volker Ackermann, *National Totenfeiern in Deutschland. Von Wilhelm I. tris Franz Josef Strauss, eine Studie zur politischen Semiotik* (Stuttgart, 1990), 196。引自1942年6月5日《新的一天》中的讣告。亦见1942年6月5日的《人民观察家报》；'Ein Leben für das Reich', *Das Schwarze Korps*, 11 June 1942；Herbert von Daniels, 'Synthese Sportler und Soldat. Heydrich bleibt Vorbild für die deutsche Jugend', updated article，收于BAB, BDC, SSO Reinhard Heydrich；Fritz Helke, 'Jagdflieger Heydrich', *Königsberger Allgemeine Zeitung*, 9 June 1942。
3. 希姆莱在葬礼上的演讲，收于Wannenmacher (ed.), *Leben der Tat*, 81—90。这本集子在海德里希去世二周年时由布拉格的人民和帝国出版社出版。有关为这本集子所做的大量准备工作，见党卫军旗队领袖吉斯（布拉格）与党卫军旗队领袖勃兰特（党卫军全国领袖的个人参谋）之间的通信，收于National Archives, Prague, 110–4–549。亦见弗朗克和希姆莱之间有关为海德里希逝世举行纪念活动的通信，收于National Archives, Prague, 110–4–549。
4. 希特勒的演讲，引自Reichssicherheitshauptamt (ed.), *Meine Ehre heisst Treue*, 23。
5. 见希姆莱有关此事的通信，收于BAB, NS 19/3454，以及威廉·彼得森斯写给莉娜·海德里希的信件，收于BAB, R 58, supplement 23。根据希特勒的命令，海德里希将要在战后被重新安葬在为德国的军事领袖重新修建的殿堂中。鲍曼致拉默斯，1942年6月6日，收于BAB, R 45II/1157b。有关海德里希的坟墓，见

Laurenz Demps, *Der Invalidenfriedhof. Denkmal preusssich-deutscher Geschichte in Berlin* (Stuttgart, 1996), 80ff。

6. 有关海德里希的名字变得家喻户晓一事，见1942年6月11日的保安局第290号报告，收于BAB, R 58/172；重印于Boberach (ed.), *Meldungen aus dem Reich*, vol. 10, 3804ff。亦见*Wochenschau*, no. 615, 17 June 1942。关于希特勒的命令：1942年7月23日纳粹党领袖致党卫军人事部门头目，党卫军上将施密特的信件，收于BAB, BDC, SSO Reinhard Heydrich。有关党卫军第六步兵师更名一事，见1942年6月7日的《人民观察家报》，以及IfZ, Ed 450。亦见莉娜·海德里希和"莱因哈德·海德里希"党卫军步兵团之间的信件往来，收于BAB, R 58 appendix 23。有关海德里希特别邮票，见BAB, NS 19/545。这枚邮票重印于Deschner, *Heydrich*, 176。有关为街道重新命名一事，见1943年5月31日的《新的一天》，引自*Germanische Leithefte*, June 192, p. 2。
7. Sabine Behrenbeck, *Der Kult um die toten Helden. Nationalsozialistische Mythen, Riten und Symbole 1923 bis 1945* (Cologne, 1996), 595ff；Daniel Siemens, *Horst Wessel. Tod und Verklärung eines Nationalsozialisten* (Munich, 2009). 有关党卫军纪念海德里希逝世，见Fritz Weitzel, *Die Gestaltung der Feste im Jahres- und Lebenslauf in der SS-Familie* (Wuppertal, 1942), 38, 76；Karl Hermann Frank, 18 October 1942，收于National Archives, Prague, 114–6–8, carton 22。
8. Goebbels, *Tagebücher*, part II, vol. 4, 450 (entry for 4 June 1942) .
9. Brandes, *Tschechen*, vol. 1, 261.
10. 见勃姆1942年6月12日的笔记，Archive of the Ministry of the Interior, Prague, 114–10–1/II，以及Král, *Deutschen*, 480。
11. Brandes, *Tschechen*, vol. 1, 263；Berton, 'Attentat', 690f.
12. Berton, 'Attentat', 668ff.
13. 引用的这封信，出处同上，688, n.15。有关两个嫌疑人遭到谋杀一事，见'Totenbuch des SS-Standortarztes Mauthausen', 24 October 1942，收于KZ-Gedenkstätte Mauthausen, AMM Y/46。有关他们是被毒气杀死而非被射杀一事，见负责杀戮的两名党卫军官员——马丁·罗特和维尔纳·法塞尔——的供词，'Urteil des Landgerichts Hagen', 24 July 1970, 11 KS 1/70，收于KZ-Gedenkstätte Mauthausen, AMM P/19/45；以及Pierre Serge Choumoff, *Nationalsozialistische Massentötungen durch Giftgas auf österreichischem Gebiet 1940—1945* (Vienna, 2000), 101ff。
14. Brandes, *Tschechen*, vol. 1, 263f；Mastny, *Czechs*, 215ff. 亦见Peter Steinkamp, 'Lidice 1942'，收于Gerd R. Ueberschär (ed.), *Orte des Grauens, Verbrechen im Zweiten Weltkrieg* (Darmstadt, 2003), 126—135。亦见格施克1942年6月24日有关摧毁利迪策的最终报告，收于Archive of the Ministry of the Interior, Prague, 301—5—4。亦见达吕格的'Führerbericht über den Mordanschlag auf SS-Obergruppenführer Heydrich' (29 June 1942)，收于Archive of the Ministry of the Interior, Prague,

301–5–4。死亡人数引自Wolfgang Benz, *Legenden, Lügen, Vorurteile. Ein Wörterbuch zur Zeitgeschichte* (Munich, 1992), 140。年纪最小的遇难者是十四岁的约瑟夫·赫罗尼克，年龄最大的是八十四岁的伊曼纽尔·科瓦罗夫斯基。亦见1942年6月10日德国政府的官方声明，引自英国特别行动处的报告，National Archives, Kew, HS 4/79。

15. Archive of the Ministry of the Interior, Prague, 325–2–2, 325–2–4, 325–2–5. 有关"生命之泉"计划，见Georg Lilienthal, *Der 'Lebensborn e. v.', Ein Instrument nationalsozialistischer Rassenpolitik* (Frankfurt, 1993), 242ff。亦见Zahra, *Kidnapped Souls*, 197。
16. Miroslav Kárný, '"Heydrichiaden": Widerstand und Terror im "Protektorat Böhmen und Mähren"'，收于Loukia Droulia and Hagen Fleischer (eds), *Von Lidice bis Kalavryta. Widerstand und Besatzungsterror. Studien zur Repressalienpraxis im Zweiten Wiltkrieg* (Berlin, 1999), 51—63，此处在第61页。有关戈培尔的言论，见他1942年6月14日的日记，收于*Tagebücher*, part II, vol. 4, 523f。
17. 例如见1942年6月26日的《泰晤士报》；1942年6月11日的《纽约时报》。
18. War Office, 'Memorandum on German Occupation of the Protectorate' (12 January 1943)，收于National Archives, Kew, HS 4/79。
19. 有关挽歌，见*Lidice: A Tribute by Members of the International P.E.N.* (London 1944)，托马斯·曼的话在第90页。曼的《利迪策》本来题为《总督》(*Der Protektor*)，见Uwe Naumann, *Faschismus als Groteske. Heinrich Manns Roman'Lidice'* (Worms, 1980)。这次行动的故事和随后利迪策的毁灭也为像《刺杀海德里希》(1964)、《拂晓攻击》(1975) 和《刺杀莱因哈德·海德里希》(1991) 这样的电影，以及英国摇滚乐队Sea Power的歌曲*A Lovely Day Tomorrow*提供了灵感。
20. Thomas Mann, *Essays*, vol. 5: *Deutschland und die Deutschen 1938—1945*, ed. Hermann Kurzke and Stephan Stachorski (Frankfurt, 1997), 185f. 这段文字被印在宣传单上，在1942年9月和10月被投放到德军后方，出处同上，第373页以下。有关曼和海德里希，见Hübinger, 'Mann und Heydrich', 111ff。
21. 贝内什致巴托什，引自Mastny, *Czechs*, 217。
22. 不到两个月以后，1942年9月29日，捷克斯洛伐克外交部长扬·马萨里克收到了法国流亡政府的书面保证，称该政府也认为《慕尼黑协定》是无效的。见Jan Kuklík, 'Oduznání mnichovské dohody za druhé světové války', *Historie a vojenství* 46 (1997), 49—68；Jan Němećek, 'Rok 1942 v ćeskoslovenském zahranićním odboji'，收于*Rok 1942 v ćeském odboji. Sborník příspěvků z vědecké konference* (Prague, 1999), 19—24。
23. 弗朗克1942年10月的演讲，收于National Archives, Prague, 114–6–8。
24. Brandes, *Tschechen*, vol. 1, 265；Dennler, *Böhmische Passion*, 78—80. 见一长列线人的名单和为获取信息而支付给他们的报酬，收于Archive of the Ministry of the Interior, Prague, 315–194–30。

25. MacDonald, *Killing*, 193ff. 库尔达在1945年被捷克当局抓捕，在自杀未遂后，于1947年因叛国罪被处以绞刑。
26. Berton 'Attentat', 694, n. 27；'Totenbuch des SS-Standortarztes Mauthausen', 24 October 1942，收于KZ-Gedenkstätte Mauthausen, AMM Y/46。
27. 见达吕格的'Führerbericht über den Mordanschlag auf SS-Obergruppenführer Heydrich' (29 June 1942)，收于Archive of the Ministry of the Interior, Prague, 301–5–4。
28. Berton 'Attentat', 668ff；Haasis, *Tod*, 152.
29. 'Totenbuch des SS-Standortarztes Mauthausen', 24 October 1942，收于KZ-Gedenkstätte Mauthausen, AMM Y/46。
30. Brandes, *Tschechen*, vol. 1, 265；Mastny, *Czechs*, 220f；MacDonald, *Killing*, 196；Františck Schildberger, *Ležáky* (Hradec Králové, 1982)。
31. 见格施克1942年6月24日有关死刑的报告，收于Archive of the Ministry of the Interior, Prague, 301–5–4；亦见Brandes, 'Nationalsozialistische Tschechenpolitik', 47；Sládek, 'Standrecht', 332f。
32. 见1942年8月14日的报告'Protectorate Background for Operations'，收于National Archives, Kew, HS 4/79。有关捷克军械工业直至1945年的生产率，见Vladimír Francev, 'Panzerjäger-Program. Nový úkol pro protektorátní průmysl'，收于*Válečný rok 1944* (Prague, 2002), 320ff。
33. Smith et al., *Himmler: Geheimreden*, 146—161，此处在第159页。沃尔夫的战后证词证实，希姆莱对海德里希的死亡深感震惊，收于IfZ, ZS 317, f. 31。亦见Longerich, *Himmler*, 586ff。1942年6月7日，库尔特·达吕格在《人民观察家报》中表达了类似的观点，称海德里希的去世使得党卫军"甚至更加坚定地要清除那些"要为此次暗杀负责的"欧洲地下党分子"，他指的是犹太人。1942年6月7日的《人民观察家报》。
34. Longerich, *Himmler*, 586ff；Christopher R. Browning, *The Path to Genocide: Essays on Launching the Final Solution* (Cambridge, 1992), 169；亦见Pohl, *Ostgalizien*。
35. 希姆莱和希特勒的会面发生在1942年5月27日、28日、30日和31日，以及6月3日、4日和5日。见Witte et al. (eds), *Dienstkalender*, 441—456；以及Longerich, *Himmler*, 588ff；Witte, 'Two Decisions', 333f；Pohl, *Ostgalizien*, 240f。
36. 奇怪的是，海德里希名字的拼写当中多了一个字母"t"，这让人有些好奇地猜测道，总督府的种族屠杀行动并非是以被谋杀的帝国总督、"最终解决方案"的主要组织者而命名的，而是根据国家财政部长弗里茨·莱因哈特（Fritz Reinhardt）的名字，他的部门负责管理从被谋杀的犹太人那里偷来的财产。见Robert Lewis Koehl, *German Settlement and Population Policy, 1939—1945: A History of the Reich Commission for the Strengthening of Germandom* (Cambridge MA, 1957), 198。"Aktion Reinhard"和"Aktion Reinhardt"这两种拼写方法都存在，由此造成的混淆很容易被解释。在整个20世纪30年代，海德里希本人在拼写自己名字时就用了这两种方式。见Peter Witte and Stephen Tyas, ‘A New Document on the Deportation and Murder of Jews during “Einsatz Reinhard” 1942’，收于*Holocaust and Genocide Studies* 15 (2001), 468—486，此处在第484页，note 41。

37. 见Shlomo Aronson and Richard Breitmann, ‘Eine unbekannte Himmler-Rede vom Januar 1943’, *VfZ* 38 (1990), 337—348。亦见Peter Black, ‘Die Trawniki-Männer und die Aktion Reinhard’，收于Bogdan Musial (ed.), *'Aktion Reinhardt'. Der Völkermord an den Juden im Generalgouvernement 1941—1944* (Osnabrück, 2004), 309—52；BAB, BDC, SSO Reinhard Heydrich；亦见1943年11月4日和30日及1944年1月5日希姆莱和格洛波克尼克之间的往来信件，收于BAB, NS 19/2234，亦印于4024-PS，收于*IMT*, vol. 34, 68—71。
38. Goebbels, *Tagebücher*, part II, vol. 4, 432 (diary entry for 2 June 1942)；Gottwald and Schulle, *Judendeportationen*, 260ff.
39. Kárný, ‘Konecné řešení’, 153f. 有关犹太幸存者的人数，见Adler, *Theresienstadt*, 15。
40. Longerich, *Himmler*, 638f；Juliane Wetzel, ‘Frankreich und Belgien’，收于Benz (ed.), *Dimensionen des Völkermordes*, 105—135；Klarsfeld, *Vichy*, 379ff；Longerich, *Himmler*, 590ff。
41. Brandes, *Tschechen*, vol. 1, 261.
42. Smith et al., *Himmler: Geheimreden*, 146—161，此处在第159页。亦见Heinemann, ‘*Rasse*’, 167f。
43. 席拉赫的言论，引自Botz, *Wien*, 598。
44. 鲍曼致戈培尔，1942年6月8日，收于BAB, NS 19/1969。
45. Bryant, *Prague*, 173f. Heinemann, *'Rasse'*, 157.
46. 出处同上，359f, n. 10；Lower, *Nazi Empire-Building*, 177。
47. Heinemann, *'Rasse'*, 162ff.
48. Wildt, *Generation*, 704.
49. Heydrich, *Kriegsverbrecher*, 123.
50. 见莉娜有关集中营囚犯的通信，收于BAB, NS 19/18。1945年后在布拉格收录的目击证人和海德里希庄园前奴工的证词，引自Schwarz, *Frau an seiner Seite*, 211。亦见Archive of the Ministry of the Interior, Prague, 325–57–3；Jörg Skriebeleit, ‘Jungfern-Breschan’，收于Benz and Distel, *Ort des Terrors*, vol. 4, 164ff。
51. 通告克劳斯死讯的剪报，收于IfZ, Ed 450。
52. Gitta Sereny, *Das Ringen mit der Wahrheit. Albert Speer und das deutsche Tramu* (Munich, 1995), 381f；Lili Scholz, ‘Bis alles in Scherben fällt’. *Tagebuchblätter 1933—1945* (2nd edn, Hamburg, 2007), 415f. 亦见由海德里希的司令官库尔特·约阿希姆·费舍尔公开的信件，收于*Der Spiegel*, 16 March 1950。
53. 2009年3月和作者的访谈。这个偷窃的理论在1944年12月28日费舍尔受军事法庭审判时得到证实。见Generallandesarchiv Halle, Sign. 465a/59/15/7492。这则注释要感谢阿克塞尔·胡贝尔。

54. 有关遭驱逐一事，见 Benjamin Frommer, *National Cleansing: Retribution against Nazi Collaborators in Postwar Czechoslovakia* (Cambridge, 2005)。
55. 伊丽莎白·海德里希的孙子海德尔·海德里希在2009年3月的作者访谈中讲述了她的命运。
56. Heydrich, *Kriegsverbrecher*, 154f；以及维尔纳·马泽尔的评论，见 201f。
57. 详尽文献，见 IfZ, Ed 450 II。亦见 Uwe Danker, 'NS-Opfer und Täter. Versorgung mit zweierlei Mass. Lina Heydrich und Dr. Norbert L. mit Rentenangelegenheiten vor Gericht', *Demokratische Geschichte. Jahrbuch zur Arbeiterbewegung und Demokratie in Schleswig-Holstein* 10 (1996), 277—305。
58. *Jasmin* 4/69.